W0205911

Über diese Lernhilfe

Liebe Schülerin, lieber Schüler,

der *pauker* hilft Ihnen bei der Vorbereitung auf die Hauptschulprüfung. Dieser Band enthält pro Fach die Originalprüfungen der Jahre 2020 und 2021 sowie drei Musterprüfungen (davon zwei zum Download) im Stil der novellierten Abschlussprüfung. Klare Gliederung und das großzügige Seitenformat vereinfachen den Überblick. Die farbliche Trennung der einzelnen Fächer erleichtert Ihnen das gezielte Üben für die Abschlussprüfung.

Farbleitsystem

Deutsch-Training	Mathematik-Training	Englisch-Training
Deutsch-Prüfung	Mathematik-Prüfung	Englisch-Prüfung

Text- und Themenverzeichnis
Diese Verzeichnisse (Seite 7 – 11) dienen Ihnen zum schnellen und gezielten Auffinden von Prüfungstexten in Deutsch, themenbezogenen Aufgaben in Mathematik (Raum und Form, Messen etc.) oder bestimmten Englischinhalten (Lesen, Vokabeln etc.). Zudem sind auf einen Blick alle Audiotracks zu den LCT-Texten zusammengestellt.

Prüfungsinfos und nützliche Tipps
Ab Seite 12 sind alle wichtigen Prüfungsinfos für Sie aufgeführt. Was passiert wie, wann und mit welchen Hilfsmitteln? Zudem gibt es eine Übersicht über die Prüfungsfächer. Zum Schluss haben wir für Sie noch zehn nützliche Tipps, wie Sie Ihre Prüfung sicher bestehen.
- ▶ Sollten sich nach Drucklegung noch Änderungen ergeben, finden Sie aktuelle Informationen unter www.pauker.de/info-aktuell

Training
Der Trainingsteil ist in jedem Fach gleich aufgebaut:
- ▶ Aufteilung in einzelne Themengebiete
- ▶ Erklärungen
- ▶ typische Aufgabenstellungen mit Musterlösungen
- ▶ Übungsaufgaben

Prüfungen
- ▶ Originalprüfung 2020 + 2021
- ▶ drei Musterprüfungen
- ▶ Bearbeitungstipps für alle Aufgaben in Mathematik

Englisch-Audiodateien
- ▶ alle LCT-Texte als Audiotracks zum Download und per QR-Code abrufbar

Extra „Schule – und dann?“
Das Zusatzkapitel gibt nützliche Tipps und Informationen zum Start in den Beruf, von den wichtigsten Bewerbungsunterlagen bis zu Einstellungstests.

Lösungen
Mit dem separat erhältlichen Lösungsband können Sie Ihre Antworten und Ergebnisse überprüfen. Lösungswege und Lösungsansätze sind darin übersichtlich und leicht nachvollziehbar dargestellt.
Bestellnummer: 81-01-2-22

Inhaltsverzeichnis

Allgemein

Deutsch

Training

Textverständnis

Mathematik

Training

Leitidee Zahl – Variable – Operation

Englisch

Training

Extra

Textverzeichnis Deutsch

Durch das Textverzeichnis sind einzelne Aufgabenformate schnell und einfach zu finden.

Themenverzeichnis Mathematik

Durch dieses Verzeichnis ist es möglich, Aufgaben sortiert nach Leitidee zu suchen. A1 steht für Prüfungsteil A1, A2 für Prüfungsteil A2 und B für Prüfungsteil B.

Funktionaler Zusammenhang

Musterprüfung I		Prüfung 2020		Prüfung 2021	
Seite	Nr.	Seite	Nr.	Seite	Nr.
166	A1 / 4	173	A1 / 1	182	A1 / 4
167	A1 / 8	173	A1 / 4	182	A1 / 5
		174	A1 / 7	184	A1 / 9
		175	A1 / 10	184	A1 / 10
		176	A2 / 1	185	A2 / 1
		176	A2 / 2	186	A2 / 4
		179	B / 3a	186	A2 / 5
				187	B / 1a,b
				189	B / 4a

Daten und Zufall

Musterprüfung I		Prüfung 2020		Prüfung 2021	
Seite	Nr.	Seite	Nr.	Seite	Nr.
167	A1 / 9	174	A1 / 7	186	A2 / 5
169	A2 / 5			188	B / 3

Themenverzeichnis Englisch

Mit dem Themenverzeichnis lassen sich einzelne Aufgabentypen schnell und einfach finden. Der Buchstabe B kennzeichnet den Bereich Reading, C Use of Language, D Creative Writing, P steht für Part.

Vocabulary

Reading

Writing

Asking questions					
Musterprüfung I		Prüfung 2020		Prüfung 2021	
Seite	**Nr.**	**Seite**	**Nr.**	**Seite**	**Nr.**
226	CP5	233	CP5	242	CP5

Writing an email / a text					
Musterprüfung I		Prüfung 2020		Prüfung 2021	
Seite	**Nr.**	**Seite**	**Nr.**	**Seite**	**Nr.**
226	D	233	D	242	D

Listening Comprehension Tests

Titel	Muster/Prüfung	Text	Aufgaben	QR-Code
Part 1 – Conversations	I	Seite 243	Seite 220	
Part 2 – Weather forecast	I	Seite 244	Seite 221	
Part 3 – Conversation in a hotel	I	Seite 244	Seite 221	
Part 4 – Welcome to Malta	I	Seite 244	Seite 222	
Part 1 – Conversations	2020	Seite 245	Seite 227	
Part 2 – Information about Fitness Classes	2020	Seite 246	Seite 228	
Part 3 – Conversations about jobs	2020	Seite 246	Seite 228	
Part 4 – Radio Interview	2020	Seite 247	Seite 228	
Part 1 – Conversations	2021	Seite 248	Seite 235	
Part 2 – Advert for: Museum Context	2021	Seite 249	Seite 236	
Part 3 – Radio Interview	2021	Seite 249	Seite 236	
Part 4 – Conversation	2021	Seite 250	Seite 236	

Prüfungsinfos allgemein

Inhaltliche und strukturelle Neuausrichtung aller Prüfungen der Sek I

Die neue Hauptschulabschlussprüfung ab 2020 umfasst folgende Prüfungsteile:

- schriftliche Prüfung in den Fächern Deutsch, Mathematik und Englisch
- Kommunikationsprüfung im Fach Englisch
- Projektarbeit
- optionale mündliche Prüfungen in den Fächern Deutsch und Mathematik (ca. 15 Minuten)

Der Hauptschulabschluss bezieht sich auf das grundlegende Niveau (Niveau G2) des Bildungsplans 2016.

Fach
Deutsch Zentrale schriftliche Prüfung
Mathematik Zentrale schriftliche Prüfung
Englisch/Pflichtfremdsprache Zentrale schriftliche Prüfung / Kommunikationsprüfung
Projektarbeit ist Teil der Prüfung und wird im Zeugnis als eigenständige Note ausgewiesen

Die Prüfungsergebnisse setzen sich wie folgt zusammen:

Deutsch	50 % Ergebnis Jahresleistung	50 % Ergebnis Prüfungsleistung (optionale mündliche Prüfung: 1-fach, dann schriftliche Prüfung 3-fach)
Mathematik	50 % Ergebnis Jahresleistung	50 % Ergebnis Prüfungsleistung (optionale mündliche Prüfung: 1-fach, dann schriftliche Prüfung 3-fach)
Englisch/Pflichtfremdsprache	50 % Ergebnis Jahresleistung	50 % Ergebnis Prüfungsleistung (schriftliche Prüfung: 3-fach Kommunikationsprüfung: 2-fach)

Prüfungsinfos – Deutsch

Bearbeitungszeit: 180 Minuten

Inhalt

Teil A: Pflichtteil	A1: Sachtext	Aufgaben zu Textverständnis, Grammatik, Orthografie, Interpunktion, Syntax, Morphologie und Semantik	180 Minuten	25 Punkte
	A2: Lektüre	Textverständnis und produktive Aufgaben zur bekannten Ganzschrift		25 Punkte
Teil B: Wahlteil	a) Textgebundene lineare Erörterung			50 Punkte
	b) Textbeschreibung Lyrik			
	c) Textbeschreibung Prosa			

In allen Prüfungsteilen darf ein Rechtschreibwörterbuch verwendet werden.

Teil A

In Teil A1 müssen Sie anhand eines Sachtextes Fragen zum Textverständnis, zu Grammatik, Rechtschreibung und Zeichensetzung beantworten.

In Teil A2 dient die Lektüre als Grundlage für Fragen. Hier geht es um Lese- und Textverständnis und produktive Aufgaben wie das Verfassen eines Briefes, Dialogs, einer Rede oder Ähnliches. Die Lektüre wird im Unterricht erarbeitet und besprochen.

Die Rechtschreibung fließt in die Bewertung ein.

Teil B

In Teil B haben Sie die Wahl zwischen einer textgebundenen linearen Erörterung, einer Textbeschreibung zu einem Lyrik- oder einer Textbeschreibung zu einem Prosatext.

Prüfungsinfos – Mathematik

Bearbeitungszeit: 135 Minuten, 20 Minuten Pause zwischen Teil A1 und A2

Inhalt

<table>
<tr><td>Teil A1</td><td rowspan="2">Pflichtteil</td><td>Grundkenntnisse</td><td>Zeichengeräte</td><td>45 Minuten</td><td>10 Punkte</td></tr>
<tr><td>Teil A2</td><td>Komplexere Aufgaben</td><td rowspan="2">Zeichengeräte, Formelsammlung, Taschenrechner</td><td rowspan="2">90 Minuten</td><td>10 Punkte</td></tr>
<tr><td>Teil B</td><td>Wahlteil
(2 von 3 Aufgaben müssen bearbeitet werden)</td><td>Transferaufgaben</td><td>10 Punkte</td></tr>
</table>

Die schriftliche Prüfung in Mathematik besteht aus zwei Teilen, dem Pflichtteil (Teile A1 und A2) und dem Wahlteil (Teil B).

Teile A1 und A2

In den Teilen A1 und A2 müssen Sie alle Aufgaben bearbeiten. Teil A1 umfasst Aufgaben zu mathematischen Grundkenntnissen, Teil A2 komplexere Aufgaben zu Inhalten aus Klasse 7 – 10.

Teil B

Im Teil B müssen Sie zwei der drei Aufgaben bearbeiten. Wenn Sie mehr als zwei Aufgaben im Teil B bearbeiten, werden die beiden besten Lösungen gewertet. Dieser Teil enthält Transferaufgaben zu Inhalten aus Klasse 7 – 10. Diese Aufgaben stellen erhöhte Anforderungen in Bezug auf die anzuwendenden Lösungsstrategien und die eventuellen Begründungen. Der Lösungsweg einer Aufgabe muss nachvollziehbar sein. Die Ergebnisse sind sinnvoll zu runden und mit richtiger Benennung (Einheiten etc.) anzugeben.

Prüfungsinfos – Englisch

Bearbeitungszeit: 120 Minuten, 20 Minuten Pause zwischen Teil A und B

Inhalt

1. Schriftlicher Teil

Teil A	**Listening Comprehension**	Hörverstehenstest	keine Hilfsmittel	30 Minuten	20 Punkte
Teil B	**Text-based Tasks**	Fragen zu Texten (Textverständnis)	zwei-sprachiges Wörterbuch	90 Minuten	25 Punkte
Teil C	**Use of Language**	Wortschatz und Grammatik			15 Punkte
Teil D	**Writing**	Kreatives Schreiben: Aufgaben zur Textproduktion (E-Mail, freier Text etc.)			20 Punkte

Für Teil A darf kein Wörterbuch, für die Teile B bis D darf ein zweisprachiges Wörterbuch benutzt werden.

Teil A
In Teil A Listening Comprehension müssen Sie Fragen zu kurzen Hörtexten wie zum Beispiel Gesprächen, Interviews oder Durchsagen beantworten.

Teil B
Teil B enthält Fragen zum Textverständnis. Als Grundlage dienen beispielsweise Hinweisschilder, Sach- und Informationstexte. Mögliche Aufgabenformate sind das Beenden von Satzanfängen, die Überprüfung von Aussagen/Behauptungen (true / false / not in the text), die Zuordnung zu vorgegebenen Kategorien, die Identifizierung von Aussagen und das Beantworten von Fragen.

Teil C
In Teil C werden Ihr Wortschatz sowie Ihre Grammatik- und Rechtschreibkenntnisse geprüft. Als Aufgabenformate finden sich hier etwa Lückentexte, Wortschatzaufgaben und Ähnliches.

Teil D
In Teil D geht es um das freie Schreiben. Sie müssen entweder eine E-Mail oder einen kurzen Text zu einem Thema verfassen.

2. Mündlicher Teil: Kommunikationsprüfung*

Teil A	**Monologisches Sprechen**	Präsentation des Schwerpunktthemas
Teil B	**Dialogisches Sprechen**	Kommunikative und situative Aufgabenformen
Teil C	**Sprachmittlung**	Dolmetschen

Die Kommunikationsprüfung absolvieren die Schüler/-innen einzeln oder zu zweit. Sie dauert in der Pflichtfremdsprache 15 Minuten je Schüler/-in. Die Prüfung wird von einer Fachlehrkraft und einer weiteren Lehrkraft der Schule abgenommen. Die drei Prüfungsteile sind in der festgelegten Reihenfolge ohne Pause zu absolvieren. Es erfolgt eine individuelle Leistungsfeststellung.

*Es gibt keine optionale mündliche Englischprüfung mehr, sondern nur noch eine dezentrale mündliche Englischprüfung, die in der Regel im März stattfindet.

Projektarbeit

Anstatt der bisherigen themenorientierten Projektprüfung ist nun eine Projektarbeit Bestandteil der Prüfung. Sie umfasst folgende Bestandteile:

1.	**Vorbereitung**	Themenfindung, Gruppenbildung und Projektbeschreibung	
2.	**Durchführung**	in der Schule, mindestens 16 Unterrichtsstunden	
3.	**Präsentation, anschließend Prüfungsgespräch**	Projektergebnis	15 Minuten

Das Thema dieser Projektarbeit soll in Kleingruppen von in der Regel drei bis fünf Schüler/-innen vorbereitet, bearbeitet und am Ende präsentiert werden. Die Projektarbeit ist eine Gruppenarbeit, bei der jeder Schüler / jede Schülerin eine individuelle Note erhält. Sie soll einen mehrperspektivischen Ansatz mit Bezug zu einem weiteren Fach haben und eine Leitperspektive berücksichtigen. An die Präsentation schließt sich ein Prüfungsgespräch an, das je Schüler/-in etwa 15 Minuten dauert. Die Projektarbeit wird mit eigenständiger Note im Zeugnis ausgewiesen.

Mündliche Prüfung

In den Fächern Deutsch und Mathematik gibt es eine optionale mündliche Prüfung. Sie dauert etwa 15 Minuten und kann als Einzel- oder Gruppenprüfung abgehalten werden. Die Aufgaben stellt die Fachlehrkraft, der oder die Leiter/-in des Fachausschusses kann diese erweitern oder einschränken. Außerdem gibt es die Möglichkeit, dass der Schüler / die Schülerin ein Schwerpunktthema benennt.

Das Ergebnis der mündlichen Prüfung zählt dann 1-fach, die schriftliche Prüfung 3-fach.

QR-Codes in allen Trainingsteilen sowie für alle Hörtexte

Dem QR-Code (Quick Response) sind Informationen, Bilder, Videos oder Hördateien hinterlegt. Alle Inhalte sind lediglich zur Auflockerung des Lernalltags gedacht und verschaffen keinem Schüler / keiner Schülerin einen Vorteil.

Die QR-Codes in diesem Buch sind nummeriert. Für alle, die kein Smartphone besitzen, haben wir im Folgenden hinter jeder QR-Code-Nummer die entsprechende Internetadresse aufgeführt, unter der die jeweiligen Inhalte abrufbar sind.

Deutsch
(1) http://www.pauker.de/qrdb/i.php?qr=Nn7521a
(2) http://www.pauker.de/qrdb/i.php?qr=m3I9Ghv
(3) http://www.pauker.de/qrdb/i.php?qr=bKYYTft

Mathematik
(1) http://www.pauker.de/qrdb/i.php?qr=L5b4L6U
(2) http://www.pauker.de/qrdb/i.php?qr=EMWzeSE
(3) http://www.pauker.de/qrdb/i.php?qr=ck9hDrY

Englisch
(1) http://www.pauker.de/qrdb/i.php?qr=rIj75J1
(2) http://www.pauker.de/qrdb/i.php?qr=aDLihgh
(3) http://www.pauker.de/qrdb/i.php?qr=bABXqm4
(4) http://www.pauker.de/qrdb/i.php?qr=fwe9y4O
(5) http://www.pauker.de/qrdb/i.php?qr=8wT8yGN
(6) http://www.pauker.de/qrdb/i.php?qr=XsBoxYx
(7) http://www.pauker.de/qrdb/i.php?qr=wbEbTzq

Tipps zur Prüfung

Cool bleiben!

1. Rechtzeitig mit dem Lernen beginnen

Eine gute Vorbereitung ist die wichtigste Voraussetzung, um gelassen in eine Prüfung gehen zu können. Dazu gehört vor allem, dass Sie rechtzeitig mit dem Lernen anfangen. Die Erstellung eines Zeitplans, der feste Lernzeiten vorsieht, ist hilfreich. Denken Sie dabei auch an Wiederholungsphasen.

2. Motivation ist wichtig

Teilen Sie Ihren Lernstoff ein. Tragen Sie in Ihren Zeitplan ein, wann Sie mit einer Lerneinheit fertig sein möchten. Haben Sie eine Einheit abgeschlossen, können Sie diese auf Ihrem Plan abhaken. Die Haken verdeutlichen Ihnen, wie viel Sie schon geschafft haben. Das motiviert und lässt das Ziel näher rücken.

3. Keine Angst vor der Angst haben

Viele Menschen haben Angst vor einer Prüfung. Das ist ganz normal und halb so schlimm, denn in einem gewissen Maß kann Angst sogar die Leistungsfähigkeit fördern. Sind Sie allerdings zu aufgeregt, beeinträchtigt dies Ihre Konzentration. Deshalb gilt: Am Prüfungstag trotz Anspannung cool bleiben und nicht verrückt machen lassen.

4. Selbstbewusst sein

Durch eine positive Herangehensweise lässt sich eine Prüfungssituation in der Regel besser bewältigen. Denn der Prüfungsstress spielt sich eigentlich nur in Ihrem Kopf ab. Also anstatt zu denken „Ich kann bestimmt die Hälfte der Fragen nicht beantworten" vielmehr „Ich fühle mich sicher, weil ich mich gut vorbereitet habe!"

5. Aufgabenstellung genau lesen

Lesen Sie sich zunächst die Aufgabenstellung aufmerksam durch. Machen Sie sich jetzt klar, wonach genau gefragt ist. Dies gilt gleichermaßen für alle Fächer und alle Arten von Aufgabenstellungen oder Bearbeitungshinweisen. Denn nur, wenn Sie die Aufgabe richtig verstanden haben, können Sie sie auch lösen.

6. Den eigenen Weg gehen

Jeder hat eine andere Herangehensweise an eine Prüfung. Sie brauchen sich nicht an die vorgegebene Reihenfolge der Fragestellungen zu halten. Sie dürfen mit einer Aufgabe beginnen, die Ihnen leicht erscheint. Dadurch haben Sie gleich am Anfang ein Erfolgserlebnis, das Sie motiviert, und so sammeln Sie auch die ersten Bewertungspunkte. Die schwierigeren Teile können Sie dann anschließend angehen.

7. Wichtige Textstellen markieren

Lesen Sie einen Text mehrmals durch. Beim ersten Durchgang ist es wichtig, dass Sie genau erfassen, worum es geht. Markieren Sie anschließend durch Unterstreichen oder farbiges Anstreichen wichtige Stellen im Text. Sie können sich auch Hinweise oder Kommentare an den Rand schreiben.

8. Notizen machen

Bei weiteren Textarbeiten ist es sinnvoll, sich auf einem separaten Blatt Notizen zu machen. Dort sollten Sie Gedanken und Ideen aufschreiben, damit Sie sie nicht vergessen. Teilweise kann es hilfreich sein, einzelne Argumente stichwortartig festzuhalten und zuzuordnen. Dadurch haben Sie es beim Schreiben des Textes später einfacher.

9. Auf Nummer sicher gehen

Am Schluss Ihrer Prüfung sollten Sie kontrollieren, ob Sie auch wirklich alle Aufgaben gelöst haben. Wenn noch Zeit übrig ist, empfiehlt es sich, das Geschriebene noch einmal durchzusehen. In Deutsch und Englisch sollten Sie besonders auf die Rechtschreibung, die Zeichensetzung, den Satzbau und eine logische Argumentation achten. In Mathe lohnt es sich, den Rechenweg noch einmal kurz nachzuvollziehen und das Ergebnis grob zu überschlagen.

10. Sich selbst belohnen

Sie haben es geschafft! Nach all den Strapazen der Prüfung können Sie sich jetzt guten Gewissens mit etwas belohnen, das Ihnen Freude macht. Bestimmt sind Sie erleichtert, dass Sie die Prüfung hinter sich gebracht haben. Eine solche Erfahrung gibt Ihnen mehr Selbstbewusstsein für kommende Aufgaben.

Die Abschlussprüfung

Die Prüfung besteht aus zwei Teilen. Teil A ist ein Pflichtteil, bei dem alle Aufgaben gelöst werden müssen. Teil A1 enthält Aufgaben zu einem Sachtext, in denen es um Textverständnis, Grammatik, Rechtschreibung, Analyse etc. geht. Teil A2 umfasst Aufgaben zur Lektüre, die während des Schuljahres im Unterricht behandelt wurde.
Teil B ist ein Wahlteil, d. h. nur eine der beiden Aufgaben muss gelöst werden. Hier können Sie zwischen einer textgebundenen linearen Erörterung und einer Textbeschreibung zu den Gattungen Lyrik oder Prosa wählen.
Im folgenden Trainingsteil sind Übungen zu den verschiedenen Aufgabentypen zusammengestellt, damit Sie sich optimal auf die Prüfung vorbereiten können.

Textverständnis

1. Richtiges Zitieren

Erklärung

Bei einigen Aufgaben wird von Ihnen verlangt, dass Sie Ihre Antwort mit Beispielen aus dem Text belegen. Dazu müssen Sie die entsprechenden Textstellen zitieren. Doch was heißt das genau?
Zitate werden immer in **Anführungszeichen** „…" gesetzt. Es ist wichtig, dass Sie den genauen Wortlaut und die Originalschreibweise übernehmen. Setzen Sie hinter das Zitat immer die Zeile bzw. Seite, aus der es stammt. Klammern Sie diese Angabe ein. Dabei gilt:

- Z. = Zeile
- S. = Seite
- f. = folgende (für eine weitere Zeile/Seite) sowie ff. = folgende (für zwei weitere Zeilen/Seiten), setzt man hinter Zeilen oder Seitenangaben, wenn das Zitat über drei Zeilen bzw. Seiten geht. Ab drei aufeinanderfolgenden Zeilen bzw. Seiten wird mit Zahlen abgekürzt.

Beispiele: „Der Vogelkundler beobachtet neugierig die Nistplätze." (Z. 5 f.) → bedeutet Zeile 5 und 6
„Der Vogelkundler beobachtet neugierig die Nistplätze. Besonders interessiert ihn dabei das Brutverhalten." (Z. 5 ff.) → bedeutet Zeile 5 bis 7
„Der Vogelkundler beobachtet neugierig die Nistplätze. Besonders interessiert ihn dabei das Brutverhalten. Aber auch die Länge der Brutzeit ist für ihn ausschlaggebend." (Z. 5 – 8) → bedeutet vier aufeinanderfolgende Zeilen (oder mehr)

Wenn Sie nur **Teilsätze** oder **Textausschnitte** zitieren, kennzeichnen Sie die Auslassung mit eckigen Klammern.
Beispiel: „Der Vogelkundler beobachtet neugierig die Nistplätze. […] die Länge der Brutzeit ist für ihn ausschlaggebend." (Z. 5 – 8)

Das **Zitieren von Versen** erfolgt beispielsweise bei Gedichten oder Songtexten. Dabei werden Versumbrüche durch einen Schrägstrich markiert. Statt einer Zeile kann auch der Vers (V.) angegeben werden.
Beispiel: „Da habe ich eine Reklame erblickt / Die hat mich in die Augen gezwickt." (V. 2 f.)

2. Wörterbuchgebrauch

Erklärung

Sie dürfen während der Prüfung ein Wörterbuch benutzen. Das kann insbesondere dann hilfreich sein, wenn Sie sich bei der Schreibweise eines Wortes unsicher sind. Aber auch das richtige Nachschlagen will gelernt sein, damit es in der Prüfung dann sicher und schnell gelingt. Deshalb ist es wichtig, dass Sie Abkürzungen und Zeichen, die in einem Wörterbuch vorkommen können, üben. Wörter werden immer nach Silben getrennt. Am besten sprechen Sie die Silben laut vor sich hin. Wenn Sie sich nicht ganz sicher sind, können Sie die Worttrennung auch im Wörterbuch nachschlagen. Neben den deutschstämmigen Wörtern finden sich im Wörterbuch auch viele Fremdwörter. Das Lernen von Wörtern mit den gleichen Vor- und Nachsilben, z. B. *ent*-fallen, *ent*-scheiden, *ent*-gegen oder Klar-*heit*, Krank-*heit*, Befangen-*heit* usw., kann ebenfalls hilfreich sein.

Typische Aufgabenstellung

Ka | pil | la | re, *die*; -, -n <lat>: 1. (Biol.; Med.) Haargefäß, kleinstes Blutgefäß. 2. (Phys.) ein Röhrchen mit sehr kleinem Querschnitt

- Schreiben Sie das Wort im Plural.
- Aus welcher Sprache stammt das Wort?
- Wofür steht Phys.?
- Wie wird das Wort getrennt?

Lösung

- die Kapillaren
- aus dem Lateinischen
- Physik
- die Ka-pil-la-re

Übungsaufgaben

1. **To | xi | ko | lo | gie,** *die*; - <griech>: (Med.) Wissenschaft, Lehre von den Giften und ihren Einwirkungen auf den Organismus. **to | xi | ko | lo | gisch**: die Toxikologie betreffend

Wofür steht der Strich - ?

____

In welchem Fachgebiet wird das Wort „Toxikologie" verwendet?

____

Schreiben Sie das Adjektiv zu „Toxikologie" in Silben getrennt auf.

____

2. **M<u>ie</u> | ne,** *die*; -n (Gesichtsausdruck); **M<u>ie</u> | nen | spiel**

Wofür steht die Unterstreichung des „ie"?

____

Bilden Sie den Plural zum Wort „Miene“.

___

Weiter hinten im Wörterbuch ist noch der Eintrag „Mine, die“ zu finden.
Warum wird es in diesem Fall ohne „ie“ geschrieben?

___

3. **World Wide Web** [vøːɐ̯lt ˈvai̯t ˈvɛp], *das;* - - - [s] <engl.> (*EDV* weltweites Informationssystem im Internet; *Abk.* WWW)

Welche Bedeutung hat das ø?

___

Was bedeutet *Abk.*?

___

Wie wird „Informationssystem“ getrennt?
Beachten Sie die allgemeinen Trennungsregeln.

___

4. Trennen Sie folgende Wörter so oft wie möglich und schreiben Sie sie mit Trennungszeichen auf.

a) Vorverkauf
Theateraufführung
Schauspielhaus
Premiere
Schneckenhaus

b) Individualtourismus
Durchführungsbestimmung
Reiserücktrittsversicherung
Auslandskrankenversicherung
Aktiengesellschaft

5. Wofür stehen folgende Abkürzungen?

m. E. ___
lfd. ___
ca. ___
Lkw, LKW ___
n. Chr. ___
Hbf. ___
ggf. ___
vgl. ___
z. T. ___
Anm. ___

6. a) Stellen Sie jeweils drei Buchstaben (Vorsilbe) voran, sodass immer sinnvolle Fremdwörter entstehen.

-vention, -jekt ____________________

-nomen, -duktion ____________________

-logie, -metrie ____________________

-demie, -lepsie ____________________

-logie, -top ____________________

b) Finden Sie zu den vorgegebenen Vorsilben jeweils zwei Fremdwörter.

Per-/per- ____________________

Mikro-/mikro- ____________________

Trans-/trans- ____________________

Anti-/-anti- ____________________

Sym-/sym- ____________________

3. Sachtexte

Erklärung

Unter Sachtexten versteht man Texte, deren Absicht es ist, Fakten zu liefern oder über Dinge zu informieren. Oftmals handelt es sich dabei um Zeitungsartikel. Ein Sachtext beinhaltet häufig keine Ausschmückungen, ist meistens objektiv und stellt somit in der Regel keine eigene Meinung des Autors / der Autorin dar. Auch diskontinuierliche Texte wie Grafiken, Diagramme oder Schaubilder bzw. Karikaturen gehören zur Kategorie „Sachtext".

1. Kontinuierliche Texte

Um Informationen aus einem kontinuierlichen Text zu entnehmen, empfiehlt sich folgende Vorgehensweise:

- Zunächst einen Überblick verschaffen: Lesen Sie unbedingt die **Überschrift** und den **Vorspann**, falls Abbildungen vorhanden sind, betrachten Sie diese und lesen Sie die **Bildunterschrift**. Sehen Sie sich danach die Aufgabenstellung an.
- Anschließend den Text zügig ein erstes Mal durchlesen: Beachten Sie bei der Suche nach Informationen **Schlüsselwörter**. Achten Sie auf die **Textstruktur**. Am Schluss gibt es beispielsweise häufig eine Zusammenfassung. Das kann hilfreich sein.
- Nachdem Sie sich einen Überblick verschafft haben, lesen Sie den Text ein weiteres Mal. Lesen Sie ihn jetzt ganz genau, denn es geht um das **Detailverständnis**. Markieren Sie wichtige Wörter und Informationen.

2. Diskontinuierliche Texte

Textsorten

Um Informationen besonders anschaulich zu vermitteln, werden oft **grafische Darstellungen** benutzt, vor allem, wenn es um Entwicklungen oder Häufigkeiten geht.

Um eine grafische Darstellung zu beschreiben und zu interpretieren, gehen Sie so vor:

1. Benennen Sie das Thema! (Was ist auf dem Schaubild dargestellt? Wann und von wem wurde es erstellt?) Das Thema des diskontinuierlichen Textes wird meistens in Form einer Aussage oder einer Frage über der Grafik genannt.

2. Beschreiben Sie! Wichtige Aussagen lassen sich vor allem aus Ähnlichkeiten oder Unterschieden ableiten, achten Sie also auf Zahlenangaben, die nah beieinander oder erkennbar auseinander liegen. (Was ist dargestellt? Größe und Einheit angeben; Einzeldaten (Gemeinsamkeiten und Unterschiede) vergleichen; auf Auffälligkeiten (hohe oder niedrige Einschnitte) achten; sind Entwicklungen/Tendenzen erkennbar?)

3. Um eine Auswertung (Deutung) vorzunehmen, stellen Sie sich drei Fragen:
- ▶ Welche Zusammenhänge (z. B.) zwischen dem Kurvenverlauf und bekannten Vorgängen lassen sich herstellen?
- ▶ Lassen sich besonders hohe oder niedrige Einschnitte erklären?
- ▶ Was kann man aus dem Schaubild ableiten und was kann man nicht erkennen?

Oft sind diskontinuierliche Texte **Tabellen, Diagramme oder Karikaturen**.

Tabellen: Hier sind Zahlenangaben in Spalten und Zeilen angeordnet. Das ist viel übersichtlicher als in einem Text.

Diagramme: Hier gibt es vor allem die folgenden vier verschiedenen Formen:
- ▶ **Balkendiagramm:** Die Zahlen werden in Form von Balken angezeigt, also waagerecht.
- ▶ **Säulendiagramm:** Die Zahlen werden in Form von Säulen angezeigt, also senkrecht.
- ▶ **Kreis- oder Tortendiagramm:** Die Grundlage ist ein Kreis (sieht aus wie eine Torte), der sich auf 100 Prozent der Befragten oder des Dargestellten bezieht. Die verschiedenen Anteile werden in Form von Kreisausschnitten (Tortenstücken) dargestellt.
- ▶ **Kurvendiagramm:** Die zahlenmäßigen Entwicklungen werden in Form von ansteigenden oder abfallenden Linien (= Kurven) angezeigt.

Karikatur: Komisch übertriebene Darstellung von Menschen oder gesellschaftlichen Zuständen; dadurch gelingt es, Probleme oder Missstände humorvoll zu kritisieren.

3. Diskontinuierliche Texte lesen: die Legende

Unter- oder oberhalb der grafischen Darstellung finden Sie meistens die Angaben, die Sie brauchen, um diskontinuierliche Texte richtig verstehen zu können: die Legende. In der Regel enthält sie folgende Angaben:
- ▶ in welcher Einheit die Zahlenangaben gemacht werden (ob in Prozent, in Tausend, …)
- ▶ welcher Personenkreis befragt wurde
- ▶ wann (Zeitpunkt) oder in welchem Zeitraum die Untersuchung durchgeführt wurde
- ▶ den Zeitpunkt der Veröffentlichung des Textes
- ▶ wer den Text veröffentlicht hat (Herausgeber)

In Ihrer Abschlussprüfung werden Sie sich eventuell sogar mehrfach mit Sachtexten auseinandersetzen müssen. Wie bereits erwähnt, gilt als Erstes, dass Sie den Text gründlich durchlesen und Sie sich gegebenenfalls Wörter markieren, die Sie nicht verstehen. Versuchen Sie, diese aus dem Textzusammenhang zu erschließen. Geben Sie den Text nur dann wörtlich wieder, wenn es die Aufgabenstellung ausdrücklich verlangt. Formulieren Sie ansonsten in Ihren eigenen Worten.

Typische Aufgabenstellung

Warum sollte man im Sommer warme Getränke trinken?

Von red, 22. Juni 2018 – 07:00 Uhr

Eine Wasserdusche für den Kopf verschafft kurz Abkühlung. Wer zur Erfrischung etwas trinken möchte, sollte darauf achten, dass das Wasser nicht allzu kalt ist.

Wer sich im Sommer mit einem kalten Wasser aus dem Kühlschrank erfrischen will, erreicht oft das Gegenteil. Warum eigentlich?

Stuttgart – Bei Außentemperaturen jenseits der 30 Grad sehnen sich die meisten Menschen nach Abkühlung. Viele schwören auf das Wasser aus dem Kühlschrank. Experten raten im Sommer allerdings dazu, die Getränke lauwarm zu sich zu nehmen. Trinkt man etwas Kaltes aus dem Kühlschrank, führt man dem Körper Kälte zu. Der menschliche Organismus ist aber darauf ausgelegt, die Körpertemperatur konstant zu halten. Er reagiert auf das kalte Getränk, indem er die Blutgefäße verengt. Das Blut bleibt verstärkt im Körperkern, der Mensch heizt auf – und schwitzt.

Selbst Leitungswasser kann diese Reaktion hervorrufen. Wenn es direkt aus dem Wasserhahn getrunken wird, hat es in Deutschland eine durchschnittliche Temperatur von 14 Grad und ist eigentlich zu kalt für unseren Körper. Nur wer Getränke mit einer Temperatur von etwa 30 Grad trinkt, verhindert eine solche Reaktion des Körpers.

Quelle: red, https://www.stuttgarter-nachrichten.de/inhalt.unnuetzes-wissen-warum-sollte-man-im-sommer-warme-getraenke-trinken.530a6740-8f38-4d28-9777-dfdfc415d36f.html, Stuttgarter Nachrichten, 22.06.2018

1. Entscheiden Sie mithilfe des Textes, ob folgende Aussagen richtig oder falsch sind.

a) Getränke aus dem Kühlschrank erfrischen den Körper.

b) Selbst Leitungswasser ist häufig zu kalt für unseren Körper.

c) Experten raten im Sommer zu heißen Getränken.

2. Umschreiben Sie folgende Aussage mit eigenen Worten. Schreiben Sie Ihre Antworten in ganzen Sätzen.

a) Der menschliche Körper ist so ausgelegt, dass er seine eigene Temperatur immer konstant hält.

b) Die richtige Temperatur des Getränks verhindert eine Reaktion des Körpers.

3. „Wer sich im Sommer mit einem kalten Wasser aus dem Kühlschrank erfrischen will, erreicht oft das Gegenteil." Begründen Sie, warum das so ist.

Lösung

1. a) falsch
b) richtig
c) falsch

2. a) Bekommt der Körper einen Kältereiz, z. B. durch ein kaltes Getränk, verengen sich die Blutgefäße und das Blut bleibt hauptsächlich in der Körpermitte. Dadurch heizt sich der Körper auf und schwitzt. Der Körper versucht also, durch diese Reaktion den Temperaturunterschied auszugleichen.

b) Wenn wir Getränke zu uns nehmen, die lauwarm sind, also ca. 30 Grad haben, wird eine Reaktion zur Wärmeregulierung verhindert.

3. Wenn man ein kaltes Getränk zu sich nimmt, reagiert der Körper mit Wärmeproduktion und beginnt, zu schwitzen. Durch diese Reaktion möchte der Körper seine Temperatur ausgleichen, denn er ist so ausgelegt, dass er diese immer konstant hält. Dadurch kühlt einen das Getränk nicht ab, sondern heizt einen vielmehr auf.

Übungsaufgaben

Sachtext 1

Ein Bienenvolk für den heimischen Balkon

Das Prinzip des Teilens weiten zwei Stuttgarter auf Bienen aus. Bei einem Ehepaar kann man Bienenvölker mieten.

Von Andrea Jenewein

Ein Pieks – und schon schwillt bei Maxim Isamuchamedow die Stelle, welche die Biene erwischt hat, stark an. Der Imker reagiert allergisch auf Bienenstiche. Und er vermietet Bienenstöcke. Doch keineswegs, um, wie man meinen könnte, sich auf diesem Wege der Insekten zu entledigen. Er selbst besitzt derzeit 20 Völker – eines davon wohnt sogar auf seinem Balkon im Stuttgarter Süden, wo er mit seiner Frau und seinen beiden Kindern wohnt. „Man muss keine Angst davor haben, dass Bienen einen angreifen“, sagt Isamuchamedow. Vielmehr müsse man Angst davor haben, dass es irgendwann keine Bienen mehr gibt, denn die Bienen sind bedroht.

Schon Albert Einstein sagte 1949: „Wenn die Biene einmal von der Erde verschwindet, hat der Mensch nur noch vier Jahre zu leben. Keine Bienen mehr, keine Bestäubung mehr, keine Pflanzen mehr, keine Tiere mehr, keine Menschen mehr.“ Dem will Isamuchamedow entgegenwirken. Zunächst bot er deswegen im Bekanntenkreis an, auf deren Grundstücken Bienenvölker aufzustellen – und sich um diese zu kümmern. Da er zusammen mit seiner Frau Anna eine Immobilienverwaltung betreibt, kam ihm dann der Gedanke, Bienenvölker an Eigentümergemeinschaften zu vermieten. „Die haben meistens viel Grün, wissen aber oft nicht, wie sie diese Gemeinschaftsfläche sinnvoll nutzen sollen“, sagt Isamuchamedow.

Letztlich aber kann jeder sich ein Bienenvolk bei den Isamuchamedows mieten. Das Konzept gibt es bereits in Deutschland – in Stuttgart allerdings ist es neu. Die Grundvoraussetzung ist eigentlich nur eine freie Aufstellfläche von etwa zwei auf zwei Meter – egal ob sich diese auf einer Obstbaumwiese am Stadtrand befindet oder auf einer kleinen Terrasse mitten in der Stadt: „Auch in der City kann die Biene reichlich Pollen sammeln“, sagt Isamuchamedow. „Natürlich sollte man Rücksprache mit seinen Nachbarn halten“, empfiehlt er zudem aus eigener Erfahrung. Denn es fehle oft noch an der nötigen Aufklärung: „Meine beiden Kinder laufen völlig frei zwischen den Bienen auf dem Balkon herum – es geht keine Gefahr von den Insekten aus“, betont der Imker.

Isamuchamedow ist durch seinen Schwiegervater zu seiner Leidenschaft für die Bienen gekommen. „Mein Vater ist schon seit 30 Jahren Imker in Pforzheim“, sagt Anna Isamuchamedow. „Das haben früher in der UdSSR viele Menschen gemacht“, ergänzt ihr Mann, der sich von dem Hobby hat anstecken lassen. Zusammen mit seinem Schwiegervater, der auch einige Völker hat, will er diese nun vermehren, um seine Idee wahr werden zu lassen. „Bisher stecken wir noch in den Kinderschuhen, aber die ersten Vertragsabschlüsse stehen kurz bevor“, sagt Maxim Isamuchamedow.

Der Betrag, den man monatlich zahlen muss, damit die fleißigen Untermieter bei einem einziehen, liegt voraussichtlich zwischen 150 bis 195 Euro monatlich. „Den Prozess kennen wir schon genau, an der genauen Kalkulation sind wir gerade noch dran“, sagt Isamuchamedow. Der Preis beinhaltet dann freilich nicht nur die reine Mietgebühr: „Ich kann das Nutztier schließlich nicht nur hergeben, sondern ich muss mich auch um sein Wohlergehen kümmern“, sagt Isamuchamedow, der für die Pflege derzeit auch andere Stuttgarter Imker zu gewinnen versucht.

Zu der Pflege gehört freilich am Ende auch die Honigernte. „Der Honig geht an den Mieter der Bienen: Ein Volk produziert 15 bis 20 Kilo, in guten Jahren auch mal 40 Kilo“, sagt der Imker. Wichtiger als der Honigertrag, so hofft er, sollte den Mietern aber der Nutzen der Bienen für die Menschen und die deutsche Landwirtschaft sein. „Wir hoffen, durch das Projekt die Menschen darüber aufzuklären, was ihre Lebensgrundlage ist: 80 Prozent des Obsts und Gemüses aus Deutschland wird von Bienen bestäubt“, sagt Isamuchamedow. Er ist überzeugt: „Menschen sind durch die Bienen besser geerdet, sie bekommen eine Rückkoppelung, zu dem, was sie ausmacht – gerade in großen Städten.“ Das wiegt für ihn die Stiche mehr als auf, die er als allergischer Imker hin und wieder in Kauf nehmen muss.

Quelle: Andrea Jenewein, in: Stuttgarter Zeitung vom 28.10.2020, Nr. 250

Training

1. Entscheiden Sie mithilfe des Textes, ob folgende Aussagen richtig oder falsch sind. Kreuzen Sie an.

	richtig	falsch
Ein Bienenvolk kann bis zu 40 Kilo Honig im Jahr produzieren.	☐	☐
Vor Bienenangriffen muss man sich mit spezieller Ausrüstung schützen.	☐	☐
Um ein Bienenvolk zu mieten, benötigt man einen Balkon im Grünen.	☐	☐
In Deutschland werden Obst und Gemüse überwiegend von Bienen bestäubt.	☐	☐

2. Erklären Sie mit eigenen Worten die Aussage der folgenden Textausschnitte.

a) „Und er vermietet Bienenstöcke. Doch keineswegs, um, wie man meinen könnte, sich auf diesem Wege der Insekten zu entledigen." (Z. 7 ff.)

b) „‚Bisher stecken wir noch in den Kinderschuhen, aber die ersten Vertragsabschlüsse stehen kurz bevor.'" (Z. 52 f.)

3. Vervollständigen Sie die Tabelle mithilfe des Textes.

a)	Name des Autors / der Autorin	
b)	Name des Hobbyimkers / der Hobbyimkerin	
c)	Honigertrag	
d)	Platzbedarf für einen Bienenstock	
e)	Miete für einen Bienenstock	

4. Finden Sie zwei Textbelege, die folgende Aussage bekräftigen.

„Das Bienensterben ist ein großes Problem."

5. a) Sie interviewen Herrn Isamuchamedow für einen Artikel zum Thema „Honigbienen", der in der Schülerzeitung erscheinen soll. Formulieren Sie zwei weitere Fragen, die im Text noch nicht beantwortet wurden.

b) Was kann jede/-r tun, um sich für den Bienenschutz einzusetzen? Beschreiben Sie eine weitere Möglichkeit.

Sachtext 2

So viel kosten Büroflächen in deutschen Großstädten

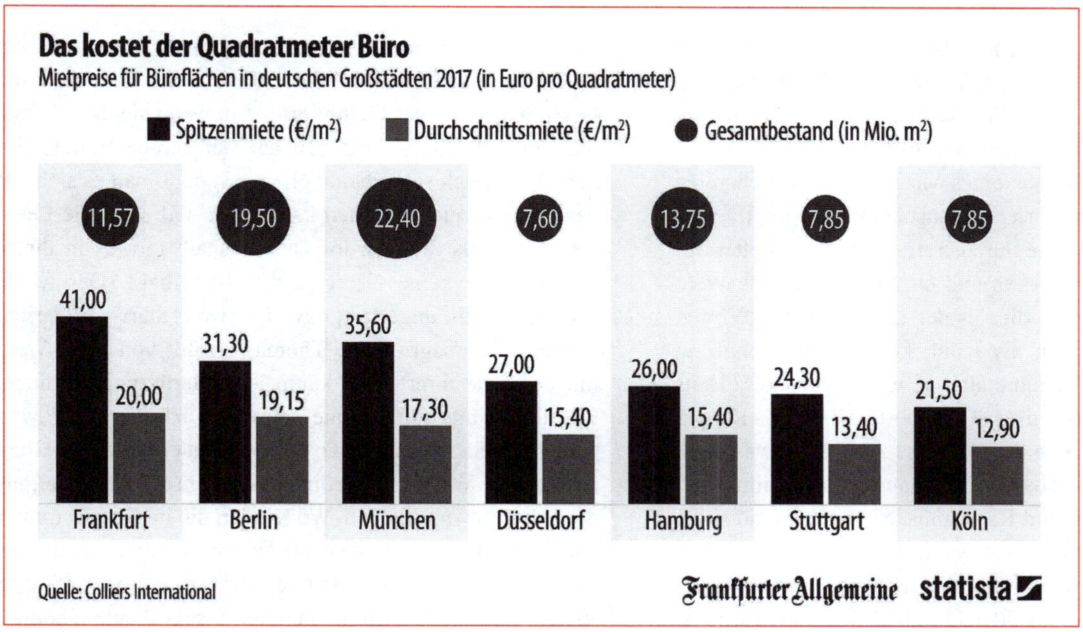

Bildquelle: Dyfed Loesche, Mietpreise. Das kostet der Quadratmeter Büro, auf: www.statista.com/infografik/12749/mietpreise-fuer-bueroflaechen-in-deutschen-grossstaedten/, abgerufen am 06.02.2018

1. Erklären Sie in ein bis zwei Sätzen, worum es in der Grafik grundsätzlich geht.

2. In der folgenden Zusammenfassung sind einige Fehler unterlaufen. Unterstreichen Sie die Teile der Aussage, die nachweislich falsch sind.

Ein Vergleich der acht angegebenen Städte fällt schwer, wenn man sich auf mehr als einen Vergleichsfaktor bezieht. So ist der Gesamtbestand der Büroflächen in München zwar fast doppelt so hoch wie in Stuttgart und höher als in jeder anderen der aufgeführten Städte, doch das bedeutet nicht, dass deshalb die Büroflächen günstiger sind. Im Gegenteil: München ist die teuerste Stadt bei den Spitzenmieten und nimmt den dritten Platz bei den Durchschnittsmieten ein. Berlin hingegen belegt zwar Platz 2, was die teuersten Durchschnittsmieten betrifft, liegt bei den Spitzenmieten aber deutlich hinter München: mehr als 4 Euro pro Quadratmeter beträgt der Unterschied.

3. Kreuzen Sie an, ob die Aussagen richtig oder falsch sind.

	richtig	falsch
Hamburg hat weniger Büroflächen als Berlin, aber mehr als Frankfurt.	☐	☐
Hamburgs Durchschnittsmiete ist höher als die von Düsseldorf, aber niedriger als die von München.	☐	☐
Frankfurt ist in seiner Spitzenmiete so teuer wie Stuttgart und Köln zusammen.	☐	☐

4. Geben Sie an, welche der Aussagen zutrifft.

1. Die Grafik zeigt an, wie hoch die Büromieten in den deutschen Großstädten gestiegen sind.
2. Aus der Grafik lässt sich das Verhältnis von Durchschnittsmiete zu Spitzenmiete bei Büroflächen errechnen.
3. Aus der Grafik lässt sich berechnen, welches die günstigste deutsche Großstadt ist.

Training

Sachtext 3

Was tun, wenn dich die „Cops" anhalten?

Von Katrin Hörnlein

In ihrem Debütroman[1] erzählt Angie Thomas von Polizeigewalt gegen schwarze Jugendliche in den USA. Monatelang führte das Buch die Bestsellerlisten an.
Katrin Hörnlein hat die Autorin getroffen

Wenn Angie Thomas als kleines Mädchen die Schießereien vor ihrem Kinderzimmerfenster ausblenden wollte, flüchtete sie sich in Bücher. Sie durchstreifte mit Harry Potter das Zauberer-Internat Hogwarts und erträumte sich eine Welt, die friedlicher war als die, in der sie aufwuchs. Wörter, das verstand sie schon als Kind, können dich schützen.

Als Angie Thomas 14 Jahre alt war, wurde vor ihrem Haus noch immer geschossen, und sie hörte Hip-Hop. Rapper wie Tupac erzählten in ihren Songs von dem, was auch vor Angies Haus geschah – von Gangs, Kriminalität und Drogen, von Gewalt und Rassismus. Sie taten es auf rohe, ungefilterte und ehrliche Art. Angie Thomas verstand, dass Wörter nicht nur Schutz, sondern auch Waffen sein können.

Heute ist Angie Thomas 30 Jahre alt und kämpft so meisterhaft für ihre Sache, dass sie durch Amerika tourt und ins Ausland eingeladen wird. Nicht die Musik hat sie berühmt gemacht, auch wenn sie sich als Teenager ein paar Jahre lang als Rapperin versuchte. „Mir war ziemlich schnell klar, dass die Länge eines Songs nicht ausreicht für das, was ich zu sagen habe", erzählt sie bei einer Lesung vor rund 200 Jugendlichen in Hamburg. Zum Beweis hält sie ihren Debütroman hoch, mehr als 500 Seiten dick.

The Hate U Give – ein Titel, der auf ihren Lieblingsrapper Tupac zurückgeht – ist der Überraschungserfolg dieses Jahres. Ein Roman über die Gewalt weißer Polizisten gegen schwarze Jugendliche, der in den USA auf Platz eins der *New York Times*-Bestsellerliste[2] einstieg und sich dort monatelang hielt. Inzwischen ist Angie Thomas mit ihrem Erstling für den National Book Award, den größten US-Literaturpreis, nominiert. Der Film zum Roman wird bereits gedreht. „Glauben Sie dem Hype", schrieb eine US-Kritikerin, „dieses Buch ist wirklich so gut!"

Angie Thomas erzählt die Geschichte der 16-jährigen Schwarzen Starr, deren bester Freund Khalil von einem weißen Polizisten erschossen wird. Starr und Khalil waren von einer Party geflüchtet, als dort Schüsse fielen, nur um anschließend in eine Verkehrskontrolle zu geraten, die völlig außer Kontrolle geriet. Nachdem der Polizist den unbewaffneten Khalil grundlos niedergeschossen hat, richtet er die Waffe auf Starr, bis weitere Streifenwagen eintreffen. Für Khalil kommt jede Hilfe zu spät.

Es ist schwer, diesen Roman zu lesen, ohne gemeinsam mit Starr abwechselnd wütend zu werden und zu verzweifeln, sich ohnmächtig und ausgeliefert zu fühlen und zutiefst verängstigt. „Ich habe mich als schwarze Frau in den USA mein ganzes Leben lang so gefühlt", sagt Angie Thomas im Interview, „ich glaube, es ist mehr als okay, wenn jemand beim Lesen mal für ein paar Tage solch ein Unbehagen kennenlernt." Vor allem hoffe sie, dass die Leser sich an dieses Gefühl erinnern, wenn sie das nächste Mal ein schwarzes Mädchen auf der Straße treffen. Sie habe kein Buch schreiben wollen, mit dem man es sich auf dem Sofa bequem machen kann. „Ich will, dass die Leute sehen, was da draußen los ist." Deshalb gibt es in ihrem Roman auch keine Gerechtigkeit für Khalil. Der weiße Polizist kommt ungestraft davon, obwohl Starr vor Gericht gegen ihn aussagt. Angie Thomas erzählt von einer Welt, mit der viele ihrer Leser kaum je in Berührung kommen. Sie nimmt uns mit in eine schwarze *neighborhood*[3], wo Gangs das Sagen haben, wo Drogen und Gewalt den Alltag bestimmen. Wo ein Jugendlicher eher im Knast landet, als die Schule abzuschließen. Wo Kinder, die im Sommer unter einem defekten Hydranten im Wasser spielen, aus einem vorbeifahrenden Auto heraus erschossen werden. „Solche Viertel findest du überall im Land", sagt Angie Thomas. In einem davon wuchs sie selber auf – in einem Vorort von Jackson, Mississippi. „Wenn sich mal ein Weißer zu uns in die Straße verirrte", erzählt Thomas, „war der auf Drogen". Sie sei selbst nie in einer Gang gewesen, da habe sie für den Roman viel recherchieren müssen, doch wie es ist, in einem armen Viertel mit schlechten Schulen und ohne Zukunftsperspektiven groß zu werden, das wisse sie genau. Und auch, dass man als schwarzer Teenager früh lernen sollte, sich an zusätzliche Regeln zu halten.

Im Roman erinnert sich Starr daran, dass ihre Eltern sie als Zwölfjährige über zwei Dinge aufklären: wie das mit dem Sex ist und was sie tun soll, wenn sie von den „Cops" angehalten wird. Oberste Regel: Alles tun, was sie sagen. Außerdem: Hände hochhalten, keine plötzlichen Bewegungen machen, nur reden, wenn man gefragt wird. „Für schwarze Kids ist so ein Gespräch ganz normal", sagt Angie Thomas. Ein Cousin, selbst Polizist, erklärte ihr damals, wie sie sich gegenüber seinen weißen Kollegen verhalten solle. Und noch eine andere persönliche Erfahrung hat Thomas ihrer Hauptfigur geliehen: wie es ist, in zwei Welten zu leben. „Ich habe wie Starr eine Schule besucht, in der fast nur weiße Kinder waren. Sie lebten in Häusern mit zwei Stockwerken und Hausmädchen. Es war nur eine Autofahrt von zehn Minuten dorthin, aber in eine andere Welt – und ein Kulturschock für mich." (...)

Selbst ein Vorbild sein und anderen zeigen, dass auch eine junge schwarze Frau erfolgreich Bücher schreiben kann, davon hat Angie Thomas geträumt. „Und ich wollte für die Kids schreiben, die ich in meinem Viertel sehe, die aber nie irgendwo anders gesehen werden." Noch immer sind Schwarze – Autoren wie Figuren – in der US-Kinder- und Jugendliteratur in der Unterzahl. Kürzlich hat Angie Thomas sich wahnsinnig über eine Kollegin aufgeregt, die

erklärt hatte, wenn sie über Außerirdische schreiben könne, warum nicht auch über Schwarze. „Ich konnte nicht glauben, dass sie das ernsthaft gesagt hat!“
Sie sei nie mit dem „N-Wort“ beschimpft worden, man habe sie auch nie aufgefordert, sich im Bus nach hinten zu setzen. „Aber gerade die Leute, die sich wahnsinnig liberal[4] geben und von sich behaupten, *colourblind*[5] zu sein, halten ihre Handtasche fest, wenn ein Schwarzer an ihnen vorbeigeht“, sagt Thomas.
Sie hoffe, dass ihr Roman Menschen den Mut gibt, sich in solchen Situationen zu wehren: „Man muss nicht Zeuge eines Mordes werden, um den Mund aufzumachen. Es fängt bei den kleinen alltäglichen Diskriminierungen an.“
Auch sie selbst hat es Mut gekostet, diesen Roman zu schreiben. Bisher habe sie – erstaunlicherweise – keinerlei Drohungen erhalten. Das mache ihr Hoffnung. Genauso wie die Beobachtung, dass ihr Roman Wirkung zeige: Nicht nur Jugendliche, Black-Lives-Matter-Aktivisten[6] und Eltern schwarzer Teenager lasen ihn. Auch viele weiße Polizisten bedankten sich bei der Autorin, weil ihr Buch sie zum Nachdenken gebracht habe. Das, sagt Angie Thomas, sei ein Anfang: „Vertraut mir, Bücher sind mächtig. Sie können die Welt verändern.“ *A change is gonna come.*[7]

[1] Debütroman: erster Roman
[2] New York Times-Bestsellerliste: von der Zeitung New York Times erstellte Liste der am meisten verkauften Bücher
[3] neighborhood: (engl.) Nachbarschaft
[4] liberal: freiheitlich orientiert
[5] colourblind: (engl.) wörtlich übersetzt: „farbenblind"
[6] Black-Lives-Matter-Aktivisten: Bewegung, die sich gegen die Diskriminierung gegenüber Schwarzen richtet
[7] A change is gonna come: (engl.) Floskel/Redewendung; in etwa: Eine Veränderung ist auf dem Weg.

Quelle: Katrin Hörnlein: Was tun, wenn dich die „Cops" anhalten?, in: DIE ZEIT, Nr. 42, 12. Oktober 2017, S. 57

1. Ordnen Sie die folgenden Elemente des Textes sinnvoll so in die Tabelle ein, dass klar wird, was zusammengehört. Verwenden Sie beim Eintragen in die Tabelle die Aufzählungszahlen. Jede Zahl passt nur ein Mal.

Titel:
1. The Hate U Give
2. Was tun, wenn dich die „Cops" anhalten?

Figuren/Personen:
3. Angie Thomas
4. Katrin Hörnlein
5. „eine Kollegin"
6. Starr

Rollen:
7. Romanautorin
8. Romanautorin
9. Journalistin
10. Hauptfigur des Romans

Zitate:
11. „Wenn ich über Außerirdische schreiben kann, warum nicht auch über Schwarze."
12. „Ich will, dass die Leute sehen, was da draußen los ist!"
13. „Es ist schwer, diesen Roman zu lesen, ohne gemeinsam mit Starr abwechselnd wütend zu werden und zu verzweifeln, sich ohnmächtig und ausgeliefert zu fühlen und zutiefst verängstigt."

Titel				
Figuren/ Personen				
Rollen				
Zitate				

2. Entscheiden Sie mithilfe des Textes, ob die Aussagen über Angie Thomas richtig oder falsch sind.

	richtig	falsch
Angie Thomas las als Mädchen gerne Harry-Potter-Bücher.	☐	☐
Angie Thomas ist heute 30 Jahre alt.	☐	☐
Angie Thomas kommt aus Jackson, einem Vorort von New York.	☐	☐
Angie Thomas erzählt die Geschichte der beiden Freunde Starr und Khalil.	☐	☐
Angie Thomas versuchte sich eine Zeit lang als Rapperin.	☐	☐

3. Mit welchem Anspruch schrieb Angie Thomas ihren Roman?
Kreuzen Sie die aus dem Text hervorgehende Antwort an.

Angie Thomas will…

a)	selbst ein Vorbild sein und anderen zeigen, dass auch eine junge schwarze Frau erfolgreich Bücher schreiben kann.	
b)	Geld verdienen, um zu zeigen, dass auch junge schwarze Frauen finanziell unabhängig sein können.	
c)	unterhalten, um zu zeigen, dass auch junge schwarze Autorinnen spannende Geschichten entwerfen können.	

4. Erklären Sie in eigenen Worten, was mit dem folgenden Satz gemeint ist:
„Aber gerade die Leute, die sich wahnsinnig liberal geben und von sich behaupten, *colourblind* zu sein, halten ihre Handtasche fest, wenn ein Schwarzer an ihnen vorbeigeht.“ (Z. 108 ff.)

5. Begründen Sie, warum Starrs Eltern ihr für den Fall, dass sie in eine Polizeikontrolle kommt, Ratschläge mit auf den Weg geben.

6. a) Beschreiben Sie kurz, in welcher Situation Sie schon mal mit Diskriminierung in Berührung kamen.

b) Beschreiben Sie kurz, in welcher Situation Sie Vorurteile gegenüber jemandem oder etwas hatten.

Notieren Sie Ihre Antworten in ganzen Sätzen.

Sprachgebrauch

1. Groß- und Kleinschreibung

Erklärung

Bei der Groß- und Kleinschreibung gibt es verschiedene Regeln, die Sie sich einprägen sollten. Wenn Sie sich die Regeln der Großschreibung merken, können Sie einfach alles andere kleinschreiben.

1. Nomen werden immer großgeschrieben. Diese können Sie auf verschiedene Art und Weise erkennen:
   - an Endungen wie **-heit**, **-keit**, **-tion**, **-ung**, **-schaft**, **-tum**, **-sal**, **-nis** oder **-mus**
     Beispiele: Ho**heit**, Heiter**keit**, Situa**tion**, End**ung**, Wissen**schaft**, Wachs**tum**, Rinn**sal**, Zeug**nis**, Perfektionis**mus**
   - an einem vorangestellten Artikel (ein, eine, der, die, das) oder einem anderen Begleitwort (Zahlwort, unbestimmte Mengenangabe, Adjektiv usw.)
     Beispiele: das Haus, ein Baum, zwei Tiere, genug Platz, großer Mut, viele Tiere
   - ein wie ein Nomen verwendetes Verb oder Adjektiv (Nominalisierung)
     Beispiele: das Gute (Artikel + nominalisiertes Adjektiv)
     dein Laufen (Pronomen + nominalisiertes Verb)
     im Guten, beim Schwimmen, nichts Neues (Präposition + nominalisiertes Adjektiv/Verb)
   - ein Nomen, das eine Tageszeit beschreibt, und nach Adverbien wie **gestern, heute, morgen** steht
     Beispiele: vorgestern Morgen, heute Nacht, morgen Vormittag

2. Am Satzanfang oder Anfang einer Überschrift wird großgeschrieben.

3. Eigennamen werden immer großgeschrieben.
   Beispiele: Vor- und Nachnamen, Länder, Städte …

4. Adverbien, bestimmte Adjektive (mit **sein** oder **werden** verbunden), Präpositionen, unbestimmte Pronomen und Zahlenwörter, die aus Nomen entstanden sind, werden kleingeschrieben.
   Beispiele: morgens, abends, anfangs, kreuz und quer
   Mir **ist** angst. ABER: Ich **habe** Angst. Du **bist** schuld daran.
   dank, trotz, angesichts, seitens
   ein bisschen, ein wenig, ein paar (steht hier für **einige**, sonst „ein Paar" für zwei zusammengehörende Dinge)

5. Fremdwortendungen können ebenfalls Aufschluss über die Schreibweise geben.
   - Kleingeschrieben werden Verben auf **-ieren**, Adjektive auf **-ell**, **-istisch**, **-iv**
     Beispiele: funktion**ieren**, fabriz**ieren**, fotograf**ieren**
     spez**iell**, real**istisch**, primit**iv**
   - Großgeschrieben werden Nomen auf **-tion**, **-ment**, **-ine**, **-tät**, **-ik**, **-age**, **-eur**, **-mus**
     Beispiele: Präven**tion**, Argu**ment**, Masch**ine**, Aktivi**tät**, Log**ik**, Blam**age**, Regiss**eur**, Expressionis**mus**

Typische Aufgabenstellung

Entscheiden Sie, ob die markierten Wörter groß- oder kleingeschrieben werden, und begründen Sie Ihre Wahl.

a) Die **s/Spezielle i/Injektion** war für den Patienten lebensnotwendig.

b) Wenn ich **m/Morgens** früh aufstehe, dann bin ich am **a/Abend** sehr müde.

c) Ein **p/Paar** Runden durch den Park zu joggen, tut der **g/Gesundheit** sehr gut.

Lösung

a) spezielle wird kleingeschrieben, die Endung -ell weist auf ein Adjektiv hin
Injektion wird großgeschrieben, die Endung -ion weist auf ein Nomen hin

b) morgens wird kleingeschrieben, weil es sich um ein aus einem Nomen entstandenes Adverb handelt
Abend wird großgeschrieben, am = *an dem* → Präposition + Artikel weist auf Nomen hin

c) paar wird kleingeschrieben, es handelt sich um einige, nicht um ein zusammengehörendes Paar zweier Dinge
Gesundheit wird großgeschrieben, Artikel *der* (im Dativ) weist auf Nomen hin

Übungsaufgaben

1. Prüfen Sie die folgenden Sätze auf die richtige Groß- und Kleinschreibung. Kreisen Sie die falsch geschriebenen Wörter ein und korrigieren Sie diese.

a) Es duftet nach Frischen Plätzchen.

b) Die Bergwacht rettete die verschütteten.

c) Unser Lehrer informiert uns über wissenswertes zur Prüfung.

d) Meine beste Disziplin ist das laufen.

e) Die Detektive suchten vergeblich nach den Verschwundenen Menschen.

f) Unsere Lehrerin konnte uns viel spannendes in Mathe beibringen.

g) Meine Freundin und ich hatten Ereignisreiche Ferien.

2. Entscheiden Sie, ob die markierten Wörter groß- oder kleingeschrieben werden, und begründen Sie Ihre Wahl.

a) Sie trug am liebsten Kleider in **g/Grün**.

b) Im Unterricht erfahren wir viel **n/Neues**.

c) Am **l/Liebsten** esse ich Pfannkuchen.

d) Die Polizei tappt bei der **a/Aufklärung** des Verbrechens weiterhin im **d/Dunkeln**.

e) Beim **s/Sprinten** ist Finn immer der **s/Schnellste**.

f) Im **o/Oktober** findet immer unser **k/Klassenfest** statt.

3. Schreiben Sie die folgende Textstelle in richtiger Groß- und Kleinschreibung auf.

[…] die jungforscher aus königs wusterhausen (Dahme-Spreewald) kennen die schockierenden bilder von den mit plastikabfällen vermüllten meeren. sie selbst treibt die frage um, wie viel es vom sogenannten mikroplastik im heimischen wasser gibt. es geht um jene winzigen kunststoffteilchen, deren wirkungen noch völlig unbekannt sind. die drei haben also einfach mal geschaut, wie viel von dem mini-müll in einer 200-milliliter-peeling-creme ist. […]

Quelle: Silvia Passow, in: https://www.berliner-zeitung.de/berlin/brandenburg/jugend-forscht-so-viel-mikroplastik-findet-man-heimischen-gewaessern-31359340, Berliner Zeitung, 29.08.2018, Textauszug

4. Lesen Sie folgenden Satz und erläutern Sie, warum es falsch wäre, „außerirdische" und „schwarze" klein zu schreiben, obwohl „außerirdisch" und „schwarz" doch Adjektive sind.

„Noch immer sind Schwarze – Autoren wie Figuren – in der US-Kinder- und Jugendliteratur in der Unterzahl. Kürzlich hat Angie Thomas sich wahnsinnig über eine Kollegin aufgeregt, die erklärt hatte, wenn sie über Außerirdische schreiben könne, warum nicht auch über Schwarze." (Was tun, wenn dich die „Cops" anhalten, S. 28 f., Z. 99 – 104)

(1)

2. Getrennt- und Zusammenschreibung

Erklärung

Ähnlich wie bei anderen grammatischen Problemen gibt es auch bei der Getrennt- und Zusammenschreibung Regeln, die Ihnen helfen. Wenn Sie sich diese gut merken, fällt es Ihnen leichter, zu entscheiden, wie die Wörter geschrieben werden.

1. Getrennt geschrieben werden in der Regel:

▶ **Verb + Verb**

Beispiele: lieben lernen, spazieren gehen, gefangen halten, getrennt leben …

▶ **Nomen + Verb**

Beispiele: Ordnung machen, Auto fahren, Klavier spielen ...

▶ **Adverb + Verb**

Beispiele: da sein, zusammen sein ..., allein erziehen, zustande bringen ...

▶ **Adverb + Adjektiv/Adverb**

Beispiele: wie viel, zu viel

▶ **Übertragene Bedeutung!**

Entsteht bei zwei nebeneinanderstehenden Wörtern jedoch eine neue, also eine übertragene Bedeutung, schreibt man sie zusammen.

Beispiele:

Ich habe das Wort großgeschrieben. → Bedeutung: Ich habe das Wort am Wortanfang mit einem großen Buchstaben geschrieben.

ABER

Ich habe das Wort groß geschrieben. → Bedeutung: Ich habe das ganze Wort in Großbuchstaben geschrieben.

2. Zusammengeschrieben werden muss: irgendetwas, irgendjemand, umso (desto), zurzeit (derzeit)

Typische Aufgabenstellung

Entscheiden Sie: Getrennt oder zusammen?

a) Wenn ich 18 bin, darf ich endlich **Auto fahren / Autofahren.**

b) Bello soll brav **nebenher laufen / nebenherlaufen.**

c) **Rot gestreift / rotgestreift** ist mein Lieblingsmuster.

Lösung

a) Wenn ich 18 bin, darf ich endlich **Auto fahren.**

b) Bello soll brav **nebenherlaufen.**

c) **Rot gestreift** ist mein Lieblingsmuster. (Zusammenschreibung in diesem Fall auch möglich)

Übungsaufgaben

1. Entscheiden Sie, ob die Wörter getrennt- oder zusammengeschrieben werden.

a) **Peinlich sauber**
Ein Chinese eröffnete in Deutschland eine Gaststätte mit einer **riesig großen / riesiggroßen** Auswahl an Speisen aus seinem Heimatland. Anfangs kamen die Gäste zahlreich. **Freudestrahlend / Freude strahlend** hoffte er, dass es so bleibt, denn das Restaurant war immer gründlich gereinigt, **soweit / so weit** man sehen konnte. Der Wirt hatte dem Personal befohlen, alles mit Seife **sauber zu machen / sauberzumachen. Nachdem / Nach dem** die Gäste nach dem ersten Besuch nicht **wieder kamen / wiederkamen,** bedrängte er **angsterfüllt / Angst erfüllt** einen Gast, ihm den Grund **preiszugeben / preis zu geben.** Der Gast antwortete: „Das Essen mag chinesisch fein sein, es schmeckt aber **seifigzart / seifig zart.**"

b) **Hochvornehm**
Ein vornehmes Restaurant war bekannt für sein wirklich **hervorragendes / hervor ragendes** Essen und die passende Umgebung. **Zartgelbe / Zart gelbe** Servietten und **blendendweiße / blendend weiße** Tischtücher gehörten zur normalen Ausstattung. Leider waren die Essensportionen nicht entsprechend groß. Ein richtig hungriger Gast fühlte sich **irregeführt / irre geführt** und war **bitter böse / bitterböse**, weil sein Hunger ungestillt blieb. Nach dem Menü fragte der Kellner den Gast: „Wie haben Sie das Beefsteak gefunden, mein Herr?" „Rein zufällig, **nachdem / nach dem** ich die Kartoffel **wegschob / weg schob**", antwortete der Gast. Seitdem sollen die Portionen in dem Restaurant nicht mehr **winzigklein / winzig klein** gewesen sein.

Quelle: Ulla Ewald-Spiller, Guenter Graf, Martina Geiger, Ute Fuhrhop, Winfried Harst, Meike Luster, Frauke Mühle-Bohlen, Hans Stammel, nach: deutsch.ideen 8. Bildungshaus Schulbuch, Seite 229

2. Getrennt- oder Zusammenschreibung? Prüfen Sie die Sätze auf richtige Schreibung. Streichen Sie die falsch geschriebenen Wörter durch.

a) Ich gehe auf eine **allgemein bildende/allgemeinbildende** Schule.

b) Meine Freunde sollten meine Eltern **auseinander halten/auseinanderhalten** können.

c) Matrosen tragen **blau gestreifte/blaugestreifte** Uniformen.

d) Mit dieser fiesen Erkältung solltest du dich lieber **krank schreiben/krankschreiben** lassen.

e) Er wurde von jeglicher Schuld **frei gesprochen/freigesprochen**.

f) Nach einem heftigen Streit sollte man nicht wortlos **auseinander gehen/auseinandergehen**.

g) Andreas hat in Mathe wirklich **hervor ragende/hervorragende** Noten.

3. Verbindung mit „irgend“. Getrennt oder zusammen? Streichen Sie die falsch geschriebenen Wörter durch.

a) **Irgend jemand / Irgendjemand** schreibt mir heimlich Briefe.

b) **Irgend so ein / Irgendsoein** Blödmann hat mein Getränk umgeworfen.

c) **Irgend etwas / Irgendetwas** war mit den Pilzen nicht in Ordnung.

4. Verbindung mit Adjektiven. Getrennt oder zusammen? Streichen Sie die falsch geschriebenen Wörter durch.

a) Wenn man **allein stehend / alleinstehend** ist, langweilt man sich oft.

b) Wenn unser Kater sauer ist, dann ist er **gemein gefährlich / gemeingefährlich**.

c) Heutzutage sind Frauen und Männer in den meisten Fällen **gleich berechtigt / gleichberechtigt**.

d) Bei seinem Vortrag hat er vor der gesamten Klasse **frei gesprochen / freigesprochen**.

e) Draußen war es **bitter kalt / bitterkalt**.

3. Rechtschreibstrategien anwenden

Erklärung

Im Folgenden kommt es darauf an, die richtige Rechtschreibregel zu nennen, mit der erklärt werden kann, warum beispielsweise ein Wort groß- bzw. kleingeschrieben wird oder eine Konsonantendopplung vorkommt.

Regelwissen

- ie nach lang gesprochenem i
- Konsonantendopplung ll, mm, nn, rr … nach kurz gesprochenem Vokal
- ck, tz nach kurz gesprochenem Vokal
- ss nach kurz gesprochenem Vokal, ß nur nach lang gesprochenem Vokal
- Auslaute b, d, g durch Verlängerungsprobe deutlich machen, z. B. mild – mildes Klima
- ä/äu durch Ableitung in a/au deutlich machen
- Silbentrennendes h trennt zwei Silben, z. B. se-hen
- Nomen und Eigennamen werden immer großgeschrieben

Überblick über die wesentlichen Strategien

▶ Bilden des Plurals	der Ber**g** – die Ber**g**e
▶ Bilden des Singulars	die Br**äu**te – die Br**au**t
▶ Steigern des Wortes	klu**g** – klü**g**er
▶ Bilden der Grundform eines Verbs	es sin**k**t – sin**k**en
▶ Silbentrennung	die To**nn**e – die To**n-n**e
▶ Suchen eines verwandten Wortes der gleichen Wortfamilie	die Ern**ä**hrung – die N**a**hrung
▶ Artikelprobe	**S**onne – **die S**onne
▶ Untersuchen der Wortendungen bei Adjektiven: -ig, -isch, -lich, -sam, -los	ein**sam** – Endung **-sam** weist auf **Adjektiv** hin
bei Nomen: -heit, -keit, -nis, -schaft, -ung	Wohn**ung** – die Wohn**ung**

Training

Typische Aufgabenstellung

Wie können Sie die Schreibung der fett gedruckten Buchstaben in folgenden Wörtern prüfen?
Bewunderung, kna**ll**en, kl**ä**glich

Lösung

Bewunderung:	Artikelprobe, Nachsilbe -ung als Hinweis für Nomen
knallen:	Konsonantendopplung nach kurzgesprochenem Vokal
kläglich:	sinnverwandte Wörter suchen (klagen, die Klage)

Übungsaufgaben

1. Welche Strategie hilft, die Wörter an der markierten Stelle richtig zu schreiben?

Sie**b**, **W**ildnis, run**d**, w**ä**hlen, Bu**schsch**wein, Geb**äu**de, Ra**ss**e, Wo**nn**e, Bur**g**

2. Erklären Sie die unterschiedliche Schreibweise der Wörter.

a) er sin**g**t – er sin**k**t

b bun**t** – Bun**d**

c) **v**iel – **f**iel

d) en**t**scheiden – En**d**station

e) lie**ß** – lie**s**

3. Finden Sie eine Regel bzw. Strategie, die die Schreibweise an der markierten Stelle erklärt.

Re**nn**pferd → 2 wörter draus machen & verlängern danach

Au**ss**te**ll**ung → Silben trennen

Z**ä**hne → Bilden der einzahl

wei**t** → steigern

Ste**h**tisch → Silben trennen

4. Wörter auf Doppelkonsonanten prüfen

Erklärung

Es gibt Wörter, die bei der Schreibweise eine Besonderheit aufweisen. So zum Beispiel Wörter mit Doppelkonsonanten. Diese Wörter sind zu üben.

In der Prüfung sollten Sie erkennen, welche Wörter mit Doppel- und welche mit Einzelkonsonanten geschrieben werden, und das auch begründen können.

Regel 1 – kurz gesprochene Vokale
Nach einem kurz gesprochenen Vokal folgt häufig eine Konsonantendopplung.
Häufige Dopplungen sind „ff, ll, mm, nn, pp, rr, ss oder tt".
Beispiele: alle, besser, Kartoffel, nett

Wenn das Wort einsilbig ist, hilft es, das Wort zu verlängern oder den Infinitiv zu bilden.
Beispiele: Nuss → Nüs-se, kommt → kom-men

„tz" und „ck" folgen ebenfalls auf einen kurz gesprochenen Vokal.
Beispiele: Hitze, Sack, Katze, Dreck

Nach „l", „n", „r", das merke ja, steht **nie** „tz" und **nie** „ck".
Beispiele: Sa**l**z, Schra**n**k, Qua**r**k

Besonderheit: Bei zusammengesetzten Wörtern kann es vorkommen, dass aus einem Doppelkonsonanten ein Dreifachkonsonant wird.
Beispiele: Schi**ff** + **F**ahrt → Schi**fff**ahrt, bre**nn**en + **N**essel → Bre**nnn**essel

Regel 2 – zweisilbige Wörter
Bei zweisilbigen Wörtern, wie zum Beispiel Kum-mer, kann es hilfreich sein, sich die Worttrennung vorzusagen. Denn dadurch lässt sich relativ leicht erkennen, dass zwischen der ersten und der zweiten Silbe eines Wortes ein Doppelkonsonant geschrieben wird.
Beispiele: Tre**n-n**ung, Hi**m-m**el, Wa**s-s**er

Regel 3 – lang gesprochene Vokale
Nach lang gesprochenen Vokalen steht ein Einzelkonsonant.
Beispiele: Nase, Fuge, Nebel

Weiter merke dir genau, nur „k" und „z" nach „ei, eu, au".
Beispiele: Str**ei**k, Kr**eu**z, P**au**ker

Typische Aufgabenstellung

Entscheiden Sie: Doppel- oder Einzelkonsonant? Begründen Sie Ihre Wahl.

a) Der **Fal/llschirm** ging gerade noch rechtzeitig auf.

b) Die **Him/mmbeerhek/cke**, die **gefäl/llt** mir am besten.

c) Die **Tren/nnung** meiner Eltern finde ich gar nicht **tol/ll**.

Training

Lösung

a) Fallschirm → Grundform „fal-len"

b) Himbeerhecke → Himbeere, kein erkennbarer Wortstamm mit Doppelkonsonant
→ Hecke, auf einen kurz gesprochenen Vokal folgt „ck"

gefällt → Grundform „gefal-len"

c) Trennung → „nn" nach kurz gesprochenem Vokal oder Zerlegen des Wortes in Silben: „Tren-nung"

toll → Bilden der 1. Steigerung (Komparativ) bzw. Verlängern des Wortes „tol-ler"

Übungsaufgaben

1. Erläutern Sie jeweils die drei Konsonanten in Flussschwein und Sauerstoffflasche.

____

____

2. Nennen Sie jeweils bei den folgenden Wörtern eine Strategie für die Schreibweise mit Einzel- oder Doppelkonsonant.

Welle ______________________________

Streik ______________________________

schick ______________________________

Pauke ______________________________

Salz ______________________________

Satz ______________________________

All ______________________________

Aal ______________________________

Qual ______________________________

Qualle ______________________________

3. Entscheiden Sie, ob das markierte Wort mit einem Doppel- oder Einzelkonsonant geschrieben wird.

Kurz vor den So____erferien findet in der Schu____e i____er unser Stufenfest statt. Dieses Jahr ha__en wir leider Pech mit dem We___er. Es bli____te und do___erte. Der Regen pra___elte nur so vom Hi___el. Aber wir ließen uns die Laune tro__dem nicht verderben und haben ausgiebig gefeiert.

4. Setzen Sie „k" oder „ck" in die Lücken ein.

a) Ein Ru__sa__ ist pra__tisch beim Wandern.

b) Die Ta__ti__ beim Beobachten von Ku__ucken ist wichtig.

c) Der Vertrag ist in tro__enen Tüchern.

d) Das Kinofieber hat mich star__ gepa__t.

e) Der Bauer ha__t den Boden.

f) Im Wer__unterricht arbeiten wir mit Holz.

5. Lang gesprochene Vokale

Erklärung

In geschriebener Form gibt es lang gesprochene Vokale einfach, verdoppelt (ie gilt als ii) oder mit darauf folgendem Dehnungs-h. Eine Verdopplung und ein zusätzliches Dehnungs-h gibt es nur bei „i".
Beispiele: Mut, Bote, Saal, Beet, Dieb, Mehl, ihm, Ruhm, Vieh

Wie erkennt man nun, wann welche Form angewandt werden muss? Das ist tatsächlich nicht ganz einfach, weil es keine immer gültigen Regeln gibt. Aber es gibt Richtlinien, die in den meisten Fällen gelten.

1. Keine zusätzliche Kennzeichnung nach einem lang gesprochenen Vokal beispielsweise durch Dehnungs-h oder Ähnliches.
   Beispiele: Tal, Schreibstil
2. Vor den Konsonanten „l", „m", „n" oder „r" steht in den meisten Fällen ein Dehnungs-h.
   Beispiele: Za**h**l, za**h**m, So**h**n, Gefa**h**r
3. Wörter, die mit „Q", „Sch", „Sp" oder „T" beginnen, haben kein Dehnungs-h.
   Beispiele: Qual, Schnur, Spaten, Tat
4. Zwischen zwei Vokalen steht ein vokaltrennendes „h".
   Beispiele: se-**h**en, mä-**h**en, ste-**h**en
5. Ein lang gesprochenes „i" wird zu „ie".
   Beispiele: W**ie**se, M**ie**te, Tr**ie**b
6. In einigen Fällen werden lang gesprochene Vokale auch verdoppelt: „aa", „oo", „ee"
   Beispiele: S**aa**l, M**oo**s, T**ee**

Typische Aufgabenstellung

Füllen Sie die Tabelle aus.

Vokal	einfacher Vokal	Verdopplung	Dehnung mit h
a			
e			
i			
o			
u		-	
ä		-	
ö		-	
ü		-	

Lösung

Vokal	einfacher Vokal	Verdopplung	Dehnung mit h
a	Wal	Saal	Wahl
e	reden	Beere	Mehl
i	Igel	Sieg	ihm / Vieh
o	Sog	Boot	Wohnung
u	klug	-	Fuhrwerk
ä	Mädchen	-	gähnen
ö	Größe	-	versöhnen
ü	grün	-	führen

Übungsaufgaben

1. Vorsicht bei ähnlich klingenden Wörtern. Ihre Schreibweise kann dennoch unterschiedlich sein. Überlegen Sie genau und entscheiden Sie aus dem Textzusammenhang. Begründen Sie anschließend Ihre Wahl.

Wal • Wahl • war • Ware • wahre • Bote • Boote • Beete • bete

Der ______ brachte die _______ auf die _______. Obwohl die Gangway schaukelte, musste er die Pakete hinüberjonglieren. Er hatte keine ________. Doch _______ Freunde unterstützen einander und deshalb eilte ihm einer der Matrosen zu Hilfe. Man konnte noch die frische Erde riechen, die die _______ am Gemüse hinterlassen hatten.

Als die Schiffe ablegten, rief die Mutter des Matrosen: „Ich _______, dass dir nichts passiert." Nach kurzer Zeit auf See tauchte am Horizont plötzlich ein ______ auf. Das _____ ein schöner Auftakt zu einer langen Reise.

2. Bilden Sie zu jeder Buchstabenreihe einen Satz.

- a, aa und ah
- e, ee und eh
- i, ie und ih
- o, oo und oh
- u und uh

3. a) Finden Sie jeweils drei weitere Reimwörter.

Schnur ______________________________

Dieb ______________________________

Wut ______________________________

Zahl ______________________________

b) Erklären Sie, warum **Schnur** ohne Dehnungs-h geschrieben wird, **Zahl** hingegen mit.

____

____

6. Wörter mit s-Laut

Erklärung

Die Unterscheidung zwischen einfachem „s", doppeltem „ss" oder „ß" ist mit ein bisschen Übung gut zu schaffen.

1. einfaches -s
In der Regel werden Wörter mit einem einfachen -s geschrieben. Das gilt sowohl am Wortanfang als auch in der Wortmitte. Überprüfen können Sie dies auch, indem Sie das Wort laut aussprechen. Ist das -s weich und stimmhaft, ist es einfach.
Beispiele: **S**auna, Ha**s**e, le**s**en, Kap**s**el, **s**anft

2. -ss
Wird der Vokal im Wortstamm kurz gesprochen, folgt ein -ss. Sind Sie sich unsicher, kann häufig die Silbentrennung oder die Pluralbildung helfen.
Beispiele: Kla**ss**e → Silbentrennung Klas-se
Schlo**ss** → Pluralbildung Schlös-ser
me**ss**en → Silbentrennung mes-sen

3. -nis
Wörter mit der Nachsilbe -nis und auch bestimmte Fremdwörter werden im Singular nur mit -s geschrieben, im Plural dagegen mit -ss.
Beispiele: Omnibu**s** → ABER Omnibusse
Wag**nis** → ABER Wagnisse
Zeugn**is** → ABER Zeugnisse

4. -ß
Nach einem lang gesprochenen Vokal, einem Umlaut oder einem Zwielaut (Diphthong) steht -ß.
Ausnahme: das stimmlose -s wird im Plural zum stimmhaften -s.
Beispiele: Ma**ß**, blo**ß**, gro**ß**, Flo**ß**, Gru**ß**, rei**ß**en, schlie**ß**en, Strau**ß**
ABER: Haus (stimmhaft in Häuser), Gras (stimmhaft in Gräser)

Typische Aufgabenstellung

Entscheiden Sie: „s", „ss" oder „ß" – was ist richtig?
Kreuzen Sie das jeweils richtig geschriebene Wort an.

a) Zum Geburtstag bekomme ich immer viel
- ☐ Süßes.
- ☐ Süsses.

b) Meine Freundin und ich, wir wohnen beide in der
- ☐ Bahnhofstrasse.
- ☐ Bahnhofstraße.

c) Meine Lieblingsblumen sind rote
- ☐ Rosen.
- ☐ Roßen.

Lösung

a) ☒ Süßes

b) ☒ Bahnhofstraße

c) ☒ Rosen

Übungsaufgaben

1. Suchen Sie aus dem Text alle s-Laute heraus und erklären Sie ihre Schreibweise. (Wiederholungen genügen einmal.)

Ein Löwe würdigte einen drolligen Hasen seiner näheren Bekanntschaft. „Aber ist es denn wahr“, fragte ihn einst der Hase, „dass euch Löwen ein elender krähender Hahn so leicht verjagen kann?“
„Allerdings ist es wahr“, antwortete der Löwe; „und es ist eine allgemeine Anmerkung, dass wir große Tiere durchgängig eine gewisse kleine Schwachheit an uns haben. So wirst du, zum Exempel, von dem Elefanten gehört haben, dass ihm das Grunzen eines Schweins Schauder und Entsetzen erwecket.“
„Wahrhaftig?“, unterbrach ihn der Hase. „Ja, nun begreife ich auch, warum wir Hasen uns so entsetzlich vor den Hunden fürchten.“

Quelle: Gotthold Ephraim Lessing, Fabeln (1759), an moderne Rechtschreibung angepasst

2. Entscheiden Sie, welche Schreibweise die richtige ist: s – ss – ß

a) Mein Opa **has/ss/ß**t es, Wei**s/ss/ß**brot zu e**s/ss/ß**en.

b) Wir ___enden au___ dem Urlaub eine Po___tkarte mit ___onnigen Grü___en.

c) „Süs**s/ss/ß**es oder ___aures“, ___ingen die als Gei**s/ss/ß**ter verkleideten Kinder.

d) Der Bi___ einer Schlange i___t au___erordentlich schmerzhaft.

3. Warum wird Maus nicht mit -ß geschrieben, obwohl das -s nach einem Umlaut steht?

____

____

4. Nennen Sie zwei Beispiele, bei denen sich das Singular -s in ein -ss im Plural verwandelt.

- ______________________________
- ______________________________

5. Erklären Sie mithilfe der passenden Strategie die Schreibweise folgender Wörter.
Masse, nass, blass, Schluss, groß, Fuß, Sonne, summen, Raspel

____

____

____

____

____

____

____

____

____

7. Das oder dass

Erklärung

Die Frage, ob es nun „das" oder „dass" heißt, taucht in der deutschen Rechtschreibung immer wieder auf. Dabei ist es gar nicht so schwer, wenn man ein paar Grundregeln befolgt.

Regel 1
Dient „das" als Artikel, wird es mit einem „s" geschrieben.
Beispiel: das Haus

Regel 2
Wenn „das" durch „dies/dieses" ersetzt werden kann, wird es nur mit einem „s" geschrieben.
Beispiel: das (dieses) mobile Navigationssystem

Regel 3
Kann „das" durch „welches" ersetzt werden, schreibt man es nur mit einem „s". Das kommt meistens nach einem Komma vor.
Beispiel: Das Videospiel, das (welches) mir gefällt, habe ich mir gekauft.

Regel 4
Ist kein Ersatz durch „dieses" oder „welches" möglich und handelt es sich nicht um einen Artikel, wird „dass" mit „ss" geschrieben.
Beispiel: Ich weiß, dass es früh dunkel wird.

Typische Aufgabenstellung

Setzen Sie die richtige Schreibweise (das/dass) ein und bestimmen Sie, um welche Wortart (Artikel, Relativ-, Demonstrativpronomen oder Konjunktion) es sich handelt.

Artikel = A, Relativpronomen = R, Demonstrativpronomen = D, Konjunktion = K

Der Hund stammt vom Wolf ab. Durch die Domestizierung ist es passiert, ______ wolfstypische Eigenschaften verloren gegangen sind. So zum Beispiel ______ nächtliche Heulen. Wahrscheinlich ist aber, ______ ______ absichtlich weggezüchtet wurde.

Lösung
Der Hund stammt vom Wolf ab. Durch die Domestizierung ist es passiert, **dass (K)** wolfstypische Eigenschaften verloren gegangen sind. So zum Beispiel **das (A)** nächtliche Heulen. Wahrscheinlich ist aber, **dass (K) das (D)** absichtlich weggezüchtet wurde.

Übungsaufgaben

1. Setzen Sie die richtige Schreibweise (das/dass) ein und bestimmen Sie, um welche Wortart (Artikel, Relativ-, Demonstrativpronomen oder Konjunktion) es sich handelt.

   Artikel = A, Relativpronomen = R, Demonstrativpronomen = D, Konjunktion = K

   Da______ da______ Burj Khalifa in Dubai 828 Meter hoch ist, ist unglaublich. Es ist eine echte Sensation, da______ so etwas architektonisch möglich ist. Da______ Gebäude hat 163 nutzbare Etagen und 57 Aufzüge. Zu seinen Füßen liegt der Dubai Fountain, da______ größte Wasserspiel der Welt. Da______ Motto, da______ überall in Dubai vorherrscht – größer, höher, luxuriöser – wurde auch an dieser Stelle meisterlich umgesetzt.

2. „das" oder „dass"? Streichen Sie die falsche Möglichkeit durch.

Zu Hause angekommen stellte Maria fest, da | s | ss | sie ihre Schultasche im Bus vergessen hatte. Da | s | ss | war jetzt schon das zweite Mal diese Woche, da | s | ss | ihr da | s | ss | passierte. Jetzt musste sie wieder an die Endhaltestelle fahren, dort in da | s | ss | Fundbüro gehen und hoffen, da | s | ss | jemand die Tasche abgegeben hatte.

3. Entscheiden Sie sich für die richtige Schreibweise, kreisen Sie diese ein und bestimmen Sie die Wortart (Artikel, Relativ-, Demonstrativpronomen oder Konjunktion).

Artikel = A, Relativpronomen = R, Demonstrativpronomen = D, Konjunktion = K

a) Kannst du das kleine Häuschen sehen, das/dass _______ da drüben am Waldrand steht?

b) Es war keine so gute Idee, das/dass _______ Leander bei strömendem Regen ohne Jacke nach draußen gegangen ist. Das/Dass _______ muss er jetzt mit einer Erkältung büßen.

c) Ich habe mich gewundert, das/dass _______ meine scheinbar schlafende Mutter doch mitbekommen hat, das/dass _______ ich mich heimlich aus dem Haus schleichen wollte.

d) Etwas zu erkennen, das/dass _______ im Verborgenen liegt, bedeutet manchmal mehr, als das/dass _______ Offensichtliche zu sehen.

8. Satzzeichen

Erklärung

Satzzeichen werden verwendet, um einen Text zu strukturieren und ihm inhaltlich einen Sinn zu geben. In der Prüfung sollen Sie zeigen, dass Sie Satzzeichen richtig anwenden, aber auch ihre Bedeutung verstehen.

- Punkt → steht am Ende eines Aussagesatzes
- Fragezeichen → steht am Ende einer Frage
- Ausrufezeichen → hebt die Aussage hervor, wird für die Aufforderungsform (Imperativ) verwendet
- Anführungszeichen → stehen am Anfang und Ende einer wörtlichen Rede, kennzeichnen Zitate oder Begriffe, die nicht gebräuchlich verwendet werden
- Doppelpunkt → wird als Trennung oder Betonung gebraucht, steht vor einer wörtlichen Rede
- Komma → trennt Teilsätze, wird bei Aufzählungen gebraucht

Die wichtigsten Kommaregeln

1. Komma zwischen Haupt- und Nebensatz

Gut erkennen können Sie das, wenn der Nebensatz durch „als, weil, nachdem, wenn, obwohl, ob, dass, damit, bevor …" eingeleitet wird.

Beispiel: Ich putze meine Zähne, <u>bevor</u> ich ins Bett gehe.
Die Amsel kann fliegen, <u>weil</u> sie Flügel hat.

2. Komma zwischen Hauptsätzen

Beispiele: Ich putze meine Zähne, dann gehe ich ins Bett.

3. Komma bei Aufzählungen

Wenn Sie mehrere Dinge nacheinander aufzählen, steht dazwischen jeweils ein Komma. Vor und/oder steht in diesem Fall hingegen kein Komma.

Beispiel: Wir haben die Fächer Deutsch, Mathe, Englisch, Geografie und noch viele andere.

4. Abtrennung von Relativsätzen
Ein Relativsatz beschreibt das vorausgegangene Nomen im Satz näher; er ist zu erkennen an dem bezüglichen Fürwort (Pronomen) und einem Prädikat.
Beispiel: Die Schnecke, die sehr langsam kroch, kam auch ans Ziel.

5. Komma bei Einschüben
Wenn Sie in einem Satz noch einen weiteren Gedanken als Erklärung (ohne Prädikat) unterbringen möchten, trennen Sie diesen mit Kommas ab.
Beispiel: Der Eisbär, ein Überlebenskünstler am Nordpol, leidet unter dem Klimawandel.

6. Komma bei einem erweiterten Infinitiv mit „zu"
Das Komma trennt den Hauptsatz vom zweiten Satzteil mit erweitertem Infinitiv. In diesem Fall kann, muss aber kein Komma stehen.
Beispiel: Die Eltern beschlossen(,) im nächsten Jahr wieder in die Berge zu gehen.
Ausnahmen: ..., um ... zu; ..., ohne ... zu; ..., anstatt ... zu; ..., außer ... zu
Hier muss immer ein Komma stehen.
Beispiel: Er spart Geld, um sich ein neues Fahrrad zu kaufen.

7. Komma bei wörtlicher Rede oder indirekter Rede
Nach dem Ende der wörtlichen Rede steht ein Komma, um den Begleitsatz abzutrennen.
Beispiel: „Toll, dieses Wetter heute!", rief Pauline.
„Aber es ist doch so heiß", erwiderte Leon.
Pauline rief, das Wetter sei toll.
Leon erwiderte, dass es aber doch so heiß sei.

8. Komma vor Konjunktionen

a) Entgegengesetzte Konjunktionen
Beispiele: aber, sondern, allein, doch, jedoch, vielmehr
Du bist jünger als ich**, aber** größer.

b) Konjunktionen in Konjunktionalsätzen
Beispiele: als, wenn, dass, obwohl, nachdem, damit, bevor, bis, weil
Ich war schon da**, als** du kamst.
Vor der Prüfung habe ich keine Angst**, weil** ich gut gelernt habe.

c) Zwischen Satzteilen, die durch anreihende Konjunktionen in der Art einer Aufzählung verbunden sind.
Beispiele: bald – bald, einerseits – andererseits, einesteils – anderenteils, teils – teils, je – desto, ob – ob, halb – halb, nicht nur – sondern auch
Peter ist nicht nur gut in Mathe**, sondern auch** in Englisch.

Typische Aufgabenstellung

Schreiben Sie die folgenden Sätze mit allen fehlenden Satzzeichen auf.

a) In Australien reicht die Geburtenrate nicht aus um für ausreichend Nachschub an Arbeitskräften zu sorgen

b) Vor einiger Zeit versicherte der Regierungschef Aus allen Ländern der Welt nehmen wir ausgebildete Menschen die den Anforderungen entsprechen.

Lösung

a) In Australien reicht die Geburtenrate nicht aus, um für ausreichend Nachschub an Arbeitskräften zu sorgen.

b) Vor einiger Zeit versicherte der Regierungschef: „Aus allen Ländern der Welt nehmen wir ausgebildete Menschen, die den Anforderungen entsprechen."

Übungsaufgaben

1. Schreiben Sie die folgenden Sätze mit allen fehlenden Satzzeichen auf.

a) Herr Möller unser neuer Hausmeister ist sehr hilfsbereit

b) Ich muss noch Mathe Deutsch Englisch und Bio lernen.

c) Obwohl das Wetter heute nicht ganz so warm ist gehe ich an den See um zu baden

2. Erklären Sie die Kommasetzung in folgenden Sätzen.

a) Er brauchte einen kurzen Moment, um zu begreifen, dass sie das Spiel wirklich gewonnen hatten.

Erklärung: ______________________________

b) Das Lernen von Vokabeln, egal in welcher Sprache, liegt mir einfach nicht.

Erklärung: ______________________________

3. Setzen Sie die fehlenden Kommas ein und begründen Sie Ihre Entscheidung.

a) Eine ausgewogene Ernährung viel Trinken und Sport, das sind Maßnahmen die uns vital und gesund halten.

Erstes Komma: ______________________________

Zweites Komma: ______________________________

b) „Am besten gefällt mir der tolle Zusammenhalt der Klasse" sagt Selina die seit Januar neue Mitschülerin ist.

Erstes Komma: ______________________________

Zweites Komma: ______________________________

9. Zeitformen

Erklärung

Die richtige Verwendung von Zeitformen ist sowohl in der gesprochenen als auch in der geschriebenen Sprache wichtig. Nur so kann präzise ausgedrückt werden, wann sich ein Ereignis abgespielt hat oder abspielen wird. Deshalb sollten Sie den Umgang damit sicher beherrschen.
Allgemein unterscheidet man zwischen starken und schwachen Verben, wobei die schwachen Verben deutlich häufiger vorkommen.

Starke Verben bilden ihre konjugierten Verbformen in allen Zeitformen, außer Präsens und Futur I, durch Veränderung des Stammvokals. Zur Bildung des Perfekts, Plusquamperfekts und des Futur II benötigen sie das Partizip II, bei dem meistens die Endung -en an den Wortstamm gehängt wird.
Beispiele:
s**i**ngen, s**a**ng, ges**u**ng**en**
l**e**sen, l**a**s, gel**e**s**en**
schw**i**mmen, schw**a**mm, geschw**o**mm**en**
f**i**nden, f**a**nd, gef**u**nd**en**
g**e**hen, g**i**ng, geg**a**ng**en**

Schwache Verben weisen eine regelmäßige Konjugation auf. Mit Ausnahme des Futur I enden diese Verben auf -t bzw. -te.
Beispiele:
sagen, sag**te**, gesag**t**
zeigen, zeig**te**, gezeig**t**
machen, mach**te**, gemach**t**
lachen, lach**te**, gelach**t**
suchen, such**te**, gesuch**t**

Person	Präsens (Gegenwart)	Präteritum (1. Vergangenheit)	Perfekt (2. Vergangenheit)	Plusquamperfekt (3. Vergangenheit)	Futur I (Zukunft)	Futur II (vollendete Zukunft)
ich	gehe sage	ging sagte	bin gegangen habe gesagt	war gegangen hatte gesagt	werde gehen werde sagen	werde gegangen sein werde gesagt haben
du	gehst sagst	gingst sagtest	bist gegangen hast gesagt	warst gegangen hattest gesagt	wirst gehen wirst sagen	wirst gegangen sein wirst gesagt haben
er/sie/es	geht sagt	ging sagte	ist gegangen hat gesagt	war gegangen hatte gesagt	wird gehen wird sagen	wird gegangen sein wird gesagt haben
wir	gehen sagen	gingen sagten	sind gegangen haben gesagt	waren gegangen hatten gesagt	werden gehen werden sagen	werden gegangen sein werden gesagt haben
ihr	geht sagt	gingt sagtet	seid gegangen habt gesagt	wart gegangen hattet gesagt	werdet gehen werdet sagen	werdet gegangen sein werdet gesagt haben
sie	gehen sagen	gingen sagten	sind gegangen haben gesagt	waren gegangen hatten gesagt	werden gehen werden sagen	werden gegangen sein werden gesagt haben
Infinitiv (Grundform) gehen, sagen		Partizip I: gehend, sagend Partizip II: gegangen, gesagt		Imperativ (Befehlsform) Singular: Geh! Sag! Plural: Geht! Sagt!		

Hilfsverben

Zeitform	haben	sein	werden
Präsens	ich habe	ich bin	ich werde
Präteritum	ich hatte	ich war	ich wurde
Perfekt	ich habe gehabt	ich bin gewesen	ich bin geworden
Plusquamperfekt	ich hatte gehabt	ich war gewesen	ich war geworden
Futur I	ich werde haben	ich werde sein	ich werde werden
Futur II	ich werde gehabt haben	ich werde gewesen sein	ich werde geworden sein

Typische Aufgabenstellung

Bei den folgenden Satzteilen fehlen die Verben. Die Grundform des Verbs und die jeweilige Zeitform stehen in Klammern. Schreiben Sie jeweils einen vollständigen Satz.

a) ich / einen großen Kuchen / heute / für dich (backen / Präsens)

b) mit allen meinen Freunden / Kuchen / ich (essen / Futur I)

c) einen Bildband über Australien / letztes Jahr / mein bester Freund / mir (schenken / Perfekt)

Lösung

a) Ich backe heute einen großen Kuchen für dich.

b) Ich werde den Kuchen mit allen meinen Freunden essen.

c) Mein bester Freund hat mir letztes Jahr einen Bildband über Australien geschenkt.

Übungsaufgaben

1. Bei den folgenden Satzteilen fehlen die Verben. Die Grundform des Verbs und die jeweilige Zeitform stehen in Klammern. Schreiben Sie jeweils einen vollständigen Satz.

a) am Tag / für die Prüfung / mehrere Stunden / er **(lernen / Präsens)**

b) Elias / nächstes Jahr / im September / seine Ausbildung **(beginnen / Futur I)**

c) Wenn wir / ihren Geburtstag schon / Coco / in den Urlaub fahren / nächsten Sommer **(feiern / Futur II)**

d) 18 Jahre alt / mein Großvater/ 1960 **(sein / Präteritum)**

e) vor Kühen / Dilara / als Kind / Angst **(haben / Perfekt)**

f) fast niemand / Telefon / Anfang des 20. Jahrhunderts **(besitzen / Plusquamperfekt)**

2. Vervollständigen Sie die Tabellen mit den fehlenden Zeitformen.

Person	Präsens (Gegenwart)	Präteritum (1. Vergangenheit)	Perfekt (2. Vergangenheit)	Plusquamperfekt (3. Vergangenheit)	Futur I (Zukunft)	Futur II (vollendete Zukunft)
ich	friere				warde friern	
du	frist				wirst frieren	
er/sie/es			hat gefroren		wird frieren	
wir					werden frieren	werden gefroren haben
ihr		frohrt		hattet gefroren	werdet frieren	
sie	frieren	froren		hetten gefrohren	werden frieren	

Person	Präsens (Gegenwart)	Präteritum (1. Vergangenheit)	Perfekt (2. Vergangenheit)	Plusquamperfekt (3. Vergangenheit)	Futur I (Zukunft)	Futur II (vollendete Zukunft)
ich	hüpfe	hüpfte		war	werde hüpfen	
du	hüpfst	hüpftest				
er/sie/es	hüpft	hüpften		war gehüpft	wird hüpfen	wird gehüpft sein
wir	hüpfen	hüpften	sind gehüpft	waren gehüpft	werden hüpfen	werden gehüpft sein
ihr	hüpft	hüpftet	seid gehüpft	wart gehüpft	werdet hüpfen	werdet gehüpft sein
sie	hüpfen	hüpften	sind gehüpft	weren gehüpft	warden	werden gehüpft sein

3. Bestimmen Sie die Zeitformen der Verben. Notieren Sie diese auf die jeweilige Linie.

a) 1950 herrschte ein strenger Winter, der viel Eis und Schnee brachte.

Präteritum

b) Das höchste Gebäude der Welt ist 2012 fertiggestellt worden.

Perfekt

c) Weltweit sind viele Arten vom Aussterben bedroht.

Präsens

d) Wer sich gut vorbereitet, wird seinen Abschluss mühelos schaffen.

Präsens Futur I

e) Claire ist in der Grundschule immer die Beste im Schwimmen gewesen.

Perfekt

f) Ich bin größer als mein Bruder.

Präsens

g) Wenn wir nichts gegen die Plastikflut unternehmen, wird der schwimmende Plastikteppich in naher Zukunft das ganze Meer bedeckt haben.

Präsens Futur II

10. Wortarten

Erklärung

Unter Wortarten versteht man die einzelnen Wortklassen mit gemeinsamen grammatischen Merkmalen. Im Deutschen werden zehn Wortarten unterschieden: Nomen, Verb, Adjektiv, Adverb, Artikel, Pronomen, Numerale, Präposition, Konjunktion und Interjektion (Ausrufewort).
Jede Wortart hat bestimmte Eigenschaften, an denen sie sich erkennen lässt. Die Wortarten sind nicht zu verwechseln mit den Satzgliedern wie Subjekt, Objekt, Adverbial, Attribut usw.

Wortart	Flektierbar?	Merkmale	Beispiele
Verb	Konjugation (Person, Numerus, Tempus, Modus)	Beschreibt als Prädikat im Satz Tätigkeiten/Handlungen/ Vorgänge	lesen, lachen, können
Substantiv	Deklination (Kasus, Numerus, Genus)	Beschreibt im Satz als Subjekt oder Objekt Lebewesen, Sachen oder Abstrakta (Begriffe, Gefühle)	Baum, Plastikbecher, Unwohlsein
Adjektiv	Deklination (Kasus, Numerus, Genus); Steigerung möglich	Beschreibt im Satz als Attribut oder adverbiale Bestimmung Eigenschaften oder Merkmale	blau, schlicht, ungenießbar
Artikel/ Pronomen	Deklination (Kasus, Numerus, Genus)	Beschreibt als Attribut oder eigenständig anstelle eines Substantivs im Satz eine nähere Bestimmung oder einen Verweis	die, welche, er, wir, das
Adverb	-	Beschreibt als Umstandsangabe oder Attribut im Satz nähere Umstände.	dort, bald, interessanterweise
Präposition	-	Beschreibt im Satz in Bezug auf Substantive oder Pronomen Verhältnisse oder Beziehungen	über, bei, nach, auf
Konjunktion	-	Verbindungs-/Verknüpfungwörter im Satz	und, aber, obwohl, indem
Interjektion	-	Beschreibt vom Satz isolierte Wörter, z. B. Ausrufe, Gefühlsausdrücke	hey, aua, ächz, tja

Typische Aufgabenstellung

Bestimmen Sie jeweils die Wortart folgender Wörter.

blitzschnell, Wagnis, herumprobieren, klugerweise, sich, dieser

Lösung

blitzschnell – Adjektiv
Wagnis – Substantiv
herumprobieren – Verb
klugerweise – Adverb
sich – Reflexivpronomen
dieses – Demonstrativpronomen

Übungsaufgaben

1. Suchen Sie aus dem folgenden Textausschnitt jeweils zwei Beispiele für die Wortarten Verb, Adjektiv und Pronomen heraus und schreiben Sie diese auf. Geben Sie die entsprechenden Zeilen an.

Was tun, wenn dich die „Cops" anhalten?

„Wenn Angie Thomas als kleines Mädchen die Schießereien vor ihrem Kinderzimmerfenster ausblenden wollte, flüchtete sie sich in Bücher. Sie durchstreifte mit Harry Potter das Zauberer-Internat Hogwarts und erträumte sich eine Welt, die friedlicher war als die, in der sie aufwuchs. Wörter, das verstand sie schon als Kind, können dich schützen. Als Angie Thomas 14 Jahre alt war, wurde vor ihrem Haus noch immer geschossen, und sie hörte Hip-Hop. Rapper wie Tupac erzählten in ihren Songs von dem, was auch vor Angies Haus geschah – von Gangs, Kriminalität und Drogen, von Gewalt und Rassismus. Sie taten es auf rohe, ungefilterte und ehrliche Art. Angie Thomas verstand, dass Wörter nicht nur Schutz, sondern auch Waffen sein können."

Quelle: Katrin Hörnlein: Was tun, wenn dich die „Cops" anhalten?, in: DIE ZEIT, Nr. 42, 12. Oktober 2017, S. 57

2. Vervollständigen Sie die Tabelle, indem Sie jeweils das fehlende Substantiv, Verb oder Adjektiv ergänzen.

Substantiv	Verb	Adjektiv
Abnahme		abnehmbar
	hausen	
		schmerzlich/ schmerzhaft
Kontrolle	kontrollieren	
Fotograf		
		wählerisch
Deutung		deutlich

3. a) Bestimmen Sie die Wortarten der unterstrichenen Wörter. Setzen Sie jeweils den richtigen Buchstaben in die Klammern.

Am Samstag ( ) gehe ich mit zwei ( ) Freunden ins ( ) Kino, wenn ( ) der ( ) Film, den wir sehen ( ) wollen, bis dahin noch läuft ( ).

A Adjektiv	**B** Verb	**C** Nomen	**D** Präposition
E Pronomen	**F** Konjunktion	**G** Numerale	**H** Artikel

b) In den Lücken fehlt jeweils ein Wort. Finden Sie ein passendes Wort und setzen Sie den Buchstaben der richtigen Wortart ein.

A Adjektiv	**B** Verb	**C** Nomen	**D** Präposition
E Pronomen	**F** Konjunktion	**G** Numerale	**H** Artikel

1. In den Sommerferien ____________ ich mit meinen Eltern ans Meer.
2. An meiner Schule gibt es ein ____________ Orchester.
3. ____________ es regnet, bleibe ich lieber zu Hause.

4. Ergänzen Sie die fehlenden Präpositionen. Manche Präpositionen müssen Sie mehrmals verwenden.

auf – aus – bei – in – mit – nach – neben – seit – trotz – über

Im nächsten Sommer bin ich ____________ der Schule fertig. Doch was ich beruflich machen soll, dazu fällt mir leider immer noch nicht allzu viel ein. Und das, obwohl ich mir ____________ dieses Thema schon ____________ Langem Gedanken mache.

Während ich einerseits Lust ____________ einen Beruf hätte, der ____________ Kindern zu tun hat, finde ich zum Beispiel auch Arzthelfer oder Physiotherapeut interessant. Mein Schulpraktikum werde ich deshalb ____________ einer Arztpraxis absolvieren, damit ich einen besseren Einblick bekomme. ____________ dieser Erfahrung fällt mir die Entscheidung vielleicht leichter.

____________ den persönlichen Neigungen spielen meiner Ansicht nach natürlich auch die Berufsaussichten eine wichtige Rolle ____________ der Berufswahl. ____________ aller Unentschlossenheit bin ich zuversichtlich, dass ich ____________ absehbarer Zeit eine Entscheidung treffen werde. ____________ diesem Grund sehe ich meiner Zukunft gelassen entgegen.

5. Setzen Sie die fehlenden Konjunktionen ein.

weil – aber – dass – während – oder – damit – denn

Morgen besprechen wir in der Klasse, wohin unser Ausflug gehen soll. ____________ einige einen Freizeitpark vorgeschlagen haben, möchten andere lieber einen Klettergarten besuchen ____________ eine Radtour machen. Doch die Entscheidung ist gar nicht so einfach, ____________ alle Vorschläge interessant sind. Ich selbst würde am liebsten in den Klettergarten gehen, ____________ das habe ich noch nie ausprobiert. ____________ auch eine Radtour wäre nicht schlecht. Nur den Freizeitpark finde ich nicht so toll. Unser Lehrer hat gesagt, ____________ wir abstimmen sollen. ____________ sich jede/-r eine Meinung bilden kann, werden alle Vorschläge noch einmal vorgestellt.

11. Satzglieder und Satzgefüge

Erklärung

Satzreihen liegen vor, wenn mindestens zwei Hauptsätze durch Konjunktionen miteinander verbunden sind. Die durch Konjunktionen gebauten Verbindungen von Haupt- und Nebensatz nennt man Satzgefüge. Konjunktionen sind Bindewörter, die Hauptsätze miteinander (Satzreihe) oder Haupt- und Nebensatz miteinander (Satzgefüge) verbinden.

- Typische Konjunktionen bei Satzreihen sind: *und, oder, aber, doch, denn*
  Beispiel: Ich gehe jetzt nach Hause und (ich) werde dann noch Hausaufgaben machen.
- Typische Konjunktionen bei Satzgefügen sind: *obwohl, dass, damit, sodass, weil, nachdem, bevor, während, wenn, falls, indem*
  Beispiel: Ich gehe jetzt nach Hause, weil ich noch Hausaufgaben machen muss.

In der Regel steht vor den Konjunktionen ein Komma (außer bei *und* bzw. *oder*). Das Komma grenzt so auch Haupt- und Nebensatz voneinander ab.

Hauptsätze:
Hauptsätze bestehen immer mindestens aus einem Subjekt und einem Prädikat, oftmals ergänzt durch mindestens ein Objekt, manchmal auch zusätzlich durch weitere Satzglieder (siehe unten). Hauptsätze können für sich allein stehen oder mittels Konjunktionen mit anderen Hauptsätzen oder aber Nebensätzen verbunden sein.
Beispiel für einen alleinstehenden Hauptsatz: Der Hund lief auf die Straße.
Beispiel für zwei Hauptsätze, die durch eine Konjunktion miteinander verbunden sind (Satzreihe): Der Hund lief auf die Straße und sah dort einen Mann.
Beispiel für einen Hauptsatz, der durch eine Konjunktion mit einem Nebensatz verbunden ist (Satzgefüge): Der Hund lief auf die Straße, als er dort einen Mann sah.

Nebensätze:
Einen Nebensatz erkennt man an zwei Merkmalen:
1. Die (finite) Verbform steht am Satzende.
2. Einleitung durch eine Konjunktion.

Zu unterscheiden sind verschiedene Arten von Nebensätzen. Die häufigsten sind:

Adverbialsätze:
- temporal (Zeit): werden eingeleitet mit *als, bevor, nachdem, während, wenn*
- kausal (Grund): werden eingeleitet mit *weil, da*
- konzessiv (Gegengrund, Relativierung): werden eingeleitet mit *obwohl, obgleich*
- modal (Art und Weise): werden eingeleitet mit *dadurch dass, indem*
- konsekutiv (Folge): werden eingeleitet mit *dass, sodass*
- Adversativsatz (Gegensatz): werden eingeleitet mit *wohingegen*
- Finalsatz (Zweck): werden eingeleitet mit *damit*
- Lokalsatz (Ort): werden eingeleitet mit *wo, woher, wohin*

Relativsätze: Nebensätze, die ein Bezugswort (meist das Subjekt oder Objekt) näher erklären/umschreiben. Relativsätze werden mit einem Relativpronomen eingeleitet (*der, die, das* oder *welcher, welche, welches*).

dass-Sätze: Nebensätze, die zumeist eine Empfindung, Wahrnehmung, Erwartung oder Meinung ausdrücken. Sie werden daher oft mit Wörtern wie *hoffen, bedauern, hören, sagen, glauben, denken, finden* o. Ä. und immer mit Komma eingeleitet. (Siehe auch Kapitel „Das oder dass", Seite 43)

Ein Nebensatz wird immer durch ein Komma vom Hauptsatz abgetrennt.
Beispiel: Die Geschichte, die gerade erzählt wurde, klingt interessant.

Hauptsatz: Die Geschichte klingt interessant – Nebensatz (Relativsatz): ... die gerade erzählt wurde. Bezugswort ist hier „Die Geschichte", Relativpronomen „die".

Es gibt auch Satzkonstruktionen, die aus mehr als zwei Haupt- bzw. Nebensätzen bestehen. Die Teilsätze werden in der Regel durch Komma abgetrennt.
Beispiel: Als ich letzte Woche die Geschichte, die von einem geheimnisvollen Gral berichtet, hörte, wusste ich noch nicht, dass es sich dabei um eine bekannte Sage handelt.

Satzglieder sind die Bausteine, aus denen ein Satz zusammengebaut ist.
Ein Satz beinhaltet immer ein **Subjekt**. Um dieses herauszufinden, können Sie fragen: „Wer?" / „Was?"
Ebenfalls immer enthalten ist ein **Prädikat**. Nach diesem wird gefragt mit: „Was geschieht?"/ „Was tut jemand?"
Oft enthält ein Satz noch ein **Dativobjekt** (Frage: „Wem?") und/oder ein **Akkusativobjekt** (Frage: „Wen?"/ „Was?")

Satzglieder, die ergänzend nähere Angaben zum Geschehen machen, nennt man **adverbiale Bestimmungen**.
Es gibt adverbiale Bestimmungen

- des Ortes (Frage: „Wo?" / „Wohin?")
- der Zeit (Frage: „Wann?" / „Wie lange?" / „Wie häufig?")
- des Grundes (Frage: „Warum?" / „Wozu?")
- der Art und Weise (Frage: „Wie?" / „Auf welche Weise?" / „Womit?")

Um herauszufinden, aus welchen Bausteinen der Satz zusammengesetzt ist, kann man die **Umstellprobe** machen. Wörter bzw. Wortgruppen, die immer zusammenbleiben, wenn man die Reihenfolge der Wörter im Satz verändert, sind die Satzglieder.
Beispiel: Der Hund biss heute Morgen auf der Straße den Mann auf spielerische Weise ins Bein.
Umstellprobe: <u>Heute Morgen</u> <u>biss</u> <u>der Hund</u> <u>auf spielerische Weise</u> <u>auf der Straße</u> <u>den Mann</u> <u>ins Bein</u>.
Die einzelnen Satzglieder lauten also:
Heute Morgen: adverbiale Bestimmung der Zeit
biss: Prädikat
der Hund: Subjekt
auf spielerische Weise: adverbiale Bestimmung der Art und Weise
auf der Straße: adverbiale Bestimmung des Ortes
den Mann: Akkusativobjekt
ins Bein: adverbiale Bestimmung des Ortes

Attribute sind sogenannte Satzgliedteile, die bestimmte Satzglieder näher beschreiben, aber keine eigenständigen Satzglieder sind.
Beispiel: Der Hund mochte eigentlich den <u>alten</u> Mann – Das Attribut „alten" ist ein Teil des Satzglieds Akkusativobjekt und beschreibt den Mann genauer. Um Attribute herauszufinden, kann man die **Weglassprobe** machen: Lässt sich der Satz auch problemlos ohne das Wort bilden, so handelt es sich beim verzichtbaren Wort um das Attribut.

Typische Aufgabenstellung

Bilden Sie durch sinnvolle Ergänzung aus den beiden Sätzen einen Temporalsatz.

Mahmood putzt sich die Zähne. Er geht zur Schule.

Lösung

Bevor er zur Schule geht, putzt Mahmood sich die Zähne.

Übungsaufgaben

1. Verbinden Sie die folgenden Sätze so miteinander, dass jeweils zum einen ein Kausalsatz und zum anderen ein Konzessivsatz entsteht.

a) Paul trägt den Pullover. Er ist rot.

b) Die Firma hat ihre Produktion nach China verlegt. Dort wird günstigeres Plastik verbaut.

2. Entscheiden Sie, um welche Art von Adverbialsatz es sich handelt. Schreiben Sie Ihre Antwort auf die Linie.

a) Viktoria übt fleißig, **damit** sie ihren Führerschein besteht. ______________________________

b) **Während** ich mich sonne, höre ich gerne Musik. ______________________________

c) Chris lädt alle seine Freunde zu einer Party ein, **da** seine Eltern ihm das Haus überlassen haben.

____

d) **Obwohl** meine Geschwister mich oft nerven, will ich sie nicht missen. ______________________

3. Bilden Sie aus den Einzelsätzen Satzreihen, die Sie entweder mit **und, oder, als** verbinden. Achten Sie auf logische Anschlüsse.

a) Die Katze nutzt den Baum als Leiter. Sie balanciert auf dem Dach.

b) Das Kind spielte im Garten. Es aß ein Eis.

c) Pia streichelt Kühe. Sie reitet auf Pferden, wenn sie auf dem Hof ist.

4. Formulieren Sie den folgenden Satz so um, dass sowohl der Sinn als auch alle Satzteile komplett erhalten bleiben.

„Auch sie selbst hat es Mut gekostet, diesen Roman zu schreiben."
(Was tun, wenn dich die „Cops" anhalten?, S. 28, Z. 116 f.)

12. Wortschatz

Erklärung

Im Bereich Wortschatz geht es darum, zu überprüfen, ob Sie in der Lage sind, Wörter beispielsweise durch Synonyme oder Antonyme zu ersetzen, Wortfelder zu bilden oder Umgangssprache in Standardsprache umzuformulieren bzw. umgekehrt.

Synonyme sind Wörter oder Wortgruppen mit ähnlicher Bedeutung.
Beispiele:
miteinander sprechen – kommunizieren
real – wirklich

Antonyme sind Wörter oder Wortgruppen mit gegenteiliger Bedeutung.
Beispiele:
langsam – schnell
viel – wenig

Unter **Wortfeldern** versteht man eine Gruppe sinnverwandter Wörter. Bei Aufgaben mit Wortfeldern gilt es, weitere Wörter zu einem bestimmten Begriff zu finden.

Umgangssprache – Standardsprache
Umgangssprache ist die im Alltag gesprochene Sprache. Wenn wir „normal" reden, achten wir nicht immer auf korrekten Satzbau, Grammatik und den richtigen Gebrauch von Regeln. Auch verwenden wir oft Wort- oder Satzkonstruktionen, die wir schriftlich so nicht benutzen würden, weil sie sprachlich eigentlich ungenau oder unkorrekt sind.
Die Standardsprache ist die Sprache, in der man schreibt. Sie wird daher auch Schriftsprache genannt. Der Sprachgebrauch hängt vom aktuellen Umfeld oder Anlass ab. Unter Freunden wählt man z. B. eine andere Form der Kommunikation als in einem offiziellen Anschreiben. In Letzterem soll jeder den Inhalt verstehen, deshalb muss man sich an verbindliche Regeln halten.

Beim Umwandeln umgangssprachlicher Sätze in Standardsprache sollten Sie also auf Folgendes achten:
- Verwendung einer sachlichen, für alle gut verständlichen Sprache
- korrekter und vollständiger Satzbau
- Verbindung der Sätze oder Satzteile mit den entsprechenden Konjunktionen
- korrekte Form der Wörter (Kasus, Numerus, Genus)
- korrekte Anwendung von Satzkonstruktionen (z. B. muss in jedem deutschen Satz mindestens ein Subjekt und ein Prädikat stehen; das Objekt muss im richtigen Kasus stehen; Begleiter wie Artikel, Pronomen, Adverbien oder Präpositionen müssen den korrekten Bezug zu Subjekt, Prädikat oder Objekt haben)
- falls verlangt: korrekte Form der indirekten Rede (Konjunktiv)
- Vermeidung umgangssprachlicher Floskeln, Füllwörter, Schimpfwörter und Jugendsprache wie „halt", „und so", „Dings", „mega" etc.

Typische Aufgabenstellung

Finden Sie zu den unterstrichenen Wörtern/Wortgruppen ein Wort bzw. eine Wortgruppe mit der gegenteiligen Bedeutung (Antonym).

Die Schülerin schreibt ihre Hausaufgaben völlig unübersichtlich in ihr Heft.

Bei Feinstaubalarm lassen nur wenige Autofahrer/-innen ihr Auto stehen.

Lösung
Die Schülerin schreibt ihre Hausaufgaben geordnet in ihr Heft.
Bei Feinstaubalarm lassen sehr viele Autofahrer/-innen ihr Auto stehen.

Übungsaufgaben

1. a) Finden Sie zu den unterstrichenen Wörtern/Wortgruppen ein Wort bzw. eine Wortgruppe mit der gleichen Bedeutung (Synonym).

1. Er spielt mit Begeisterung Fußball.
2. Die Klasse entscheidet sich für einen Ausflug ins Grüne.
3. In Rom gibt es mehr als 1000 Kirchen.
4. Schnell klettert die Katze auf den Baum.
5. Er war ein Riese von einem Mann.

b) Finden Sie zu den unterstrichenen Wörtern/Wortgruppen jeweils ein Wort bzw. eine Wortgruppe mit der gegenteiligen Bedeutung (Antonym).

1. Das Buch, das ich gerade lese, langweilt mich.
2. Leila schlingt ihr Essen hinunter.
3. Wenn es regnet, gefällt mir der Wald am besten.
4. Der kleine Junge springt mit einem schrillen Schrei ins Wasser.
5. Aufgeregt holt er den Brief aus der Tasche.

2. Ersetzen Sie jeweils „geht" durch ein passendes Verb. Verwenden Sie jedes Verb nur einmal.

Der Mann ____________ (geht) schnell zum Bahnsteig, um den Zug nach München noch zu erreichen. Da er aber schon eine ganze Weile ____________ (geht), ist er ganz außer Atem und wird immer langsamer. Deshalb verpasst er seinen Anschluss und _______________ (geht) bekümmert zurück in die Bahnhofshalle.

3. Formulieren Sie folgende Sätze in Standardsprache um.

a) „Gehst du heute ein Uhr auf Schicht? Dann machen wir halt so, treffen wir später bei Bahnhof."

b) Ich hab mega Bock auf Schlittschuhlaufen.

c) Er hat kein Plan, er weiß nix.

4. a) Formulieren Sie den folgenden Satz in eine positive Aussage ohne das Wort „nicht" um: „Die Sahara ist nicht gerade für ihr mildes Klima bekannt."

b) Formulieren Sie den folgenden Satz in deutsche Standardsprache um: „Social-Media-Plattformen stehen besonders bei Jugendlichen hoch im Kurs."

c) Ersetzen Sie das Wort „obwohl" im folgenden Satz so, dass der Sinn der Satzverbindung erhalten bleibt.

Der weiße Polizist kommt ungestraft davon, obwohl Starr vor Gericht gegen ihn aussagt.

5. Finden Sie zu jedem angegebenen Wort einen anderen Begriff mit gleicher Bedeutung aus dem Sachtext 1 „Ein Bienenvolk für den heimischen Balkon", Seite 25, und schreiben Sie diese auf.

sich entledigen (Z. 9), angreifen (Z. 13), Grundvoraussetzung (Z. 33), reichlich (Z. 37), wahr werden (zu) lassen (Z. 51), Prozess (Z. 57), produzieren (Z. 66 f.)

13. Aktiv und Passiv

Erklärung

Inhalte kann man auf verschiedene Art und Weise ausdrücken. Nicht nur die Wortwahl und die Zeit sind entscheidend, sondern auch, ob etwas aktiv oder passiv formuliert ist. Eine aktive Formulierung wirkt immer lebendiger und dynamischer. Das Subjekt handelt aktiv. Beim Passiv handelt das Subjekt nicht selbst, sondern es wird etwas mit ihm gemacht. Die Zeitform bleibt beim Umwandeln bestehen. Wichtig ist außerdem, dass die Satzaussage gleich bleibt. Daher ist es sinnvoll, beides zu üben.

Beispiel:
Paul streicht die Wand.
↑
Subjekt → streicht

Die Wand wird von Paul gestrichen.
↑
Subjekt → wird gestrichen

Nicht alle Verben können ins Passiv gesetzt werden. Im Regelfall ist es möglich, alle Verben mit anschließendem Akkusativobjekt umzuwandeln. Das Akkusativobjekt wird dann im Passivsatz zum Subjekt.

Beispiel:
Ich esse eine Banane. → Eine Banane wird von mir gegessen.
aber
Ich schlafe. → kein Passiv möglich

Allgemein werden zwei Passivformen unterschieden: das **Zustandspassiv** und das **Vorgangspassiv**. Sie unterscheiden sich in der Verwendung des Hilfsverbs: Das Zustandspassiv wird mit „sein", das Vorgangspassiv mit „werden" gebildet.
Beispiel:
Der Präsident **ist gewählt**. → beschreibt ein Ergebnis oder einen statischen Zustand
Der Präsident **wurde** vom Volk **gewählt**. → beschreibt einen Prozess, bei dem der Handelnde in den Hintergrund rückt

Typische Aufgabenstellung

Formen Sie folgende Sätze jeweils in die Aktiv- oder Passivform um.
Die vorgegebene Zeitform und die inhaltliche Aussage müssen beibehalten werden.

Aktiv	Passiv
Der Mathelehrer rechnet die Aufgabe an der Tafel vor.	
	Sie wurde von ihm auf Händen getragen.

Lösung

Aktiv	Passiv
Der Mathelehrer rechnet die Aufgabe an der Tafel vor.	*Die Aufgabe wird vom Mathelehrer an der Tafel vorgerechnet.*
Er trug sie auf Händen.	Sie wurde von ihm auf Händen getragen.

Übungsaufgaben

1. Formen Sie folgende Sätze jeweils in die Aktiv- oder Passivform um.
Die vorgegebene Zeitform und die inhaltliche Aussage müssen beibehalten werden.

Aktiv	Passiv
Die Kinder führen den Hund spazieren.	
	Der Täter wurde von der Polizei geschnappt.
Er hatte viel auf die Prüfung gelernt.	
	Die Möbel werden morgen von der Umzugsfirma abgeholt werden.

2. Ordnen Sie die Sätze jeweils der Aktiv- oder der Passivform zu.

Das Flugzeug segelte leise durch die Luft.

Ich wurde von der Sonne geblendet.

Morgen zu diesem Zeitpunkt werde ich meine Prüfung schon hinter mir haben.

Die Rechnung wurde von einem Sponsor bezahlt.

Aktiv	Passiv

Ganzschrift – Lektüre

Erklärung

Ganzschrift – Lektüre
In Ihrer Prüfung beschäftigen Sie sich auch mit einer Lektüre, die Sie zuvor im Unterricht gelesen und behandelt haben. Bei einer Lektüre handelt es sich um ein in sich geschlossenes literarisches Werk, z. B. ein Jugendbuch. Im Gegensatz zu Kurzgeschichten geht es darum, eine Lektüre im Zusammenhang zu vermitteln und zu lernen, kapitelübergreifende Zusammenhänge zu verstehen. Bei Aufgaben, die sich auf die Lektüre beziehen, ist es wichtig, auf Informationen aus unterschiedlichen Kapiteln Bezug zu nehmen und diese sinnvoll zu verknüpfen. Dies geschieht in der Prüfung anhand von Fragen und einer weiterführenden Schreibaufgabe. Dabei kann es sich z. B. um das Verfassen eines Briefes handeln.
Wichtig ist, dass Sie im Laufe des Lesens der Lektüre wichtige und zentrale Textstellen markieren. Dadurch fällt es Ihnen später leichter, diese wiederzufinden und sinnvoll in Ihre Schreibaufgaben einzuarbeiten.
In diesem Kapitel finden Sie Aufgaben zur aktuellen Ganzschrift sowie Textauszüge, an denen Sie üben können, wie man wichtige Informationen herausarbeitet.

Produktive Schreibaufträge sind z. B.:

1. Gespräch/Dialog
Wenn Sie ein Gespräch über ein bestimmtes Thema schreiben, besitzen Sie in der Abschlussprüfung vorher bereits Informationen aus der gelesenen Ganzschrift, die Ihnen helfen.
Überlegen Sie sich, wie die Personen miteinander sprechen würden. Sind sie einander vertraut oder kennen sie sich nur flüchtig? Man spricht mit dem besten Kumpel oder der besten Freundin sicher anders als mit dem Chef. Wichtig ist zudem der Umstand, unter dem die Unterhaltung geführt wird. Ist es ein Streitgespräch oder ein Gespräch nach einem traurigen/lustigen Erlebnis? Am Ende des Gesprächs sollte ein Ergebnis stehen oder der Konflikt gelöst sein.

Merkmale
- oft unvermittelter Einstieg
- an Personen und Situation angepasste Sprache
- Konflikt, Situation oder Thema zu einem Ergebnis bringen
- Thema einbringen
- wörtliche Rede
  (Person 1: „…" / Person 2: „…")
- Präsens

2. Persönlicher Brief
Ein persönlicher Brief bringt immer das Wesen einer Person zum Ausdruck. Die Sprache ist authentisch und verdeutlicht beispielsweise Stimmungen, Gefühle oder Wünsche. Der Adressat eines solchen Briefes stammt aus dem persönlichen Umfeld des Schreibers. Es kann sich dabei um ein Familienmitglied oder Freunde handeln. Die moderne Form des Briefes ist die E-Mail.
Beachten Sie, dass Sie rechts oben mit dem Datum beginnen, dann kommt die Anrede, und den Schluss des Briefes bildet die Grußformel.

Merkmale
Aufbau:

Konstanz, 11.8.2021

Liebe/-r … / Hallo … / Mein allerliebster …,

....

T E X T

....

Tschüss … / Bis bald … / Euer/Dein …

Zeitform: Präsens oder Präteritum

3. Innerer Monolog

Der innere Monolog ist eine Art Selbstgespräch. Anders als beim Brief gibt es keinen Gesprächspartner. Es ist somit die persönlichste und intensivste Darstellung von Gedanken und Gefühlen. Der Sprecher verarbeitet dadurch beispielsweise ein wichtiges Ereignis oder etwas Erlebtes. Es ist auch denkbar, dass die Gedanken und Gefühle durch das Rückerinnern an ein Erlebnis oder eine Begebenheit ausgelöst werden: *„Wenn ich an diesen schrecklichen Unfall zurückdenke, zittern mir immer noch die Knie ..."* In der Literatur wird der innere Monolog immer dann verwendet, wenn das Innere, das Denken und Fühlen einer Person verdeutlicht werden sollen.

Merkmale

- ausschmückende Sprache
- Gedanken und Gefühle einer Person
- Gedanken so formuliert, wie sie spontan eingefallen sind
- 1. Person Singular (*„Ich bin so unglücklich ...", „Ich kann nicht begreifen, wie es so weit kommen konnte ..."*)
- kurzer und reihender Satzbau
- bereits Passiertes als gedanklichen Rückblick einbringen
- sprunghaftes Hin- und Herüberlegen, dennoch nachvollziehbare Gedankenkette

4. Tagebucheintrag

Der Eintrag in ein Tagebuch ist eine ganz persönliche Sache. Deshalb spielen Gedanken, Gefühle, Probleme und Sorgen auch eine wichtige Rolle. Diese werden vom Verfasser geschildert.
Im Gegensatz zu einem Brief richtet sich der Tagebucheintrag nicht an eine bestimmte Person. Wird Ihnen in der Prüfung die Aufgabe gestellt, einen Tagebucheintrag zu verfassen, ist es wichtig, dass Sie sich in die schreibende Person hineinversetzen. Überlegen Sie, was Sie an deren Stelle fühlen oder sagen würden.
Schreiben Sie in der Ich-Form. Die Zeitform kann variieren.

Typische Aufgabenstellung

Haruki Murakami: Die unheimliche Bibliothek (Textauszug)

Ich war schon häufig in dieser Bücherei gewesen, aber erst jetzt erfuhr ich, dass sie einen Keller hatte. Obwohl ich ganz normal an der Tür klopfte, klang es so unheimlich, als hätte ich mit einer Keule an die Pforte der Hölle geschlagen. Am liebsten hätte ich auf der Stelle kehrtgemacht und die Flucht ergriffen. Aber ich tat es nicht. Denn so hatte man es mir beigebracht. Hast du einmal irgendwo angeklopft, musst du auf Antwort warten.

„Herein!", tönte es von drinnen. Die Stimme war leise, aber tragend.

Ich öffnete die Tür.

Im Zimmer stand ein kleiner alter Schreibtisch, hinter dem ein zierlicher alter Mann saß. Er hatte lauter schwarze Flecken im Gesicht, anscheinend Fliegen. Er trug eine Brille mit dicken Gläsern und hatte eine Glatze, war aber nicht völlig kahl. Weißes, krauses Haar sträubte sich um seinen Kopf, als wäre ein Buschbrand darüber hinweggefegt.

„Nur herein, junger Herr", sagte der Alte. „Wie kann ich dir behilflich sein?"

„Ich such ein Buch", sagte ich schüchtern. „Aber wenn Sie beschäftigt sind, kann ich auch später ..."

„O nein, durchaus nicht, schließlich ist es meine Aufgabe, Bücher herauszusuchen."

Der hat aber eine sonderbare Art zu reden, dachte ich. Noch sonderbarer fand ich allerdings sein Aussehen. Aus seinen Ohren sprossen lange Haare, und von seinem Kinn hing die Haut herunter wie ein schlaffes Segel.

„Nach welchem Buch belieben der junge Herr auf der Suche zu sein?", fragte der Alte.

„Ich möchte etwas über die Methoden der Steuereintreibung im Osmanischen Reich[1] erfahren", sagte ich.

Die Augen des Alten blitzten. „Ich verstehe, Steuereintreibung im Osmanischen Reich. Ja, das ist freilich hochinteressant."

Mir wurde unbehaglich zumute. Um ehrlich zu sein, war ich keineswegs sonderlich erpicht[2] darauf, etwas über die Steuern im Osmanischen Reich zu erfahren. Doch hatte sich mir auf dem Heimweg von der Schule unvermittelt die Frage gestellt: Wie haben die eigentlich damals im Osmanischen Reich die Steuern eingetrieben? Und wenn ich etwas nicht wusste, ging ich immer sofort in die Stadtbücherei, um es herauszufinden. Schon von klein auf.

„So wichtig ist es nun auch wieder nicht", sagte ich.

„Nichts, was unbedingt sein müsste. Das ist ja ein sehr fachspezifisches Thema …“

Ich wollte so schnell wie möglich aus diesem unheimlichen Zimmer verschwinden.

„Rede keinen Quatsch“, sagte der Alte beleidigt. „Wir haben hier durchaus mehrere Werke über die Steuereintreibung im Osmanischen Reich. Willst du dich über unsere Bibliothek lustig machen, junger Mann?“

„Nein, das liegt wirklich nicht in meiner Absicht“, entgegnete ich hastig. „Auf keinen Fall.“

„Dann wartest du jetzt mal ganz brav hier.“

„Ja“, sagte ich.

Gebeugt erhob der Alte sich von seinem Stuhl, öffnete eine Eisentür auf der anderen Seite des Raumes und verschwand dahinter. Etwa zehn Minuten stand ich dort und wartete. Einige längliche Insekten umkreisten den Schirm der Deckenlampe. Endlich kam der Alte mit drei dicken Bänden im Arm zurück. Alle drei wirkten uralt, und der Geruch von stockigem[3] Papier breitete sich im Zimmer aus.

„Da!“, sagte der Alte. *„Steuern im Osmanischen Reich, Tagebuch eines Steuereintreibers im Osmanischen Reich* und *Die Bewegung gegen die Osmanische Steuerpolitik und ihre Niederschlagung*. Du siehst, wir haben allerhand zu diesem Thema.“

„Verbindlichsten Dank“, sagte ich höflich. Ich nahm die drei Bücher und schickte mich an, das Zimmer zu verlassen.

„Halt, mein Freund!“, rief der Alte mir nach. „Diese Werke dürfen nicht ausgeliehen werden.“

Bei genauerem Hinsehen trugen die Buchrücken tatsächlich rote Aufkleber, die ein solches Verbot anzeigten.

„Ich muss dich also bitten, sie hier zu lesen.“

Ich sah auf meine Armbanduhr. Zwanzig nach fünf. „Aber die Bücherei schließt doch gleich. Außerdem macht meine Mutter sich Sorgen, wenn ich bis zum Abendessen nicht zu Hause bin.“

Der Alte zog seine langen Augenbrauen zusammen. „Wegen der Schließzeit brauchst du dir keine Gedanken zu machen. Hier wird gemacht, was ich sage. Du weißt wohl meine Gutmütigkeit nicht zu schätzen? Was meinst du, wozu ich die drei dicken Wälzer hier angeschleppt habe? Um mir Bewegung zu verschaffen? Hä?“

„Verzeihen Sie“, sagte ich. „Ich wollte Ihnen keine Umstände machen. Ich wusste ja nicht, dass man die Bücher nicht ausleihen darf.“

Der Alte räusperte sich aus tiefster Kehle und spuckte etwas, das vermutlich Schleim war, in ein Papiertaschentuch. Die Tupfer in seinem Gesicht zuckten vor Schreck zusammen.

„Gewusst oder nicht gewusst, papperlapapp! Als ich in deinem Alter war, war ich froh, wenn ich überhaupt etwas zu lesen bekam. Was redest du da für einen Mumpitz[4] von Schließzeit und zu spät zum Abendessen kommen?“

„Also gut, ich werde eine halbe Stunde hier lesen“, sagte ich.

[1] Osmanisches Reich: Großmacht im Mittelmeerraum, in Südosteuropa und dem Nahen Osten, die nach dem Ersten Weltkrieg zerfiel
[2] auf etwas erpicht sein: auf etwas Wert legen
[3] stockig: muffig
[4] Mumpitz: Unsinn

Quelle: Haruki Murakami: Die unheimliche Bibliothek. Köln: Dumont Buchverlag, 2014. S. 5 – 11. Übersetzerin: Ursula Gräfe

a) Was ist an der beschriebenen Bibliothek unheimlich? Notieren Sie in Stichworten.

b) Das Verhalten zwischen dem Ich-Erzähler und dem Bibliothekar ändert sich im Laufe des Textes. Stellen Sie dar, auf welche Weise das geschieht. Schreiben Sie in Stichworten.

c) Auf dem Nachhauseweg gehen dem Ich-Erzähler die Ereignisse aus der Bibliothek noch einmal durch den Kopf. Schreiben Sie einen inneren Monolog, in dem Sie seine Gedanken und Empfindungen ausdrücken.

Lösung

a)
- der Klang beim Anklopfen an die Kellertür
- das Aussehen des alten Mannes
- seine Art, zu reden
- Insekten im Gesicht des Alten
- der Raum, in dem der Bibliothekar sitzt

b)
- Bibliothekar ist am Anfang höflich, Ich-Erzähler eher schüchtern
- Junge möchte schnell wieder verschwinden, wegen der unheimlichen Umgebung
- der Alte nimmt ihm das übel, ist beleidigt
- weil er die Bücher nicht ausleihen kann, versucht der Junge, sich herauszureden
- Bibliothekar ist verärgert, weil der Schüler seine Hilfsbereitschaft und die Möglichkeit, die Bücher zu betrachten, nicht zu schätzen weiß

c) Das war ja richtig unheimlich bei dem Alten im Keller, so hatte ich mir das nicht vorgestellt. Was macht er wohl dort den ganzen Tag? Geht er überhaupt mal raus an die frische Luft? Und dann sein Aussehen, die Haare, die aus seinen Ohren kommen – und wie er redet! So spricht man doch heute gar nicht mehr. Waren das wirklich Fliegen in seinem Gesicht? Wie lange er diese Arbeit wohl schon macht? Er kennt sich immerhin gut aus. Mir würde das aber keinen Spaß machen; ich werde da auch nicht mehr hingehen. Ich bin richtig froh, dass ich wieder draußen bin.

Übungsaufgaben

1. Aufgaben zur aktuellen Ganzschrift 2022

Textgrundlage ist in diesem Schuljahr der Jugendroman „Herzsteine" von Hanna Jansen **oder** die Novelle „Kleider machen Leute" von Gottfried Keller.

In unserem Downloadbereich (www.pauker.de/hs_bw_muster) finden Sie Informationen zu Personen, zum äußeren Rahmen sowie eine Inhaltsangabe der einzelnen Kapitel, die Sie selbst vervollständigen können.

Im Folgenden sind einige Fragen und Aufgabenformate zusammengestellt, wie sie in der Prüfung vorkommen können.

Hanna Jansen: Herzsteine

a) Was fasziniert Sam an Enna? Nennen Sie drei Aspekte.

b) Sam begegnet in Ruanda Jean-Claude. Beschreiben Sie in drei Beispielen, wie sich ihre Beziehung entwickelt.

c) Ordnen Sie die folgenden Sätze den vorgegebenen Kapiteln des Buchs zu.

Kapitel
Kapitel I – 2
Kapitel I – 3
Kapitel I – 5
Kapitel II – 3
Kapitel II – 5
Kapitel II – 7
Kapitel II – 8
Kapitel II – 9

Sätze
Besuch des Kleidermarkts.
Fe erzählt Sam von ihrer Vergangenheit.
Auf Sylt tobt ein Sturm.
Sam und Jean-Claude besuchen das Waisenhaus.
Am Strand findet Sam einen Herzstein.
Die Verwandtschaft schenkt Sam eine Kuh.
Sam lernt Enna kennen.
Luk erzählt vom Regenwald.

d) Erklären Sie kurz den Titel des Buchs.

e) In Ruanda besucht Sam unter anderem die Gedenkstätte Gisozi. Beschreiben Sie kurz seine Gefühle bei diesem Erlebnis.

f) Sam hat sich nach seiner Rückkehr nach Deutschland entschlossen, allein auf Sylt zu bleiben. Nach einiger Zeit schreibt er seiner Mutter, die in Ruanda lebt, einen Brief.

- ▶ Erzählen Sie, wie Sam ohne seine Eltern auf Sylt zurechtkommt.
- ▶ Schreiben Sie kurz von Ennas Bedeutung für Sam.
- ▶ Schreiben Sie auf, warum das Gespräch mit seiner Mutter über ihre Vergangenheit wichtig für ihn war.
- ▶ Beenden Sie den Brief mit einem möglichen Wunsch von Sam für die Zukunft

Schreiben Sie Sams Brief. Gehen Sie auf alle Punkte ein. Achten Sie auf die korrekte Briefform.

Gottfried Keller: Kleider machen Leute

a) Fassen Sie den Inhalt der Novelle in wenigen Sätzen zusammen.

b) Ordnen Sie den Figuren Wenzel Strapinski, Nettchen und Melcher Böhni jeweils drei Eigenschaften zu. Nicht alle Eigenschaften lassen sich zuordnen.

arm • misstrauisch • ängstlich • faul • intrigant • selbstsicher • cholerisch • entschlossen • bescheiden • berechnend • unabhängig • sportlich • gründlich

Wenzel Strapinski	
Nettchen	
Melcher Böhni	

c) Nennen Sie vier Merkmale einer Novelle, die auf „Kleider machen Leute" zutreffen.

d) Erklären Sie kurz, welche Bedeutung Strapinskis Mantel in der Novelle hat.

e) Erläutern Sie verschiedene Gründe, warum Wenzel Strapinski das Missverständnis nicht aufklärt.

f) Nach der Entlarvung Wenzels sitzt Nettchen „länger als eine Stunde unbeweglich da". (Seite 41) Beschreiben Sie in einem inneren Monolog, welche Gedanken ihr in dieser Situation durch den Kopf gehen. Gehen Sie dabei besonders auf ihre Gefühlswelt ein. Berücksichtigen Sie die Geschehnisse vor, während und nach der Entlarvung.

2. John Green: Das Schicksal ist ein mieser Verräter (Romanauszug)

Im Winter meines siebzehnten Lebensjahres kam meine Mutter zu dem Schluss, dass ich Depressionen hatte, wahrscheinlich, weil ich kaum das Haus verließ, wenig aß und einen großen Teil meiner reichlichen Zeit damit verbrachte, über den Tod nachzudenken.

In jeder Krebs-Broschüre oder Website oder Infoseite zu dem Thema werden Depressionen[1] als Nebenwirkung von Krebs genannt. Doch in Wirklichkeit sind Depressionen keine Nebenwirkung von Krebs. Depressionen sind eine Nebenwirkung des Sterbens. (Auch Krebs ist eine Nebenwirkung des Sterbens.) Aber meine Mutter glaubte fest, dass ich eine Therapie brauchte, und deshalb brachte sie mich zu meinem Hausarzt Dr. Jim, der ihr bestätigte, dass ich bis zum Hals in einer lähmenden und absolut klinischen Depression steckte und dass meine Medikamente neu eingestellt werden müssten und außerdem einmal die Woche eine Selbsthilfegruppe besuchen solle.

Die Selbsthilfegruppe bestand aus einer wechselnden Besetzung von Jugendlichen in verschiedenen Stadien des tumorbedingten Unwohlseins. Warum wechselte die Besetzung? Noch so eine Nebenwirkung des Sterbens.

[...]

Dann stellte sich jeder von uns vor: Name. Alter. Diagnose. Und wie es ihm heute so ging. Ich bin Hazel, sagte ich, wenn ich an die Reihe kam. Sechzehn. Ursprünglich Schilddrüse, aber mit umfänglichen und hartnäckigen Metastasen[2] in der Lunge. Und es geht mir ganz gut heute. Wenn wir einmal durch waren, fragte Patrick, ob sich einer der Gruppe mitteilen wollte. Und dann ging es los mit der Selbsthilfe: Alle redeten von Kämpfen und Siegen, vom Schrumpfen und vom Scannen. Um fair zu sein, Patrick ließ uns auch vom Sterben reden. Aber die meisten der anderen starben nicht. Die meisten würden wie Patrick erwachsen werden. (Was dazu führte, dass unter uns ein ziemlicher Konkurrenzkampf herrschte, denn wir alle wollten nicht nur den Krebs besiegen, sondern auch die anderen der Gruppe. Mir ist klar, dass es völlig irrational ist, aber wenn du gesagt bekommst, du hast eine – sagen wir – zwanzigprozentige Chance, noch fünf Jahre zu leben, dann fängst du automatisch zu rechnen an und rechnest dir aus, dass damit einer von fünf gemeint ist ... also siehst du dich um und denkst wie jeder gesunde Mensch: Ich muss vier von den armen Schweinen hier überleben.)

[...]

Die Selbsthilfegruppe war also ätzend, und nach ein paar Wochen sträubte ich mich mit Händen und Füßen gegen den ganzen Zirkus. Tatsächlich hatte ich just[3] an dem Morgen, an dem ich die Bekanntschaft von Augustus Waters machte, alles versucht, die Selbsthilfegruppe zu schwänzen, während ich mit meiner Mutter auf dem Sofa saß und den dritten Teil eines zwölfstündigen America's-Next-Top-Model-Marathons vom vergangenen Jahr sah, den ich zugegebenermaßen bereits kannte. [...] Trotzdem ließ ich mich breitschlagen – nachdem ich ausgehandelt hatte, dass ich die 1,5 Folgen ANTM aufnehmen durfte, die ich verpassen würde.

Der Grund, aus dem ich zur Selbsthilfegruppe ging, war derselbe, aus dem ich Krankenschwestern mit einer gerade mal achtzehn Monate langen Ausbildung erlaubte, mich mit Medikamenten mit exotischen Namen zu vergiften: Ich wollte meine Eltern glücklich machen. Denn es gibt nur eins auf der Welt, das ätzender ist, als mit sechzehn an Krebs zu sterben, und das ist, ein Kind zu haben, das an Krebs stirbt.

[1] Depression: hier: psychische Erkrankung (Traurigkeit)
[2] Metastase: weitere bösartige Tumore
[3] just: gerade, genau

Quelle: John Green: Das Schicksal ist ein mieser Verräter. In: Reihe Hanser. Deutscher Taschenbuch Verlag GmbH & Co. KG, München, 8. Auflage 2014. S. 9 – 14. Übersetzerin: Sophie Zeitz

a) Nennen Sie in Stichworten, was Hazel unter „Nebenwirkungen des Sterbens" versteht.

b) In der Selbsthilfegruppe herrscht ein Konkurrenzkampf zwischen den Teilnehmenden. Erläutern Sie, warum das so ist. Schreiben Sie in ganzen Sätzen.

c) Nachdem Hazel von ihrer letzten Sitzung der Selbsthilfegruppe zurückkommt, schreibt sie einen Brief an ihre Eltern. Verfassen Sie diesen Brief. Beschreiben Sie die Ängste und Sorgen, die Hazel umtreiben.

Ihre Lösung sollte etwa 80 Wörter umfassen.

3. André Kubiczek: Skizze eines Sommers (Textauszug)

Der 16-jährige René ist in ein Mädchen verliebt, das er manchmal in der Stadt sieht. Eines Tages sitzt er auf einer Bank und liest ein Buch. Gedankenverloren schaut er hoch zu den Wolken und senkt dann wieder den Blick.

Ich sah, wie das Mädchen sich in genau dem Moment abwenden wollte, als mein Blick wieder zur Erde zurückkehrte. Was bedeutete, dass es mich eine Weile beobachtet haben musste, als ich nach oben gestarrt hatte, in den Himmel. Und wie es kurz stehen blieb, als es bemerkte, dass ich es erkannt hatte:

Das Mädchen, dessen Namen ich nicht wusste.
Das allerschönste auf der ganzen, weiten Welt.
Das im *Orion*[1] nie zur falschen Musik tanzte.
Und wisst ihr was?

Ich blieb ganz ruhig. Höchstens, dass mein Herz ein bisschen schneller klopfte. Und anders als sonst, als sich unsere Blicke trafen, guckte ich nicht sofort wieder weg. Denn natürlich hatten sich unsere Blicke schon oft getroffen, im *Orion*, zwischen den Regalen der Kaufhalle oder an der Straßenbahnhaltestelle. Und die letzten drei Male hatten wir uns sogar zugelächelt, aus der Ferne und keine ganze Sekunde lang und nur wenn es einen gewissen Sicherheitsabstand gegeben hatte von mindestens zwanzig Metern, bevor wir uns wieder unseren Freunden zugewendet hatten oder wem auch immer. Diesmal aber hielt ich ihrem Blick stand, und auch sie sah ein bisschen länger zu mir rüber als sonst, bevor sie ihren Blick schließlich doch auf die Gehwegplatten fallen ließ, direkt vor ihre Füße. In den Staub.

Aber da musste sie längst gesehen haben, wie ich meine Hand gehoben hatte, um ihr zuzuwinken. Ich nahm die Hand wieder runter und klappte das Buch zu, und sie stand da und starrte ihre Fußspitzen an. Jetzt hob sie den Blick wieder und sah mich an, und … sie lächelte und … sie wandte sich nicht ab, sondern – im Gegenteil – kam langsam heran.

Ich fixierte[2] die hochstehenden Laschen ihrer Schuhe. Sie wurden immer größer, sie kamen immer näher, und ich wusste nicht, was ich machen sollte.

Aufstehen?

Sitzen bleiben?

Hand zur Begrüßung reichen?

Meinen Geburtstag erwähnen und sie einladen zu der Feier, die möglicherweise gar nicht stattfand?

„Hi“, hörte ich sie sagen, als die Spitzen ihrer weißen Turnschuhe keine dreißig Zentimeter mehr von den Spitzen meiner abblätternden weißen Säuretreter[3] entfernt waren. Zwei schöne Paar Schuhe, dachte ich, die passen ganz hervorragend zusammen.

„Hi.“ Leider fiel mir nichts Originelleres als Antwort ein. Ich hatte eine Gänsehaut bekommen. Sie war jetzt wirklich ganz nah bei mir. Mit der ausgestreckten Hand hätte ich ihren Bauch berühren können. Und dann diese Stimme. Klar, es war eine ganz normale Stimme, was soll man schon sagen über eine Stimme, nicht zu hoch, nicht zu tief, aber es war eben *ihre*. Mir fiel auf, dass ein paar Leute, die über den Keplerplatz schlenderten, uns komisch anguckten. Es war immer das Gleiche: Man musste nur schnell und ruckartig den Kopf in irgendeine Richtung drehen, und schon hatte man jemanden erwischt beim Starren, obwohl nicht mehr viel los war um diese Zeit, ein paar übriggebliebene Kinder, Normalo-Jugendliche in kurzen Hosen, Erwachsene auf dem Weg in die Gaststätte.

„Geht's dir gut?“ Das Mädchen sah zu mir herunter. Tonfall ironischer Sorge, Gesicht leicht spöttisch.

„Du hast gerade gezuckt.“

„Ich hab was ausprobiert.“

„Was denn?“

„Ach ...“ Ich winkte ab. Es schien mir in diesem Augenblick unmöglich, ihr zu erklären, was das Kopfrucken für einen Sinn hatte. Nämlich die Glotzer in flagranti[4] zu ertappen.

„Sag ruhig!“

„Du hast schöne Schuhe“, sagte ich stattdessen.

„Danke“, sagte das Mädchen, dessen Namen ich nicht wusste, „du auch.“

„Na ja. – Willst du dich hinsetzen?“

„Ja.“ Jetzt war nur noch mein Buch zwischen uns, das blau schimmerte. „Liest du gerne?“

„Ja, schon“, sagte ich.

„Das ist schön.“

„Findest du?“

„Na und ob. – Ich lese auch gern.“ Wir schwiegen ein paar Augenblicke lang. Ich traute mich nämlich keinesfalls zu fragen, was sie so las, denn ich wollte nicht enttäuscht sein, wenn es irgend so ein gewöhnlicher Müll war.

Weil wir nebeneinandersaßen, mussten wir uns jetzt nicht mehr ansehen, das heißt, wir mussten es nicht mehr vermeiden, uns anzusehen, indem wir knapp aneinander vorbeiguckten.

[1] Orion: hier: Name einer Diskothek
[2] fixieren: hier: auf etwas starren
[3] Säuretreter: René sagt an einer anderen Stelle, seine alten Schuhe sähen so aus, als seien sie in ein Säurebad gefallen.
[4] in flagranti: auf frischer Tat

Quelle: André Kubiczek: Skizze eines Sommers. Berlin: Rowohlt 2016, S. 98 – 101 (Text gekürzt und geringfügig verändert)

a) Wie sahen die Annäherungen zwischen René und dem Mädchen vor der beschriebenen Begegnung aus? Stellen Sie kurz dar. Stichworte genügen.

b) Ein zentrales Element der Geschichte sind die Schuhe der beiden. Notieren Sie, welche Rolle diese in der sich entwickelnden Annäherung einnehmen. Schreiben Sie in Stichworten.

c) Am Abend schreibt das Mädchen in sein Tagebuch. Welche Gedanken gehen ihm bezüglich der Begegnung mit René durch den Kopf? Verfassen Sie den Tagebucheintrag.

Ihre Lösung sollte etwa 80 Wörter umfassen.

Textgebundene lineare Erörterung

Erklärung

Bei einer Erörterung handelt es sich um schriftliches Argumentieren. Die lineare Erörterung beleuchtet nur eine Position – entweder Pro oder Kontra. Somit müssen Sie nur Argumente zu einem Sachverhalt suchen. Zuerst stellen Sie eine These auf und untermauern diese anschließend mit Ihren Argumenten. Beginnen Sie stets mit dem für Sie schwächsten Argument und enden mit dem stärksten. Diese Steigerung nennt man Klimax. Verdeutlichen Sie Ihre Argumente mit passenden Beispielen. Schließen Sie Ihre Erörterung mit einer Schlussfolgerung und begründen Sie diese.
Einer textgebundenen Erörterung liegt, wie der Name schon sagt, ein Text zugrunde. Ausgehend von diesem Text diskutieren Sie Ihre Argumente, die Sie mit Zitaten bzw. Beispielen aus dem Text untermauern. Dadurch stellen Sie in Ihrer Erörterung einen direkten Textbezug her. Ziel einer textgebundenen Erörterung ist es, die Meinung des Autors bzw. die zugrundeliegende Leitfrage zu stützen oder zu entkräften.

Aufbau:
Einleitung
⬇
These
⬇
1. Argument
Beispiel
⬇
2. Argument
Beispiel
…
⬇
wichtigstes Argument
Beispiel
⬇
begründete Schlussfolgerung

Typische Aufgabenstellung

Schreiben Sie mithilfe des unten stehenden Textes eine Erörterung zum Thema „Smartphones in der Schule". Beantworten Sie dabei die Frage: „Ist ein generelles Handyverbot in der Schule sinnvoll?"

- Nennen Sie im Einleitungssatz Titel, Thema und Art des Textes.
- Führen Sie im Hauptteil mindestens drei Argumente zu der Frage „Ist ein generelles Handyverbot in der Schule sinnvoll?" auf und verwenden Sie dabei Zitate aus dem Text.
- Beschreiben Sie zum Schluss Ihre eigene Meinung zu der Frage, ob ein generelles Handyverbot in den Schulen sinnvoll ist. Dabei können Sie auf eigene Erfahrungen zum Thema zurückgreifen.

Handyverbot in Stuttgart: In der Schule muss das Smartphone aus sein

Von Barbara Czimmer, 01. August 2018 – 13:09 Uhr

Ein generelles Handyverbot wie an Frankreichs Schulen? In Stuttgart regeln die Schulen das über ihre Schulordnungen selbst – und das sehr deutlich. Von Cybermobbing sind aber viele Schüler betroffen.

Stuttgart – Ein Schüler ohne Handy ist so selten wie ein Sechser im Lotto: 97 Prozent der Jugendlichen sind im Besitz eines Taschentelefons. Das ergab die jüngste Studie des Medienpädagogischen Forschungsverbund Südwest, der einmal im Jahr über den Umgang Jugendlicher zwischen zwölf und 19 Jahren mit Medien berichtet, zuletzt im Dezember 2017.

Die Schulen stellt die Erfindung der smarten Kommunikation vor Probleme, im schlimmsten Fall wegen Ärgers und Zwietracht bei Mobbing, im günstigsten Fall wegen Aufmerksamkeitsdefiziten, wenn unter der Bank gedaddelt wird. Und doch setzt die Schulaufsichtsbehörde in Stuttgart nicht auf Erlasse. Welche Regelung getroffen wird, ist Entscheidung jeder einzelnen Schule und Schulgemeinde. „Es gibt Schulen, die rigide[1] Regeln aufstellen gegen Handys, andere verbieten Handys weniger rigoros[2], weil die Einhaltung eben sehr schwer zu kontrollieren ist", sagt Manfred Rittershofer vom Staatlichen Schulamt Stuttgart. Das Problem sei inzwischen selbst bei den Grundschulen angekommen: „Auch die schleppen Smartphones mit sich rum, meist allerdings auf Wunsch der Eltern, die glauben, sie müssten ihre Kinder immer erreichen können oder umgekehrt."

Ein generelles Handyverbot ist schwer zu kontrollieren

Die Bildungseinrichtungen in Frankreich müssen sich jetzt einem Handyverbot an Schulen beugen, das am Montag vom französischen Parlament beschlossen worden ist. Den Stuttgarter Schulen droht dies nicht, zumal Schulen Landessache sind und sich Kultusministerin Susanne Eisenmann (CDU) am Dienstag klar gegen ein Verbot ausgesprochen hat. Sie plädiert[3] dafür, dass Schulen den pfleglichen Umgang mit Mobiltelefonen weiter selbst regeln.

Weit verbreitet ist die Verankerung der Regeln in der Schulordnung, die von der Schulgemeinde, also Eltern, Lehrern und Schülern, gemeinsam beschlossen wird. Am Zeppelin-Gymnasium beispielsweise heißt es dort: „Alle aufnahme- und wiedergabefähigen Geräte (Speichermedien) sind auf dem gesamten Schulgelände ausgeschaltet in der Tasche mitzuführen. Ausnahmen, zum Beispiel bei Handynutzung zu Unterrichtszwecken oder bei dringenden Telefonaten, sind in Absprache mit und Anwesenheit von der/dem unterrichtenden bzw. Aufsicht führenden Lehrer/in möglich."

Auch Manfred Rittershofer empfiehlt Schulen, die so etwas noch nicht haben, eine Selbstverpflichtung und die Aufnahme der Regeln in die Schulordnung. Bleibt die Frage nach den Konsequenzen. „Bei Verstößen gegen das Verbot wird das Gerät eingezogen und der Schulleitung übergeben", gilt beispielsweise am Zeppelin-Gymnasium. „Wird das Handy am Ende des Tages aber nur an die Eltern ausgeliefert, kommt es oft zum Streit", sagt Rittershofer, „sei es, weil sie dann extra kommen müssen, sei es, weil es ums Prinzip geht, dass Töchter und Söhne um ihr Eigentum gebracht worden sind."

Bei Klausuren droht eine Sechs

Bei Prüfungen gelten klare Regeln, wie folgend in der Schulordnung des Eberhard-Ludwigs-Gymnasiums: „Bei Klassenarbeiten müssen sie vor der Prüfung beim Lehrer abgegeben werden. Ein Handy während der Arbeit in Reichweite – ob an oder aus – wird als Täuschungsversuch gewertet und mit der Note 6 bestraft."

Die Zahlen zu Mobbingfällen, auch über Apps, sind laut Jim-Studie auffällig hoch: 20 Prozent der Jugendlichen geben an, dass über sie schon einmal falsche oder beleidigende Inhalte im Internet verbreitet wurden. Im Vergleich dazu ist das Daddeln unterm Tisch die ungefährlichste Folge seit Erfindung der smarten Technologie, vergleichbar mit einem Comic-Heft unterm Schulbuch und geahndet wie früher: mit Strafarbeit, Nachsitzen, schlechterer Note.

[1] rigide: streng, unnachgiebig
[2] rigoros: sehr streng, unerbittlich, hart
[3] plädieren: sich für etw. aussprechen

Quelle: Barbara Czimmer, https://www.stuttgarter-nachrichten.de/inhalt.handyverbot-in-stuttgart-in-der-schule-muss-das-smartphone-aus-sein.248c0a88-1b9d-4101-a491-b376c983a6da.html, Stuttgarter Nachrichten, Seitenaufruf 10.7.2019

Lösung

Handyverbot in Stuttgart: In der Schule muss das Smartphone aus sein

In dem Zeitungsartikel „Handyverbot in Stuttgart: In der Schule muss das Smartphone aus sein" geht es um ein Handyverbot an Schulen. In Stuttgart gibt es zwar kein generelles Handyverbot wie in Frankreich, doch die Schulen haben meist klare Regeln für den Gebrauch.

Gegen ein generelles Handyverbot spricht zum Beispiel, dass dies schwer zu kontrollieren ist: „[...] andere verbieten Handys weniger rigoros, weil die Einhaltung eben sehr schwer zu überwachen ist." (Z. 20 f.) Problematisch ist außerdem der Einzug des Handys bei einem Verstoß gegen das Verbot. Wenn dann die Eltern das Mobiltelefon abends abholen müssen, gibt es oft Konflikte, „[...] sei es, weil sie dann extra kommen müssen, sei es, weil es ums Prinzip geht, dass Töchter und Söhne um ihr Eigentum gebracht worden sind." (Z. 56 ff.)

Ein striktes Handyverbot gilt allerdings bei Klassenarbeiten – egal, ob es aus- oder eingeschaltet ist. Wer sich nicht daran hält, wird z. B. am Eberhard-Ludwigs-Gymnasium streng bestraft: „Ein Handy während der Arbeit in Reichweite – ob an oder aus – wird als Täuschungsversuch gewertet und mit der Note 6 bestraft." (Z. 63 ff.)

Der Zeitungsartikel verdeutlicht, dass der Umgang mit dem Handy die Schulen vor große Probleme stellt. Ein generelles Verbot ist schwierig durchzusetzen. Doch sind klare Regeln in den Schulordnungen notwendig, weil durch Handys die Gefahr von Mobbing sehr gestiegen ist – immerhin gaben 20 Prozent der Jugendlichen in der Jim-Studie an, schon einmal Opfer von falschen oder beleidigenden Inhalten im Internet geworden zu sein. Auch mir selbst und meinen Freunden ist das schon passiert. Deshalb bin ich auf jeden Fall dafür, dass Handys in der Schule ausgeschaltet bleiben. Damit lässt sich zwar kein Mobbing verhindern, aber es passiert zumindest nicht in der Schule.

Übungsaufgaben

1. Schreiben Sie mithilfe des nachfolgenden Textes eine Erörterung zum Thema „Späterer Beginn der Schule". Beantworten Sie dabei die Frage: „Soll die Schule später beginnen?"

- Nennen Sie im Einleitungssatz Titel, Thema und Art des Textes.
- Führen Sie im Hauptteil mindestens drei Argumente zu der Frage „Soll die Schule später beginnen?" auf und verwenden Sie dabei Zitate aus dem Text.
- Beschreiben Sie zum Schluss Ihre eigene Meinung zu der Frage, ob ein späterer Schulbeginn sinnvoll ist. Dabei können Sie auf eigene Erfahrungen zum Thema zurückgreifen.

Schule erst ab 9 Uhr? Darum fordern Schlafforscher späteren Unterrichtsbeginn

Es ist wissenschaftlich belegt: Schüler sollten später aufstehen und der Unterricht an Schulen dementsprechend später beginnen. Doch warum ist das so?

Schlafforscher haben eine klare Meinung, was einen späteren Unterrichtsbeginn für Schüler angeht: 8 Uhr ist definitiv zu früh.

Früh aufstehen ist nicht jedermanns Sache – doch meistens hilft alles nichts und wir müssen uns aus den Federn quälen. Schule, Arbeit oder andere Termine warten auf uns.

Den einen fällt das Aufstehen leichter als anderen. Das liegt daran, dass es unter den Menschen sogenannte Lerchen und Eulen gibt. Während Lerchen schon sehr früh putzmunter sind, befinden sich Eulen immer noch im Tiefschlaf.

Schlafforscher plädieren für späteren Unterrichtsbeginn

Gerade in der Pubertät verändert sich bei vielen Menschen das Schlafverhalten. Schlafforscher fordern dementsprechend einen späteren Schulbeginn. Schüler haben schließlich keine Wahl – der Unterricht beginnt in den meisten Fällen um 8 Uhr. „Für die Schüler, die um acht oder früher in der Schule sein müssen, startet der Unterricht biologisch gesehen mitten in der Nacht", so Schlafforscher Till Roenneberg.

Es drohen Konzentrationsprobleme, schreibt die Frankfurt University of Applied Sciences. Und noch weitere Studien beweisen, dass sich zu frühes Aufstehen negativ auf Schüler auswirkt.

Mehr Schlaf gleich bessere Noten?

Während einer Studie in Seattle wurde beispielsweise der Unterrichtsbeginn von 7.50 Uhr auf 8.45 Uhr geändert. Und siehe da: Die Schüler schliefen mehr, hatten bessere Noten und weniger Abwesenheiten. Doch bringt eine solche Änderung eben auch viel Aufwand für die Schulen und alle Beteiligten.

Ein veränderter Schulbeginn wäre gleichbedeutend mit veränderten Bus- und Zugfahrplänen – und auch Eltern und Lehrer müssten ihren Tag anders planen.

Quelle: in Franken.de GmbH & Co KG, in: https://www.infranken.de/ratgeber/gesundheit/schule-erst-ab-9-uhr-darum-fordern-schlafforscher-spaeteren-unterrichtsbeginn;art154607,4033448, Seitenaufruf 14.8.2019

2. Schreiben Sie mithilfe des nachfolgenden Textes eine Erörterung zum Thema „Stadt der Zukunft". Beantworten Sie dabei die Frage: „Ist das Forschungsprojekt ‚Morgenstadt' zukunftsweisend für unsere Städte?"

- Nennen Sie im Einleitungssatz Titel, Thema und Art des Textes.
- Führen Sie im Hauptteil mindestens drei Argumente zu der Frage „Ist das Forschungsprojekt ‚Morgen-stadt' zukunftsweisend für unsere Städte?" auf und verwenden Sie dabei Zitate aus dem Text.
- Beschreiben Sie zum Schluss Ihre eigene Meinung zu der Frage, ob die „Morgenstadt" eine Lösung für überfüllte und luftverschmutze Großstädte sein kann. Dabei können Sie zum Thema auf eigene Erfahrungen aus Ihrer Heimatstadt zurückgreifen.

So leben wir in der Stadt der Zukunft

Stadtbewohner teilen sich Autos, mobile Wohneinheiten machen Mieten erschwinglich, Abwasser wird zu Energie: So könnten die Städte von morgen aussehen. Forscher arbeiten bereits an der Umsetzung.

Berlin – Wie sehen die Städte der Zukunft aus? Das Horrorszenario sind überbevölkerte Metropolen, die im Smog und Verkehrschaos ersticken. Der Gegenentwurf: Elektroautos gleiten geräuschlos durch die Straßen, die Luft ist sauber. Dachgärten versorgen die Menschen mit frischem Gemüse, Solarpanels mit nachhaltiger Energie. Im Rahmen des Forschungsprojekts „Morgenstadt" suchen Experten der Fraunhofer-Gesellschaft nach Wegen, um das Horrorszenario zu verhindern. Den Gegenentwurf hingegen wollen sie mit moderner Technik und klugen Ideen zumindest teilweise in die Realität umsetzen. Sie möchten die Städte der Zukunft zu lebenswerteren Orten machen, die lärm- und abgasfrei sind.

Alanus von Radecki leitet bei der Fraunhofer-Gesellschaft den Bereich „Urban Governance Innovation". Er hat eine klare Vision davon, wie zum Beispiel die Mobilität in der idealen Zukunftsstadt aussehen wird. Das Problem ist klar: Die Straßen sind schon jetzt überfüllt, das Verkehrssystem stößt an seine Grenzen. „Neben einem gut ausgebauten öffentlichen Nahverkehr wird man in der Zukunft autonom fahrende Elektroautos über Sharing-Konzepte gemeinsam nutzen", sagt von Radecki.

„Privatautos werden die Ausnahme sein"

Beim Carsharing leiht man sich per Smartphone-App ein Auto. In den meisten großen Städten ist das bereits heute möglich – in der Zukunft könnte der Großteil des Verkehrs so organisiert werden. Er würde dadurch flüssig gehalten, dass die Autos selbstständig fahren und von einem intelligenten System gelenkt werden.

„Privatautos werden eher die Ausnahme sein", sagt von Radecki. „Denn für die gibt es einfach nicht mehr genug Platz in der Stadt." So will zum Beispiel Helsinki innerhalb der nächsten Jahre private Autos ganz aus dem Stadtverkehr verbannen. Auch Verbrennungsmotoren werde es bald nicht mehr geben.

Wenn es weniger, dafür gemeinsam genutzte Autos gäbe, würde mehr Raum für Grünflächen in der Stadt entstehen. Und der, sagt von Radecki, werde in den Metropolen der Zukunft auch benötigt. „Parks und Grünanlagen verbessern das Klima, denn sie kühlen die Luft herunter." In zugebauten Städten hingegen staut sich im Sommer die Hitze.

Energie aus Abwasser

Eine weitere große Herausforderung in den Städten der Zukunft wird der Umgang mit Ressourcen sein. Wichtige Fragen sind: Wie stellt man die Versorgung mit sauberem Trinkwasser und sauberer Energie sicher und schont gleichzeitig die Umwelt? „Das größte Potenzial besteht darin, die Systeme intelligent zu vernetzen", sagt von Radecki. „Dann kann man viel effizienter sein."

Zu diesem Zweck haben die Fraunhofer-Institute Deus 21 entwickelt, ein technisches System, mit dem sich Wasser sparen und aus Abwasser Energie gewinnen lässt. Die Wasserversorgung in der Morgenstadt könnte demnach so aussehen: Regenwasser wird von den Hausdächern aufgefangen und so aufbereitet, dass es zum Waschen und Duschen verwendet werden kann.

Toiletten werden mithilfe eines Unterdrucksystems gespült, ähnlich dem aus Flugzeugen, dabei wird noch einmal Wasser gespart. Aus den Abwässern der Häuser wird schließlich Biogas erzeugt, das sich zur Energiegewinnung nutzen lässt. Der Ansatz wurde in einer Neubausiedlung im baden-württembergischen Knittlingen bereits erfolgreich getestet.

Nicht zuletzt gilt es, in der Morgenstadt eine weitere Aufgabe zu lösen. Schon heute werden Menschen mit geringerem Einkommen an den Stadtrand gedrängt, weil sie sich zentrales Wohnen nicht mehr leisten können. „Einer solchen Spaltung der Gesellschaft gilt es vorzubeugen", sagt Radecki.

Wie das gelingen kann, auch dazu haben die Fraunhofer-Wissenschafter ein paar Ideen. Eine, sagt von Radecki, seien Mehrnutzungsangebote: „Wenn zum Beispiel in der Innenstadt ein Möbelhaus gebaut werden soll, kann man doch gleich eine Kita integrieren. Und obendrauf einen Block für sozialen Wohnungsbau setzen."

Ein weiterer Ansatz ist, auf Quartiersebene Coworking-Spaces einzurichten, Arbeitsplätze für Selbstständige mit meist geringerem Einkommen. So könnten diese die Infrastrukturen ideal nutzen und sich mit Unternehmen in der Stadt vernetzen.

Tiny Houses als Ausweg bei steigenden Mieten

Ein Ausweg bei steigenden Mieten seien sogenannte Tiny Houses: Kleine, oftmals mobile Wohneinheiten, die auf einer Grundfläche von wenigen Quadratmetern alles bieten und sehr günstig vermietet werden könnten. Denkbar sei, diese rund um gemeinschaftlich nutzbare Räume aufzustellen, sodass jeder einen privaten Wohnbereich hat, aber nicht wirklich beengt leben muss. Nur: Wie sollen sich die unwirtlichen, stickigen Betonwüsten, die heute schon aus allen Nähten platzen, wundersam in schöne saubere Morgenstädte verwandeln? In den Großstädten Asiens oder Südamerikas müssten größere Investitionen gemacht werden, gibt von Radecki zu. Dafür nähmen die skandinavischen Länder bei der Optimierung ihrer Städte eine Vorreiterrolle ein. Man müsse sich heute nur Kopenhagen, Amsterdam, Malmö oder Eindhoven anschauen. Die Wandlung zur modernen, für jeden lebenswerten Stadt sei aber auch kein Selbstläufer: „Dafür sind politische Entscheidungen nötig. Zu spät für eine Veränderung ist es jedenfalls nie."

Quelle: Irene Habich, in : http://www.haz.de/Nachrichten/Panorama/Uebersicht/So-leben-wir-in-der-Stadt-der-Zukunft, Hannoversche Allgemeine Zeitung, Seitenaufruf 10.7.2019

(2)

3. Schreiben Sie mithilfe des nachfolgenden Textes eine Erörterung zum „Thema Aufwachsen mit Hund". Beantworten Sie dabei die Frage: „Sollte jedes Kind mit einem Hund aufwachsen?"

- Nennen Sie im Einleitungssatz Titel, Thema und Art des Textes.
- Führen Sie im Hauptteil mindestens drei Argumente zu der Frage „Sollte jedes Kind mit einem Hund aufwachsen?" auf und verwenden Sie dabei Zitate aus dem Text.
- Beschreiben Sie zum Schluss Ihre eigene Meinung zu der Frage, ob es für jedes Kind optimal ist, mit einem Hund aufzuwachsen. Dabei können Sie auf eigene Erfahrungen zum Thema zurückgreifen.

10 Gründe, warum dein Kind mit einem Hund aufwachsen sollte

von Pamela Rauscher, 10. Januar 2018

Hunde und Kinder sind wie gemacht füreinander. Wer mit einem Vierbeiner als Freund aufwächst, geht selbstbewusster und verantwortungsvoller durchs Leben.

Die Elternwelt teilt sich bei dieser Szene: Ein Hund schleckt mit seiner dicken Zunge dem Baby mitten durchs Gesicht. Pfui! Während die einen panisch nach der Desinfektion greifen, lachen die anderen und wischen dem Sprössling den überflüssigen Hundeschleim vom Gesicht. Und das Baby gluckst fröhlich. Nicht wenige Eltern denken, dass Hunde nichts in einem Haushalt mit Kindern zu suchen haben, weil sie unhygienisch sind und gefährliches Ungeziefer in die Wohnung bringen. Doch bei der Abwägung, ob ein Hund in eine Familie mit Kindern kommen soll, überwiegen eindeutig die Vorteile. Selbst der Dreck, den Hund so macht, ist ein Vorteil für Kinder.

Eine aktuelle Studie belegt, dass sich das Spazierengehen mit Hund positiv auf unsere psychische Gesundheit auswirkt. Und das ist nicht der einzige Vorteil!

1. Hunde stärken das Immunsystem

Bereits Babys profitieren von der Präsenz eines Vierbeiners. Studien haben ergeben, dass Säuglinge in einem Haushalt mit Hund weniger Erkältungen bekommen als Neugeborene ohne Haustier. Zudem entwickeln sie auch seltener Allergien und Asthma. Kanadische Wissenschaftler vermuten, dass es daran liegt, dass Hunde eine Vielzahl von Mikroorganismen ins Haus bringen, die zu einer Vielfalt der Bakterien in der Darmflora des Kindes führen. Das wiederum ist richtig gut für die Abwehrkräfte.

Eine ausgewogene Darmflora ist das A und O für einen funktionierenden Darmtrakt. Damit die zahllosen Mikroorganismen im Darm ihre Gesundheit fördern, können Sie einiges tun.

2. Hunde sind beste Freunde

Hunde sind sehr treu, machen jeden Unfug mit und können Geheimnisse garantiert hüten. Welchen besseren Freund können sich Eltern also für ihren Nachwuchs wünschen? Ihr Kind wird sich nie einsam fühlen und hat einen Seelentröster, wenn die Eltern mal wieder nur Quatsch machen. Und Hunde lieben auch Kinder, die schwierig sind, Neurosen oder anderen Probleme haben und deshalb sozial sonst weniger „beliebt" sind.

3. Hunde beschützen

Ein Hund, der mit einem Kind unterwegs ist, wird es immer beschützen. Er wird es warnen, wenn Fremde zu nahe kommen.

4. Hunde formen Verantwortung

Kinder lernen, dass Hunde Bedürfnisse haben. Der Vierbeiner hängt von ihnen ab. Er muss regelmäßig gefüttert, gebürstet und gepflegt werden und braucht genügend Auslauf.

5. Hunde wecken Empathie

Ein Hund ist kein Spielzeug. Als Lebewesen empfindet er Freude und Schmerz, er kann diese Gefühle aber nicht wie ein Mensch ausdrücken. Der Nachwuchs lernt also, schon sehr genau zu beobachten und mitzufühlen, was der Hund haben könnte, was er gerne hat, vor was er Angst hat, warum er knurrt oder bellt.

6. Hunde machen Kindern Beine
Stundenlang vorm Computer hocken oder mit dem Smartphone spielen ist okay. Aber der Hund muss noch raus. Kinder mit Hund bewegen sich mehr im Freien und sitzen weniger vor ihren elektronischen Gadgets.

7. Hunde helfen dem Selbstbewusstsein
Gerade Schulanfänger kämpfen oft noch mit Buchstaben und Zahlen. Viele stottern, wenn sie vorlesen oder vorrechnen müssen. Zum Üben sind Hunde das ideale Publikum, sie lachen niemanden aus, hören geduldig zu und lassen sich zwischendurch kuscheln. Das stärkt das Selbstbewusstsein.

8. Hunde erhöhen die Bindungsfähigkeit
Vor allem innerhalb einer Familie wirkt ein Hund oft wie Kitt. Da hat die pubertäre Tochter zwar gerade Stress mit der Mutter, aber sie geht ohne Diskussion mit dem Hund. Denn der Hund kann ja nichts dafür, dass Mama gerade so peinlich ist. Auch das Füttern oder die Pflege des Tieres eint alle Haushaltsmitglieder. Der Lerneffekt ist, dass man gemeinsam an einem Strang (in dem Fall der Hundeleine) zieht.

9. Hunde begünstigen die Persönlichkeitsentwicklung
Pädagogen sind sich sicher, dass sich die Persönlichkeit von Kindern mit Hund positiver entwickelt als die von Kindern ohne Haustier. Sie sind meist verantwortungsvoller, ausgeglichener, aktiver und haben eine höhere soziale Kompetenz. Zudem haben sie weniger Lernprobleme und sind belastbarer.

10. Hunde senken das Stresslevel
Streicheln, kuscheln, umarmen – Hunde sind das beste Mittel gegen Stress. Allein der Kontakt mit dem treuen Freund beruhigt, tröstet und die Pulsfrequenz geht nach unten. Hunde sind einfach gesund und machen glücklich.

Quelle: Pamela Rauscher, https://www.bunte.de/family/haustiere-10-gruende-warum-dein-kind-mit-einem-hund-aufwachsen-sollte.html, Seitenaufruf 10.7.2019

Textbeschreibung

1. Lyrik

Erklärung

Unter Lyrik versteht man die Dichtung in Versform. Die Verse wiederum sind in Strophen angeordnet. Ein Gedicht kann, muss sich aber nicht zwingend reimen. Meist folgt es einer bestimmten Rhythmik. Im Folgenden sind die gängigsten Gedichtformen, Metren und Reimschemata aufgeführt. In der Prüfung helfen Ihnen Leitfragen Ihre Gedichtinterpretation zu strukturieren.

Gedichtanalyse
Lesen Sie das Gedicht mehrmals durch. Verschaffen Sie sich einen Überblick, worum es im Gedicht geht und welche Absicht es verfolgt. Machen Sie sich anschließend Stichworte zu Autor/-in, Titel sowie dem formalen Aufbau des Gedichts. Leitaufgaben bieten Ihnen in der Prüfung sowohl inhaltlich als auch bei der Einteilung in Einleitung – Hauptteil – Schluss Ihrer Analyse Unterstützung. Achten Sie dennoch auf logische und flüssige Übergänge und Zusammenhänge.

Aufbau:

- folgt der typischen Dreigliederung: Einleitung – Hauptteil – Schluss
  Vorgehensweise: Einleitung und Aufbau, dann Inhalt und Deutung, zum Schluss Absicht
  - Einleitung: enthält Angaben zu Titel, Autor, Textart und Thema (führt an das Thema heran, erläutert Situation), formaler Aufbau
  - Hauptteil: inhaltliche Analyse, Absicht des Autors, Überschrift einbeziehen, Zitate und Textbelege
  - Schluss: Zusammenfassung der Ergebnisse, Erläuterung der Absicht
- auf eigene Meinung verzichten

Training

Einleitung

Der Einstieg (Einleitung und Aufbau) in eine Gedichtinterpretation dient dazu, die Leser/-innen in das Thema einzuführen und ihm die Situation kurz zu erläutern. In der Einleitung stehen Angaben zu Titel, Autor/-in, Erscheinungsjahr, Textart und Thema des Gedichts. Beispiel: *Das Gedicht „Name des Gedichts" von „Autor des Gedichts" aus dem Jahr „Datum des Gedichts" handelt von „Thema des Gedichts".*
In der Prüfung können Sie unter diesem Punkt auch bereits den formalen Aufbau des Gedichts abhandeln. Dazu gehören die Form der Lyrik, die Anzahl der Strophen und Verse, die Reimform und das Metrum/ Versmaß. Ebenfalls sollten Sie sprachlichen Besonderheiten Beachtung schenken. Des Weiteren sollten Sie auf den Satzbau achten.

Hauptteil

Dieser Abschnitt (Inhalt und Deutung) wird einen Großteil der Zeit in Anspruch nehmen. Es geht um die inhaltliche Analyse des Gedichts. Was ist die Absicht und mit welchen Mitteln wird diese umgesetzt? Sie erläutern die Handlung des Gedichts und interpretieren sie. Auch die Überschrift gehört zum Inhalt, also achten Sie darauf, diese in Ihre Interpretation mit einzubeziehen. Alle Aspekte sollten Sie unbedingt mit Zitaten aus dem Text belegen, soweit dies die Aufgabenstellung verlangt.

Schluss

Dieser Teil (Absicht) sollte in der Regel keine Probleme bereiten. Im Schlussteil werden die Ergebnisse der Gedichtinterpretation noch einmal zusammenfassend dargestellt. Sie können zudem versuchen, die Absichten des Autors zu erläutern (übt dieser Kritik an der Gesellschaft etc.?). Je nach Inhalt des Gedichts kann dies abschließend mit aktuellen Themen oder etwas aus Ihren eigenen Lebensbereichen verglichen werden. Beachten Sie hierzu die Leitfragen.

Hilfreiche Gesichtspunkte:

- formaler Aufbau (*Gedichtform, Strophenbau, Reim, Metrum*)
- inhaltlicher Aufbau (Überschrift, Motive/Themen, Handlung)
- das **lyrische Ich:** Der Sprechende in einem Gedicht. Man spricht nicht wie bei anderen Textsorten von einem Erzähler, sondern vom lyrischen Ich.
- Das lyrische Ich beschreibt seine Gefühle und Gedanken, schildert aber auch Erlebnisse und seine Einstellung dazu.
- **Strophe:** Abschnitt in einem Gedicht, umfasst mindestens zwei Verszeilen, gliedert lyrischen Text inhaltlich
  - **Terzett:** dreizeilige Strophe
  - **Quartett:** vierzeilige Strophe
- **Vers:** einzelne Zeile eines Gedichtes

- **Metrum/Versmaß:** Abfolge von betonten und unbetonten Silben in den Wörtern eines Verses, Abfolge klingt oft regelmäßig, dann spricht man vom Versmaß oder Metrum.

Metrum	Schema	Beispiel
Anapäst	steigend: x x x́	x x x́ x x x́ „Wie mein Glück ist mein Leid" (Friedrich Hölderlin)
Daktylus	fallend: x́ x x	x́ x x x́ x x „Pfingsten, das liebliche x́ x x x́ x Fest, war gekommen" (Johann Wolfgang Goethe)
Jambus	steigend: x x́	x x́ x x́ „Es schlug mein Herz x x́ x x́ x geschwind zu Pferde" (Johann Wolfgang Goethe)
Trochäus	fallend: x́ x	x́ x x́ x x́ x x́ x „Feuerwoge jeder Hügel" (Georg Britting)

- **Refrain:** auch Kehrreim genannt, ist die regelmäßige Wiederholung eines oder mehrerer Verse in einem Lied
- **Reim:** Verbindung von Wörtern mit ähnlichem Klang (Gleichklang eines betonten Vokals und der ihm folgenden Laute), erzeugt bestimmte Klangwirkung in einem Gedicht
- **Reimschema:** Verbindung zweier oder mehrerer Verszeilen durch Gleichklang der Reimwörter, dabei Unterscheidung zwischen Anfangsreim (die ersten Wörter zweier Verse reimen sich), Binnenreim (zwei oder mehr Wörter in demselben Vers reimen sich) und Endreim (Gleichklang der Versenden)

Häufige **Reimschemata** eines Endreims

Reimform	Anordnung	Beispiel
Dreifache Reimreihe	abcabc	... Maus (a) ... tragen (b) ... runter (c) ... Haus (a) ... Wagen (b) ... munter (c)
Haufenreim	aaa ...	... Maus (a) ... Haus (a) ... Laus (a)
Kreuzreim	abab	... Maus (a) ... tragen (b) ... Haus (a) ... Wagen (b)
Paarreim	aabb	... Maus (a) ... Haus (a) ... tragen (b) ... Wagen (b)
Schweifreim	aabccb	... Maus (a) ... Haus (a) ... tragen (b) ... runter (c) ... munter (c) ... Wagen (b)
Umarmender Reim	abba	... Maus (a) ... tragen (b) ... Wagen (b) ... Haus (a)

Typische Aufgabenstellung

Reklame (Joachim Ringelnatz, 1883 – 1934)

Ich wollte von gar nichts wissen.
Da habe ich eine Reklame erblickt,
Die hat mich in die Augen gezwickt
Und ins Gedächtnis gebissen.

Sie predigte mir von früh bis spät
Laut öffentlich wie im stillen
Von der vorzüglichen Qualität
Gewisser Bettnässer-Pillen.

Ich sagte: „Mag sein! Doch für mich nicht! Nein, nein!
Mein Bett und mein Gewissen sind rein!"

Doch sie lief weiter hinter mir her.
Sie folgte mir bis an die Brille.
Sie kam mir aus jedem Journal in die Quer
Und säuselte: „Bettnässer-Pille."

Sie war bald rosa, bald lieblich grün.
Sie sprach in Reimen von Dichtern.
Sie fuhr in der Trambahn[1] und kletterte kühn
Nachts auf die Dächer mit Lichtern.

Und weil sie so zähe und künstlerisch
Blieb, war ich ihr endlich zu Willen.
Es liegen auf meinem Frühstückstisch
Nun täglich zwei Bettnässer-Pillen.

Die ißt meine Frau als „Entfettungsbonbon".
Ich habe die Frau belogen.
Ein holder Frieden ist in den Salon
Meiner Seele eingezogen.

[1] Trambahn: Straßenbahn

Die Rechtschreibung folgt der Textvorlage.

Erstellen Sie eine Textbeschreibung, in der Sie auf folgende Punkte eingehen:

- Nennen Sie in der Einleitung Autor und Titel des Gedichts. Stellen Sie den formalen Aufbau dar: Strophe, Vers, Reim.
- Geben Sie im Hauptteil den Inhalt wieder. Verwenden Sie die Textstellen, in denen der Autor ausdrückt, dass Werbung allgegenwärtig ist und man sich ihr nur schwer entziehen kann.
- Wählen Sie für den Schlussteil etwas aus der Werbung aus, das Sie so „verfolgt" hat, dass Sie es schlussendlich gekauft haben. Begründen Sie Ihre Auswahl.

Der Text muss mindestens 150 Wörter umfassen. Schreiben Sie in vollständigen Sätzen.

Lösung

Das Gedicht „Reklame" stammt von Joachim Ringelnatz. Es besteht aus sieben Strophen mit insgesamt 26 Versen. Die Strophen umfassen jeweils vier Verse, abgesehen von der dritten Strophe, die aus zwei Versen besteht. Die Strophen zwei und vier bis sieben haben das Reimschema abab (Kreuzreim). Ausnahmen: Strophe eins hat das Schema abba, Strophe drei besteht als einzige nur aus zwei Versen, die auf aa enden.
In diesem Gedicht geht es – auf humorvolle Weise – um das Thema „Werbung", was der Leser gleich in der Überschrift erfährt. Wie sehr Werbung in unserem Alltag gegenwärtig ist und wie schlecht man sich ihr entziehen kann, macht der Autor deutlich an einer Reklame für „Bettnässer-Pillen", die ihm überall ins Auge springt: „Die hat mich in die Augen gezwickt" (V. 3), „Laut öffentlich wie im stillen" (V. 6), „Doch sie lief weiter hinter mir her ..." (V. 11 ff.), „Sie fuhr in der Trambahn ..." (V. 17 ff.).

Das lyrische Ich begegnet der Reklame überall und fühlt sich von ihr verfolgt. In der dritten Strophe (V. 9 f.), die formal einen Bruch darstellt, wehrt es sich dagegen. Irgendwann kann es sich aber nicht mehr entziehen: „… war ich ihr endlich zu Willen." (V. 20) Deshalb erwirbt es die Pillen und bietet sie der Ehefrau als „Entfettungsbonbon" (V. 23) an. So ist das Paar zufrieden.
Joachim Ringelnatz will seine Leser von der Aufdringlichkeit der Werbung überzeugen. Mir fiel gleich ein, dass ich selbst schon „Opfer" solcher Werbung wurde, als ich nämlich sicher war, dringend ein Paar neue Jeans zu brauchen. Überall entdeckte ich die Werbung auf großen Plakaten, in den sozialen Medien und sogar im Fernsehen. Entgegen dem Willen meiner Eltern sparte ich mein Taschengeld und kaufte mir dann meine Wunschjeans. Das hätte ich vermutlich nicht getan, wenn mich die Werbung nicht so aufdringlich verfolgt hätte.

Übungsaufgaben

1. Stationen des Lebens

Stufen (Hermann Hesse, 1877 – 1962)

Wie jede Blüte welkt und jede Jugend
Dem Alter weicht, blüht jede Lebensstufe,
Blüht jede Weisheit auch und jede Tugend
Zu ihrer Zeit und darf nicht länger dauern.
Es muß das Herz bei jedem Lebensrufe
Bereit zum Abschied sein und Neubeginne,
Um sich in Tapferkeit und ohne Trauern
In andere, neue Bindungen zu geben.
Und jedem Anfang wohnt ein Zauber inne,
Der uns beschützt und der uns hilft zu leben.

Wir sollten heiter Raum um Raum durchschreiten,
An keinem wie an einer Heimat hängen,
Der Weltgeist will nicht fesseln uns und engen,
Er will uns Stuf' um Stufe heben, weiten.
Kaum sind wir heimisch einem Lebenskreise
Und traulich eingewohnt, so droht Erschlaffen;
Nur wer bereit zu Aufbruch ist und Reise,
Mag lähmender Gewöhnung sich entraffen.

Es wird vielleicht auch noch die Todesstunde
Uns neuen Räumen jung entgegen senden,
Des Lebens Ruf an uns wird niemals enden …
Wohlan denn Herz, nimm Abschied und gesunde!

Quelle: Hermann Hesse: Gesammelte Dichtungen. Bd. 5, Frankfurt a. M. 1952

Erstellen Sie eine Textbeschreibung, in der Sie auf folgende Punkte eingehen:
- Nennen Sie in der Einleitung Autor und Titel des Gedichts. Stellen Sie den formalen Aufbau dar: Strophe, Vers, Reim.
- Geben Sie im Hauptteil den Inhalt wieder. Beschreiben Sie, welche Absicht der Autor mit seinem Gedicht verfolgt.
- Beziehen Sie sich im Schlussteil auf die Textstelle „Und jedem Anfang wohnt ein Zauber inne, / Der uns beschützt und der uns hilft zu leben" (V. 9 f.). Untermauern Sie diese mit einem Beispiel aus Ihrem eigenen Leben. Begründen Sie Ihre Auswahl.

Der Text muss mindestens 150 Wörter umfassen. Schreiben Sie in vollständigen Sätzen.

2. Wandel des Menschenbildes

Fluchtpunkt (Sarah Kirsch, 1935 – 2013)

Heine[1] ging zu Fuß durchs Gebirge
Er vertrödelte sich in Häusern, auf Plätzen
Und brauchte zwei Wochen für eine Strecke
Die wir in einem Tag durchgefahren wären
Unsere Reisen führen von einem Land
Gleich in das nächste von Einzelheiten
Können wir uns nicht aufhalten lassen
Uns zwingen die eignen Maschinen
Ohne Verweilen weiterzurasen Expeditionen
Ins Innre der Menschen sind uns versagt
Die Schutthalden Irrgärten schönen Gefilde
Bleiben unerforscht und verborgen
Die Kellner brauchen unsere Zeitung nicht
Ihre Nachrichten sind aus dem Fernsehn
Es gibt verschiedene Autos eine Art Menschen
Alles ist austauschbar wo wir auch sind.

[1] Heine: gemeint ist der Dichter Heinrich Heine (1841 – 1856)

Quelle: Europäisches Lesebuch. R. Oldenbourg Verlag GmbH, München 1992

- Nennen Sie in der Einleitung Autor/-in und Titel des Gedichts. Beschreiben Sie den formalen Aufbau. Nennen Sie dabei drei Besonderheiten, die Ihnen auffallen.
- Geben Sie im Hauptteil den Inhalt wieder. Gehen Sie dabei auf die Unterschiede zwischen früher und heute ein, die im Gedicht deutlich werden.
- Das Gedicht stammt aus dem Jahr 1992. Beziehen Sie sich in Ihrem Schlussteil auf den weiter voranschreitenden Fortschritt bzw. die Schnelllebigkeit unserer Zeit. Nennen Sie ein Beispiel, was sich seit dem Erscheinungsjahr verändert hat. Begründen Sie Ihre Auswahl.

Der Text muss mindestens 150 Wörter umfassen. Schreiben Sie in vollständigen Sätzen.

3. Stadtleben

Städter (Alfred Wolfenstein, 1888 – 1945)

Dicht wie die Löcher eines Siebes stehn
Fenster beieinander, drängend fassen
Häuser sich so dicht an, dass die Straßen
Grau geschwollen wie Gewürgte stehn.

Ineinander dicht hineingehakt
Sitzen in den Trams[1] die zwei Fassaden
Leute, ihre nahen Blicke baden
Ineinander, ohne Scheu befragt.

Unsre Wände sind so dünn wie Haut,
Dass ein jeder teilnimmt, wenn ich weine.
Unser Flüstern, Denken ... wird Gegröle ...

Und wie still in dick verschlossner Höhle
Ganz unangerührt und ungeschaut
Steht ein jeder fern und fühlt: alleine.

[1] Tram: Straßenbahn

Quelle: Alfred Wolfenstein: Die gottlosen Jahre,
S. Fischer, Berlin 1914, S. 25

- Nennen Sie in der Einleitung Autor und Titel des Gedichts. Stellen Sie den formalen Aufbau dar: Strophe, Vers, Reim.
- Geben Sie im Hauptteil den Inhalt wieder. Verwenden Sie zwei Textstellen, in denen der Autor ausdrückt, dass man in einer Stadt allein ist, obwohl man mit vielen Menschen zusammen ist.
- Wählen Sie für den Schlussteil eine Textstelle, die verdeutlicht, wie viel wir ungewollt von unseren Mitmenschen mitbekommen. Begründen Sie Ihre Auswahl.

Der Text muss mindestens 150 Wörter umfassen. Schreiben Sie in vollständigen Sätzen.

2. Prosa

Erklärung

Prosa bezeichnet Schriftstücke, die keiner Metrik, Vers- oder Reimform folgen. Typische Formen sind z. B. Erzählungen oder Kurzgeschichten.

Textinterpretation
Auch bei dieser Aufgabenstellung gilt: Lesen Sie den Text mehrfach und arbeiten Sie ihn gut durch. Markieren Sie wichtige Textstellen, Personen oder Auffälligkeiten farbig. Ebenfalls hilfreich ist es, wenn Sie sich Notizen zum Inhalt oder der Erzählperspektive an den Rand schreiben und den Text in Sinnabschnitte unterteilen. Das schafft gleich zu Beginn einen besseren Überblick. Stellen Sie anschließend Ihre Erkenntnisse stichwortartig zusammen und sortieren Sie diese unter verschiedenen Unterpunkten (zum Beispiel Personen, Erzählperspektive, sprachliche Gestaltung usw.). Danach können Sie mithilfe Ihrer Stichworte die Textinterpretation schreiben. Vergessen Sie nicht, Belege und Zitate aus dem Text zur Untermauerung Ihrer Interpretation zu verwenden.
Von der Grundstruktur ähnelt die Textinterpretation derjenigen der Gedichtinterpretation. Auch sie folgt der Dreigliedrigkeit aus Einleitung – Hauptteil – Schluss und kann in der Prüfung durch Zwischenüberschriften von Ihnen strukturiert werden. Es empfiehlt sich, beim gleichen Schema von „Einleitung und Aufbau", dann „Inhalt und Deutung" und zum Schluss „Absicht" zu bleiben.

Einleitung
Der Einstieg (Einleitung und Aufbau) in eine Textinterpretation beinhaltet die wichtigsten Informationen über den Autor und die Handlung des Textes. Wenn bekannt, sollten auch Erscheinungsort und -jahr des Textes genannt werden.
Beispiel: Die Kurzgeschichte „Titel" von „Autor" ist im „Verlag, Ort, Jahr" erschienen. Die Geschichte handelt von …

Hauptteil
In diesem Teil (Inhalt und Deutung) geht es dann um die genaue Beschreibung, Erläuterung und Interpretation der inhaltlichen und formalen Aspekte des Textes. Die Handlung wird in richtiger Reihenfolge kurz wiedergegeben, Inhalte werden durch passende Zitate belegt. Zudem sollten die wichtigsten formalen Merkmale wie Erzählperspektive, Aufbau der Erzählung und die sprachliche Gestaltung erläutert werden. Der Inhalt und die Form des Textes müssen in Zusammenhang gebracht werden.

Schluss
Der letzte Abschnitt einer Textinterpretation (Absicht) dient als Fazit und ist somit eine wertende Zusammenfassung des vorher Erarbeiteten. Ähnlich wie bei der Gedichtinterpretation sollten Sie versuchen, die Absichten des Autors zu erläutern. Welchen Denkanstoß möchte der Autor beispielsweise mit dem Text geben?

Typische Aufgabenstellung

Das Kind träumt von der Fremde (Charlotte Ueckert)

Ein großer Umschlag kam mit der Post kurz vor Weihnachten, beklebt mit fremden Briefmarken. Carla blickte neugierig auf das gebundene Heft, das ihre Mutter herauszog. Auch ein Brief lag dabei. „An alle meine Verwandten", las die Mutter.
So erfuhr Carla, dass es nicht nur die Großmutter, die Onkel und Tanten gab, sondern auch einen Cousin des Vaters, der nach dem Krieg nach Amerika ausgewandert war. Aus Florida schrieb er und statt Karl wie ihr Vater hieß er Kurt und trug ihren Namen über den Ozean. Im Heft hatte er, eng beschrieben mit Schreibmaschine und auf Matrize[1] vervielfältigt, seine Ankunft in Amerika geschildert. Wie schwer es war, erst einmal Englisch zu lernen und dann eine Arbeit zu finden. Aber nun hatte er, der deutsche Ingenieur, gerade eine Anstellung in Florida gefunden.
Florida. Das Wort kannte Carla aus Illustrierten. Dort fuhren die Hollywoodschauspieler hin, wenn sie Urlaub machten. Sie wusste auch, wo es lag, denn der Atlas war seit einiger Zeit ihre Lieblingslektüre. Alle Erdteile, Länder, Flüsse, Hauptstädte kannte sie mit Namen und träumte sich mit ihrem Finger dahin.
Natürlich würde sie den Onkel besuchen. Zunächst in den großen Ferien. Er war bestimmt reich und dass er eigene Kinder hatte, vergaß sie in ihrer Vorstellung. Vielleicht würde er sie so mögen, dass er sie adoptierte und sie nicht mehr zurückmüssten. Und wer weiß, vielleicht würde ein Hollywoodregisseur sie eines Tages entdecken.
„Wir sind froh, es geschafft zu haben," las die Mutter, „aber das sollt ihr wissen: es ist nirgendwo so schön wie in der Heimat. Wir sparen schon, um in ein, zwei Jahren zu Besuch zu kommen. Die wunderbare Landschaft dort fehlt uns."
Carla wunderte sich. Was sollte daran schön sein? Nicht mal Hügel, nur Bäume, Felder, langweilige Dörfer. Dagegen Florida!

[1] Matrize: hier: Folie, die früher zur Herstellung von Vervielfältigungen verwendet wurde

Quelle: Charlotte Ueckert: Das Kind träumt von der Fremde., in: Die Fremde aus Deutschland. Kurzprosa und Reisegedichte. Pop Verlag, Ludwigsburg 2017, S. 39

(3)

Erstellen Sie eine Textbeschreibung, in der Sie auf folgende Punkte eingehen:

- Nennen Sie in der Einleitung Autor und Titel des Textes. Geben Sie kurz den Handlungsverlauf wieder.
- Beschreiben Sie im Hauptteil, wie Carla sich Florida vorstellt und was sie sich ausmalt.
- Wie bewerten Sie den Kontrast zwischen Carlas Vorstellung und der Realität des Lebens, das Kurt in seinem Brief beschreibt?

Der Text muss mindestens 150 Wörter umfassen. Schreiben Sie in vollständigen Sätzen. Achten Sie auf korrekte Sprache und Rechtschreibung. Sie dürfen ein Wörterbuch benutzen.

Lösung

Die Kurzgeschichte „Das Kind träumt von der Fremde" von Charlotte Ueckert wurde in dem Band „Die Fremden in Deutschland, Kurzprosa und Reisegedichte" veröffentlicht und ist 2017 im Pop Verlag Ludwigsburg erschienen.
Carla und ihre Familie erhalten Post von einem Onkel, der nach Amerika ausgewandert ist und nun in Florida lebt. Carla träumt davon, den Onkel zu besuchen, von ihm adoptiert und berühmt zu werden. Der Onkel erwähnt jedoch, dass es in der Heimat doch am schönsten sei, aber das kann Carla nicht nachvollziehen.
Carla kennt Florida aus Zeitschriften, dort machten Hollywoodschauspieler Urlaub. Darüber hinaus weiß sie nichts über dieses Ziel, außer, wo es liegt, weil sie sich gut im Atlas auskennt und sich gerne an fremde Orte träumt. Carla malt sich aus, der Onkel wäre reich, sie würde ihn in den Ferien besuchen, er würde sie vielleicht adoptieren und eines Tages käme ein Hollywoodregisseur vorbei.
Das Mädchen stellt sich ein Leben in Florida vor wie einen Traum: Der Onkel hat viel Geld, sie lebt sorglos und muss nicht mehr zurück. Dass die Menschen auch dort Sorgen haben, arbeiten müssen, um Geld zu verdienen, darüber macht sie sich keine Gedanken. Der Onkel berichtet jedoch von den Schwierigkeiten, die Sprache zu lernen und Arbeit zu finden. Er schreibt, dass er für den nächsten Besuch in der Heimat sparen müsse und dass es dort am schönsten sei. Das kann Carla nicht nachvollziehen, denn sie findet diese langweilig.
In dieser Kurzgeschichte wird der Unterschied zwischen Vorstellung und Wirklichkeit deutlich beschrieben. Carla stellt sich das Leben in Florida aufregend und glanzvoll vor, an mögliche Probleme denkt sie nicht. Der Onkel berichtet von den Schwierigkeiten, in Amerika anzukommen. Diese Realität unterscheidet sich stark von Carlas Vorstellung. Der Onkel sehnt sich nach der Heimat, die Carla nicht zu schätzen weiß, weil sie ihr zu langweilig ist. Die Geschichte zeigt, dass man sich nicht blenden lassen sollte und dass die eigene Situation aus einem anderen Blickwinkel manchmal besser ist, als sie für einen selbst erscheint.

Übungsaufgaben

1. Wo bekomme ich jetzt etwas zu essen her? (Mahmood Falaki)

In unserem Abteil saß mir ein etwa Mitte vierzigjähriger Mann mit Anzug und Krawatte gegenüber, der sich die ganze Zeit mit seinem Laptop beschäftigte. Neben ihm saß eine etwa sechzigjährige Frau mit blond gesträhnten, kurzen braunen Haaren.

Sie trug ihre Brille an einer silbernen Kette um ihren Hals und blätterte entweder in der *Brigitte*[1] oder wechselte mit jemandem, wahrscheinlich ihrem Mann, telefonisch ein paar Worte. Sie berichtete ständig, wo sie sich gerade befand und was sie gerade machte. Sie fragte auch ständig nach, was ihr Mann gerade täte.

Ob er dieses oder jenes gekauft hätte, was er getrunken habe? Er solle nicht so viel trinken. Ob er seine Tablette rechtzeitig genommen habe? Und ...

Neben mir saß ein junges Paar, das sich die ganze Zeit abknutschte. Ich konnte mir gut vorstellen, dass sie sich tausendmal wünschten, wir wären nicht da, so dass sie sich ungestört zusammen hinlegen könnten.

Ich sah aus dem Fenster. Betrachtete die Bäume und niedrige, gleichförmige herumstehende Häuser mit farbigen Türen, die rasch auftauchten und noch rascher wieder verschwanden.

Als ich das Schild der nächsten Station Rotenburg/Wümme sah, bremste der Zug ziemlich heftig. Ich schimpfte lautlos über den Zugführer und dachte, er sei schläfrig. Wir warteten darauf, dass die neuen Fahrgäste einstiegen, aber niemand stieg zu. Der Zug blieb länger stehen als es an einer kleinen Haltestelle üblich war. Nach etwa acht Minuten hörten wir die zitternde Stimme des Zugführers, der eine Durchsage machte:

„Unser Stopp wurde durch einen Personenschaden verursacht. Bis die Schienen wieder frei sind, können wir nicht weiterfahren." Zunächst herrschte eine Totenstille in unserem Abteil, dann sagte die Frau laut: „Ach, schon wieder! Das passiert mir jedes Mal auf dieser Strecke!" Das Paar saß jetzt Hand in Hand aufrecht und guckte verwirrt die ältere Frau an. Der junge Mann löste seine Hand von dem Mädchen und sagte: „Hoffentlich dauert es nicht so lange!" Der Zugführer meldete sich wieder: „Leider müssen wir auf das Räumkommando warten, damit die Strecke von den Überresten befreit wird. Sie können den Zug nicht verlassen. Wir bitten Sie um Geduld und halten Sie auf dem Laufenden." Seine Stimme war nicht mehr so zittrig wie vorher. Der Mann mit dem Computer klappte den Laptop zu, schüttelte den Kopf, rückte seine Krawatte zurecht und sagte: „So ein Mist, dann schaffe ich es nicht rechtzeitig zu meinem Vorstellungsgespräch nach Hamburg!" Die ältere Frau sagte, während sie die Tasten ihres Handys drückte: „So eine Schweinerei!" Sie legte das Handy ans Ohr und sagte: „Hallo, ich bin's. Weißt du, was mir hier schon wieder passiert ist? Nein, ich meine ... nein, ein Selbstmord! Nein, nicht in unserem Abteil, nein, nicht im Zug. Jemand hat sich mal wieder vor den Zug geschmissen. Woher ich das weiß? Ja, ja, warum müssen sie sich eigentlich vor den Zug werfen und andere Leute damit in Schwierigkeiten bringen? Ja ... nein ... ja, es gibt schließlich andere Möglichkeiten sich umzubringen! Was? Nein, nicht so. Du musst zuerst das Huhn mit Öl im Topf anbraten. Ja, ja, mit Zwiebel geht es auch. Ich weiß es nicht, wie lange wir noch hier warten müssen, bis die armen Leute die Überreste von den Schienen gekratzt haben! Ja ... ich rufe dich wieder an."

Sie nahm das Telefon vom Ohr, steckte es in ihre Tasche, wandte sich zu mir blickend um, hüstelte und sagte: „Und wo bekomme ich jetzt etwas zu Essen her, wenn wir hier zwei Stunden oder länger warten müssen?"

[1] Brigitte: deutsche Frauenzeitschrift

Quelle: Mahmood Falaki: Wo bekomme ich jetzt was zu essen her?, in: Ich bin Ausländer und das ist auch gut so. Sujet Verlag 2013, S. 117 – 119

Erstellen Sie eine Textbeschreibung, in der Sie auf folgende Punkte eingehen:

- Nennen Sie in der Einleitung Autor und Titel des Textes. Geben Sie kurz den Handlungsverlauf wieder.
- Beschreiben Sie im Hauptteil, wie sich das Verhalten der einzelnen Fahrgäste nach dem Zugunfall ändert.
- Wie bewerten Sie die Teilnahmslosigkeit der einzelnen Personen gegenüber dem Selbstmörder?

Der Text muss mindestens 150 Wörter umfassen. Schreiben Sie in vollständigen Sätzen. Achten Sie auf korrekte Sprache und Rechtschreibung. Sie dürfen ein Wörterbuch benutzen.

2. Nicht erwünscht (Günter Thumm)

Diesmal war es ernst und der Hund spürte es. Er saß neben seinem Herrn auf einem Stuhl am Tisch und schaute auf den Teller des alten Mannes, der sein Brot, belegt mit etwas Fleischwurst, mit dem Messer in kleine Stücke zerteilte. Der Hund fuhr sich mit der Zunge über das Maul und tapste unruhig mit den Vorderfüßen auf dem Stuhl hin und her. Das auf ihn zufliegende Brotstück schnappte er geschickt aus der Luft und schluckte es rasch hinunter. Sein Herr hatte ihm beigebracht, dass er weder mit den Pfoten noch mit der Schnauze den Tisch berühren dürfe. So wartete er geduldig bis er an der Reihe war. Aber etwas war heute nicht wie sonst, nie wurde er vom Tisch aus gefüttert, sondern hatte seine Futterschüssel und das Wasser an seinem Platz. Der alte Mann richtete seinen Blick auf ihn, sah seine treuen Augen und begann mit ihm zu sprechen:

„Fellow", so nannte er den Hund, – Fellow, weil er ihn, damals als seine Frau vor acht Jahren starb, aus dem Tierheim holte und er von dort an sein Gefährte wurde. Er sprach mit dem Tier über seine Sorgen, über den Tod seiner Frau und deshalb kam nie das Gefühl auf, einsam zu sein. Der Hund war für ihn immer da, er hatte eine Aufgabe, er versorgte ihn, gab ihm Futter, sprach mit ihm und das war bis heute so.

Der Mann wiederholte sich: „Fellow, ... wir müssen Abschied nehmen, es ist heute der letzte Tag, an dem wir zusammen sind." Seine Stimme klang traurig und der Hund neigte seinen Kopf leicht zur Seite, als ahne er etwas Schlimmes.

„Ja, heute kommen sie von der Sozialstation, um mich ins Seniorenheim abzuholen und dich bringen sie zurück ins Tierheim, denn ich kann dich nicht mitnehmen, ... im Seniorenheim dulden sie keine Tiere", waren seine Worte. Der Hund sprang vom Stuhl, lief zur Tür, gab einen kurzen Laut, denn es hatte geklingelt.

Ohne den Hörer von der Sprechanlage abzunehmen, drückte der Alte den Knopf zum Öffnen. Als die Schritte im Treppenhaus näher kamen, nahm er den Hund zu sich hoch, presste ihn an sich und fing an zu schluchzen. Dann, ... öffnete er die Tür.

Quelle: Günter Thumm: Nicht erwünscht., in: Ursula Jetter (Hrsg.): exempla – Literaturzeitschrift, Bd. 2015/2016, Jhrg. 41/42. Schreiben in bewegter Zeit. Ludwigsburg, S. 100 – 101

Erstellen Sie eine Textbeschreibung, in der Sie auf folgende Punkte eingehen:

- Nennen Sie in der Einleitung Autor und Titel des Textes. Geben Sie kurz den Handlungsverlauf wieder.
- Beschreiben Sie im Hauptteil, welche Bedeutung der Hund für seinen Herrn hat.
- Wie bewerten Sie die Tatsache, einem älteren Menschen auch noch das Letzte zu nehmen, was ihm etwas bedeutet?

Der Text muss mindestens 150 Wörter umfassen. Schreiben Sie in vollständigen Sätzen. Achten Sie auf korrekte Sprache und Rechtschreibung. Sie dürfen ein Wörterbuch benutzen.

3. Die Spur im Sand (Charlotte Ueckert)

Nach einer Weile, die ich im nassen Sand gelaufen war, merkte ich, dass ich immer einer Spur folgte. Es war der Abdruck nackter Füße, den ich mit jedem Schritt vergrößerte. Ich setzte meine Ferse in den kleinen rundlichen Abdruck und krallte mit meinen Zehen darüber hin. So ging es Schritt für Schritt. Als ich mich umdrehte, sah ich nur noch die Spur meiner Füße. Die kleinen Abdrücke vor mir hatte ich vereinnahmt. Es musste ein kleines Kind gewesen sein, das hier gelaufen war. Ich stellte meinen Fuß, Schuhgröße 39, daneben und schätzte: 32, 34?

Ich wunderte mich, was ein Kind hier allein am menschenleeren Strand machte. Ich sah niemanden vor mir. Nur die Spur, die plötzlich abbog und sich in den Wellen verlor. Dorthin wollte ich nicht folgen. Nichts war zu sehen, außer den eintönig rollenden Wellen. Weiter lief ich, mein Herz klopfte.

Aus dem Wasser führten plötzlich Schritte. Schuhspuren, größer als meine Füße. Die Spur führte den nassen Sand hoch und verlor sich oben, wo er trocken und pulverig wurde. Mir war unheimlich.

Doch dann sah ich das Kind am Boden sitzen, kurz vorm Dünensaum. Es zog sich gerade Turnschuhe aus, die viel zu groß und schwer von nassem Sand waren. Als es mich sah, stand es schnell auf und rannte barfuß, die Schuhe schwenkend, in die Dünen.

Quelle: Charlotte Ueckert: Die Spur im Sand., in: Die Fremde aus Deutschland. Kurzprosa und Reisegedichte. Pop Verlag, Ludwigsburg 2017, S. 47

Erstellen Sie eine Textbeschreibung, in der Sie auf folgende Punkte eingehen:

- Nennen Sie in der Einleitung Autor und Titel des Textes. Geben Sie kurz den Handlungsverlauf wieder.
- Beschreiben Sie im Hauptteil, warum der Ich-Erzähler auf einmal Herzklopfen bekommt, als er die Fußspuren des Kindes im Meer verschwinden sieht.
- Was denken Sie, warum der Ich-Erzähler den Fußspuren folgt?

Der Text muss mindestens 150 Wörter umfassen. Schreiben Sie in vollständigen Sätzen. Achten Sie auf korrekte Sprache und Rechtschreibung. Sie dürfen ein Wörterbuch benutzen.

Bearbeitungszeit: 180 Minuten

Teil A – Pflichtteil

A1 – Sachtext

Annäherung an den Begriff „Reisen“

Das Wort „reisen“ kommt aus dem Althochdeutschen und bedeutet „Fahrt / Aufbruch“, das sich auf den Weg Machen oder Unterwegssein. Heute wird das „Reisen“ vor allem mit dem Verreisen in Verbindung gebracht. Die Menschen wollen sich erholen, Dinge erleben oder Neues erfahren.

Das Reisen wird von drei Aspekten determiniert[1]: der Zeit, der Distanz und den neuen Erfahrungen. Sobald man reist, ist man für eine bestimmte Zeit unterwegs und bewegt sich auf ein Ziel zu. Die so gewonnenen Reiseerfahrungen sind Thema der Reiselyrik, wobei Beschreibungen der Städte oder Landschaften nicht dazugehören. Beim Reisen wird immer eine Distanz überwunden, sowohl zeitlich als auch räumlich. Begibt man sich auf Reisen, macht man neue Erfahrungen, lernt andere Länder mit ihrer Kultur, ihrem Brauchtum und Besonderheiten kennen.

Auf Reisen begab man sich aus dreierlei Gründen: des Berufs, der Bildung oder der Entdeckung wegen. Reisen als Thema der Literatur ist schon lange bekannt. Das Reisen war dabei sinnbildlich eine Lebensreise, die Welt wurde sich sinnlich und körperlich angeeignet. Bis ins 19. Jahrhundert hinein reisten vor allem Männer zu Fuß, Privilegierte[2] auch mit dem Pferd oder der Kutsche sowie dem Schiff.

In der Romantik rücken der Wanderer und seine Erfahrungen in den Mittelpunkt. „Das Wandern war der Aufbruch aus der ständischen Gesellschaft und gleichzeitig die Weltflucht aus der industrialisierten Moderne […]“*. Es existierte noch kein „Tourismus“ im heutigen Sinne. Reisen war gefährlich, jederzeit konnte man ausgeraubt werden, die Straßen waren meist in einem schlechten Zustand. Immer wieder gab es bei den Kutschen Achsbrüche, was die Reise verzögerte und zusätzlich erschwerte. Eine Reise ins Ausland zu unternehmen, war besonders schwierig, da nur wenige Menschen eine Fremdsprache beherrschten.

Im Lauf des 18./19. Jahrhunderts schickten wohlhabende Familien ihre Söhne auf Bildungsreisen nach Italien. Einfache Familien konnten sich keine Reise leisten, weshalb etwa 95% nie den Ort verließen, an dem sie geboren waren. Schwierigkeiten ergaben sich durch die Sprachbarrieren[3], die vielen Grenzübergänge sowie die Gefahren bei der Alpenüberquerung.

Goethes Reise nach Italien (1786) war eine Flucht. Seine Tätigkeit als Minister in Weimar blockierte seine Schaffenskraft und literarische Kreativität[4]. Er musste ausbrechen, um wieder schreiben zu können. Italien und die griechisch-römische Kultur bewunderte er schon seit Kindesbeinen, in der Umgebung dieser erhoffte er sich eine Lösung der Schreib- und Schaffensblockade. Das Wandern wurde durch Rousseau und die Sturm und Drang Dichtung, vor allem die Goethes, zum Ausdruck eines modernen Lebensgefühls. Die Französische Revolution veränderte die Gesellschaft tiefgreifend, die entstandene Gegenbewegung suchte Entschleunigung, Selbst- und Welterkenntnis. Die Dichter erkundeten die Natur zu Fuß und reisten durch die Welt.

Seit dem 17. Jahrhundert war die Postkutsche ein beliebtes Fortbewegungsmittel, das aber ab dem Biedermeier[5] (1820 – 1850) an Wichtigkeit verlor. Durch die immer schneller fortschreitende Industrialisierung konnten die Menschen wegen der Entwicklung der Eisenbahn und schließlich des Automobils schneller an andere Orte gelangen, das Reisen wurde auch Frauen und Unprivilegierten zugänglich. Das Motiv des Wanderns wurde ersetzt durch schnellere und bequemere Fortbewegungsmittel, die aber im Laufe des 20. Jahrhunderts kritisch betrachtet wurden. 1901 wurde die Wandervogel-Bewegung von Karl Fischer gegründet. Die Bewegung wollte zurück zu den Idealen der Natur, ihr Ziel war es, sich selbst zu verwirklichen und bewusst keine politische Verantwortung zu übernehmen. Sie kritisierten den materiellen Geist und die technischen Entwicklung, die immer voranschritt.

Reisen wurde schließlich im Lauf des 20. Jahrhunderts zu einem Massenphänomen[6], es gab immer mehr Pauschalreisende. Im 21. Jahrhundert ist es alltäglich, um die Welt zu fliegen und Urlaub zu machen. Dabei buchen die meisten Menschen Pauschalreisen, was die Literaten[7] häufig als Oberflächlichkeit ansehen und auf Distanz gehen. Sie kritisieren die mit dem Massentourismus einhergehende Umweltzerstörung und -verschmutzung. Immer mehr Menschen begeben sich wieder auf Wanderschaft oder gehen pilgern, wollen zu sich selbst finden, zur Ruhe kommen und dem Alltag entfliehen.

[1] determinieren: festlegen, begrenzen
[2] Privilegierte: bevorzugte Personen, Gegenteil: Unprivilegierte
[3] Sprachbarriere: hier: die Schwierigkeiten, die sich durch unterschiedliche Sprachen ergeben
[4] literarische Kreativität: Fähigkeit, etwas Neues und Originelles zu schaffen; hier: etwas Geschriebenes
[5] Biedermeier: deutsche Kunst- und Kulturepoche
[6] Massenphänomen: ein Ereignis, das eine große Menge an Menschen betrifft
[7] Literat: Schriftsteller

Quelle: Mirja-St. Schweigert, in: https://www.schule-bw.de/faecher-und-schularten/sprachen-und-literatur/deutsch/unterrichtseinheiten/lyrik/reiselyrik, Seitenaufruf 1.8.2019

*zitiert aus: Adam Sobozynski: Aufbruch ins Freie. In: Die ZEIT, Nr. 20, 9.5.2018, S. 53

Karikatur

Bildquelle: Kutal, Firuz © Cartoon Stock Ltd.

Textverständnis

1. Entscheiden Sie mithilfe des Textes und der Karikatur, ob folgende Aussagen richtig oder falsch sind. Kreuzen Sie entsprechend an.

	richtig	falsch
a) Das Wort „reisen" bedeutet „Neues erfahren".		X
b) Reisen wird von drei Dingen bestimmt: Zeit, Entfernung und neuen Erfahrungen.	X	
c) Früher konnten nur Wohlhabende und Menschen aus der Bildungsschicht reisen.		X
d) Goethe hatte während seiner Reisen eine Schreibblockade.		X
e) Die Karikatur kritisiert das Tauchen im Meer.		X
f) In der Karikatur werden die überhandnehmenden Touristenmassen dargestellt.	X	

2. Reisen kann ganz unterschiedlicher Natur sein. Ordnen Sie die folgenden Begriffe den unterschiedlichen Reisearten – Massentourismus und Individualreise – richtig zu.

Übervölkerung der Strände · Umweltzerstörung und -verschmutzung · zur Ruhe kommen · Massenphänomen · pilgern gehen

3. Finden Sie zu folgenden Aussagen die passenden Textstellen. Schreiben Sie Ihre Antwort in ganzen Sätzen auf.

a) Früher wurden die Söhne aus reichen Familien nach Italien geschickt, damit sie sich weiterbilden konnten.

b) Erst mit der technischen Entwicklung von Eisenbahn und Auto war es auch Frauen und ärmeren Schichten möglich, zu reisen.

4. a) Beschreiben Sie kurz, wann Sie eine Pauschalreise machen würden.

b) Beschreiben Sie kurz, was für Sie die Vorteile einer Individualreise sind.

Schreiben Sie Ihre Antwort in ganzen Sätzen.

Sprachgebrauch

1. Nennen Sie eine Regel oder Strategie, die die Schreibung der folgenden Wörter an der markierten Stelle erklärt.

räumlich · Reiseerfahrung · Welterkenntnis · Motiv · Distanz · Entdeckung

2. Erklären Sie, warum an der markierten Stelle ein Komma stehen muss.

a) Der Massentourismus, der durch Ballung von Reisenden die Natur der Urlaubsländer zunehmend auslaugt, gerät immer mehr in die Kritik.

b) Immer mehr Menschen haben das Pilgern wieder für sich entdeckt, um so zu sich selbst zu finden und zur Ruhe zu kommen.

c) Woran liegt es, dass der Trend zur Kreuzfahrt geht, obwohl das Umweltbewusstsein der Gesellschaft steigt?

3. Suchen Sie aus dem Sachtext jeweils zwei Beispiele für folgende Wortarten heraus: Verb, Pronomen, Adjektiv

Zitieren Sie mit entsprechender Zeilenangabe.

4. Bilden Sie aus den folgenden Satzteilen einen sinnvollen Satz. Die Grundform sowie die Zeitform des Verbs stehen in Klammern.

a) für Viele / die schönste Beschäftigung / Verreisen (sein, Präsens)

b) mit vielen Schwierigkeiten / früher / man / während einer Reise / zu kämpfen (haben, Präteritum)

c) durch zunehmendes Umweltbewusstsein / das Reiseverhalten / auch (sich ändern, Futur I)

5. Suchen Sie zu den folgenden Wörtern das passende Synonym aus dem Text und schreiben Sie dieses auf.

Entfernung (Z. 7) ______________________

Fokus (Z. 24) ______________________

bestehen/geben (Z. 26) ______________________

Problematik (Z. 38) ______________________

A2 – Lektüre

Andreas Steinhöfel: Trügerische Stille (Romanauszug)

Textauszug 1

Das blaue Hemd und die Jeans fielen zu Boden. Innerhalb von Sekunden war sie nackt und mir stockte der Atem. Ihr Körper war ein schlanker weißer Strich gegen den hinter ihr liegenden dunklen See. Sie schien von innen heraus zu glühen. Die langen Haare fielen ihr sanft über die Schultern, heller als der Mond.

„Was ist? Kommst du?"

„Ich ... ja."

Sie beobachtete jede meiner Bewegungen, während ich Turnschuhe, Unterhemd und Shorts auszog. Ich hatte mich nie zuvor vor einem Mädchen ausgezogen. Ich hätte nie geglaubt, dass es so einfach sein könnte. Schließlich stand ich vor ihr, nackt wie sie.

„Warte."

Sie ging zu ihrer Hose und zog ein kleines Band aus einer Hosentasche. Dann warf sie den Kopf in den Nacken und fasste mit einem geschickten Griff ihre Haare zusammen, verschlang sie mit dem Band.

„Jetzt."

Sie lächelte mir auffordernd zu. Sie drehte sich um und ging an das Ufer, und als ich die Flecken auf ihrem Rücken bemerkte, dachte ich zuerst, es wären Schatten. Dann hatte ich ein Gefühl, als würde mein Körper mit Eiswasser beträufelt, und ich vergaß unsere Nacktheit.

Was sich dunkel auf ihrem Rücken abzeichnete, waren keine Schatten. Es waren Striemen, die wie Schlangen oberhalb der Schulterblätter und längs der Rippenbögen fast parallel zueinander verliefen.

„Carla", flüsterte ich rau.

Sie zuckte zusammen. Sie blieb stehen und ihre Schultern sackten herab. Ich ging auf sie zu. Sie wehrte sich nicht, als ich meine Finger vorsichtig über die Haut ihres Rückens gleiten ließ, aber sie erschauerte, als ich die Stellen berührte, wo die Striemen geschwollen waren und sich purpurn verfärbt hatten.

„Das ist ... "

„Ich weiß, was das ist." Ihre Stimme klang hart, aber als sie sich umdrehte, sah ich etwas anderes, den Blick eines zu Tode verletzten Tieres. Mein Herz krampfte sich schmerzhaft zusammen. Sie bückte sich nach ihrem T-Shirt und ihrer Hose und zog sich wieder an.

„War es dein Vater?", fragte ich flüsternd.

Sie antwortete nicht. Sie knöpfte ihre Jeans zu, riss sich das Band aus den Haaren, schüttelte den Kopf und eine Kaskade blonder Locken ergoss sich über ihre Schultern.

„Carla! War das dein Vater?"

„Er hat einen Ledergürtel mit versilberter Spitze."

Das Band verschwand in der Hosentasche. Sie fuhr sich mit einer Hand über die Augen, senkte den Blick und holte tief Luft. „Logo, ich möchte nicht darüber reden."

Ich wartete, aber sie sah weiter nach unten. Schließlich legte ich eine Hand unter ihr Kinn und hob es an.

„Bitte."

„Ich will nicht darüber reden!"

„Was soll das heißen?", stieß ich aus. „Carla, dein Vater misshandelt dich und deine Mutter lässt es zu! Wie kannst du da sagen –"

„Es war das letzte Mal, dass er mich geschlagen hat. Er hat es mir versprochen."

„Und das nächste Mal wird er sein Versprechen vergessen!"

Aus weiter Ferne, so schwach, dass ich es kaum hören konnte, ertönte das erste Donnergrollen.

„Nein, das wird er nicht", sagte sie ruhig. Sie schüttelte meine Hand ab. „Das wird er nicht." Sie wandte sich von mir ab und starrte hinaus auf den See. Der Horizont erglühte flackernd unter einem kurzen Wetterleuchten. „Ich möchte jetzt gehen", sagte sie.

Ich wusste nicht, was ich noch sagen sollte. Ich ließ sie gehen. Und diesmal war ich es, der sich nicht umdrehte.

Textauszug 2

Im Gegensatz zu den Zimmern ihrer Eltern war das von Carla aufgeräumt. Dass sie es überhaupt benutzte, verrieten nur einige Mädchenzeitschriften, die sich auf einem in der Ecke unter dem Fenster stehenden Stuhl stapelten. Arnie stöberte darin herum, während ich hinausschaute und die Böschung betrachtete, auf der ich gestern gestanden und Carla beobachtet hatte. Über das Fensterbrett ragte eine Heckenrose, auf der ein einzelner Regentropfen glänzte.

Hinter mir pfiff Arnie leise durch die Zähne. „Logo, sieh dir das an!"

Er hatte eine Zeichenmappe unter den Magazinen hervorgekramt, sie geöffnet und erst eines, dann immer mehr Bilder daraus hervorgezogen. Ich drehte mich um und sah ihm über die Schulter. Und fühlte, wie die Haare in meinem Nacken sich aufrichteten.

Jede einzelne der scheinbar achtlos auf das Papier geworfenen Bleistiftzeichnungen zeigte mich oder meine Familie. Es waren nur Skizzen, jedes Bild für sich verblüffend genau und detailliert. Paps, Mami und die Zwillinge auf der *Lavinia*. Oma und Margarethe beim Spaziergang im Wald. Pola auf der Veranda. Husch und ich auf dem Bootssteg mit ins Wasser baumelnden Füßen. Ich, allein am Ufer des Sees. Die Szene auf der Lichtung, Oma mit dem Gebiss in einer Hand.

Arnie zog ständig weitere Bilder aus der Mappe. „Na, wenn die nicht himmelhoch in dich verknallt ist ...", murmelte er fasziniert.

„Nicht in mich", sagte ich leise. „In meine Familie."

„Was?"

„Siehst du das nicht?" Ich zog ein paar beliebige Blätter aus dem Stapel. „Alles heile Welt, glückliche Familie. Was würdest du dir wünschen, wenn du so ein Arschloch zum Vater hättest wie sie?"

„Scheiße", flüsterte Arnie. Er betrachtete die Bilder und fuhr sich hilflos durch die blonden Haare. „O Mann, Scheiße ... ! Sie tut mir echt leid."
„Ja. Mir auch."

Textauszug 3

Mir war zum Heulen zu Mute, denn es stand außer Frage, dass der Rest der Familie Margarethes Krankentransport begleiten würde. Niemals einsam, immer gemeinsam. Ich wäre bereit gewesen für Carla einen Streit mit Paps vom Zaun zu brechen, um am Waldensee bleiben zu können. Aber selbst wenn ich dabei nicht den Kürzeren gezogen hätte, hätte das bedeutet, Margarethe im Stich lassen zu müssen. Ich war hin- und hergerissen, und als ich zu Margarethe ging, wusste ich immer noch nicht, was ich tun sollte.
Sie lag in ihrem Bett, die Decke bis unter das Kinn gezogen, ihr Gesicht ein kleiner blasser Fleck auf dem fröhlich bunten Kissen. Husch saß neben ihr, blätterte Seite um Seite in dem Buch über das Weltall um und bemühte sich vergeblich, sie für die bunten Bilder zu begeistern. Mami packte die Koffer der Zwillinge. Sie sah nur kurz auf, als ich das Zimmer betrat.
„Hallo, Schatz." Ich setzte mich neben Margarethe auf die Bettkante und strich ihr durch die verschwitzten schwarzen Haare. Ihre Stirn war heiß. „Was machst du für Sachen?"
Sie legte ihre Hand in meine. „Mir ist schlecht", piepste sie. „Und ich bin richtig krank. Mit Tenkaratur."
„So schlimm ist das auch nicht", sagte Mami. Sie zog die letzten Kleidungsstücke aus dem Schrank. „Du wirst schon sehen, das Fieber geht schneller vorbei, als du denkst."
Margarethe warf ihr nur einen kurzen Blick zu und umklammerte meine Hand etwas fester. „Gehst du mit mir zum Doktor, Logo?"
„Der Arzt kommt doch zu uns nach Hause." Mami klappte den Koffer zu und ließ die Schlösser einrasten. „Und du willst doch nicht, dass er dich für ein Baby hält, oder?"
„Ich will, dass Logo dabei ist."
„An einem bisschen Fieber ist noch niemand gestorben." Mami ging mit dem Koffer zur Tür und lächelte Margarethe zu. „Und du wirst lernen müssen, wie man im Leben ohne einen großen Bruder auskommt, Schätzchen."
„Das wird ihr nicht weiter schwerfallen", sagte ich. „Sie hat ja auch gelernt, wie man ohne Mutter auskommt."
Die Worte waren mir herausgerutscht, ohne dass ich darüber nachgedacht hatte. Ein Schlag ins Gesicht hätte nicht wirkungsvoller sein können. Mami stellte den Koffer ab und sah mich bestürzt an. In meinem Magen lagen plötzlich pfundweise schwere Steine.
„Was willst du damit sagen?", flüsterte sie.
„Weißt du das nicht? Dann denk doch mal darüber nach, warum die Kleinen immer zu mir kommen, wenn es ihnen schlecht geht."
Mami sah zu Boden und in diesem Moment tat sie mir unendlich leid. Dann griff sie abrupt nach dem Koffer und verließ das Zimmer ohne ein weiteres Wort. Ich schaute von der Tür zu Margarethe, die genau wie Husch gebannt meinen unerwarteten Temperamentsausbruch verfolgte.
„Ich bin bei dir, wenn der Doktor kommt", sagte ich. „Und jetzt gehe ich packen."

Textauszug 4

„Carla, was ist mit deinen Eltern passiert?"
Sie runzelte die Stirn und überlegte. Dann hob sie langsam eine Hand, wischte sich den Regen aus den Augen und sah mich an. „Ich träume jede Nacht von ihnen. Jede Nacht."
„Erzähl es mir." Ich strich ihr eine blonde Strähne von der Wange. „War es ... war es ein Unfall?"
Sie nickte. Ihr Blick war klar, und als sie zu sprechen begann, war der tonlose Singsang, der die letzten Sätze begleitet hatte, verschwunden.
„Es war an dem Tag, als ihr die Reifenpanne mit eurem Bus hattet. Papa war wütend, wegen dem kurzen Streit mit deinem Vater. Er hat sich furchtbar darüber aufgeregt. Danach sind wir die ganze Zeit herumgefahren. Papa macht das oft, einfach so herumfahren. Am Abend waren wir schließlich in einer Stadt, ich weiß nicht, wie sie hieß. Wir sind essen gegangen und Papa hat dabei getrunken. Er war oft betrunken ... Mutti hat nichts gesagt. Manchmal haben sie tagelang nicht miteinander geredet. Manchmal war es so, als würden sie sich gar nicht kennen. Aber dann sind wir nach Hause gefahren, zurück an den See, und sie haben furchtbar gestritten. Wir fuhren über die Uferstraße, den Berg hinauf. Papa fuhr zu schnell. Er fuhr immer viel zu schnell. Und dann ..."
Ihre Stimme war leise geworden. Sie zeigte durch den Vorhang aus Regen zu dem Abhang, der als kaum erkennbarer Vorsprung in einem Kilometer Entfernung in den Waldensee ragte. Das Felsplateau hinter der Kuppe. Der Parkplatz in der Kurve ohne Leitplanken. Ich erinnerte mich an meine erste Nacht im Ferienhaus. Ich hatte im Bett gelegen und war schon fast eingeschlafen, als das Platschen ertönt war, das ich für einen ins Wasser stürzenden Felsbrocken gehalten hatte.
„Sie haben beide nicht geschrien, als der Wagen hinunterstürzte. Sie waren ganz still. Sie sind in den Sicherheitsgurten hängen geblieben, glaube ich, aber es kann auch sein, dass sie beim Aufprall auf das Wasser bewusstlos wurden. Der Wagen ging sofort unter, sofort, es dauerte keine fünf Sekunden. Es war so leise ... Ich wurde hinausgeschleudert und bin ans Ufer geschwommen. Eine Weile bin ich noch herumgelaufen. Du hast mich gesehen, zwischen den Felsen."
Ja, ich hatte sie gesehen. Ich hatte sie gesehen und daraus die falschen Schlüsse gezogen. Aber wie hätte ich wissen oder auch nur ahnen können, was wirklich geschehen war?
„Die Tage darauf waren wie ein Traum. Es war ein Gefühl, als wäre die Zeit aus den Fugen geraten. Als ob ich schwebte. Ich brachte ihnen Blumen ... Danach wusste ich nicht, was ich tun sollte. Also tat ich so, als wäre nichts gesche-

hen. Manchmal, wenn ich morgens aufwachte, habe ich das wirklich geglaubt. Ich habe es so fest geglaubt, dass ich sogar ihre Stimmen hörte ... "

Während des Erzählens hatte sie den Abhang nicht aus den Augen gelassen. Jetzt blickte sie mich an. „Wann hast du es herausgefunden?"

Ich dachte an den leeren Koffer und den offenen Kleiderschrank im Zimmer ihres Vaters, der voller frischer und gebrauchter Hemden gewesen war bis auf eines, an einem kalten und regnerischen Tag, an dem niemand ein Hawaii-Shirt angezogen hätte. „Ist das wichtig?", fragte ich leise.

„Nein." Sie sah wieder auf den See. „Bring mich zu ihnen, Logo. Ich will nicht mehr von ihnen träumen."

Ich schüttelte den Kopf. „Das kann ich nicht. Die Straße in diese Richtung ist gesperrt. Es gab einen Erdrutsch."

„Dann nehmen wir das Boot. Die *Lavinia*."

„Das ist zu gefährlich. Es wird Sturm geben. Und wir haben die Rettungswesten mit nach Hause genommen."

Sie drückte meine Hand, sanft, ohne mich dabei anzusehen. Ihre Stimme war ein Flüstern. „Ich komme zu ihnen, mit dir oder ohne dich, Logo. Bitte!"

Es war Erpressung. Es war Wahnsinn, aber ich tat es.

Quelle: Andreas Steinhöfel: Trügerische Stille, Carlsen Verlag GmbH, Hamburg 2004

1. Beschreiben Sie, wie sich ein vermeintlich romantisches, nächtliches Bad plötzlich ins komplette Gegenteil verkehrt, als Logo Carlas Rücken sieht.

2. Welche Vorstellung hat Carla von Logos Familie und wie sieht es in seiner Familie in Wirklichkeit aus? Beschreiben Sie den Kontrast.

3. Erklären Sie, warum Carla an die Stelle fahren möchte, an der ihre Eltern ertrunken sind.

4. Carla möchte an der Unglücksstelle einen symbolischen Brief an ihre Eltern hinterlegen. Schreiben Sie diesen Brief, schildern Sie dabei Carlas Gedanken und Gefühle in Bezug auf ihr Familienleben.

   Der Text sollte etwa 80 Wörter umfassen.

Teil B – Wahlteil

Bearbeiten Sie eine der drei folgenden Aufgaben.

1. Erörterung

Lesen Sie den nachfolgenden Text „Zweifelhaftes Vergnügen – Schimmelpilz Massentourismus" und schreiben Sie anschließend eine Erörterung zum Thema Massentourismus. Beantworten Sie dabei die Frage: Ist Massentourismus noch ein zukunftsweisendes Konzept des Reisens?

- Nennen Sie im Einleitungssatz Titel, Thema und Art des Textes.
- Führen Sie im Hauptteil mindestens drei Argumente zu oben genannter Frage auf und verwenden Sie dabei Zitate aus dem Text.
- Beschreiben Sie im Schlussteil Ihre eigene Meinung zum Thema. Sie können dabei auch auf persönliche Erfahrungen zurückgreifen.

Der Text muss mindestens 150 Wörter umfassen. Schreiben Sie in vollständigen Sätzen. Achten Sie auch auf richtige Sprache und Rechtschreibung, beides fließt in die Bewertung ein. Sie dürfen ein Wörterbuch benutzen.

Zweifelhaftes Vergnügen – Schimmelpilz Massentourismus

Es ist das günstige, unkomplizierte, organisierte Vergnügen: Massentourismus. Wie ein Schimmelpilz breitet er sich jeden Sommer über die Strände dieser Welt. Doch diese Ballung laugt die Länder aus und aus dem fernen Osten drängt eine neue Sorte Touristen auf den Mark.

Tausende Liegestühle überziehen den Strand. Auf ihnen schwitzen korpulente[1] Urlauber, dicht gedrängt, wie Ölsardinen. Es sind Deutsche und Engländer, die warten, bis ihnen der Sonnenbrand von den entblößten Beinen den nackten Rücken hinaufkriecht. Die Restaurants servieren fettige Speisen, in den Läden gibt es chinesische Ramschware zu kaufen, und am Meer verteilen junge Frauen Werbung für die Happy Hour in der grell blinkenden Hotelbar.

Wie ein Schimmelpilz breitet sich der Massentourismus jeden Sommer über die Küsten des Mittelmeeres. Benidorm, Playa de Palma oder Antalya heißen die Destinationen[2] der Begierde. Sechzig Milliarden Euro gaben die Deutschen letztes Jahr für Urlaubsreisen ins Ausland aus, aber auch im eigenen Land, beim Wandern in den bayrischen Alpen oder für einen Ausflug an die Ostsee. Sie suchen das günstige, unkomplizierte, organisierte Vergnügen.

Auch dieses Jahr soll die Reisebranche wieder Rekorde brechen, trotz Finanzkrise und Arabischem Frühling. Eva Brucker ist die Studiengangsleiterin des Departements für Innovation und Management im Tourismus an der FH Salzburg. „Gerade im deutschsprachigen Raum haben wir eine hohe Beschäftigung, die Einkommen passen. Die Menschen möchten auch die Gegenwelt zu dem erleben, was sie täglich in der Zeitung lesen", sagt sie.

Also bucht man sich für 281 Euro eine Reise nach Djerba, Tunesien, Frühstück und Buffet inklusive. Im Ferienparadies ist die Konkurrenz groß, die Hotelkomplexe und All-inclusive-Anlagen buhlen mit Schnäppchenpreisen um die Kunden. Die Zimmer sind uniform[3], in den Bars an der Strandpromenade spricht man Deutsch, das Bier ist billig. Der Kontakt zu den Einheimischen beschränkt sich auf das Bestellen im Restaurant.

Die Art und Weise, wie heutzutage gereist wird, ist vor allem eine Frage der gesellschaftlichen Schicht. „Wir beobachten ein Auseinanderdriften preisgünstiger Angebote in den touristischen Zentren und der Luxus- und Qualitätsorientierung, bei der Hotels abseits der klassischen Ziele gesucht werden", so Brucker, „die Mitte fällt zunehmend weg." Die Armen drängen sich also an den Strand in Gran Canaria, während die Wohlhabenden im schicken Boutiquehotel an der Amalfiküste ihresgleichen begegnen.

Die Baleareninsel Mallorca, Heimatinsel der anspruchslosen Reisemasse, versucht seit einigen Jahren, die besser gestellte Kundschaft anzulocken. Alte Hotels werden abgerissen oder umgebaut, die Bettenzahl gesenkt. Die Tourismusforscherin aber ist skeptisch. „Es ist ein langwieriger Prozess. Die gut verdienenden Zielgruppen suchen individuelle, hochwertige Angebote. Es ist schwierig, das an einem touristischen Zentrum zu erreichen. Es ist ein riesiges Spannungsfeld", sagt sie.

Es ist fraglich, welche Überlebenschancen der Massentourismus hat, denn die Grenzen des Wachstums sind offensichtlich und auch die Ressourcen werden knapper. Die steigenden Ölpreise werden Flugreisen verteuern, in Zukunft werden es sich immer weniger Menschen leisten können, ins Ausland zu fliegen.

Die Ballung von Touristen an den prominenten Plätzen dieser Welt laugt das Land aus. So führt der exzessive[4] Wasserverbrauch der Besucher in der Mittelmeerregion zu Wasserknappheit, wertvolles Wasser, das anschließend in der Landwirtschaft fehlt. Zersiedelung und Verstädterung strapazieren die Natur, Strände, Wälder – mit das teuerste Gut der Ferienparadiese. „Durch die Touristen verkitscht die Kultur der Einheimischen zunehmend", sagt Eva Brucker. „Sie verliert ihre Authentizität[5]."

Die Zukunft der Reisebranche liegt laut Brucker in individuellen Nischenprodukten. Hotels für Singles, digitale Enthaltsamkeit im Kloster, Öko-Ferien auf dem Fahrrad. Soll der Massentourismus überhaupt überleben, muss er nachhaltiger werden. „Das ist eins der grundlegenden Themen der Reisebranche in den nächsten zwanzig Jahren", so Brucker. „Wir achten auch im Alltag immer mehr auf Nachhaltigkeit, man denke nur an die Bioprodukte." Zwar seien die Deutschen noch nicht wirklich bereit, für einen fairen Urlaub mehr zu zahlen, „aber das wird zunehmen. Nachhaltigkeit ist die einzige Möglichkeit für den Massentourismus, auch in Zukunft zu überleben."

Derweil drängen aus dem fernen Osten neue Touristen auf den Markt, die dem europäischen Massentourismus auf halber Strecke begegnen. In China und Indien entsteht eine gewaltige neue Mittelschicht, die es in die große weite Welt zieht. Sie hat Geld, die Zukunft ist rosig – und sie will Europa entdecken. „Diese Gruppen sind wenig umweltbewusst", sagt Brucker. „Ihnen kommt es mehr auf das Luxuriöse an." Will Europa seine Kultur- und Naturschätze erhalten, „liegt es in der Verantwortung der europäischen Veranstalter, Umweltstandards zu setzen, mit den richtigen Zulieferern und Transportunternehmen zusammenzuarbeiten."

Bleibt die politische Situation in den Schwellenländern stabil, wird Europa bald von asiatischen Touristen überschwemmt. Daran sollten wir beim nächsten Kluburlaub in Agadir denken. Lieber dem Kellner ein großzügiges Trinkgeld geben – in 20 Jahren sind wir vielleicht in seiner Situation.

[1] korpulent: übergewichtig
[2] Destination: hier: Reiseziel
[3] uniform: gleichförmig, einheitlich
[4] exzessiv: übermäßig
[5] Authentizität: hier: Ursprünglichkeit

Quelle: Gita Topiwala in: Cicero – Magazin für politische Bildung. Res Publica Verlags GmbH, in: https://www.cicero.de/kultur/schimmelpilz-massentourismus/49432, Hamburg, Seitenaufruf 1.8.2019

2. Lyrik

Zwei Heimgekehrte (Anastasius Grün, 1806 – 1876)

Zwei Wanderer zogen hinaus zum Tor,
Zur herrlichen Alpenwelt empor.
Der eine ging, weil's Mode just,
Den andern trieb der Drang in der Brust.

Und als daheim nun wieder die zwei,
Da rückt die ganze Sippe herbei,
Da wirbelt's Fragen ohne Zahl:
„Was habt ihr gesehn? Erzählt einmal!"

Der eine drauf mit Gähnen spricht:
„Was wir gesehn? Viel Rares nicht!
Ach, Bäume, Wiesen, Bach und Hain
Und blauen Himmel und Sonnenschein!"

Der andere lächelnd dasselbe spricht,
doch leuchtenden Blicks, mit verklärtem Gesicht:
„Ei, Bäume, Wiesen, Bach und Hain,
Und blauen Himmel und Sonnenschein!"

Quelle: Anastasius Grün: Gedichte. Lieder aus dem Gebirge, (1830/31), an moderne Rechtschreibung angepasst

Erstellen Sie eine Textbeschreibung. Gehen Sie dabei auf folgende Punkte ein:

- Nennen Sie in der Einleitung Autor und Titel des Gedichts. Gehen Sie auf den formalen Aufbau (Strophe, Vers, Reim) ein.
- Geben Sie im Hauptteil den Inhalt des Gedichts wieder. Beschreiben Sie die unterschiedliche Motivation der Reisenden. Gehen Sie dabei auch auf deren Eindrücke nach ihrer Rückkehr ein.
- Beziehen Sie sich im Schlussteil auf die Aussage „Wenn zwei das Gleiche tun, ist es noch lange nicht dasselbe". Bringen Sie auch eigene Erfahrungen mit ein und begründen Sie schlüssig.

Schreiben Sie einen zusammenhängenden Text von mindestens 150 Wörtern. Achten Sie auf richtige Sprache und Rechtschreibung, denn beides fließt in die Bewertung mit ein. Sie dürfen ein Wörterbuch verwenden.

3. Prosa

Die Kunst, falsch zu reisen (Kurt Tucholsky, 1890 – 1935)

Wem Gott will rechte Gunst erweisen, den schickt er in die –

„Alice! Peter! Sonja! Legt mal die Tasche hier in das Gepäcknetz, nein, da! Gott, ob einem die Kinder wohl mal helfen! Fritz, iß jetzt nicht alle Brötchen auf! Du hast eben gegessen!"

– in die weite Welt!

Wenn du reisen willst, verlange von der Gegend, in die du reist, *alles*: schöne Natur, den Komfort der Großstadt, kunstgeschichtliche Altertümer, billige Preise, Meer, Gebirge – also: vorn die Ostsee und hinten die Leipziger Straße. Ist das nicht vorhanden, dann schimpfe.

Wenn du reist, nimm um Gottes willen keine Rücksicht auf deine Mitreisenden – sie legen es dir als Schwäche aus. Du hast bezahlt – die andern fahren alle umsonst. Bedenke, daß es von ungeheurer Wichtigkeit ist, ob du einen Fensterplatz hast oder nicht; daß im Nichtraucher-Abteil einer raucht, muß sofort und in den schärfsten Ausdrücken gerügt werden – ist der Schaffner nicht da, dann vertritt ihn einstweilen und sei Polizei, Staat und rächende Nemesis[1] in einem. Das verschönt die Reise. Sei überhaupt unliebenswürdig – daran erkennt man den *Mann*.

Im Hotel bestellst du am besten ein Zimmer und fährst dann anderswohin. Bestell das Zimmer nicht ab; das hast du nicht nötig – nur nicht weich werden.

Bist du im Hotel angekommen, so schreib deinen Namen mit allen Titeln ein. … Hast du keinen Titel … Verzeihung … ich meine: wenn einer keinen Titel hat, dann erfinde er sich einen. Schreib nicht: ‚Kaufmann', schreib: ‚Generaldirektor'. Das hebt sehr. Geh sodann unter heftigem Türenschlagen in dein Zimmer, gib um Gottes willen dem Stubenmädchen, von dem du ein paar Kleinigkeiten extra verlangst, kein Trinkgeld, das verdirbt das Volk; reinige deine staubigen Stiefel mit dem Handtuch, wirf ein Glas entzwei (sag es aber keinem, der Hotelier hat so viele Gläser!), und begib dich sodann auf die Wanderung durch die fremde Stadt.

In der fremden Stadt mußt du zuerst einmal alles genauso haben wollen, wie es bei dir zu Hause ist – hat die Stadt das nicht, dann taugt sie nichts. Die Leute müssen also rechts fahren, dasselbe Telefon haben wie du, dieselbe Anordnung der Speisekarte und dieselben Retiraden[2]. Im übrigen sieh dir *nur* die Sehenswürdigkeiten an, die im Baedeker[3] stehen. Treibe die Deinen erbarmungslos an alles heran, was im Reisehandbuch einen Stern hat – lauf blind an allem andern vorüber, und vor allem: rüste dich richtig aus. Bei Spaziergängen durch fremde Städte trägt man am besten kurze Gebirgshosen, einen kleinen grünen Hut (mit Rasierpinsel), schwere Nagelschuhe (für Museen sehr geeignet) und einen derben Knotenstock[4]. Anseilen nur in Städten von 500 000 Einwohnern aufwärts.

Wenn deine Frau vor Müdigkeit umfällt, ist der richtige Augenblick gekommen, auf einen Aussichtsturm oder auf das Rathaus zu steigen; wenn man schon mal in der Fremde ist, muß man alles mitnehmen, was sie einem bietet. Verschwimmen dir zum Schluß die Einzelheiten vor Augen, so kannst du voller Stolz sagen: ich habs geschafft.

Mach dir einen Kostenvoranschlag, bevor du reist, und zwar auf den Pfennig genau, möglichst um hundert Mark zu gering – man kann das immer einsparen. Dadurch nämlich, daß man überall handelt; dergleichen macht beliebt und heitert überhaupt die Reise auf. Fahr lieber noch ein Endchen weiter, als es dein Geldbeutel gestattet, und bring den Rest dadurch ein, daß du zu Fuß gehst, wo die Wagenfahrt angenehmer ist; daß du zu wenig Trinkgelder gibst; und daß du überhaupt in jedem Fremden einen Aasgeier siehst. Vergiß dabei nie die Hauptregel jeder gesunden Reise:

Ärgere dich!

Sprich mit deiner Frau nur von den kleinen Sorgen des Alltags. Koch noch einmal allen Kummer auf, den du zu Hause im Büro gehabt hast; vergiß überhaupt nie, daß du einen Beruf hast.

Wenn du reisest, so sei das erste, was du nach jeder Ankunft in einem fremden Ort zu tun hast: Ansichtskarten zu schreiben. Die Ansichtskarten brauchst du nicht zu bestellen: der Kellner sieht schon, daß du welche haben willst. Schreib unleserlich – das läßt auf gute Laune schließen. Schreib überall Ansichtskarten: auf der Bahn, in der Tropfsteingrotte, auf den Bergesgipfeln und im schwankenden Kahn. Brich dabei den Füllbleistift ab und gieß Tinte aus dem Federhalter. Dann schimpfe.

Das Grundgesetz jeder richtigen Reise ist: *es muß was los sein* – und du mußt etwas ‚vorhaben'. Sonst ist die Reise keine Reise. Jede Ausspannung von Beruf und Arbeit beruht darin, daß man sich ein genaues Programm macht, es aber nicht innehält – hast du es nicht innegehalten, gib deiner Frau die Schuld.

Verlang überall ländliche Stille; ist sie da, schimpfe, daß nichts los ist. Eine anständige Sommerfrische besteht in einer Anhäufung derselben Menschen, die du bei dir zu Hause siehst, sowie in einer Gebirgsbar, einem Oceandancing und einer Weinabteilung. Besuche dergleichen – halte dich dabei aber an deine gute, bewährte Tracht: kurze Hose, kleiner Hut (siehe oben). Sieh dich sodann im Raume um und sprich: „Na, elegant ist es hier gerade nicht!" Haben die andern einen Smoking an, so sagst du am besten: „Fatzkerei[5], auf die Reise einen Smoking mitzunehmen!" – hast *du* einen an, die andern aber nicht, mach mit deiner Frau Krach. Mach überhaupt mit deiner Frau Krach.

Durcheile die fremden Städte und Dörfer – wenn dir die Zunge nicht heraushängt, hast du falsch disponiert[6]; außerdem ist der Zug, den du noch erreichen mußt, wichtiger als eine stille Abendstunde. Stille Abendstunden sind Mumpitz; dazu reist man nicht.

Auf der Reise muß alles etwas besser sein, als du es zu Hause hast. Schieb dem Kellner die nicht gut eingekühlte Flasche Wein mit einer Miene zurück, in der geschrieben steht: „Wenn mir mein Haushofmeister den Wein so aus dem Keller bringt, ist er entlassen!" Tu immer so, als seist du aufgewachsen bei …

Mit den lächerlichen Einheimischen sprich auf alle Fälle gleich von Politik, Religion und dem Krieg. Halte mit deiner Meinung nicht hinterm Berg, sag alles frei heraus! Immer gib ihm!

Sprich laut, damit man dich hört – viele fremde Völker sind ohnehin schwerhörig. Wenn du dich amüsierst, dann lach, aber so laut, daß sich die andern ärgern, die in ihrer Dummheit nicht wissen, worüber du lachst. Sprichst du fremde Sprachen nicht sehr gut, dann schrei: man versteht dich dann besser.

Laß dir nicht imponieren.

Seid ihr mehrere Männer, so ist es gut, wenn ihr an hohen Aussichtspunkten etwas im Vierfarbendruck singt. Die Natur hat das gerne.

Handele. Schimpfe. Ärgere dich. Und mach Betrieb.

Die Kunst, richtig zu reisen

Entwirf deinen Reiseplan im großen – und laß dich im einzelnen von der bunten Stunde treiben.

Die größte Sehenswürdigkeit, die es gibt, ist die Welt – sieh sie dir an.

Niemand hat heute ein so vollkommenes Weltbild, daß er alles verstehen und würdigen kann: hab den Mut, zu sagen, daß du von einer Sache nichts verstehst.

Nimm die kleinen Schwierigkeiten der Reise nicht so wichtig; bleibst du einmal auf einer Zwischenstation sitzen, dann freu dich, daß du am Leben bist, sieh dir die Hühner an und die ernsthaften Ziegen, und mach einen kleinen Schwatz mit dem Mann im Zigarrenladen.

Entspanne dich. Laß das Steuer los. Trudele durch die Welt. Sie ist so schön: gib dich ihr hin, und sie wird sich dir geben.

[1] Nemesis: griechische Rachegöttin
[2] Retiraden: hier: Toiletten
[3] Baedeker: bekannter Reiseführer
[4] Knotenstock: Wanderstock aus Holz mit verdickten Auswüchsen
[5] Fatzke: eitler, eingebildeter Mensch
[6] disponiert: hier: geplant

Quelle: Kurt Tucholsky: Die Kunst, falsch zu reisen (1929), in: Mary Gerold-Tucholsky, Fritz J. Raddatz (Hg.): Kurt Tucholsky. Gesammelte Werke, Band 7, Reinbek bei Hamburg 1995, S. 115 – 118

Die Rechtschreibung folgt der Textvorlage.

Erstellen Sie eine Textbeschreibung, in der Sie auf folgende Punkte eingehen:

- Nennen Sie in der Einleitung Autor und Titel des Textes. Geben Sie den Handlungsverlauf kurz wieder.
- Beschreiben Sie im Hauptteil, wie es Tucholsky gelingt, dem Leser mit dem Stilmittel der Ironie zu verdeutlichen, dass man sich beim Reisen nicht ablehnend, sondern respektvoll und aufgeschlossen gegenüber Neuem verhalten sollte.
- Erläutern Sie, warum es eine „Kunst" ist, richtig zu reisen.

Ihr Text sollte mindestens 150 Wörter umfassen. Schreiben Sie in zusammenhängenden Sätzen. Achten Sie auch auf richtige Sprache und Rechtschreibung, beides fließt in die Bewertung ein. Sie dürfen ein Wörterbuch benutzen.

Bearbeitungszeit: 180 Minuten

Teil A – Pflichtteil

A1

Neue Stadt – neues Zuhause?

Wie junge Menschen häufig wohnen

1 Stell dir vor, du beginnst deine Ausbildung in einer fremden Stadt und musst von zu Hause ausziehen. Dann hast du verschiedene Möglichkeiten. Ob ein Zimmer in einer Wohngemeinschaft[1], ein Platz im Wohnheim oder gleich eine eigene Wohnung für dich das Richtige ist, hängt von verschiedenen Dingen ab. Es gehören einige Überlegungen dazu, von zu Hause auszuziehen und einen neuen Lebensabschnitt zu beginnen, besonders, wenn du gerade erst mit der Schule fertig bist und nun zum ersten Mal auf eigenen Füßen stehst.

In einer Wohngemeinschaft (WG) ist immer etwas los. Langeweile kommt dort eher selten auf. Es ist so gut wie immer jemand zum Quatschen da und gemeinsames Kochen macht viel Spaß.

Ein WG-Zimmer ist außerdem billiger als eine eigene kleine Wohnung und man muss nicht alles selbst anschaffen (Waschmaschine, Küchenutensilien, Staubsauger und so weiter), sondern jeder steuert etwas bei.

Rücksicht auf die anderen nehmen, Absprachen treffen und sich an den gemeinsamen Plan für notwendige Erledigungen halten, sollten eine Selbstverständlichkeit sein.

Ein Zimmer in einem Wohnheim ist meistens die günstigste Wahl, denn die Warmmiete kostet im Schnitt ca. 240 Euro im Monat. Viele Wohnheime vermieten komplett möblierte Zimmer, so muss man kein Geld für Möbel ausgeben. Außerdem liegen Wohnheime meistens in der Nähe der Ausbildungsstelle oder Berufsschule. Lange Fahrten fallen also weg. Gemeinschaftsräume bieten die Möglichkeit, Kontakte zu knüpfen, denn die Zimmer sind häufig zu klein, um sich mit Freunden zu treffen.

In einer eigenen Wohnung bist du Herrscher in deinem eigenen Reich und hast die größtmögliche Privatsphäre. Allerdings bist du auch selbst verantwortlich für die Einkäufe, das Putzen und das Wäschewaschen. Die Miete für die eigenen vier Wände ist erheblich höher als für ein Zimmer in einer Wohngemeinschaft oder einem Wohnheim. Gerade wenn du zum ersten Mal von zu Hause ausziehst, ist der Posten, der dafür monatlich von deinem Konto geht, ein ganz schöner Batzen. Außerdem kann man sich in einer eigenen Wohnung sehr einsam fühlen, wenn man noch nie zuvor allein gelebt hat.

[1] Wohngemeinschaft: Mehrere junge Menschen teilen sich eine Wohnung.

Nach: https://www.das-richtige-studieren.de/vor-dem-studiumlwohnungssuche/wg-wohnheim-oder-wohnung. Stand: 28.03.2019.

1. Textverständnis

a) Nenne zwei der Möglichkeiten zu wohnen, die im Text vorgestellt werden. **1 P**

b) Entscheide mit Hilfe des Textes, ob folgende Aussagen richtig oder falsch sind. Notiere auf dem Schülerbogen „richtig“ oder „falsch“. **3 P**

1. Bei einem Zimmer im Wohnheim braucht man immer eigene Möbel.
2. In einer Wohngemeinschaft ist Rücksichtnahme wichtig.
3. Die Miete für eine eigene Wohnung ist günstiger als ein Zimmer in einem Wohnheim.

c) Erkläre die folgenden Formulierungen in eigenen Worten. **2 P**

1. „Herrscher in deinem eigenen Reich“ (Zeile 31 f.)
2. „ein ganz schöner Batzen“ (Zeile 39)

d) Jede Wohnform, die im Text genannt wird, hat ihre Vor- und Nachteile. Nenne jeweils ein Pro- und ein Contra-Argument aus dem Text. **6 P**

2. Sprachgebrauch

a) Die folgenden Wörter sind richtig geschrieben. Wie kannst du die Schreibung der fettgedruckten Buchstaben überprüfen? **4 P**

1. War**mm**iete
2. W**ä**sche
3. regelmäßi**g**
4. schlie**ß**lich

b) Schreibe die folgenden Sätze mit **allen** fehlenden Satzzeichen auf den Schülerbogen. **4 P**

1. Eine Auszubildende berichtet dass es ihr in ihrem Wohnheim sehr gefällt.
2. In einem Zimmer das du selbst eingerichtet hast fühlst du dich wohl.
3. Für die eigene Wohnung benötigst du ein Bett einen Kleiderschrank Geschirr und viele weitere Dinge.
4. Ich sage meinen Eltern Ihr braucht euch keine Sorgen zu machen.

c) Nenne für jede der genannten Wortarten ein Beispiel. **2 P**

1. Personalpronomen
2. Konjunktion
3. Präposition
4. Verb in der Grundform

d) Setze die folgenden Sätze in die jeweils angegebene Zeitform. **3 P**

1. Ich habe eine schöne Wohnung gefunden. (Futur I)
2. Ich habe meine beste Freundin angerufen. (Präteritum)
3. Der Vermieter war sehr nett. (Präsens)

A2 – Lektüre

Susan Kreller: „Schneeriese"

a) Im Roman „Schneeriese" werden verschiedene Themenfelder im Leben eines Jugendlichen angesprochen. Nenne fünf Themenfelder. **5 P**

b) In dem Buch werden viele ungewöhnliche Wortverknüpfungen verwendet. Erkläre folgende Begriffe mit eigenen Worten. **3 P**

1. siamesische Häuser (Seite 44)
2. Dreitotenhaus (Seite 16)
3. Haltestellenmoment (Seite 48)

c) Nenne sechs Merkmale, die Misses Elderly beschreiben. Du kannst auch auf ihre Vorlieben eingehen. **6 P**

d) Seite 52: „Stellas Blick war neu. Denn als sie verstanden hatte, wer da in der Tür stand, ließ sie für einen winzigen Moment ihre Mundwinkel sinken, es dauerte wirklich nicht lange, und trotzdem, am Ende entschied sich alles in diesen winzigen Mundwinkelmomenten." Beschreibe, was Adrian in diesem Moment klar wird. **3 P**

e) Stell dir vor, Stella ist wieder einmal zu Besuch bei Dato. Er interessiert sich natürlich sehr für das Leben von Stella und hat einige Fragen an sie. Vervollständige den Dialog zwischen Dato und Stella. Verwende alle vorgegebenen Fragen und ergänze zwei weitere Fragen und die passenden Antworten. **8 P**

Schreibe in ganzen Sätzen und notiere den Dialog auf dem Schülerbogen.
Achte auf korrekte Schreibweise. Verwende den Inhalt des Buches.

Dato: „Warum bist du ausgerechnet mit Adrian befreundet?"
Stella: „..."
Dato: „Was hat es mit dieser Hollywoodschaukel auf sich?"
Stella: „..."
Dato: „Warum sehe ich dich nie mit Adrian zusammen?"
Stella: „..."
Dato: „Warum hast du früher Angst vor unserem Haus gehabt?"
Stella: „..."
Dato: „...?"
Stella: „..."
Dato: „...?"
Stella: „..."

Teil B – Wahlteil

<u>Eine</u> der Aufgaben ist zu bearbeiten.

Text 1 – Erörterung

Er wollte nicht ausziehen – Eltern verklagen 30-Jährigen

Das Zerwürfnis eskalierte am 2. Februar 2018. An diesem Tag bekam Michael Rotondo, 30 Jahre alt, wohnhaft im US-Bundesstaat New York, Post von seinen Eltern.

„Michael, nach einer Diskussion mit deiner Mutter haben wir entschieden, dass du dieses Haus so schnell wie möglich verlassen musst. Du hast 14 Tage Zeit auszuziehen. Wir werden alles unternehmen, was nötig ist, diese Entscheidung auch durchzusetzen." Statt mit „Mama und Papa" unterzeichneten Michaels Eltern den Brief mit ihren vollen Namen. Denn den Rotondos war es bitterernst. So ernst, dass sie wenig später den entscheidenden Schritt unternahmen: Sie verklagten ihren eigenen Sohn, weil er einfach nicht ausziehen wollte. Vorausgegangen waren fünf schriftliche Bescheide inklusive zahlreicher Lebenstipps für den Sohn und ein Geldangebot von umgerechnet knapp 1000 Euro, mit dem der Sohn sich eine eigene Bleibe suchen sollte.

Michael Rotondo, nach eigenen Angaben „Unternehmer", nahm das Geld zwar, doch statt sich damit eine Wohnung zu suchen, nutzte er es, um Schulden zu begleichen.

Vor Gericht fand der junge Mann keine Unterstützung für seine Position: Der Richter des Obersten Gerichts des Bezirks gab den Eltern recht und wies den Sohn an, das Elternhaus zu verlassen.

„Das ist wirklich unfair mir gegenüber", zitierte die „New York Post" den Unterlegenen. Und: „Ich wollte da doch sowieso nicht mehr bleiben. Ich versuche schon sehr lange auszuziehen. Und sie haben einfach aufgehört, mir Essen zu geben, und telefonieren darf ich auch nicht."

Vor Gericht lieferte sich Michael Rotondo eine verbale Auseinandersetzung mit dem Richter. Unter anderem beharrte er darauf, dass seine Eltern eine zusätzliche sechsmonatige Kündigungsfrist einhalten müssten. Eine Forderung, die Richter Donald Greenwood als „unerhört" bezeichnete.

Doch wann ist eigentlich der richtige Zeitpunkt, von zu Hause auszuziehen?

Die eigenen vier Wände – das ist der große Traum vieler Jugendlicher. Allerdings bietet eine eigene Wohnung nicht nur viele Freiheiten, sondern bringt auch jede Menge Pflichten, Kosten und Arbeit mit sich. Für zahlreiche junge Frauen und Männer ist deshalb das sogenannte „Hotel Mama", also der Verbleib im Elternhaus, eine Alternative, die sie gerne in Anspruch nehmen. Ein stets gefüllter Kühlschrank, immer frische Wäsche und ein geputztes Bad sind Vorzüge, auf die viele nicht so schnell verzichten wollen. Kommen dann noch knappe Finanzen hinzu, kann sich der Auszug weiter verzögern.

Das Alter, in dem junge Menschen das Elternhaus verlassen, weicht je nach Land deutlich voneinander ab. Junge Erwachsene in Deutschland ziehen im Durchschnitt erst mit 25 Jahren von zu Hause aus.

Nur eines ist in allen EU-Ländern gleich: In allen Staaten entschließen sich Frauen früher zum Auszug als ihre männlichen Altersgenossen.

Quellen: Nach: https://www.welt.de/vermischtes/article176600346/Raus-aus-Hote/-Mama-Er-wollte-nicht-ausziehen-Eltern-verklagen-30-Jaehrigen.html. Stand: 27.03.2019.
Nach: https://www.t-online.de/leben/familie/erziehung/id_21133030/-hotel-mama-wann-jugendliche-aus-dem-elternhaus-ausziehen.html. Stand: 27.03.2019.

Aufgabe

Schreibe eine Erörterung zu der Frage: *„Dürfen erwachsene Kinder verlangen, bei den Eltern wohnen zu bleiben?"* ← Titel der Erörterung **50 P**

Beachte dabei folgende Punkte:

- Arbeite mindestens drei Argumente mit Beispielen heraus, die **gegen** das Ausziehen von zu Hause sprechen. Verwende Informationen aus dem vorliegenden Text.
- Äußere auch deine eigene Meinung zum Thema.
- Gehe darauf ein, wie du als Richter im Fall Rotondo entschieden hättest.

Der Text muss mindestens 150 Wörter umfassen, er kann jedoch auch länger sein. Schreibe in vollständigen Sätzen. Gliedere deinen Text in Einleitung, Hauptteil und Schluss. Achte auf korrekte Sprache und Rechtschreibung, beides wird bewertet.

Text 2 – Lyrik

Erich Kästner: Besuch vom Lande

Sie stehen verstört am Potsdamer Platz.
Und finden Berlin zu laut.
Die Nacht glüht auf in Kilowatts.
Ein Fräulein sagt heiser: „Komm mit, mein Schatz!"
Und zeigt entsetzlich viel Haut.

Sie wissen vor Staunen nicht aus und nicht ein.
Sie stehen und wundern sich bloß.
Die Bahnen rasseln. Die Autos schrein.
Sie möchten am liebsten zu Hause sein.
Und finden Berlin zu groß.

Es klingt, als ob die Großstadt stöhnt,
weil irgendwer sie schilt[1].
Die Häuser funkeln. Die U-Bahn dröhnt.
Sie sind alles so gar nicht gewöhnt.
Und finden Berlin zu wild.

Sie machen vor Angst die Beine krumm.
Sie machen alles verkehrt.
Sie lächeln bestürzt. Und sie warten dumm.
Und stehn auf dem Potsdamer Platz herum,
bis man sie überfährt.

[1] schilt: ausschimpft, tadelt

Quelle: Kästner, Erich: Ein Mann gibt Auskunft, Deutsche Verlags-Anstalt 1930.

Aufgabe

Verfasse eine Gedichtbeschreibung. Beachte dabei folgende Punkte: **50 P**

- Nenne Autor, Titel und Thema des Gedichts.
- Stelle den formalen Aufbau dar. Verwende die Fachbegriffe Strophe, Vers und Reim.
- Beschreibe, wie der Autor die Großstadt darstellt.
- Arbeite heraus, wie sich die Besucher vom Lande in der Großstadt fühlen und belege deine Aussagen mit passenden Textstellen.
- Verändere die letzte Strophe des Gedichts inhaltlich, so dass die Handlung für die Besucher gut ausgeht. Du musst nicht in Versen und Reimen schreiben.

Der Text muss mindestens 150 Wörter umfassen, er kann jedoch auch länger sein. Schreibe in vollständigen Sätzen. Gliedere deinen Text in Einleitung, Hauptteil und Schluss. Achte auf korrekte Sprache und Rechtschreibung, beides wird bewertet.

Text 3 – Erzählung

Annette Rauert: Der Schritt zurück

Er stand am Rand. Zehn Meter unter ihm die gleißende Wasseroberfläche. Er hatte Angst, nackte Angst. Hinter sich hörte er die Stimme des Trainers: „Spring!“

Leute starrten nach oben. Er musste springen, damit sie ihre Sensation bekamen. Er fühlte, dass er es nicht schaffen würde. Er war noch nicht soweit. Aber er musste beweisen, dass er ein Mann war. Lieber tot sein, als sich vor diesen Gesichtern zu blamieren. Er blickte nach unten. Warum lächelte niemand? Lauter gespannte Ovale mit harten Augen. Er forschte in seinem Gewissen. Wenn er sprang, war irgendetwas damit erreicht? Tat er damit etwas Falsches? Etwas Richtiges? Er wusste, was er tun sollte, warum sträubte er sich dagegen? Aber war das Springen heldenhaft, hatte es einen Sinn? Ein Schritt nur! Sein Fuß schob sich langsam vor. Dann ging ein Ruck durch seine Gestalt. Er richtet sich auf und drehte sich um. Ganz bewusst. Seine Unsicherheit war von ihm gewichen, der Druck, der auf ihm lastete, verschwand. Langsam kletterte er die Leiter herab und schritt durch die starre Gruppe.

Zum ersten Mal in seinem Leben trug er den Kopf hoch. Er begegnete den Blicken der anderen mit kühler Gelassenheit. Keiner sprach ein Wort oder lachte gar. Er fühlte sich so stark, als hätte er gerade die wichtigste Prüfung in seinem Leben bestanden. Er spürte so etwas wie Achtung vor sich selbst.

Eines Tages würde er springen, das wusste er plötzlich.

Text für Schülerzwecke gekürzt

Quelle: Rauert, Annette: Der Schritt zurück, in: Graf, Lore (Hrsg. u. a.): Geschichten zum Nachdenken, Random House Gruppe 1987.

Aufgabe

Verfasse eine Textbeschreibung. Beachte dabei folgende Punkte: **50 P**

- Nenne Titel, Autor und Thema der Erzählung.
- Fasse den Inhalt zusammen.
- Beschreibe die Gefühle und Gedanken des Jungen.
- Bewerte seine Entscheidung.
- Stelle einen Bezug zu deinem eigenen Leben her.

Der Text muss mindestens 150 Wörter umfassen, er kann jedoch auch länger sein. Schreibe in vollständigen Sätzen. Gliedere deinen Text in Einleitung, Hauptteil und Schluss. Achte auf korrekte Sprache und Rechtschreibung, beides wird bewertet.

Bearbeitungszeit: 180 Minuten

Teil A – Pflichtteil

A1

Warum sich Menschen tätowieren lassen: Über ein Schönheitsideal und den Spiegel der Persönlichkeit

Das Tätowieren liegt im Trend und macht einen Zeitgeist deutlich.

Tätowierungen zeigen eine Lebenseinstellung und weisen auf eine bestimmte Art der Persönlichkeit hin, da sind sich Experten einig.

Auf die Frage, warum Menschen sich tätowieren lassen, gibt es keine einfache Antwort. Valentina Stirn ist Ärztin und hat in zahlreichen Studien untersucht, was Menschen dazu bringt, ihren Körper dauerhaft zu verändern. Sie meint, dass der Wunsch, sich Motive in die Haut stechen zu lassen, nicht nur an einem bestimmten Schönheitsideal liegt, sondern auch eine spezielle Lebenseinstellung deutlich macht. „Wer sich tätowieren lässt, der markiert sich", sagt Stirn.

Stirn unterscheidet zwischen Menschen, die nur ein oder zwei Tätowierungen haben und denjenigen, die eine Sammelleidenschaft entwickeln. „Für einige wird das Tattoo-Stechen zur Sucht. Sie haben das Verlangen nach immer mehr Tattoos."

Stirn hat in ihren Studien festgestellt, dass Menschen mit vielen Tätowierungen experimentierfreudiger und risikobereiter sind als andere. Das können positive wie negative Eigenschaften sein. „Einerseits sind sie offen für Neues und abenteuerlustig, andererseits aber häufig auf der Suche nach noch mehr Reizen und Risiken."

Der Psychologe Dirk Hofmeister forscht darüber, was vor allem junge Menschen dazu treibt, sich Tätowierungen oder Piercings stechen zu lassen.

Der wichtigste Beweggrund von Jugendlichen sei ihr Drang nach Individualität. „Viele wollen einen Vorsprung vor Gleichaltrigen haben und herausragen, auffallen. Sei es durch Klamotten, Frisur, ungewöhnliche Hobbys – oder eben Körperschmuck", sagt Hofmeister.

Neue Lebensabschnitte, wie zum Beispiel eine neue Liebe oder die Geburt eines Kindes, sind beliebte Momente, um sich ein neues Tattoo zu gönnen. „Die meisten Menschen überlegen lange, bevor sie sich tätowieren lassen. Sie entscheiden sich ganz bewusst, welches Motiv sie an welcher Körperstelle haben wollen. Schließlich bleibt ein Motiv, das unter die Haut gestochen wurde, ein Leben lang auf dem Körper", sagt Hofmeister.

Genauso unterschiedlich wie die Auswahl der farbigen Motive sind auch die Persönlichkeiten der Tätowierten. Es ist schließlich ein Unterschied, ob sich jemand eine Axt auf den Rücken oder einen Delphin an den Knöchel stechen lässt. Eines scheinen die Tattoo-Träger jedoch gemeinsam zu haben: „Unsere Studien zeigen, dass Menschen mit Tätowierungen häufig gesprächiger sind als andere", sagt Hofmeister.

Aus Umfragen geht aber auch hervor, dass sich nicht alle Arbeitnehmer im Klaren darüber sind, wie der Chef oder die Chefin zu sichtbaren Tattoos steht. Jeder Zehnte der Befragten glaubt, dass die eigenen Tattoos einen negativen Einfluss darauf haben, wie man beruflich wahrgenommen wird.

Einer von fünf hat sich der Karriere zuliebe sogar ganz gegen Tattoos entschieden. 28 Prozent der unter 34-Jährigen werden sich aus Sorge um ihre Karrieren wahrscheinlich nicht tätowieren lassen. Jeder zehnte Mann hat eine Beschwerde wegen seiner Tattoos am Arbeitsplatz erhalten – das sind doppelt so viele Beschwerden als bei Frauen. Aber keine Panik: Nur jeder 50. hat wegen der Tinte unter seiner Haut schon mal den Job verloren.

Die Tatsache, dass inzwischen fast die Hälfte der 15- bis 25-Jährigen ein Tattoo oder Piercing trägt, zeigt, dass die gesellschaftliche Akzeptanz inzwischen deutlich größer ist als noch vor wenigen Jahren. Dennoch sei es für manche Arbeitgeber noch immer ein Problem, wenn ihre Mitarbeiter sichtbar tätowiert sind. Die Gründe dafür liegen möglicherweise darin, dass es Vorurteile gegenüber tätowierten Menschen gibt. In vielen Berufen jedenfalls möchten Arbeitgeber, dass Tätowierungen unter der Kleidung verborgen bleiben.

Quelle: Nach: https://www.focus.de/gesundheit/ratgeber/psychologie/news/lifestyle-schoenheitsideal-und-spiegel-der-persoenlichkeit-warum-sich-menschen-taetowieren-lassen_aid_742024.html, Stand: 31.03.2020.

Textverständnis

1. Nenne zwei Gründe aus dem Text, warum sich Menschen tätowieren lassen. **2 P**

2. Entscheide mit Hilfe des Textes, ob die Aussagen richtig oder falsch sind. **3 P**
Notiere auf dem gesonderten Papierbogen „richtig“ oder „falsch“.

a) Tätowierungen weisen auf eine spezielle Einstellung zum Leben hin.

b) Die meisten Menschen entscheiden sich spontan für ein Tattoo.

c) Tätowierungen sind ein häufiger Kündigungsgrund.

3. Menschen mit vielen Tätowierungen zeigen andere Verhaltensweisen als nichttätowierte Menschen. Nenne hierfür drei Beispiele aus dem Text. **3 P**

4. Finde die vier im Text genannten Möglichkeiten für junge Menschen, sich von Gleichaltrigen abzuheben und schreibe sie auf den gesonderten Papierbogen. **4 P**

Sprachgebrauch

5. Nenne für jede der genannten Wortarten ein Beispiel. **2 P**

a) Personalpronomen

b) Verb in der Grundform

c) Konjunktion

d) Präposition

6. Erkläre die Schreibung der fettgedruckten Buchstaben. **2 P**

a) Tätowierungen und Piercings sind nicht i**mm**er gern gesehen.

b) Dies ist inzwischen nichts **A**ußergewöhnliches mehr.

7. Ersetze die fett gedruckten Begriffe in den folgenden Sätzen durch ein anderes Wort mit der gleichen Bedeutung. Der Text kann dir helfen. **3 P**

a) Tätowierte wollen sich **kennzeichnen**.

b) Wichtigste **Motivation** von Jugendlichen ist der Wunsch nach Individualität.

c) Tätowierungen sind inzwischen deutlich häufiger gesellschaftlich **geduldet**.

8. Übertrage die Sätze mit allen fehlenden Satzzeichen auf den gesonderten Papierbogen. **3 P**

a) Es ist nicht leicht zu erklären warum sich Menschen tätowieren lassen.

b) Motive für ein Tattoo sind zum Beispiel ein Einhorn ein Delfin ein Schriftzeichen oder ein aufwändiges Bild.

c) Morgen werde ich mir ein Tattoo stechen lassen sagt die 18-jährige Tochter zu ihrer Mutter.

9. Setze die folgenden Sätze in die angegebene Zeitform. **3 P**

a) Er entscheidet sich für ein Tattoo am Oberarm. **(Perfekt)**

b) Seine Tätowierung auf dem Rücken gefiel ihm nicht mehr. **(Präsens)**

c) Am Montag lässt er sich im Tattoo-Studio beraten. **(Futur I)**

A2 – Lektüre

Gabriele Clima: „Der Sonne nach“

10. Im Roman werden wichtige Themenfelder im Leben eines Jugendlichen angesprochen. Nenne drei davon. **3 P**

11. Ordne die folgenden Sätze den vorgegebenen Kapiteln des Buches zu. **8 P**
Beispiel: Kapitel 3 – Dario lernt Andy kennen.

Kapitel:

Kapitel 6,	Kapitel 9,	Kapitel 13,	Kapitel 20,
Kapitel 25,	Kapitel 29,	Kapitel 32,	Kapitel 36

Sätze:
Dario und die Nonne retten einen verletzten Vogel.
Rak motorisiert den Rollstuhl.
Bei der Party lässt Dario Andy eine Weile alleine.
Sie steigen in den Zug.
Andy und Dario sitzen am Meer.
Andy und sein Vater besuchen Dario zu Hause.
Ankunft bei Darios Vater.
Sie übernachten in einer Kirche.

12. Dario muss Elisa helfen, sich um Andy zu kümmern. Beschreibe in drei Beispielen, was Dario an ihrer Art, mit Andy umzugehen, stört. **3 P**

13. In Kapitel 4 sagt Andy zum ersten Mal ein Wort zu Dario. Beschreibe kurz, worum es geht und wie Dario reagiert. **2 P**

14. Nenne zwei Veränderungen, die Andys Vater nach seiner Rückkehr an Andy bemerkt. **2 P**

Brief

15. Nach ihrer Rückkehr sehen sich Dario und Andy für längere Zeit nicht. Dario denkt über viele Dinge nach. Stell dir vor, Dario schreibt Andy einen Brief, in dem er ihm erzählt, wie er die Reise mit ihm erlebt hat. **7 P**

- Nenne zwei Dinge, für die sich Dario bei Andy entschuldigt.
- Beschreibe eine Begebenheit mit Andy, über die sich Dario gefreut hat.
- Erzähle von einer Situation, in der sich Dario über andere Menschen geärgert hat.
- Schreibe auf, was sich Dario vielleicht für die Zukunft wünschen würde.

Schreibe Darios Brief. Gehe auf alle Punkte ein. Achte auf die korrekte Briefform.
Auch die Rechtschreibung wird bewertet.

ODER

Dialog

15. Dario hat seiner Mutter nicht gesagt, dass er seinen Vater suchen will. Stell dir vor, dass die beiden nach Darios Rückkehr ein Gespräch führen, in dem sie sich über die Reise unterhalten. **7 P**

- Dario berichtet, warum er mit Andy in den Zug gestiegen ist.
- Er erzählt, wodurch er auf die Idee gekommen ist, nach seinem Vater zu suchen.
- Er spricht von zwei spannenden Erlebnissen.
- Er nennt zwei schöne oder lustige Ereignisse.
- Er erzählt, wie sich Andy verändert hat.

Stell dir vor, wie der Dialog verlaufen sein könnte.

Mutter: „Ich hab' mir Sorgen um euch gemacht."
Dario: „..."
Mutter: „..."
Dario: „..."
...

Schreibe einen Dialog. Gehe auf alle oben genannten Punkte ein.
Achte auch auf die Rechtschreibung, denn diese wird auch bewertet.

Teil B – Wahlteil

Eine der Aufgaben ist zu bearbeiten.

1. Erörterung

Kündigungsgrund: Tätowierung

Heutzutage ist es beinahe schwieriger, jemanden zu finden, der nicht tätowiert ist, als andersherum. Auf Instagram gibt es unter Hashtags wie #tattoo, #tattooinspiration oder #tattoogirls Millionen von Posts. Aber ist dieser Trend auch bei den Arbeitgebern angekommen? Oder haben Tätowierte noch immer mit Vorurteilen am Arbeitsplatz zu kämpfen? Eine repräsentative Umfrage kommt zu interessanten Ergebnissen. So tragen beispielsweise 60% der befragten Führungskräfte Tattoos.

Überall dort, wo Menschen aufeinandertreffen, lassen sie sich von Äußerlichkeiten leiten – erst recht dann, wenn sie die Fähigkeiten anderer beurteilen sollen. Dabei zeigt sich, dass Vorurteile einfach zu tief in unserem Gehirn verwurzelt sind. Auch deshalb galt eine Tätowierung bisher als Nachteil für die Karriere, denn der Körperschmuck diente lange Zeit traditionell als Merkmal von Seeleuten, Gefängnisinsassen und Gangmitgliedern. Doch weil Tätowierungen inzwischen in der Mitte der Gesellschaft angekommen sind, wächst nun offenbar auch die Akzeptanz unter angesehenen Berufen und wird auch noch weiter zunehmen. Das legt zumindest eine wissenschaftliche Studie nahe. Die Studie kommt zu dem Schluss: „Entgegen der landläufigen Meinung scheinen Tätowierungen die Aussichten auf dem Arbeitsmarkt inzwischen nicht mehr zu schmälern."

Die Tätowierung einer jungen Frau wurde jedoch kürzlich gerichtlich verhandelt. Sie hatte sich ein großflächiges Tattoo auf den rechten Unterarm stechen lassen. Das Verwaltungsgericht Darmstadt meinte, zu großflächig, jedenfalls für eine Polizistin. Die Frau war wegen des Tattoos nicht zum Auswahlverfahren für eine Ausbildung für den Polizeidienst zugelassen worden. Dagegen hatte sie geklagt. Die Richter jedoch meinten, das Verbot der Polizei sei nachvollziehbar.

Die Entscheidung wirft Fragen auf: Was darf ein Chef seinen Mitarbeitern verbieten? Welche Tattoos sind für welche Karrieren hinderlich?

In der Arbeitswelt haben Chefs tatsächlich das Recht, beim Erscheinungsbild ihrer Mitarbeiter mitzusprechen. „Der Arbeitgeber ist Herr des Arbeitsbereichs. Er kann bestimmen, welchen Eindruck der Mitarbeiter in der Öffentlichkeit vermitteln soll", sagen Arbeitsrechtsexperten. Besonders strenge Regeln gelten für die Angestellten des öffentlichen Dienstes und für Beamte, wie zum Beispiel Polizisten. Sie stehen in einem besonderen Verhältnis zu ihrem Arbeitgeber und genießen in der Gesellschaft großes Vertrauen.

Auch bei Arbeitsplätzen mit Publikumsverkehr können Tätowierungen zur Ablehnung einer Bewerbung führen. Das könnte Bankangestellte betreffen, Flugbegleiterinnen und Flugbegleiter oder Servicekräfte im Restaurant. Sie alle sind verpflichtet, Vereinbarungen über das Erscheinungsbild zu beachten. Was optisch erlaubt ist oder nicht, entscheide jeweils der Arbeitgeber, sagen die Experten. „In einem hippen Klamottenladen kann es sein, dass Tattoos sogar gern gesehen sind." Eine kleine, dezente Tätowierung sei kein Hindernis für den Polizeidienst, so das Darmstädter Verwaltungsgericht, die Tätowierung der Bewerberin wäre allerdings selbst in Uniform zu sehen gewesen.

Thomas März, der Chef eines Tätowier-Ladens, kennt diese Problematik. „Gerade junge Leute um die 20 wollen sichtbare Tattoos. Sie sind häufig leider sehr sorglos. Wir weisen die Kunden auf mögliche Nachteile hin, wenn es um Unterarme, Hände, Hals oder das Gesicht geht. Wir besprechen dann auch Alternativen." Tätowierungen seien für die Ewigkeit, „auch wenn es inzwischen Studios gibt, die Tätowierungen und deren Entfernung per Laser nach zehn Jahren im Paket verkaufen."

Diese Behandlung ist allerdings langwierig und schmerzhaft. Also sollte man sich vorher lieber gut beraten lassen.

Quellen: Nach: https://www.sueddeutsche.de/karriere/tattoo-regeln-im-job-kuendigungsgrund-koerperschmuck-1.1985902, Stand: 30.0.3.2020.
Nach: https://www.morgenpost.de/vermischtes/article227170919/Umfrage-Jeder-Fuenfte-in-Deutschland-ist-taetowiert.html, Stand: 30.03.2020.
Nach: https://www.wiwo.de/erfolg/beruf/studie-taetowierungen-sind-kein-karrierekiller/22908162.html, Stand: 12.07.2020.
Nach: https://www.stem.de/neon/vorankommen/karriere/tattoos-am-arbeitsplatz--ueberraschende-ergebnisse-bei-studie-8960472.html, Stand: 12.07.2020.

Aufgabe

Schreibe eine Erörterung zu der Frage: „Hältst du es für richtig, dass die Arbeitgeber bestimmen, ob die Mitarbeiter sichtbare Tätowierungen haben dürfen." **50 P**

Beachte dabei folgende Punkte:

- Nenne anfangs den Titel und gib kurz den Inhalt des Textes wieder.
- Benenne mindestens drei Beispiele für Berufe, bei denen der Arbeitgeber vielleicht auf Tätowierungen achtet.
- Nenne deinen Berufswunsch und gehe darauf ein, wie der zukünftige Arbeitgeber vermutlich zu Tätowierungen steht.
- Würdest du auf eine Tätowierung verzichten, weil dein Arbeitgeber Tätowierungen ablehnt? Begründe deine Haltung.

Der Text muss mindestens 150 Wörter umfassen, er kann jedoch auch länger sein. Schreibe in vollständigen Sätzen. Gliedere deinen Text in Einleitung, Hauptteil und Schluss. Achte auf korrekte Sprache und Rechtschreibung, beides wird bewertet.

2. Textbeschreibung Lyrik

Mascha Kaléko: Sozusagen grundlos vergnügt

Ich freu mich, dass am Himmel Wolken ziehen
Und dass es regnet, hagelt, friert und schneit.
Ich freu mich auch zur grünen Jahreszeit,
Wenn Heckenrosen und Holunder blühen.
– Dass Amseln flöten und dass Immen[1] summen,
Dass Mücken stechen und dass Brummer brummen.
Dass rote Luftballons ins Blaue steigen.
Dass Spatzen schwatzen. Und dass Fische schweigen.

Ich freu mich, dass der Mond am Himmel steht
Und dass die Sonne täglich neu aufgeht.
Dass Herbst dem Sommer folgt und Lenz[2] dem Winter,
Gefällt mir wohl. Da steckt ein Sinn dahinter,
Wenn auch die Neunmalklugen[3] ihn nicht sehn.
Man kann nicht alles mit dem Kopf verstehn!
Ich freue mich. Das ist des Lebens Sinn.
Ich freue mich vor allem, dass ich bin.

In mir ist alles aufgeräumt und heiter:
Die Diele blitzt. Das Feuer ist geschürt.
An solchem Tag erklettert man die Leiter,
Die von der Erde in den Himmel führt.
Da kann der Mensch, wie es ihm vorgeschrieben,
– Weil er sich selber liebt – den Nächsten lieben.
Ich freue mich, dass ich mich an das Schöne
Und an das Wunder niemals ganz gewöhne.
Dass alles so erstaunlich bleibt, und neu!
Ich freu mich, dass ich … Dass ich mich freu.

[1] Immen: Bienen
[2] Lenz: Frühling
[3] Neunmalkluge: Besserwisser, Schlauberger

Quelle: Kaléko, Mascha; Herausgeber: Zoch-Westphal, Gisela, Verlag: dtv, 1977,

Aufgabe

Verfasse eine Textbeschreibung für das Gedicht. Gehe auf folgende Punkte ein: **50 P**

- Nenne Autorin, Titel und Thema des Gedichts.
- Stelle den formalen Aufbau dar. Verwende die Fachbegriffe Strophe, Reim und Vers.
- Beschreibe, wie die Natur dargestellt und welche Stimmung dadurch erzeugt wird.
- Berichte von einer Situation, in der du dich selbst so gefreut hast, dass du die ganze Welt umarmen wolltest.

Der Text muss mindestens 150 Wörter umfassen, er kann jedoch auch länger sein. Schreibe in vollständigen Sätzen. Gliedere deinen Text in Einleitung, Hauptteil und Schluss. Achte auf korrekte Sprache und Rechtschreibung, beides wird bewertet.

3. Textbeschreibung Prosa

Torsten Löschmann: Im Abseits

Entspannt ließ er sich aufs Sofa fallen. Es versprach ein gemütlicher Abend zu werden. Seine Frau war über das Wochenende bei ihrer besten Freundin und seine 15-jährige Tochter hatte sich gerade zu einer Party verabschiedet, von der sie erst spät zurückkommen würde.

Also war er allein mit dem Fernseher. Zufrieden schaltete er das Gerät an und wartete gespannt auf die bevorstehende Fußballübertragung.

Als er aufwachte, stellte er enttäuscht fest, dass er die zweite Halbzeit verschlafen hatte. Ein schneller Blick auf den Videotext verriet ihm, dass sein Verein mal wieder verloren hatte. Ein Fehlpass im letzten Drittel hatte zum entscheidenden Gegentor geführt. Leise fluchend erhob er sich vom Sofa und ging auf den Flur. Im Vorbeigehen fiel sein Blick auf die Uhr. Kurz vor elf. Gleich müsste seine Tochter nach Hause kommen.

Auf dem Flur sah er, dass ihre Winterjacke am Haken hing. Na großartig. Sie hatte mal wieder nur ein dünnes Jäckchen angezogen. Er seufzte. Morgen würde sie schniefend im Bett liegen und er konnte sich eine Standpauke seiner Frau anhören, warum er nicht darauf geachtet hatte, dass „das Kind“ sich vernünftig anzieht. Um kurz nach elf schüttelte er genervt den Kopf. Es war ja klar, dass sie sich verspäten würde! Eine halbe Stunde später marschierte er wütend im Wohnzimmer auf und ab. Sie war noch immer nicht zu Hause. Typisch. Nie hielt sie sich an Absprachen, regte sich ständig auf, dass ihre Eltern kleinkariert und viel zu streng seien. Sie hatte ja keine Ahnung, was einem Mädchen in der Nacht alles passieren konnte, so allein auf der Straße. Und dann auch noch ohne vernünftige Jacke! Um kurz vor zwölf griff er nervös zum Telefon. Schnell hatte er die Handynummer seiner Tochter eingetippt und wartete darauf, mit ihr verbunden zu werden. Sie hätte sich ja wenigstens melden können! In Gedanken legte er sich schon die Worte für sein Angriffsspiel zurecht, das würde eine Strafpredigt werden, die sich gewaschen hatte. Doch leider hörte er Sekunden später das Gerät seiner Tochter an der Garderobe summen. Nicht mal das Handy hatte sie mitgenommen. Er stürmte in den Flur, erschrak kurz vor seinem Spiegelbild, grimmiger Blick, Zornesfalten, mürrischer Mund, und wandte sich dem Klamottenwirrwarr an den Kleiderhaken zu.

Beim wütenden Suchen des Handys riss er so an der Jacke, dass eine Naht aufriss.

Vor seinem inneren Auge erschienen schreckliche Bilder. Und gleichzeitig stieg der Ärger auf seine Tochter. Vermutlich tanzte sie gerade ausgelassen und scherte sich einen Dreck darum, dass ihr Vater sich daheim große Sorgen machte. Wie konnte man nur so unzuverlässig sein?

Da stellte er fest, dass er nicht einmal wusste, mit wem sie unterwegs war. Er hatte keine Ahnung, wo die Party überhaupt stattfand. Seine Frau hätte all das sicher erfragt.

Vielleicht würde ja auf ihrem Schreibtisch ein Hinweis liegen. Eine Einladung oder so etwas. Schnell rannte er in das Zimmer seiner Tochter, knipste die Schreibtischlampe an und durchwühlte schnaubend den Papierstapel auf der Tischplatte.

„He, Papa, was ist denn los?“ Irritiert verharrte er in der Bewegung. Er drehte sich um und blickte in die verschlafenen Augen seiner Tochter. „Was machst du hier?“, stieß er zu harsch hervor.

„Das ist mein Zimmer. Ich liege im Bett und versuche zu schlafen“, antwortete sie gereizt.

„Seit wann bist du denn hier?“, fragte er mittlerweile etwas sanfter.

„Halb elf“, antwortete sie gähnend. „Du hast auf dem Sofa gepennt, als ich kam. Wollte dich nicht wecken.“ Und damit drehte sie ihm den Rücken zu und zog sich die Decke über den Kopf.

Quelle: Nach: Torsten Löschmann: Neue Kurzgeschichten und Erzählungen, Persen Verlag, 2020.

Aufgabe

Verfasse eine Textbeschreibung zum vorliegenden Prosatext. Beachte dabei folgende Punkte: **50 P**

- Nenne Titel, Autor und Thema der Erzählung.
- Beschreibe die beiden Hauptpersonen und deren Beziehung zueinander.
- Stelle dar, wie sich die Wut des Vaters entwickelt und nenne die einzelnen Gründe dafür.
- Stell dir vor, die Mutter kommt am nächsten Tag nach Hause.
  Schreibe auf, was der Vater seiner Frau über den Abend erzählt.

Der Text muss mindestens 150 Wörter umfassen, er kann jedoch auch länger sein. Schreibe in vollständigen Sätzen. Gliedere deinen Text in Einleitung, Hauptteil und Schluss. Achte auf korrekte Sprache und Rechtschreibung, beides wird bewertet.

Notizen

Notizen

Die Abschlussprüfung

Es gibt in der Mathematik-Prüfung für den Hauptschulabschluss charakteristische Aufgaben, die sich in ähnlicher Form alljährlich wiederholen. All diese Aufgaben lassen sich im Wesentlichen in die in diesem Trainingsteil dargestellten Themenbereiche eingliedern. Jeder dieser Bereiche ist in vier Teile unterteilt.

1. **Basiswissen**
   Darin finden Sie die wichtigsten Formeln und Gesetze, die als Grundwissen vorausgesetzt werden und zur Lösung der Aufgaben unbedingt erforderlich sind.
2. **Typische Aufgabenstellung**
   So könnte eine Aufgabe aussehen! Sie wird sehr ausführlich, teilweise mit mehreren Lösungswegen, vorgerechnet.
3. **Übungsaufgaben**
   Anhand von Übungsaufgaben können Sie überprüfen, ob Ihr Grundwissen und Ihre mathematischen Fertigkeiten ausreichen, um alle gestellten Aufgaben zu bearbeiten.
4. **Lösungen** (im separaten Lösungsband)
   Alle Übungsaufgaben werden in leicht nachvollziehbaren Schritten im separaten Lösungsheft vorgerechnet.

10 Tipps zum Lösen von Sachaufgaben

1. Lesen Sie den Text genau, eventuell sogar mehrmals durch.
2. Überlegen Sie, ob Sie eine ähnliche Aufgabe schon mal gelöst haben.
3. Überlegen Sie, was gegeben ist und was gesucht wird.
4. Prüfen Sie, ob alle Größen in der gleichen Einheit angegeben sind.
5. Überlegen Sie, ob eine Skizze oder Tabelle hilfreich sein kann.
6. Denken Sie nach, welche Formeln Sie verwenden können.
7. Zerlegen Sie den Rechenweg in kleine Rechenschritte.
8. Notieren Sie die berechneten Zwischenergebnisse.
9. Machen Sie eine Probe, wenn noch genügend Zeit bleibt.
10. Formulieren Sie das Ergebnis als Antwortsatz.

TR/FS Bei Aufgaben mit diesem Symbol dürfen der Taschenrechner und die Formelsammlung benutzt werden.

Leitidee Zahl – Variable – Operation

1. Zahlterme berechnen

Basiswissen

Bruchrechnen

Erweitern	Kürzen	Addition/Subtraktion	Multiplikation/Division
$\frac{a}{b} = \frac{a \cdot c}{b \cdot c}$	$\frac{a}{b} = \frac{a : c}{b : c}$	$\frac{a}{c} \pm \frac{b}{c} = \frac{a \pm b}{c}$ $\quad c \neq 0$	$\frac{a}{b} \cdot \frac{c}{d} = \frac{a \cdot c}{b \cdot d}$ $\quad \frac{a}{b} : \frac{c}{d} = \frac{a}{b} \cdot \frac{d}{c} = \frac{a \cdot d}{b \cdot c}$ $\quad c, d \neq 0$

Umwandlungen

Bruch in Dezimalzahl

$\frac{3}{5} = \frac{3 \cdot \mathbf{2}}{5 \cdot \mathbf{2}} = \frac{6}{10} = 0,6$

$\frac{5}{4} = \frac{5 \cdot \mathbf{25}}{4 \cdot \mathbf{25}} = \frac{125}{100} = 1,25$

$\frac{3}{8} = \frac{3 \cdot \mathbf{125}}{8 \cdot \mathbf{125}} = \frac{375}{1000} = 0,375$

Dezimalzahl in Bruch

$0,7 = \frac{7}{10}$

$3,16 = 3\frac{16}{100}$

$9,014 = 9\frac{14}{1000}$

Zehnerpotenzen

$10^0 = 1$
$10^1 = 10$
$10^2 = 100$
$10^3 = 1000$
$10^4 = 10\,000$
$10^5 = 100\,000$
$10^6 = 1\,000\,000$ (eine Million)
$10^9 = 1\,000\,000\,000$ (eine Milliarde)
$10^{12} = 1\,000\,000\,000\,000$ (eine Billion)

Natürliche Zahlen in Zehnerpotenzschreibweise

$4000 = 4 \cdot 10^3$
$56\,000 = 5,6 \cdot 10^4$
$9\,700\,000 = 9,7 \cdot 10^6$
$130\,000\,000 = 1,3 \cdot 10^8$

$3,7 \cdot 10^3 = 3700$
$6 \cdot 10^5 = 600\,000$
$2,9 \cdot 10^7 = 29\,000\,000$
$7,8 \cdot 10^9 = 7\,800\,000\,000$

Typische Aufgabenstellung

Aufgabe 1

Tragen Sie folgende Zahlen in die Zahlengerade ein: $-0,5 \quad \frac{2}{8} \quad \frac{3}{4} \quad \frac{7}{6}$

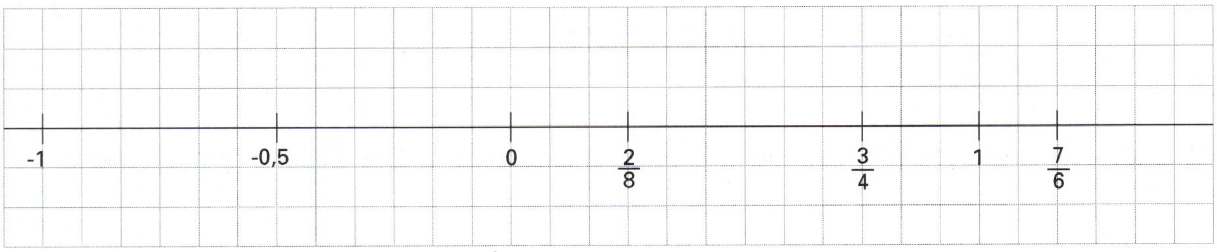

Lösung

Zwischen -1 und 0 sowie zwischen 0 und 1 liegen 12 Kästchen. Also müssen alle Brüche und Dezimalzahlen in Zwölftel umgewandelt werden. Jedes Kästchen entspricht dann einem Zwölftel $\left(\frac{1}{12}\right)$.

$$-0{,}5 = -\frac{5}{10} = -\frac{1}{2} = -\frac{1 \cdot 6}{2 \cdot 6} = -\frac{6}{12}$$

$$\frac{2}{8} = \frac{1}{4} = \frac{1 \cdot 3}{4 \cdot 3} = \frac{3}{12}$$

$$\frac{3}{4} = \frac{3 \cdot 3}{4 \cdot 3} = \frac{9}{12}$$

$$\frac{7}{6} = \frac{7 \cdot 2}{6 \cdot 2} = \frac{14}{12} = 1\,\frac{2}{12}$$

Jetzt kann man die vier Zahlen in die Zahlengerade eintragen (siehe Zeichnung).

Aufgabe 2

Berechnen Sie: $3{,}6 - \frac{2}{5} + 0{,}8 - \frac{5}{4}$

Lösung

Es gibt zwei Lösungswege.

a) Umwandlung in Dezimalzahlen

$\frac{2}{5} = \frac{4}{10} = 0{,}4$ $\qquad$ $\frac{5}{4} = \frac{125}{100} = 1{,}25$

Dann: $3{,}6 - 0{,}4 + 0{,}8 - 1{,}25 = 2{,}75 \left(= 2\,\frac{3}{4}\right)$

b) Umwandlung in Brüche

$3{,}6 = 3\,\frac{6}{10} = \frac{36}{10}$ $\qquad$ $0{,}8 = \frac{8}{10}$

Dann: $\frac{36}{10} - \frac{2}{5} + \frac{8}{10} - \frac{5}{4}$

Brüche auf den gleichen Nenner bringen

$= \frac{72}{20} - \frac{8}{20} + \frac{16}{20} - \frac{25}{20}$

$= \frac{55}{20}$

kürzen durch 5

$= \frac{11}{4}$

$= 2\,\frac{3}{4}$ (= 2,75)

Übungsaufgaben

Aufgabe 1

Ordnen Sie die folgenden Zahlen nach ihrer Größe. Beginnen Sie mit der kleinsten Zahl.

$1{,}3 \quad \frac{6}{5} \quad 1{,}26 \quad \frac{5}{4}$

Aufgabe 2

Berechnen Sie den Wert der folgenden Terme:

$22 - 10 \cdot \frac{1}{2}$ $\qquad$ $(22 - 10) \cdot \frac{1}{2}$

Die beiden Terme unterscheiden sich nur durch die Klammer. Warum ergeben sich zwei unterschiedliche Ergebnisse?

Aufgabe 3

Geben Sie für die Buchstaben A, B, C und D die entsprechenden Brüche (vollständig gekürzt) und Dezimalzahlen an:

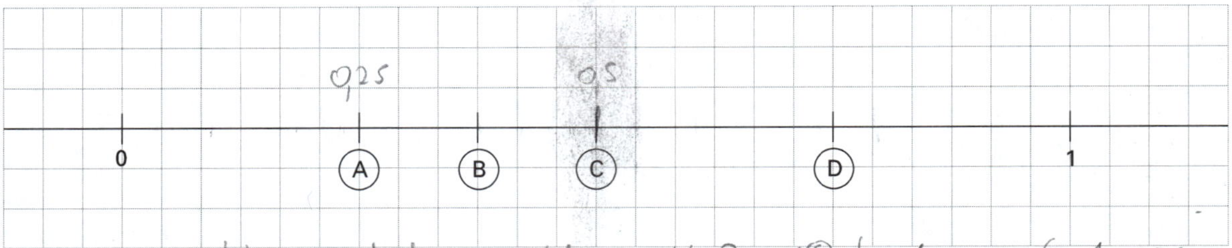

Kästchen zählen und dann Kästchen zahl z.B. 6 durch 24 = $\frac{6}{24} = \frac{1}{4}$ = 0,25

Aufgabe 4

Berechnen Sie $\frac{6}{5} : \frac{3}{4} - \frac{4}{3} \cdot \frac{3}{5}$ und kürzen Sie das Ergebnis so weit wie möglich.

Aufgabe 5

a) Geben Sie die natürlichen Zahlen in Zehnerpotenzschreibweise an.

2300   680 000   910 000 000

b) Schreiben Sie die Zahlen ohne Komma.

$4{,}6 \cdot 10^4$ $7{,}2 \cdot 10^7$ $8{,}1 \cdot 10^6$

2. Mit Prozenten und Zinsen umgehen

Basiswissen

Zusammenhang zwischen Brüchen, Dezimalzahlen und Prozentsätzen

$\frac{1}{2} = 1 : 2 = 0{,}5 = 50\ \%$

$\frac{2}{5} = 2 : 5 = 0{,}4 = 40\ \%$

$\frac{7}{8} = 7 : 8 = 0{,}875 = 87{,}5\ \%$

$\frac{1}{4} = 1 : 4 = 0{,}25 = 25\ \%$

$\frac{1}{3} = 1 : 3 = 0{,}33... = 33{,}3\ \%$

$\frac{3}{50} = 3 : 50 = 0{,}06 = 6\ \%$

Prozent- und Promillerechnung

G = Grundwert

W = Prozentwert, Promillewert

p = Prozentsatz, Promillesatz

Prozentrechnung

$p\ \% = \frac{p}{100}$

$G = \frac{W \cdot 100}{p}$ $W = \frac{G \cdot p}{100}$ $p = \frac{W \cdot 100}{G}$

Promillerechnung

$p\ ‰ = \frac{p}{1000}$

$G = \frac{W \cdot 1000}{p}$ $W = \frac{G \cdot p}{1000}$ $p = \frac{W \cdot 1000}{G}$

Zinsrechnung

Jahreszinsen

$Z = \frac{K \cdot i \cdot p}{100}$

Monatszinsen

$Z = \frac{K \cdot m \cdot p}{100 \cdot 12}$

Tageszinsen

$Z = \frac{K \cdot t \cdot p}{100 \cdot 360}$

Kapital: K   Zeit: i (in Jahren)
Zinsen: Z   m (in Monaten)
Zinssatz: p   t (in Tagen)

Basiswissen

Zinseszinsen

Wenn man ein Kapital anlegt und die Jahreszinsen am Ende jedes Jahres zum Kapital dazugezählt werden, dann erhält man im nächsten Jahr für das Kapital mit den Zinsen erneut Zinsen. Dies nennt man Zinseszins.

Beispiel: Ein Kapital von 2500 € wird zu einem Zinssatz von 0,9 % für 3 Jahre angelegt. Dabei werden die Zinsen jährlich mitverzinst.
Berechnung des Endkapitals nach 3 Jahren:

Jahr	Kapital zu Jahresbeginn in €	Zinsen in € (Z = K · p %)	Kapital am Jahresende in €
1	2500	2500 · 0,009 = 22,50	2522,50
2	2522,50	2522,50 · 0,009 = 22,70	2545,20
3	2545,20	2545,20 · 0,009 = 22,91	2568,11

Das Anfangskapital von 2500 € ist nach 3 Jahren auf 2568,11 € angewachsen.

Typische Aufgabenstellung

Aufgabe 1

TR/FS

Frau Peters verdiente im Jahr 2017 pro Monat 2400 €. Anfang 2018 bekam sie eine Gehaltserhöhung von 5 %. Anfang 2019 wurde ihr Gehalt aber wegen Umsatzrückgangs des Unternehmens wieder um 5 % gekürzt.
Frau Peters denkt: „Dann bekomme ich ja jetzt im Jahr 2019 wieder das gleiche Gehalt wie im Jahr 2017." Hat Frau Peters recht?

Lösung

Interessanterweise irrt sich Frau Peters.
Gehalt 2017: 2400 €
Gehalt 2018:
· 5 (1 % von 2400 € = 24 €) · 5
5 % von 2400 € = 120 €

Also: 2400 € + 120 € = 2520 €
Gehalt 2019:
· 5 (1 % von 2520 € = 25,20 €) · 5
5 % von 2520 € = 126 €

Also: 2520 € – 126 € = 2394 €

Frau Peters bekommt 2019 ein Monatsgehalt von 2394 €, also 6 € weniger als 2017.

Aufgabe 2

TR/FS

a) Nico legt einen Betrag von 5500 € zu einem Zinssatz von 0,8 % für 200 Tage an. Berechnen Sie, auf welche Summe sein Kapital nach den 200 Tagen angewachsen ist.

b) Ida sieht im Internet den Sparplan einer Bank und möchte ihre Ersparnisse von 24 000 € dort für 3 Jahre anlegen. Berechnen Sie, auf welchen Betrag Idas Kapital nach 3 Jahren mit Zinseszins angewachsen ist.

3-Jahres-Sparplan
mit attraktiver Verzinsung
1. Jahr: 0,5 %
2. Jahr: 0,8 %
3. Jahr: 1,2 %

Lösung

a) $Z = \frac{K \cdot t \cdot p}{100 \cdot 360} = \frac{5500\ € \cdot 200 \cdot 0{,}8}{100 \cdot 360} = 24{,}44\ €$

5500 € + 24,44 € = 5524,44 €

Nach 200 Tagen ist Nicos Kapital auf 5524,44 € angewachsen.

b)

Jahr	Kapital zu Jahresbeginn in €	Zinsen in € ($Z = K \cdot p$ %)	Kapital am Jahresende in €
1	24 000	$24\,000 \cdot 0{,}005 = 120$	24 120
2	24 120	$24\,120 \cdot 0{,}008 = 192{,}96$	24 312,96
3	24 312,96	$24\,312{,}96 \cdot 0{,}012 = 291{,}76$	24 604,72

Idas Anfangskapital von 24 000 € ist nach 3 Jahren auf 24 604,72 € angewachsen.

Übungsaufgaben

Aufgabe 1 TR/FS

Berechnen Sie jeweils die fehlenden Werte.

	Grundwert G	Prozentwert W	Prozentsatz p
a)	240 €		2,5
b)	800 l	120 l	
c)		45 m^2	3

Aufgabe 2 TR/FS

Ein Fahrrad kostet nach einem 25%igen Preisnachlass noch 375 €. Wie teuer war es vor dem Preisnachlass?

Aufgabe 3 TR/FS

Berechnen Sie jeweils die Höhe der Zinsen.

	Kapital	Zinssatz	Laufzeit
a)	4000 €	2,8 %	4 Monate
b)	12 500 €	3,2 %	1 Jahr
c)	8600 €	3,5 %	178 Tage

Aufgabe 4 TR/FS

Bojan möchte sich ein Motorrad für 7250 € kaufen. Er vergleicht die Angebote von zwei Händlern.

Händler A	Händler B
Kosten: 7250 € Anzahlung: 30 % Rest in 18 Monatsraten zu je 300 €	Kosten: 7250 € Anzahlung: 40 % Rest in 24 Monatsraten zu je 190 €

Für welches Angebot sollte sich Bojan entscheiden, wenn er das preiswertere wählen will?

Aufgabe 5

TR/FS

Eva legt einen Teil ihrer Erbschaft von 43 500 € für 4 Jahre bei einer Bank zu einem Zinssatz von 1,1 % an. Die Zinsen werden mitverzinst. Berechnen Sie das Endkapital nach den 4 Jahren.

Jahr	Kapital zu Jahresbeginn in €	Zinsen in € ($Z = K \cdot p\,\%$)	Kapital am Jahresende in €
1			
2			
3			
4			

3. Mit Termen umgehen, die auch Variablen enthalten

Basiswissen

Grundrechenarten

Addition
$a + b = c$
Summand + Summand = Summe

Subtraktion
$a - b = c$
Minuend – Subtrahend = Differenz

Multiplikation
$a \cdot b = c$
Faktor · Faktor = Produkt

Division
$a : b = c$
Dividend : Divisor = Quotient

Rechnen mit Klammern

Auflösen von Plusklammern
$+(-a + b - c) = -a + b - c$

Die Zeichen bleiben erhalten!

Auflösen von Minusklammern
$-(-a + b - c) = +a - b + c$

Die Zeichen ändern sich!

Ausklammern
$ab + ac - ad = a(b + c - d)$

Ausmultiplizieren
$a(-b + c - d) = -ab + ac - ad$

Multiplizieren von Summen und Differenzen
$(a + b) \cdot (c - d) = ac - ad + bc - bd$

Wichtige Rechengesetze

Kommutativgesetz
(Vertauschungsgesetz)
$a + b = b + a$
$a \cdot b = b \cdot a$

Assoziativgesetz
(Verbindungsgesetz)
$a + (b + c) = (a + b) + c$
$a \cdot (b \cdot c) = (a \cdot b) \cdot c$

Distributivgesetz
(Verteilungsgesetz)
$a \cdot (b \pm c) = ab \pm ac$
$\frac{b \pm c}{a} = \frac{b}{a} \pm \frac{c}{a}$

(1)

Typische Aufgabenstellung

Aufgabe 1

Setzen Sie in den Term für x den Wert (-3) ein und berechnen Sie den Termwert:

$(x - 4) \cdot x - 6$

Lösung

$(-3 - 4) \cdot (-3) - 6$
$= (-7) \cdot (-3) - 6$
$= 21 - 6$
$= 15$

Aufgabe 2

Kreuzen Sie den passenden Term an. Von der Zahl 3 wird die Summe einer gedachten Zahl x und 5 abgezogen.

☐ $x + 5 - 3$ ☐ $3 + (x - 5)$ ☒ $3 - (x + 5)$

Lösung

☒ $3 - (x + 5)$

Übungsaufgaben

Aufgabe 1

Setzen Sie in den Term für x nacheinander die Werte (-2); 0 und 0,5 ein und berechnen Sie die zugehörigen Termwerte:

$(2x + 1) \cdot (8 - x)$

Aufgabe 2

Die Klassenlehrerin sammelt am Montag von jedem anwesenden Schüler / jeder anwesenden Schülerin 4 € für einen Ausflug ein. An diesem Tag sind aber 3 Schüler/-innen krank.

a) Die Variable x steht für die Gesamtzahl der Schüler/-innen der Klasse (ohne Krankmeldungen). Die Einnahmen der Lehrerin an diesem Tag können dann dargestellt werden durch den Term ...

☐ $x - 3 \cdot 4$ ☐ $(x - 3) \cdot 4$ ☐ $(x - 4) \cdot 3$

b) Die Klasse besteht (ohne Krankmeldungen) aus 27 Schüler/-innen. Berechnen Sie die Einnahmen der Lehrerin an diesem Montag.

Aufgabe 3

Stellen Sie einen Term (mit x, y und z) auf, mit dem man den Umfang der folgenden Figur berechnen kann. Vereinfachen Sie den Term so weit wie möglich.

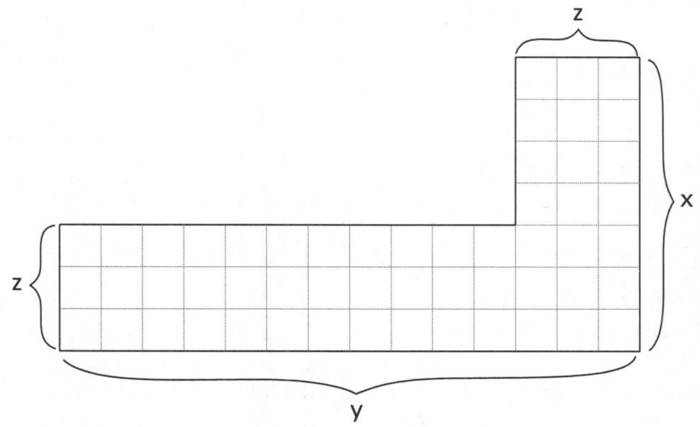

Aufgabe 4

a) Stellen Sie einen Term für den Umfang des Rechtecks auf und vereinfachen Sie anschließend den Term.

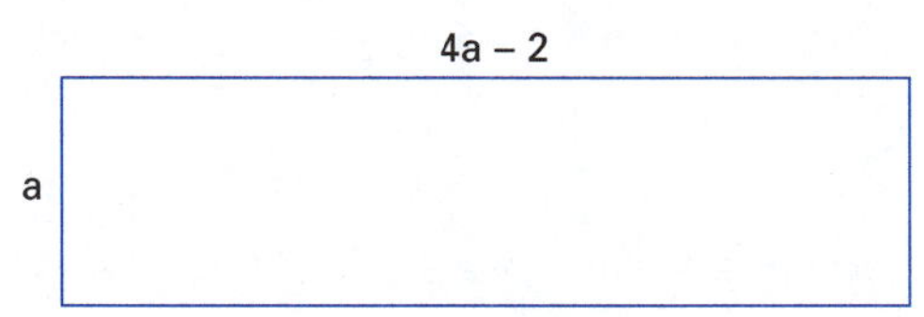

b) Berechnen Sie den Umfang des Rechtecks für a = 2,5 cm.

Aufgabe 5

Vereinfachen Sie den Term $6x \cdot 3 - (-2 + 4x) + 5$ so weit wie möglich.

4. Mit Wurzeln umgehen

Basiswissen

Quadratwurzel

Quadrieren und Wurzelziehen

Wenn man eine Zahl quadriert, multipliziert man die Zahl mit sich selbst.
Beispiele: $3^2 = 3 \cdot 3 = 9$; $(-0{,}5)^2 = (-0{,}5) \cdot (-0{,}5) = 0{,}25$

Wenn man die (Quadrat-)Wurzel aus einer Zahl zieht, dann sucht man eine andere Zahl, die zweimal mit sich selbst multipliziert die Zahl unter dem Wurzelzeichen ergibt.
Beispiele: $\sqrt{36} = 6$, *denn* $6 \cdot 6 = 6^2 = 36$; $\sqrt{81} = 9$, *denn* $9 \cdot 9 = 9^2 = 81$

Quadratwurzeln können nur aus positiven Zahlen gezogen werden. Oft sind Quadratwurzeln nur näherungsweise mit dem Taschenrechner zu bestimmen, z. B. $\sqrt{10} \approx 3{,}16$ (auf 2 Nachkommastellen gerundet).

Quadrieren und Wurzelziehen sind sogenannte Umkehroperationen.

Das bedeutet, dass man Quadrieren durch Wurzelziehen einerseits und Wurzelziehen durch Quadrieren andererseits wieder rückgängig machen kann.
Beispiele: $4^2 = 16$, deshalb gilt umgekehrt $\sqrt{16} = \sqrt{4^2} = 4$
$\sqrt{64} = 8$, deshalb gilt umgekehrt $8^2 = (\sqrt{64})^2 = 64$

Kubikwurzel

Wenn man die Kubikwurzel aus einer Zahl zieht, dann sucht man eine andere Zahl, die dreimal mit sich selbst multipliziert die Zahl unter dem Wurzelzeichen ergibt.
Beispiele: $\sqrt[3]{8} = 2$, *denn* $2 \cdot 2 \cdot 2 = 2^3 = 8$; $\sqrt[3]{125} = 5$, *denn* $5 \cdot 5 \cdot 5 = 5^3 = 125$

Auch Kubikwurzeln sind oft nur näherungsweise mit dem Taschenrechner zu bestimmen, z. B. $\sqrt[3]{18} \approx 2{,}62$ (auf 2 Nachkommastellen gerundet).

Typische Aufgabenstellung

Aufgabe 1

Berechnen Sie.

a) $\sqrt{900} =$ b) $\sqrt{0{,}81} =$ c) $\sqrt{2{,}56} =$

d) $\sqrt[3]{1000} =$ e) $\sqrt[3]{0{,}001} =$ f) $\sqrt[3]{0{,}027} =$

Lösung

a) 30 b) 0,9 c) 1,6

d) 10 e) 0,1 f) 0,3

Aufgabe 2 TR/FS

a) Zwischen welchen beiden natürlichen Zahlen liegt $\sqrt{55}$? Begründen Sie Ihre Antwort.

b) Geben Sie mithilfe des Taschenrechners die Zahl $\sqrt[3]{46}$ sowohl auf eine als auch auf zwei Nachkommastellen gerundet an.

Lösung

a) Da $7^2 = 49$ und $8^2 = 64$ gilt, muss $\sqrt{55}$ zwischen den Zahlen 7 und 8 liegen.

b) $\sqrt[3]{46} \approx 3{,}6$ (auf eine Nachkommastelle)
$\sqrt[3]{46} \approx 3{,}58$ (auf zwei Nachkommastellen)

Übungsaufgaben

Aufgabe 1

Ein Quadrat mit der Seitenlänge s hat den Flächeninhalt 68 m^2.

a) Geben Sie zunächst an, zwischen welchen beiden natürlichen Zahlen s liegt.

b) Geben Sie s auf zwei Nachkommastellen gerundet an. **TR/FS**

Aufgabe 2 **TR/FS**

Ein Würfel mit der Kantenlänge k hat das Volumen 91 cm^3.
Geben Sie k auf eine Nachkommastelle gerundet an.

Aufgabe 3

Kreuzen Sie an. Wenn ich die Zahl 64 zunächst quadriere und aus dem Ergebnis die Wurzel ziehe, erhalte ich ...

☒ das Doppelte von 64. ☐ die Zahl 64. ☐ die Zahl 8.

Aufgabe 4 **TR/FS**

Als Stützpfeiler einer Flussbrücke werden Betonwürfel mit einem Volumen von jeweils 1561 m^3 in das Wasser eingelassen.

a) Berechnen Sie die Kantenlänge eines solchen Würfels.

b) Berechnen Sie den Oberflächeninhalt eines Betonwürfels.

Aufgabe 5

Ein Würfel hat einen Oberflächeninhalt von 96 cm^2. Berechnen Sie die Kantenlänge a des Würfels.

5. Gleichungen lösen

Basiswissen

Lösen von Gleichungen

Beachten Sie bei der Äquivalenzumformung folgende Reihenfolge:

Schritt ①: So weit wie möglich vereinfachen und zusammenfassen
Schritt ②: Zuerst die Umformung mithilfe der Addition bzw. Subtraktion
Schritt ③: Dann die Umformung mithilfe der Multiplikation bzw. Division

Typische Aufgabenstellung

Aufgabe 1

Lösen Sie die Gleichung:

$9x - 8 - 4x = 11x + 6 + x$

Lösung

Rechenschritte:

$9x - 8 - 4x = 11x + 6 + x$	I zusammenfassen
$5x - 8 = 12x + 6$	I + 8
$5x = 12x + 14$	I – 12x
$-7x = 14$	I : (-7)
$x = -2$	

Aufgabe 2

Lösen Sie die Gleichung:

$6 - 2 \cdot (2 + 3x) = -(-x + 5) - 7$

Lösung

$6 - 2 \cdot (2 + 3x) = -(-x + 5) - 7$	I Klammern auflösen
$6 - 4 - 6x = x - 5 - 7$	I zusammenfassen
$-6x + 2 = x - 12$	I – x
$-7x + 2 = -12$	I – 2
$-7x = -14$	I : (-7)
$x = 2$	

Übungsaufgaben

Aufgabe 1

Lösen Sie die Gleichung:

$-(x + 7) + 3x = 4x - 3$

Aufgabe 2

Lösen Sie die Gleichung:

$6 \cdot (3x - 7) - 12 - 4x = 9x - (7x + 6)$

Aufgabe 3

Wenn ich eine gedachte Zahl mit 5 multipliziere und zu diesem Ergebnis 6 addiere, erhalte ich das Siebenfache der gedachten Zahl. Welches ist meine gedachte Zahl?

Aufgabe 4

In einer Zeile wurde ein Fehler gemacht. Streichen Sie den Fehler an und rechnen Sie richtig.

$x \cdot 5 + 4 + 3x = 84 - 2x$

$9x + 3x = 84 - 2x$

$12x = 84 - 2x \quad | + 2x$

$14x = 84 \quad | : 14$

$x = 6$

Aufgabe 5

Zusammen mit ihren Eltern schätzt Judith ab, dass sie für ihre Geburtstagsparty 12 Liter Getränke besorgen muss. Sie kauft drei 1,5-Liter-Flaschen Cola, vier 1-Liter-Flaschen Orangensaft und fünf Flaschen Mineralwasser.
Wie viel Liter sind in einer Mineralwasserflasche, wenn Judith insgesamt genau 12 Liter Getränke gekauft hat?

Leitidee Messen

Basiswissen

Berechnungen an Figuren

Quadrat

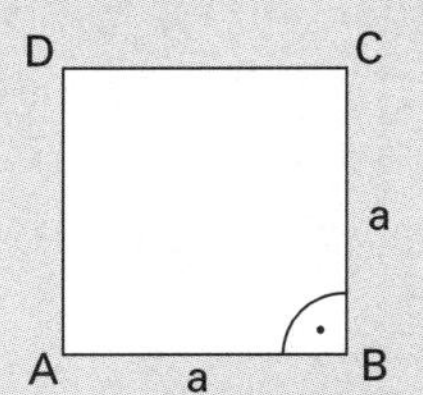

$A = a \cdot a = a^2$
$u = 4a$

Rechteck

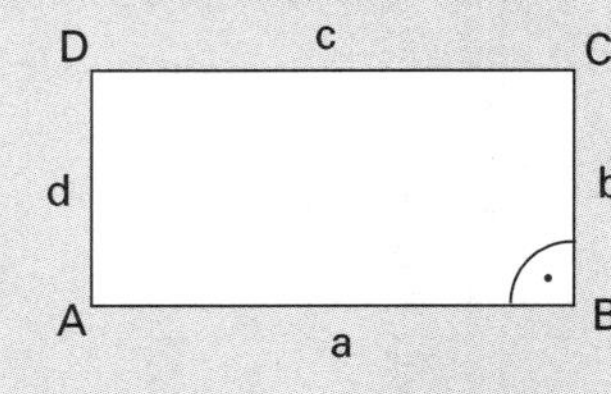

$A = a \cdot b$
$u = 2\,(a + b)$

Parallelogramm

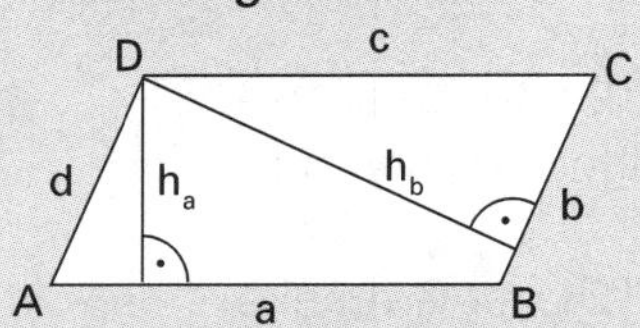

$A = a \cdot h_a$
$A = b \cdot h_b$

Trapez

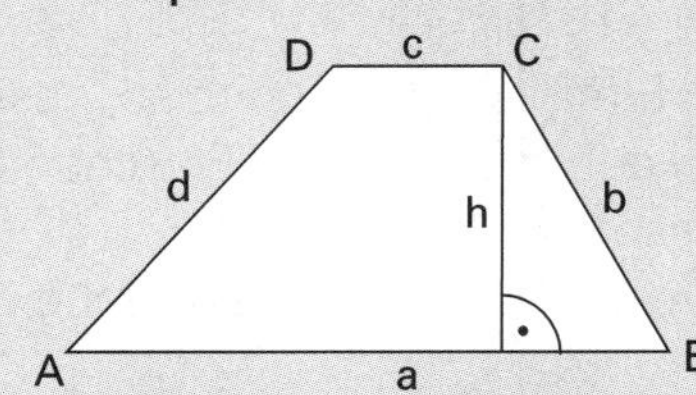

$A = \frac{a + c}{2} \cdot h$

Dreieck

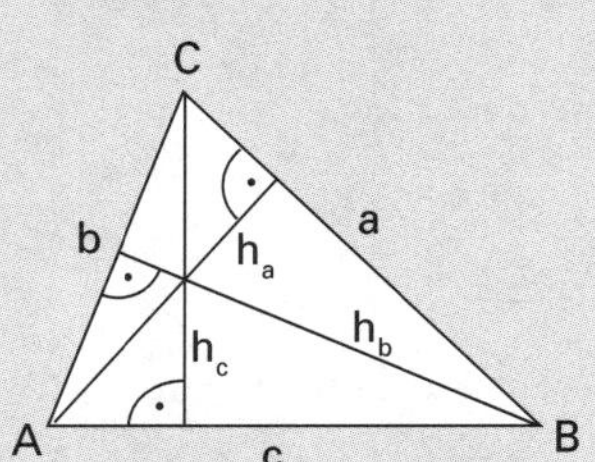

$A = \frac{1}{2} c \cdot h_c = \frac{1}{2} b \cdot h_b = \frac{1}{2} a \cdot h_a$

Allgemein:

$A = \frac{g \cdot h}{2}$

Kreis

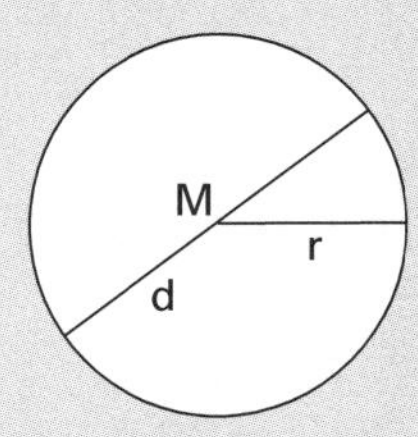

$d = 2r$
$A = r^2 \cdot \pi$
$u = 2r\pi$

Berechnungen an Körpern

Würfel

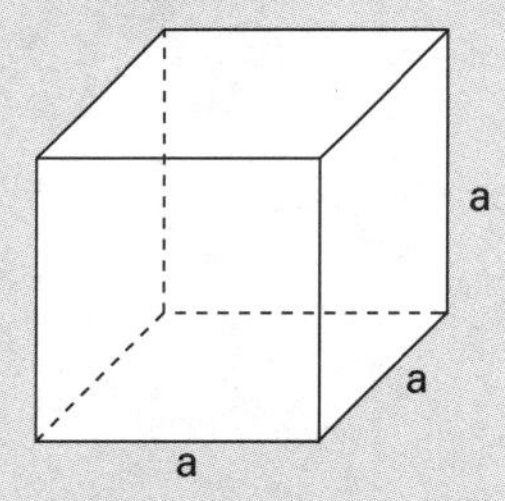

$V = a^3$
$O = 6 \cdot a^2$

Quader

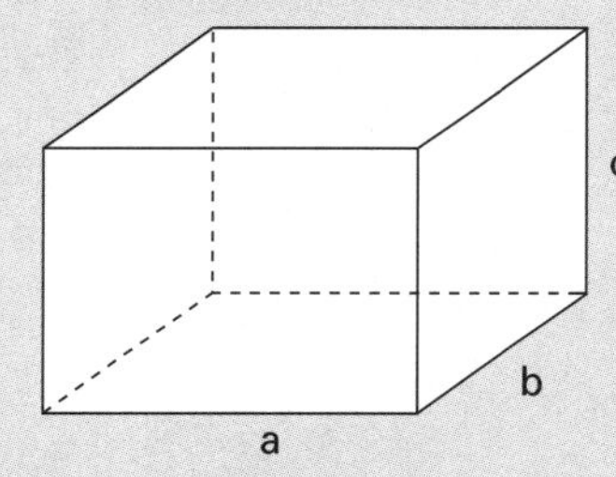

$V = a \cdot b \cdot c$
$O = 2 \cdot (a \cdot b + a \cdot c + b \cdot c)$

Prisma

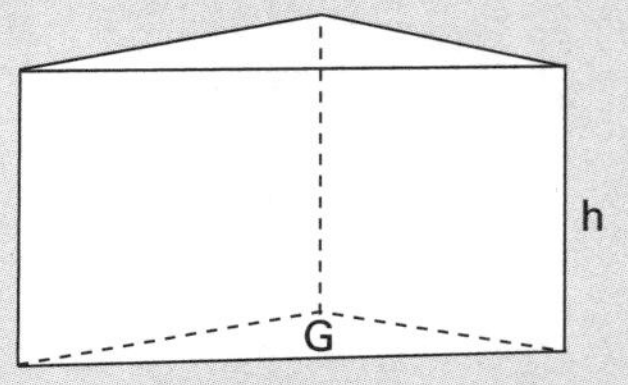

$V = G \cdot h$
$O = 2 \cdot G + M$
$M \triangleq$ Summe der Seitenflächen

Zylinder

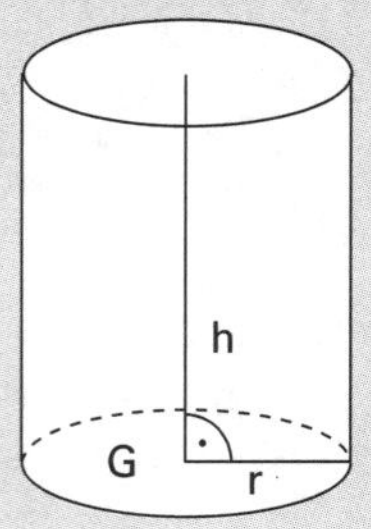

$V = r^2 \pi \cdot h$
$O = 2r^2 \pi + M$
$M = 2r \pi h$
$\Rightarrow O = 2r \pi (r + h)$

Pyramide

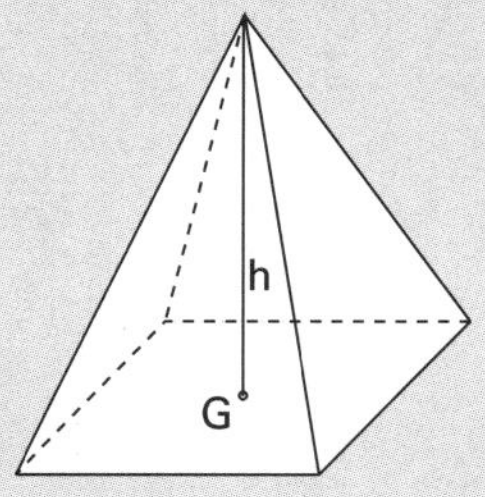

$V = \frac{1}{3} G \cdot h$
$O = G + M$

Typische Aufgabenstellung

Aufgabe 1

TR/FS

Aus einer kreisförmigen Pappscheibe werden Augen, Nase und Mund herausgeschnitten, um eine Karnevalsmaske herzustellen.
Wie groß ist der Flächeninhalt der Maske (ohne die ausgeschnittenen Teile)?

Wichtig: 1 Kästchen entspricht in Wirklichkeit 2 cm.

Lösung

Zunächst braucht man den Flächeninhalt der ursprünglichen Pappscheibe. Durch Abzählen der Kästchen (von oben nach unten oder von links nach rechts) erhält man für den Radius der Scheibe:
r = 6 Kästchen = 12 cm
Also ist der Flächeninhalt der Scheibe:

$A_S = \pi \cdot r^2 = 3{,}14 \cdot 12^2 = 452{,}16\ \text{cm}^2$

Nun muss man die Flächeninhalte der ausgeschnittenen Figuren berechnen. Es handelt sich dabei um 2 gleich große Rechtecke, ein Dreieck und ein Trapez.

Rechtecke:

Jedes dieser Rechtecke hat den Flächeninhalt:

$A_R = a \cdot b$

$A_R = 1\ \text{Kästchen} \cdot 2\ \text{Kästchen}$

$A_R = 2\ \text{cm} \cdot 4\ \text{cm}$

$A_R = 8\ \text{cm}^2$

Damit haben die beiden Rechtecke zusammen den doppelten Flächeninhalt, also:

$2 \cdot A_R = 2 \cdot 8\ \text{cm}^2 = 16\ \text{cm}^2$

Dreieck:

Das Dreieck hat 2 Kästchen als Grundseite und 3 Kästchen als Höhe.

$A_D = \frac{c \cdot h_c}{2}$

$A_D = \frac{2\ \text{Kästchen} \cdot 3\ \text{Kästchen}}{2}$

$A_D = \frac{4\ \text{cm} \cdot 6\ \text{cm}}{2}$

$A_D = 12\ \text{cm}^2$

Trapez:

Das Trapez hat eine Höhe von 1 Kästchen. Die beiden gegenüberliegenden parallelen Seiten sind 2 Kästchen und 4 Kästchen lang.

$A_T = \frac{a + c}{2} \cdot h$

$A_T = \frac{2 \text{ Kästchen} + 4 \text{ Kästchen}}{2} \cdot 1 \text{ Kästchen}$

$A_T = \frac{4 \text{ cm} + 8 \text{ cm}}{2} \cdot 2 \text{ cm}$

$A_T = \frac{12 \text{ cm}}{2} \cdot 2 \text{ cm}$

$A_T = 6 \text{ cm} \cdot 2 \text{ cm}$

$A_T = 12 \text{ cm}^2$

Damit kann man nun den Flächeninhalt der Maske berechnen:

$A_{Maske} = A_S - 2 \cdot A_R - A_D - A_T$

$A_{Maske} = 452{,}16 \text{ cm}^2 - 16 \text{ cm}^2 - 12 \text{ cm}^2 - 12 \text{ cm}^2$

$A_{Maske} = 412{,}16 \text{ cm}^2$

Aufgabe 2 **TR/FS**

Ein Quader ist doppelt so lang wie breit und halb so hoch wie breit. Die Länge beträgt 18 cm. Berechnen Sie das Volumen und die Oberfläche.

Lösung

Länge $a = 18$ cm $\Rightarrow$ Breite $b = 9$ cm
$\Rightarrow$ Höhe $c = 4{,}5$ cm

$V = a \cdot b \cdot c$
$V = 18 \text{ cm} \cdot 9 \text{ cm} \cdot 4{,}5 \text{ cm}$
$V = 729 \text{ cm}^3$

$O = 2 \cdot (ab + ac + bc)$
$O = 2 \cdot (18 \text{ cm} \cdot 9 \text{ cm} + 18 \text{ cm} \cdot 4{,}5 \text{ cm} + 9 \text{ cm} \cdot 4{,}5 \text{ cm})$
$O = 2 \cdot 283{,}5 \text{ cm}^2$
$O = 567 \text{ cm}^2$

Übungsaufgaben

Aufgabe 1

TR/FS

An einer dreispurigen Kreuzung sollen zur besseren Orientierung der Autofahrer Pfeile auf die Spuren gemalt werden. Wie groß ist der Flächeninhalt eines solchen Pfeils?
(1 Kästchen ≙ 20 cm)

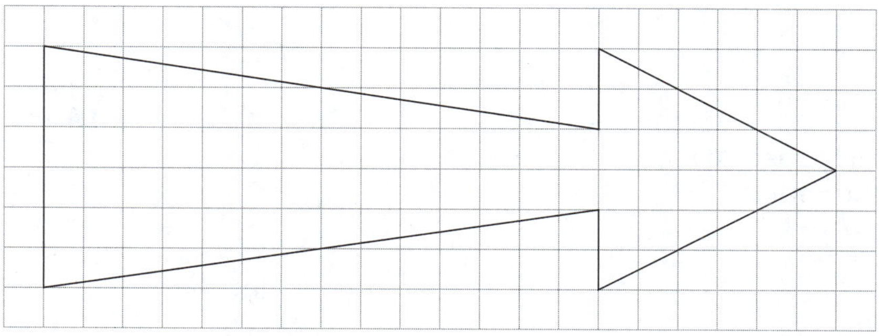

Aufgabe 2

TR/FS

Durch ein rechteckiges Rasenstück mit den Maßen a = 20 m und b = 8 m soll ein kleiner gepflasterter Weg der Breite x = 1,50 m angelegt werden. Berechnen Sie den Inhalt der Fläche, die danach noch mit Rasen bedeckt ist.

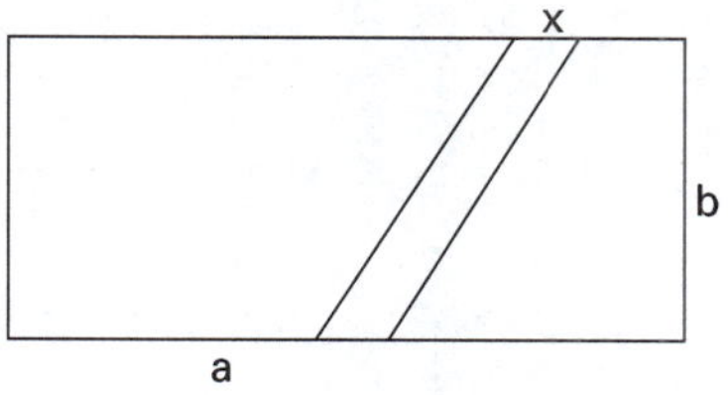

Aufgabe 3

TR/FS

Die Fahrbahn eines Kreisverkehrs soll neu geteert werden. Der Innenkreis des Kreisverkehrs ist mit Rasen bedeckt. Die Rasenfläche hat einen Radius von 1,7 m. Die Fahrbahn ist 2,80 m breit.
Berechnen Sie die Fläche der zu teerenden Fahrbahn.

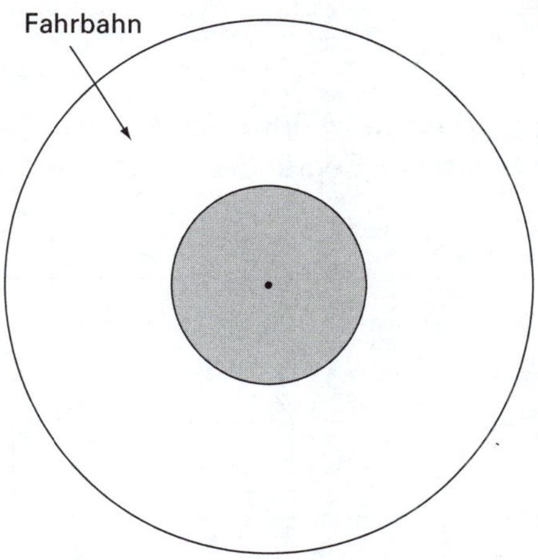

Aufgabe 4

TR/FS

Ein rechteckiger Garten besteht aus zwei Rasenflächen, einem Weg zu einer gepflasterten Fläche für Gartenmöbel und einem kleinen Teich. Berechnen Sie die Gesamtfläche, die in diesem Garten mit Rasen bedeckt ist.

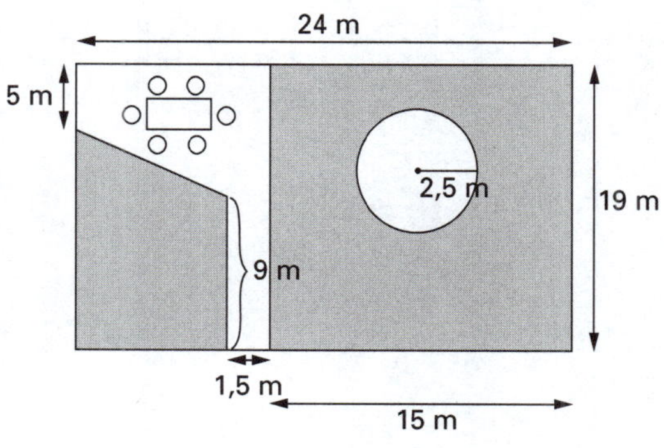

Aufgabe 5

TR/FS

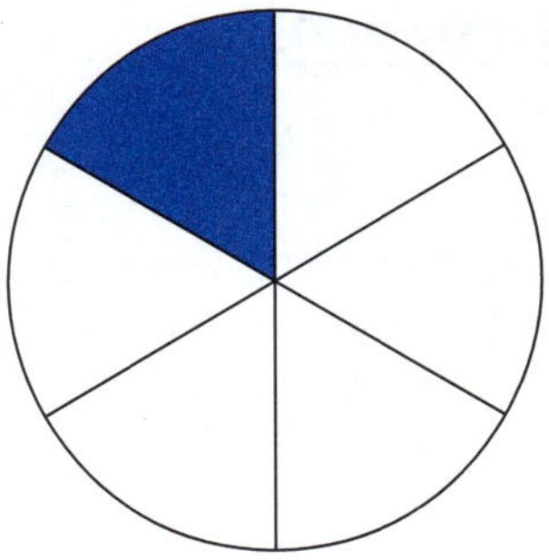

Ein kreisförmiges Blumenbeet mit d = 36 m soll in 6 gleich große Kreissektoren aufgeteilt werden.
In jedem Sektor (Ausschnitt) setzt der Landschaftsgärtner andere Blumen ein.
Berechnen Sie den Flächeninhalt eines Kreissektors.

Aufgabe 6

TR/FS

Eine Konservendose soll außen (aber nicht oben oder unten) mit einem dünnen Etikett beklebt werden.
Wie groß muss das Etikett sein (in cm^2)?

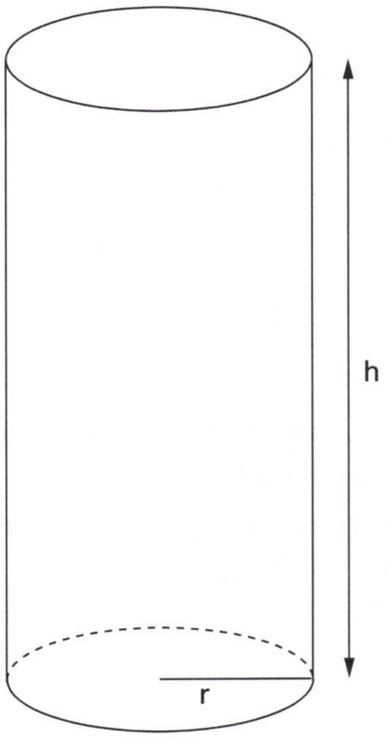

r = 3 cm
h = 11 cm

Aufgabe 7

TR/FS

Wenn man bei einem Würfel die Kantenlänge verdreifacht, um wie viel mal vergrößert sich dann sein Volumen? Begründen Sie Ihre Antwort.

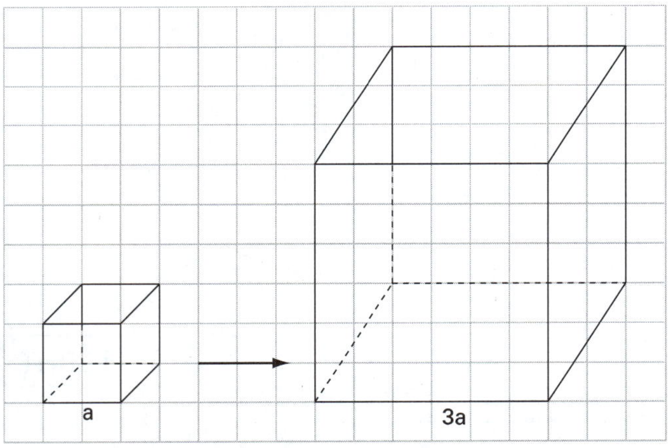

Aufgabe 8

TR/FS

Die abgebildeten Körper haben alle gleich große Grundflächen. Welche der 3 Pyramiden hat das gleiche Volumen wie der Würfel?

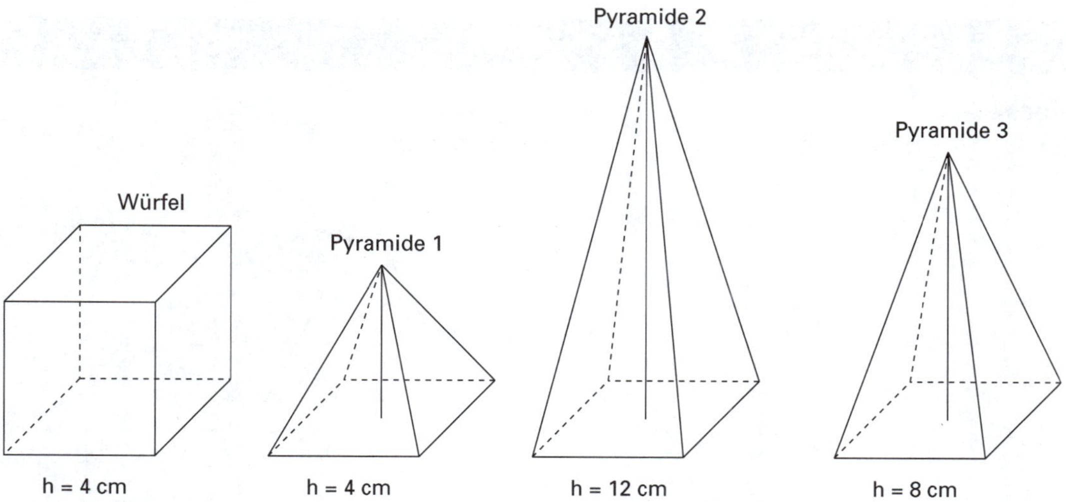

Aufgabe 9

TR/FS

Berechnen Sie das Volumen und die Oberfläche des symmetrischen Körpers. Alle Angaben in mm.

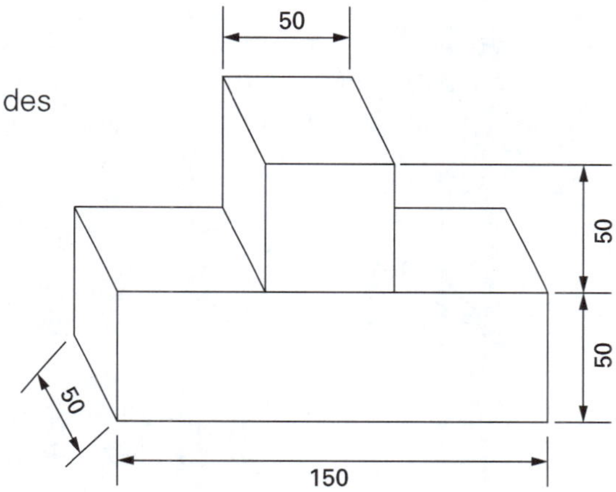

Aufgabe 10

TR/FS

Die Höhe der Pyramide ist doppelt so groß wie die Seitenlänge ihrer Grundfläche. Berechnen Sie das Volumen der Pyramide.

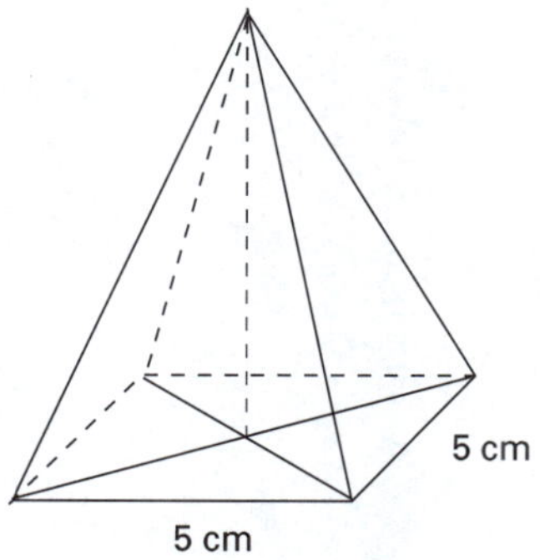

Leitidee Raum und Form

1. Dreiecke untersuchen

Basiswissen

Besondere Dreiecke

1. gleichschenklig

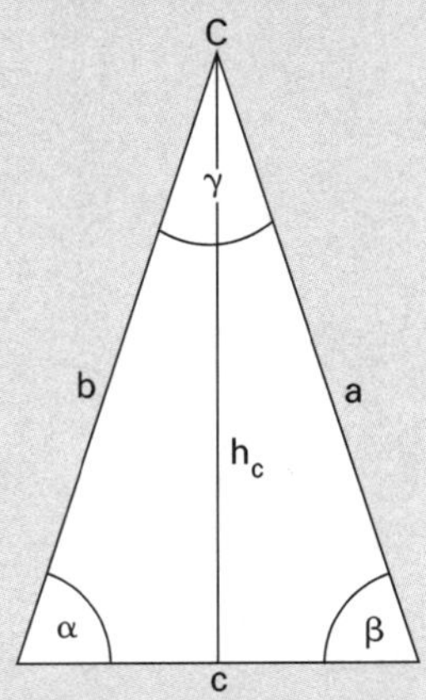

- Zwei Seiten sind gleich lang: $a = b$
- Zwei Winkel sind gleich groß: $\alpha = \beta$
- Die Höhe h_c halbiert die Grundseite c.

2. gleichseitig

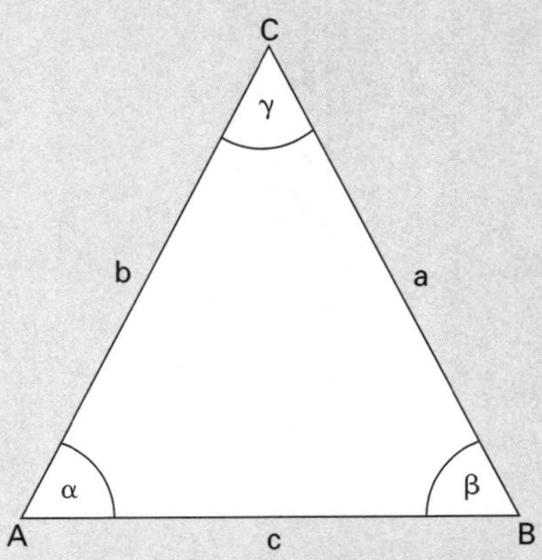

- Alle drei Seiten sind gleich lang: $a = b = c$
- Alle drei Winkel sind 60°: $\alpha = \beta = \gamma = 60°$
- Jede Höhe halbiert die jeweils gegenüberliegende Seite.

3. rechtwinklig

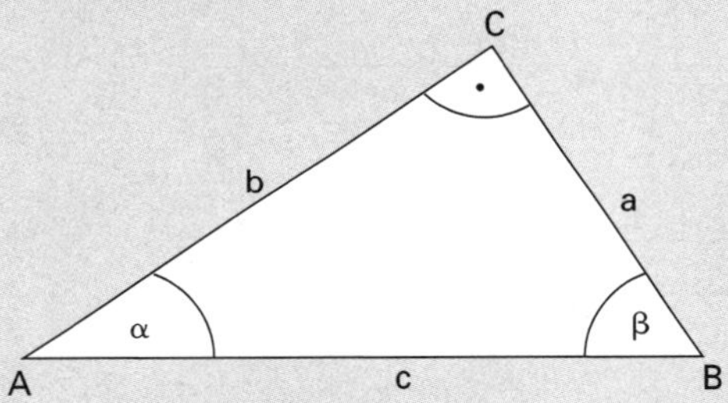

- Ein Winkel ist 90°.
- Die anderen beiden Winkel ergänzen sich zu 90°: $\alpha + \beta = 90°$

4. stumpfwinklig

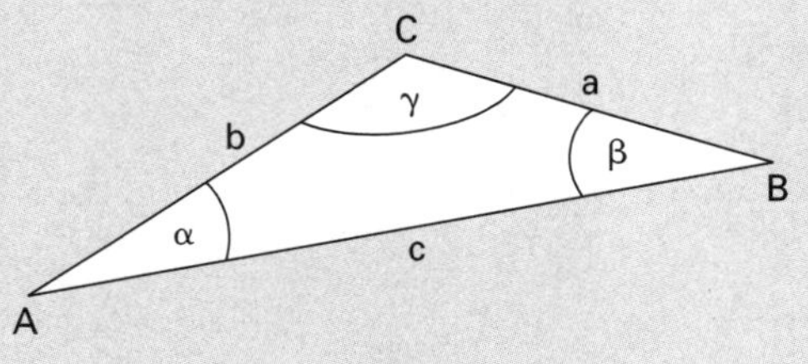

- Ein Winkel ist größer als 90°: hier ist $\gamma > 90°$
- Die Summe der anderen beiden Winkel ist kleiner als 90°: $\alpha + \beta < 90°$

5. spitzwinklig

- Alle drei Winkel sind kleiner als 90°.

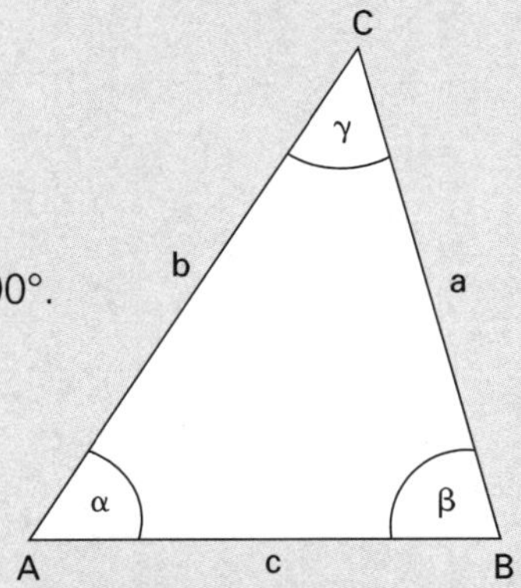

Basiswissen

Winkelsummensatz für Dreiecke

In jedem Dreieck ergibt die Summe aller drei Winkel 180°: $\alpha + \beta + \gamma = 180°$.

Die vier Grundkonstruktionen für Dreiecke

Bei der Konstruktion von Dreiecken unterscheidet man vier Grundkonstruktionen. Bei jeder dieser vier Grundkonstruktionen sind jeweils 3 Werte (Seitenlängen oder Winkel) des Dreiecks gegeben. Wenn eine dieser vier Grundkonstruktionen vorliegt, ist das Dreieck eindeutig konstruierbar. Das bedeutet, dass man bei jeder der vier Grundkonstruktionen (bis auf Deckungsgleichheit) immer dasselbe Dreieck konstruiert, das in allen drei Seitenlängen und allen drei Winkelweiten übereinstimmt.

<u>Grundkonstruktion 1: SSS</u>
Von einem Dreieck sind alle drei Seitenlängen (hier: a, b und c) gegeben. Das Dreieck ist eindeutig konstruierbar.

Beispiel:

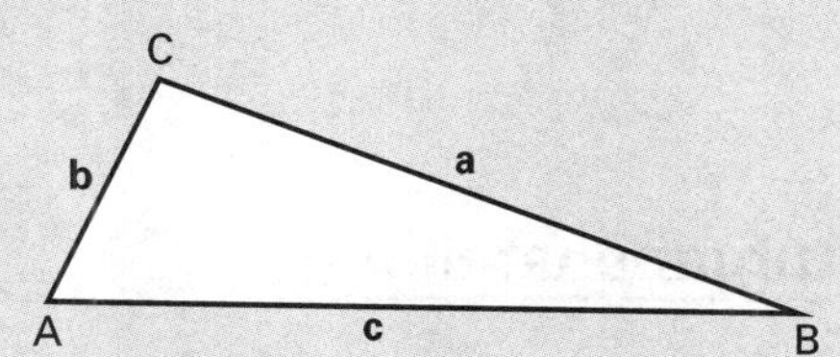

<u>Grundkonstruktion 2: SWS</u>
Von einem Dreieck sind zwei Seitenlängen (hier: a und c) und die Winkelweite des eingeschlossenen Winkels (hier: β) gegeben. Das Dreieck ist eindeutig konstruierbar.

Beispiel:

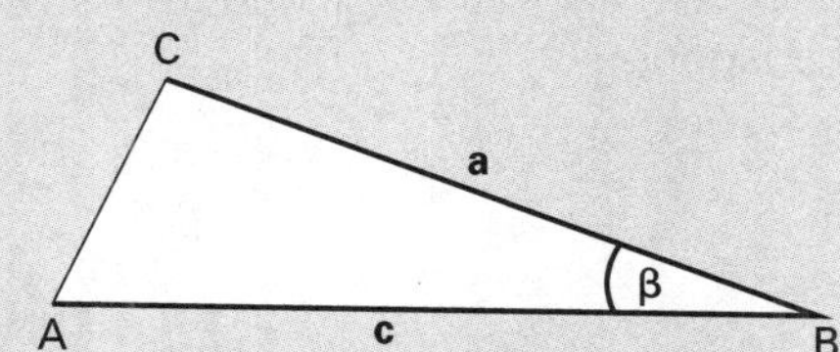

<u>Grundkonstruktion 3: WSW</u>
Von einem Dreieck sind eine Seitenlänge (hier: b) und zwei Winkel (hier: α und γ) gegeben. Das Dreieck ist eindeutig konstruierbar.

Beispiel:

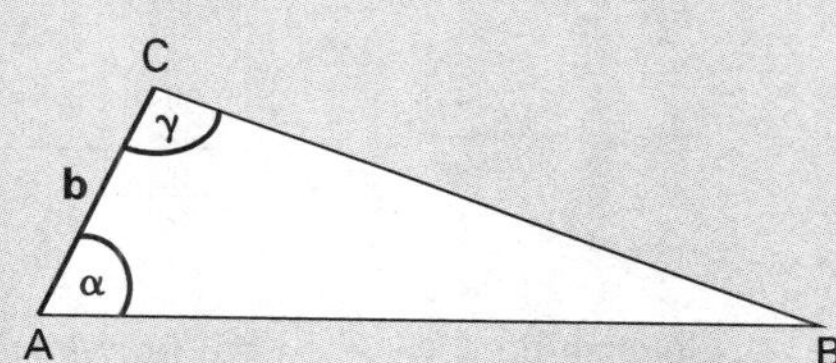

<u>Grundkonstruktion 4: SsW</u>
Von einem Dreieck sind zwei Seitenlängen (hier: b und c) und ein Winkel (hier: γ) gegeben. Dabei liegt der gegebene Winkel der größeren der beiden Seitenlängen gegenüber. Das Dreieck ist eindeutig konstruierbar.

Beispiel:

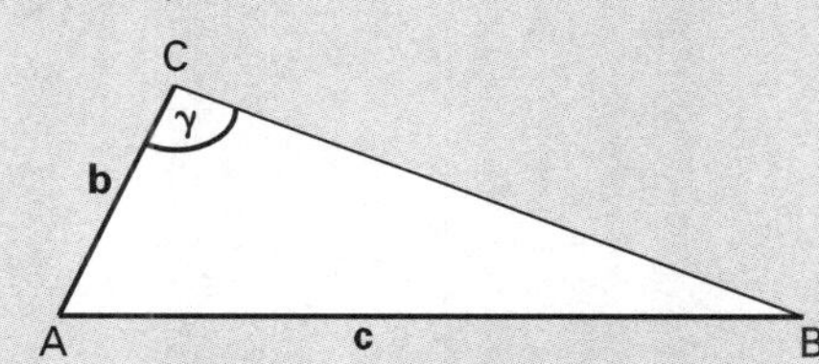

Konstruierbarkeit von Dreiecken

Man kann mithilfe bestimmter allgemeiner Eigenschaften von Dreiecken entscheiden, ob ein Dreieck aus gegebenen Werten konstruierbar ist oder nicht.

(2)

Basiswissen

<u>Erster Fall:</u>
Ein Dreieck ist nur dann konstruierbar, wenn die Summe zweier Seitenlängen größer ist als die dritte Seitenlänge.
Beispiel: Aus den Seitenlängen a = 4 cm, b = 7 cm und c = 2 cm kann man kein Dreieck konstruieren, weil die Summe der Seitenlängen a und c (4 cm + 2 cm = 6 cm) kleiner ist als die dritte gegebene Seitenlänge (b = 7 cm).

<u>Zweiter Fall:</u>
Ein Dreieck ist nur dann konstruierbar, wenn gilt: $\alpha + \beta + \gamma = 180°$.
Beispiel: Aus den Angaben a = 4 cm, $\beta = 85°$ und $\gamma = 97°$ kann man kein Dreieck konstruieren, weil die Summe der beiden gegebenen Winkelweiten 85° + 97° = 182° und damit größer als 180° ist.

Typische Aufgabenstellung

Aufgabe 1

Verbinden Sie jedes Dreieck mit der richtigen Bezeichnung. Von jedem Dreieck darf nur eine einzige Verbindungslinie ausgehen.

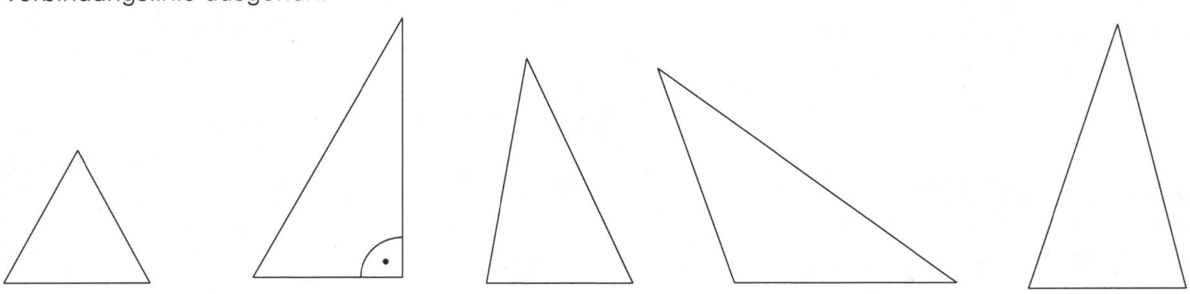

rechtwinklig gleichseitig stumpfwinklig gleichschenklig spitzwinklig

Lösung

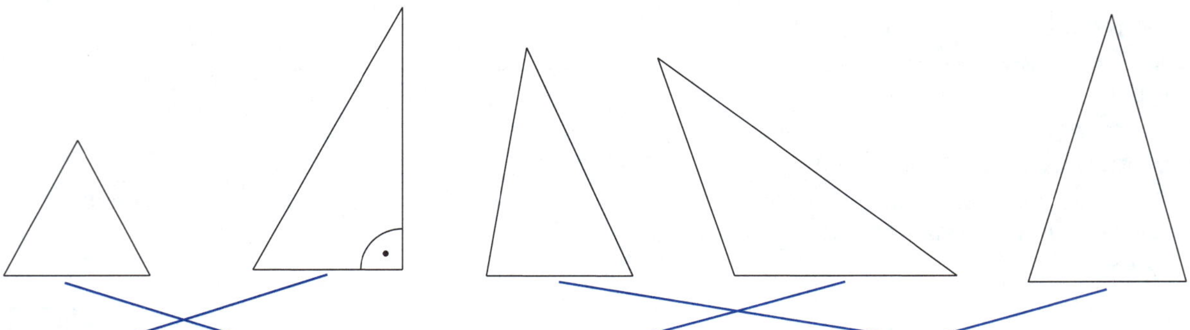

Aufgabe 2

Geben Sie an, nach welcher der vier Grundkonstruktionen man aus folgenden Stücken eindeutig ein Dreieck konstruieren kann.
$\alpha = 50°$; $\beta = 62°$; $c = 3$ cm

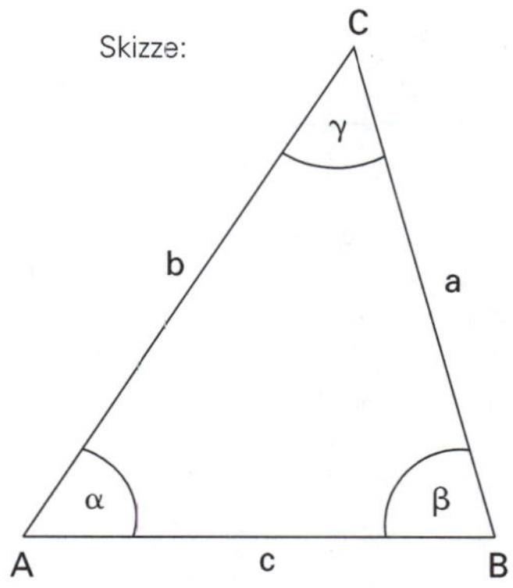

Lösung

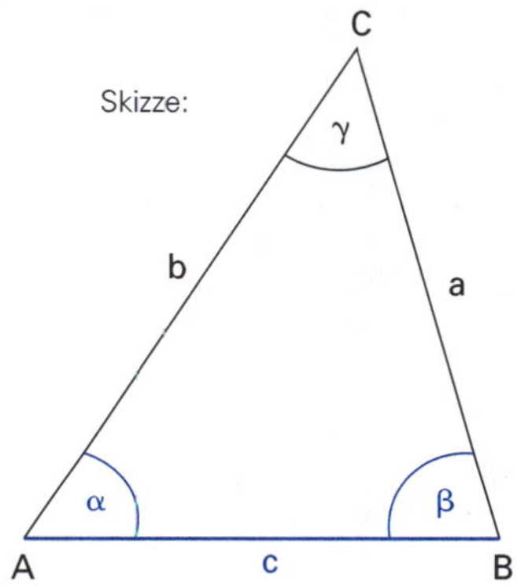

Die gegebenen Werte entsprechen der Grundkonstruktion WSW.

Übungsaufgaben

Aufgabe 1

Berechnen Sie die fehlenden Winkelweiten ohne abzumessen.

a)

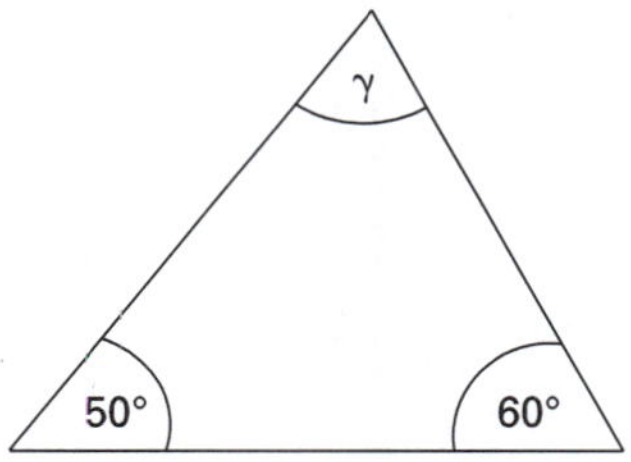

b)

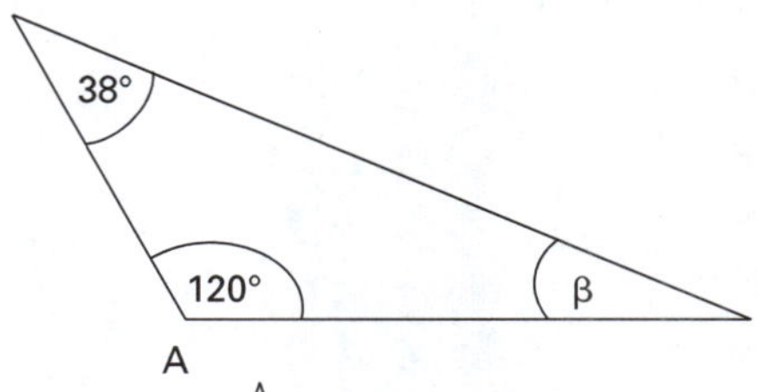

c)

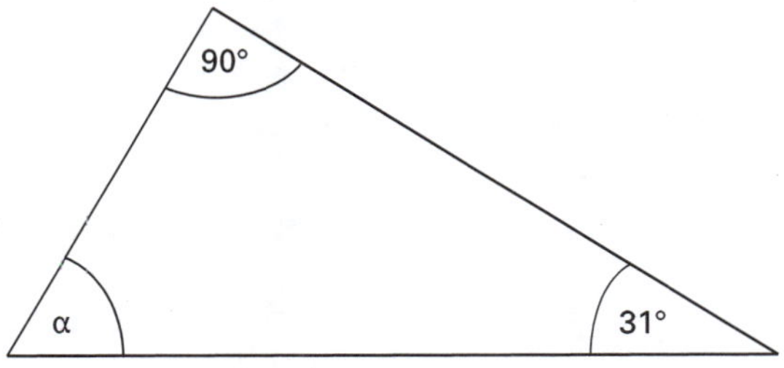

d)

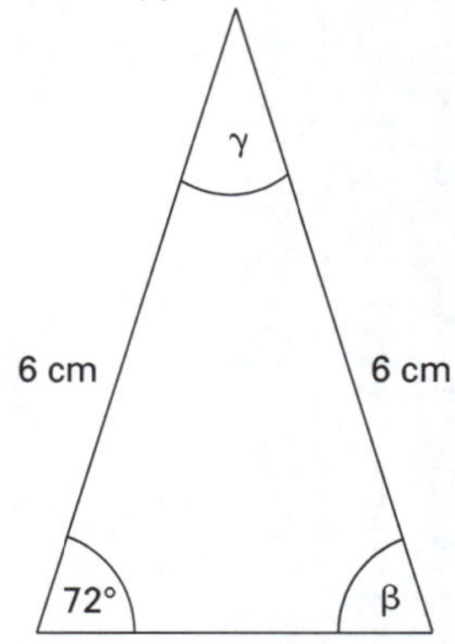

Aufgabe 2

Welche der vier Grundkonstruktionen liegt bei den gegebenen Stücken eines Dreiecks vor?
Schreiben Sie die richtige Zahl (1; 2; 3; 4) neben die gegebenen Stücke.

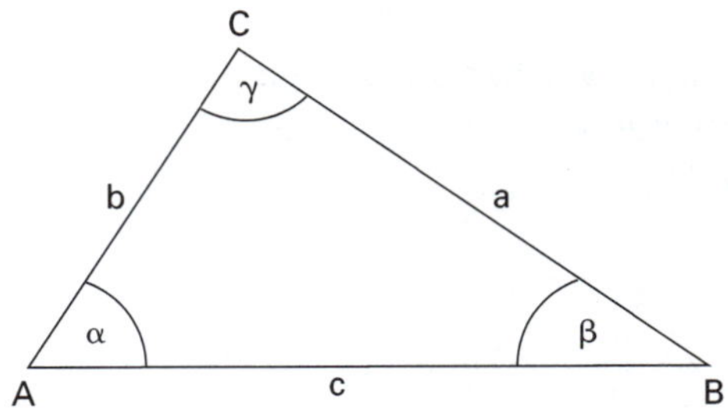

1: SSS 2: SWS 3: WSW 4: SsW

- ☐ $\alpha = 87°$; $c = 7$ cm; $\beta = 42°$
- ☐ $\alpha = 53°$; $b = 3$ cm; $c = 5$ cm
- ☐ $a = 6$ cm; $b = 4$ cm; $\alpha = 68°$
- ☐ $a = 4$ cm; $b = 3$ cm; $c = 2$ cm

Aufgabe 3

Nennen Sie sowohl die Form des Dreiecks ABC als auch die Formen der Teildreiecke ADC und DBC.

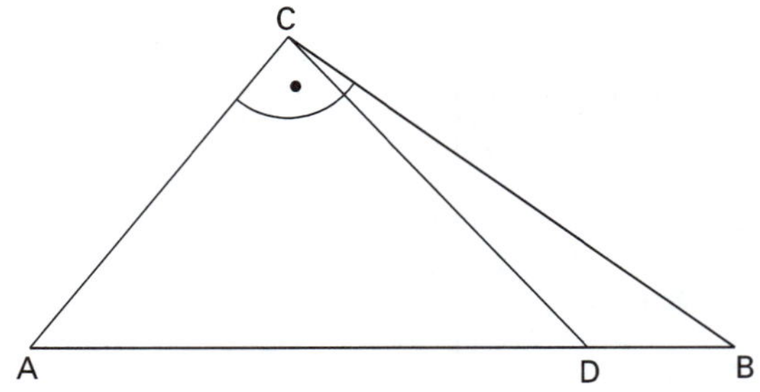

Aufgabe 4

Das Dreieck ABC ist gleichschenklig.
Berechnen Sie die beiden fehlenden Winkelweiten.

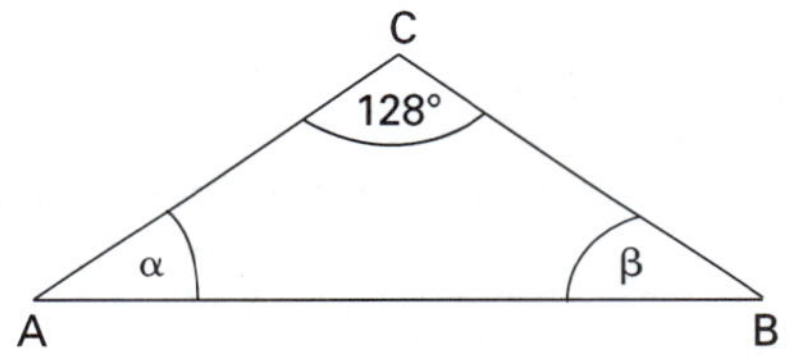

Aufgabe 5

Begründen Sie, warum aus den gegebenen Stücken kein Dreieck konstruiert werden kann.

a) $\alpha = 91°$; $c = 4$ cm; $\beta = 89°$

b) $a = 9$ cm; $b = 5$ cm; $c = 3$ cm

2. Vierecke untersuchen

Basiswissen

1. Eigenschaften spezieller Vierecke

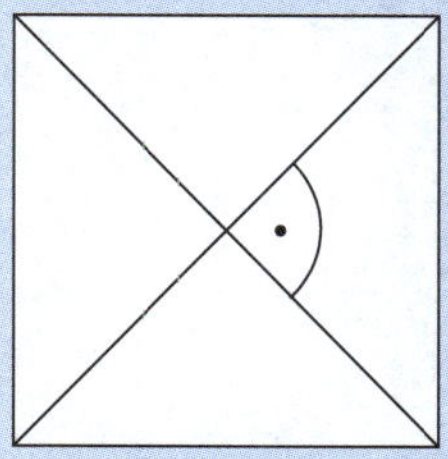

Quadrat

- Alle vier Seiten sind gleich lang.
- Jeweils zwei gegenüberliegende Seiten sind parallel.
- Alle vier Winkel sind 90° groß.
- Die beiden Diagonalen schneiden sich rechtwinklig.
- Die beiden Diagonalen halbieren sich gegenseitig.

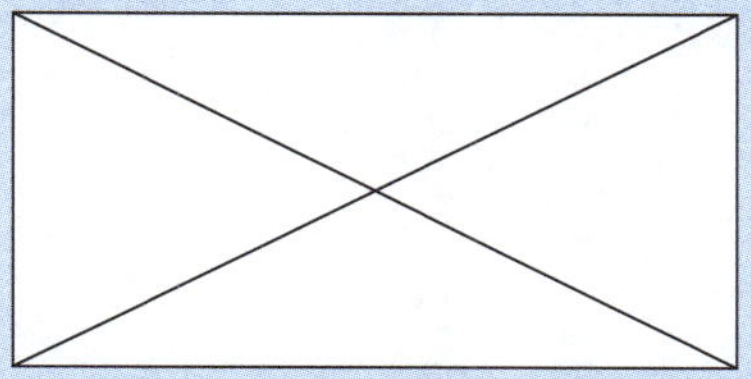

Rechteck

- Jeweils zwei gegenüberliegende Seiten sind gleich lang.
- Jeweils zwei gegenüberliegende Seiten sind parallel.
- Alle vier Winkel sind 90° groß.
- Die beiden Diagonalen halbieren sich gegenseitig.

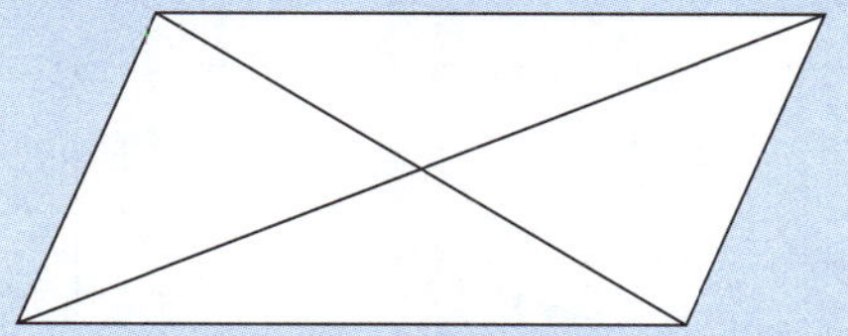

Parallelogramm

- Jeweils zwei gegenüberliegende Seiten sind gleich lang.
- Jeweils zwei gegenüberliegende Seiten sind parallel.
- Jeweils gegenüberliegende Winkel sind gleich groß.
- Die beiden Diagonalen halbieren sich gegenseitig.

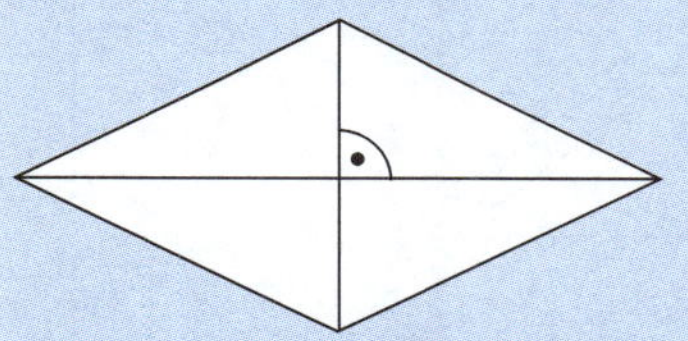

Raute

- Alle vier Seiten sind gleich lang.
- Jeweils zwei gegenüberliegende Seiten sind parallel.
- Jeweils gegenüberliegende Winkel sind gleich groß.
- Die beiden Diagonalen halbieren sich gegenseitig.
- Die beiden Diagonalen schneiden sich rechtwinklig.

gleichschenkliges Trapez

- Ein Paar gegenüberliegender Seiten ist gleich lang.
- Ein Paar gegenüberliegender Seiten ist parallel.
- Die an den beiden parallelen Seiten anliegenden Winkel sind jeweils gleich groß.

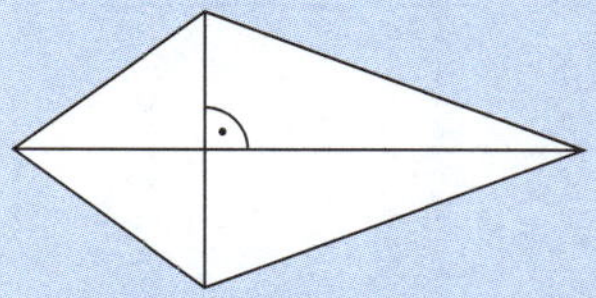

Drachen

- Jeweils zwei Seiten sind gleich lang.
- Ein Paar gegenüberliegender Winkel ist gleich groß.
- Die beiden Diagonalen schneiden sich rechtwinklig.
- Eine Diagonale wird von der anderen halbiert.

Basiswissen

2. Die Winkelsumme im Viereck

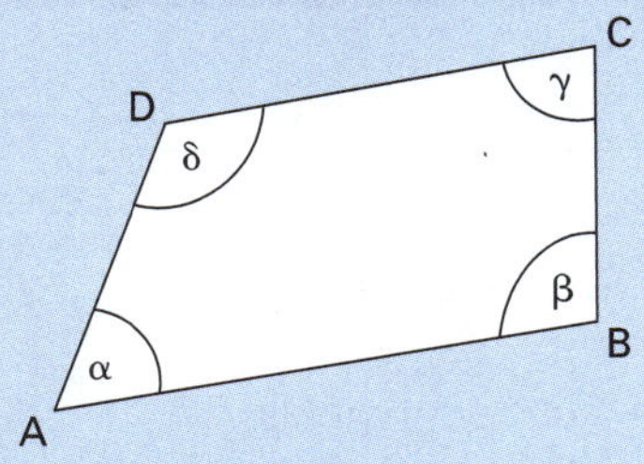

In jedem Viereck beträgt die Summe aller vier Innenwinkel 360°.
$\alpha + \beta + \gamma + \delta = 360°$

Typische Aufgabenstellung

Aufgabe

Schreiben Sie den Buchstaben der zutreffenden Aussage in das Kästchen.

A: Beide Paare gegenüberliegender Seiten sind parallel zueinander. Alle vier Seiten sind gleich lang.

B: Die beiden Diagonalen schneiden sich rechtwinklig, aber nur eine der beiden Diagonalen wird durch den Schnittpunkt halbiert.

C: Ein Paar gegenüberliegender Seiten ist parallel, das andere Paar gegenüberliegender Seiten ist nicht parallel.

D: Beide Paare gegenüberliegender Seiten sind parallel zueinander. Die Diagonalen schneiden sich nicht rechtwinklig.

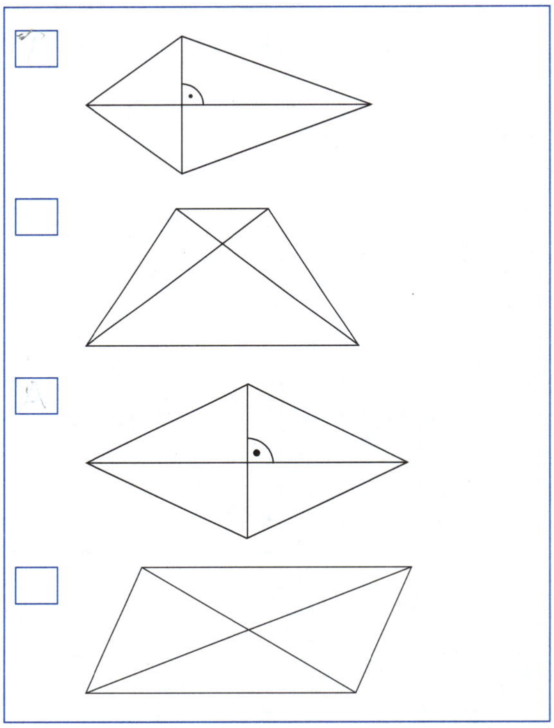

Lösung

B

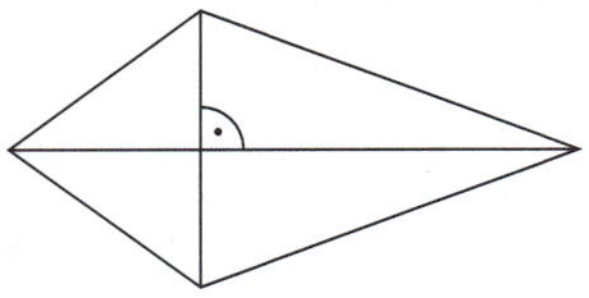

C

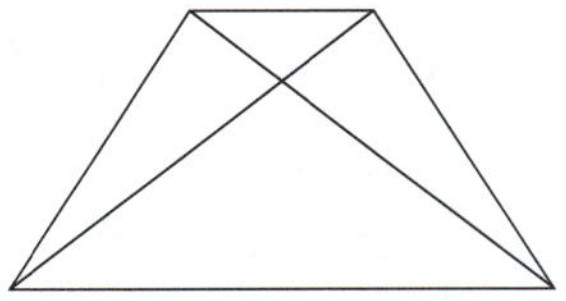

A

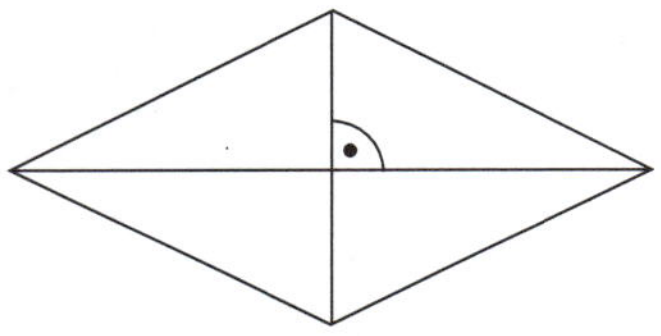

D

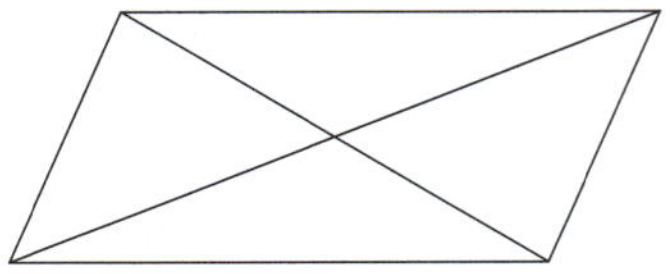

Übungsaufgaben

Aufgabe 1

Geben Sie alle speziellen Vierecke an, für die die Aussage richtig ist.

a) Beide Paare gegenüberliegender Winkel sind gleich groß.

b) Die beiden Diagonalen stehen senkrecht aufeinander.

c) Es gibt zwei Paare gleich großer Winkel, aber nicht alle vier Winkel sind gleich groß.

Aufgabe 2

Berechnen Sie die Größe der fehlenden Winkel.

a) Parallelogramm

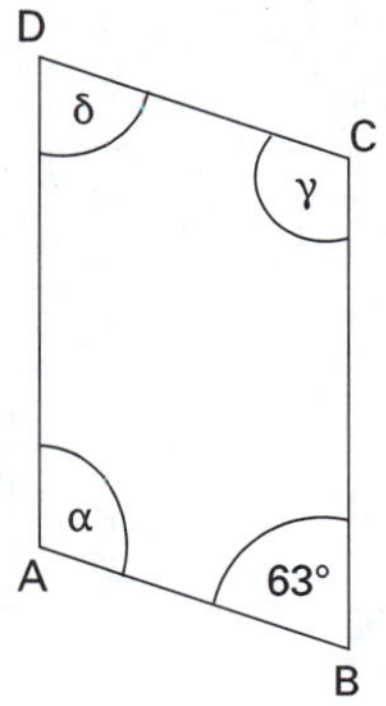

b) Gleichschenkliges Trapez

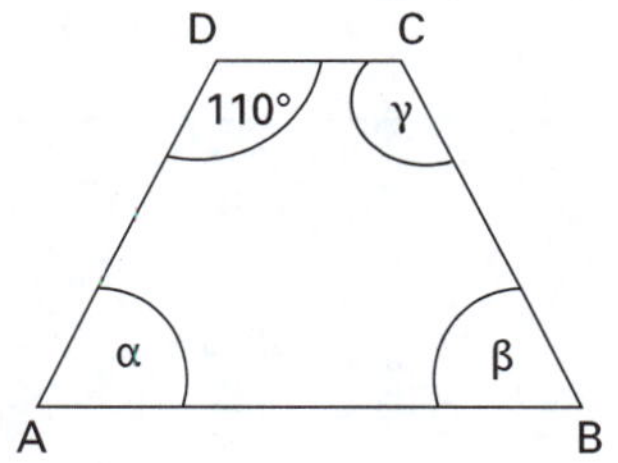

3. Ortslinien konstruieren

Basiswissen

1. Die Höhen in einem Dreieck zeichnen

In einem Dreieck gibt es drei Höhen.
Jede Höhe verläuft von einem Eckpunkt des Dreiecks bis zur gegenüberliegenden Seite, auf der die Höhe senkrecht steht.
Die Höhen werden mit h_a, h_b und h_c bezeichnet.

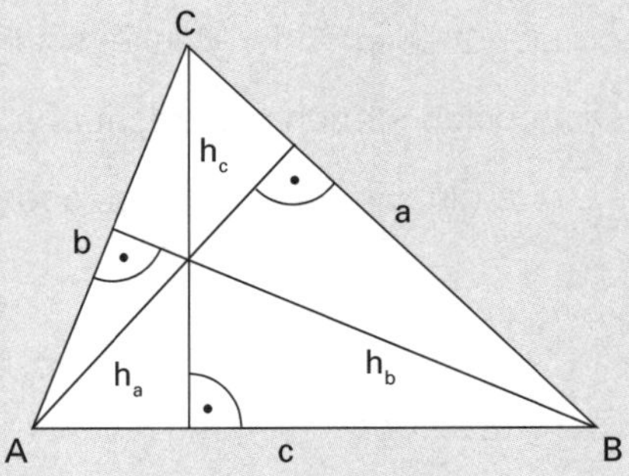

Die Höhen eines Dreiecks kann man mit dem Geodreieck einzeichnen. Will man z. B. die Höhe h_c einzeichnen, legt man das Geodreieck so auf das Dreieck ABC, dass der Punkt C exakt an der Längsseite des Geodreiecks liegt und diese Längsseite des Geodreiecks gleichzeitig senkrecht auf der Seite c steht. Die anderen beiden Höhen h_a und h_b werden entsprechend gezeichnet.
Manchmal muss man die entsprechende Seite verlängern, um eine Höhe einzeichnen zu können. Die folgende Grafik zeigt an einem Beispiel, wie Sie die drei Höhen einzeichnen können.

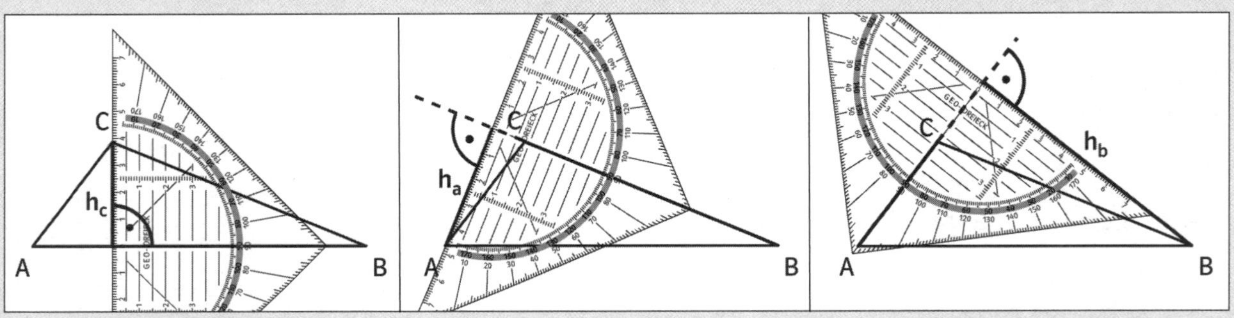

2. Die Mittelsenkrechte einer Strecke zeichnen

Die Mittelsenkrechte einer Strecke $\overline{AB}$ geht durch den Mittelpunkt der Strecke und steht auf ihr senkrecht. Die Mittelsenkrechte wird mit $m_{\overline{AB}}$ bezeichnet.

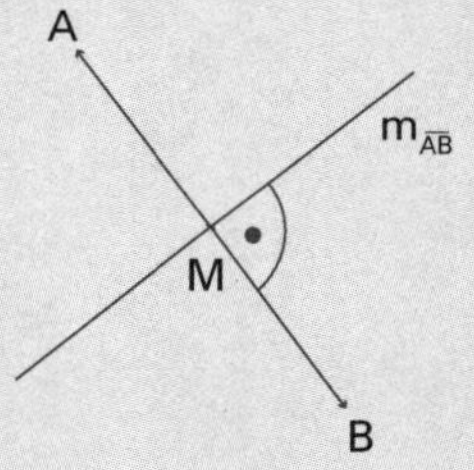

Die Mittelsenkrechte einer Strecke $\overline{AB}$ kann man mit dem Geodreieck einzeichnen. Zunächst bestimmt man durch Abmessen der Strecke $\overline{AB}$ deren Mittelpunkt M. Dann legt man das Geodreieck so auf die Strecke $\overline{AB}$, dass der Punkt M exakt an der Längsseite des Geodreiecks liegt und diese Längsseite des Geodreiecks gleichzeitig senkrecht auf der Strecke $\overline{AB}$ steht.

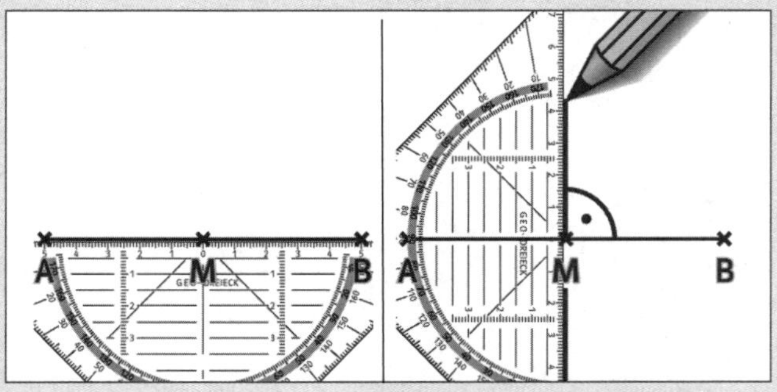

Basiswissen

3. Die Winkelhalbierende eines Winkels zeichnen

Die Winkelhalbierende eines Winkels geht durch den Scheitel des Winkels und halbiert dessen Winkelweite. Je nachdem, welchen Winkel die Winkelhalbierende halbiert, wird sie mit w_α, w_β, w_γ etc. bezeichnet.

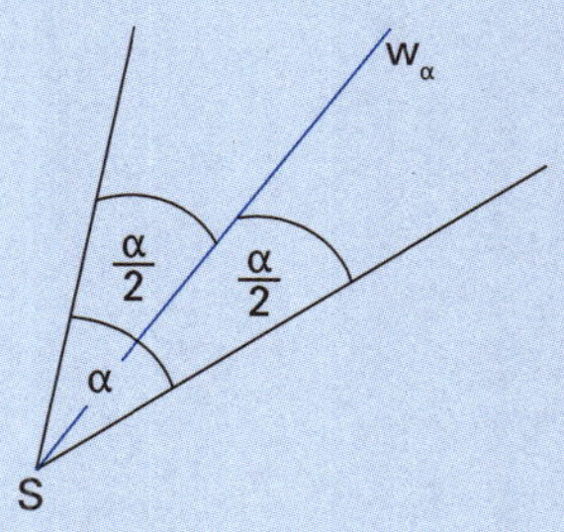

Um die Winkelhalbierende w_α eines Winkels α zu zeichnen, bestimmt man zunächst durch Abmessen die Weite des Winkels α und teilt diese Winkelweite durch 2. Dann legt man das Geodreieck so auf den Winkel α, dass man die zuvor berechnete Winkelweite (α : 2) als freien Schenkel einzeichnen kann.

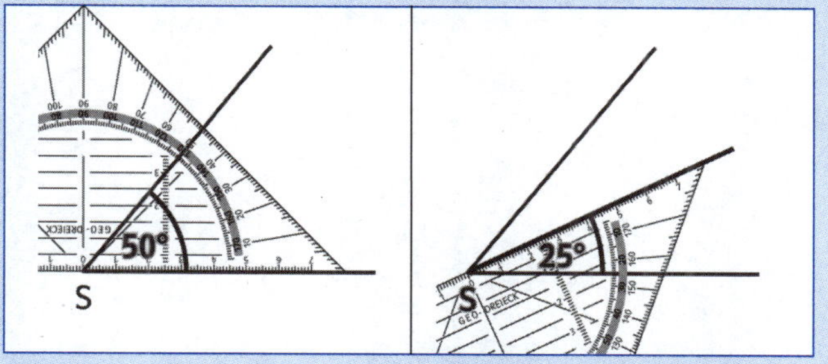

Bildquelle: © Ernst Klett Verlag GmbH

Typische Aufgabenstellung

Aufgabe 1

Übertragen Sie das Dreieck in Ihr Heft und zeichnen Sie die drei Höhen h_a, h_b und h_c ein.

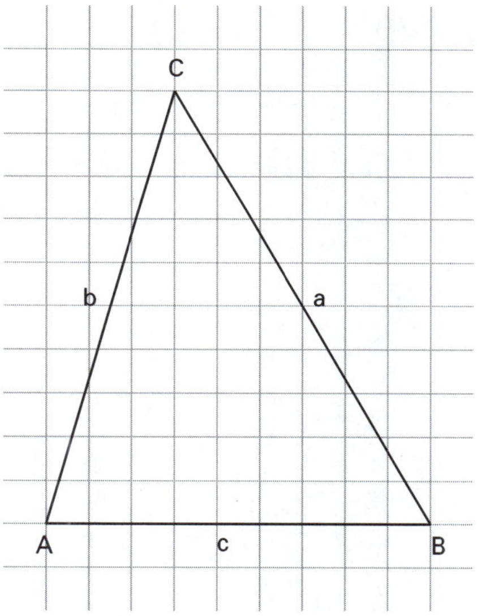

Lösung

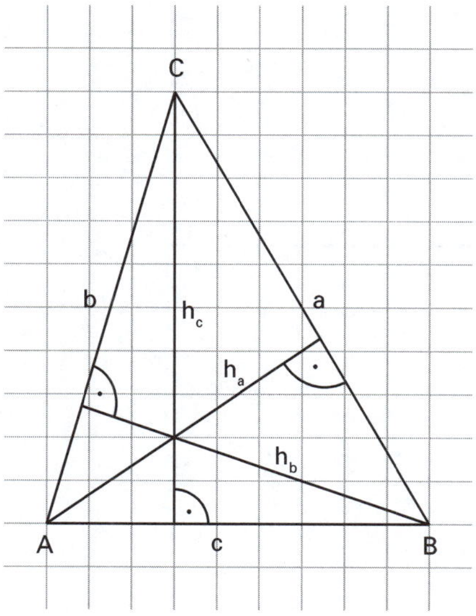

Aufgabe 2

Zeichnen Sie sowohl die Mittelsenkrechte $m_{\overline{AC}}$ als auch die Winkelhalbierende w_α ein.

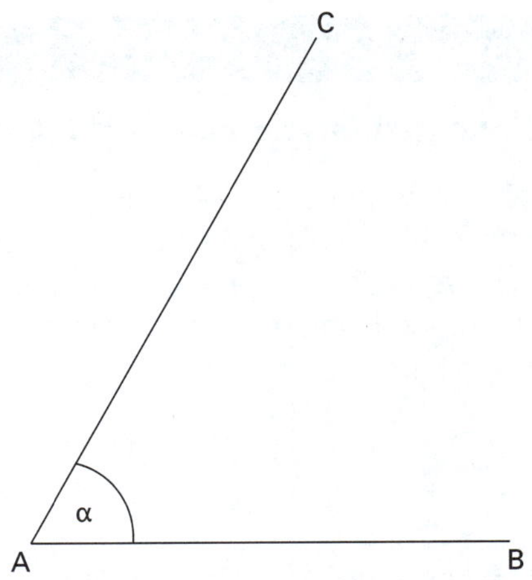

Lösung

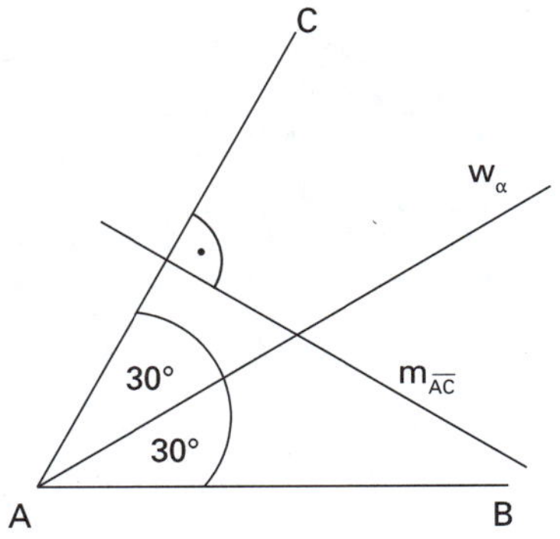

Übungsaufgaben

Aufgabe 1

Zeichnen Sie die drei Winkelhalbierenden w_α, w_β und w_γ ein. Was beobachten Sie?

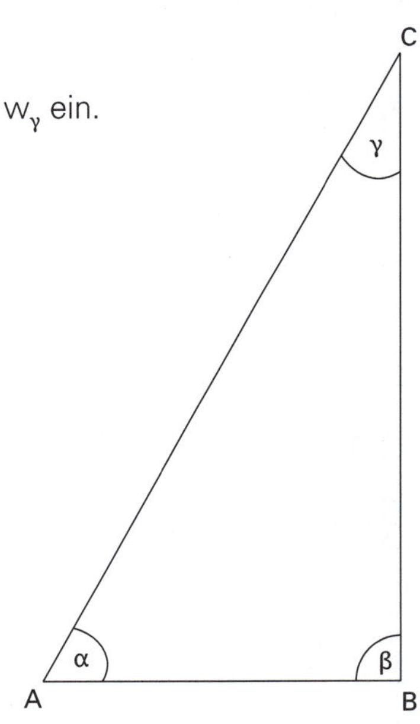

Aufgabe 2

Zeichnen Sie die drei Mittelsenkrechten $m_{\overline{AB}}$, $m_{\overline{AC}}$ und $m_{\overline{BC}}$ ein. Was beobachten Sie?

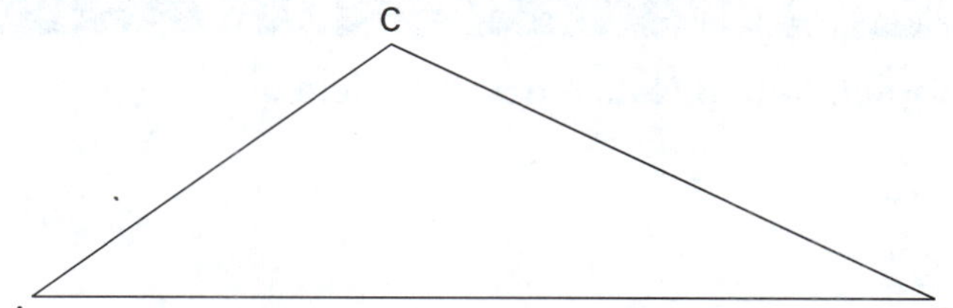

Aufgabe 3

a) Konstruieren Sie ein gleichschenkliges Dreieck ABC mit a = b = 7 cm und c = 5 cm.

b) Zeichnen Sie die Höhe h_c in das Dreieck ein.

c) Die Höhe h_c teilt die Strecke $\overline{AB}$ in zwei Teilstrecken. Messen Sie die Länge dieser Teilstrecken. Was beobachten Sie?

4. Körper zeichnerisch darstellen

Basiswissen

Schrägbilder und Netze von Körpern

1. Schrägbild und Netz eines Würfels

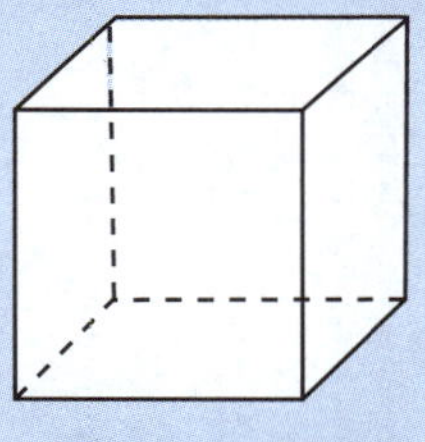

Würfel

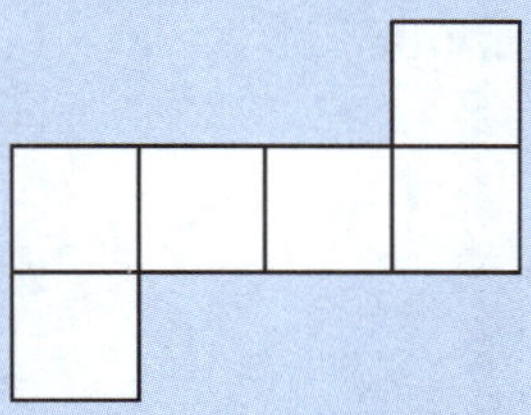

Würfelnetz

2. Schrägbild und Netz eines Quaders

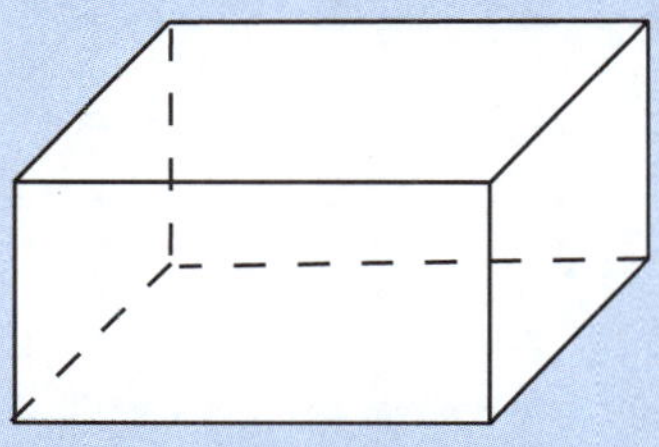

Quader

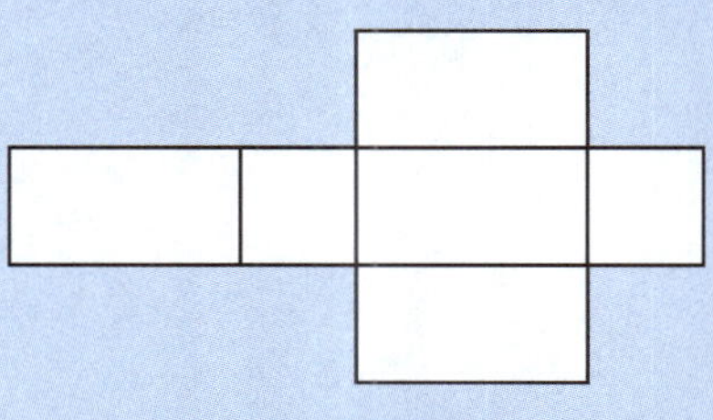

Quadernetz

Basiswissen

3. Schrägbild und Netz eines Zylinders

4. Schrägbild und Netz eines (Dreiecks-)Prismas

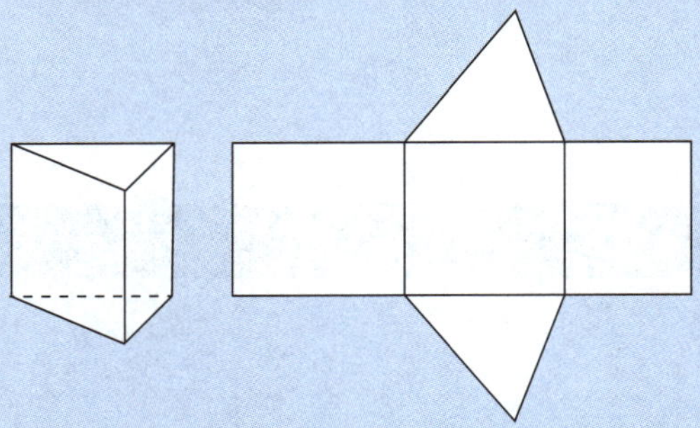

5. Schrägbild und Netz einer (quadratischen) Pyramide

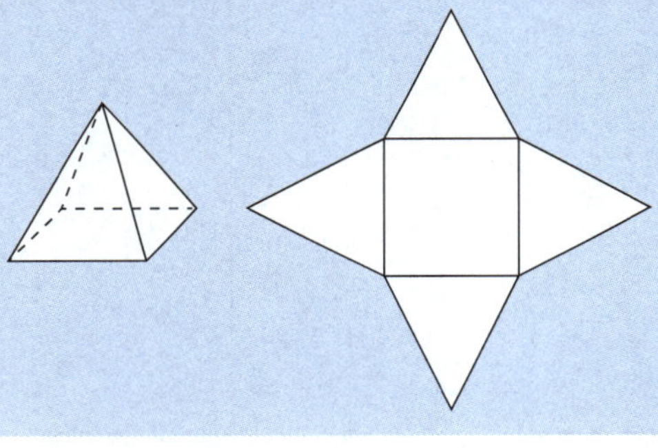

Typische Aufgabenstellung

Aufgabe

Zeichnen Sie ein Netz des Quaders.

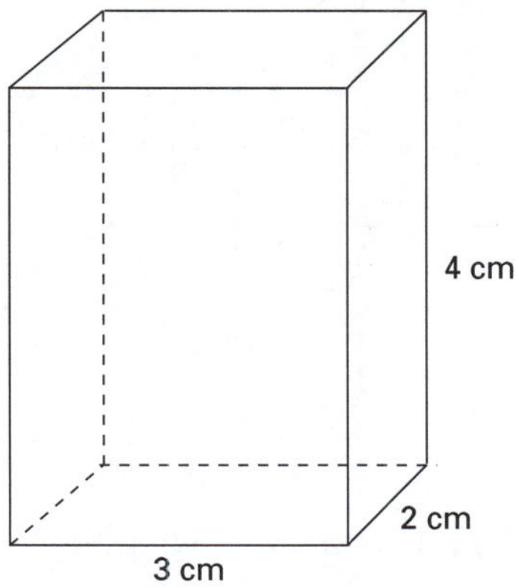

Lösung

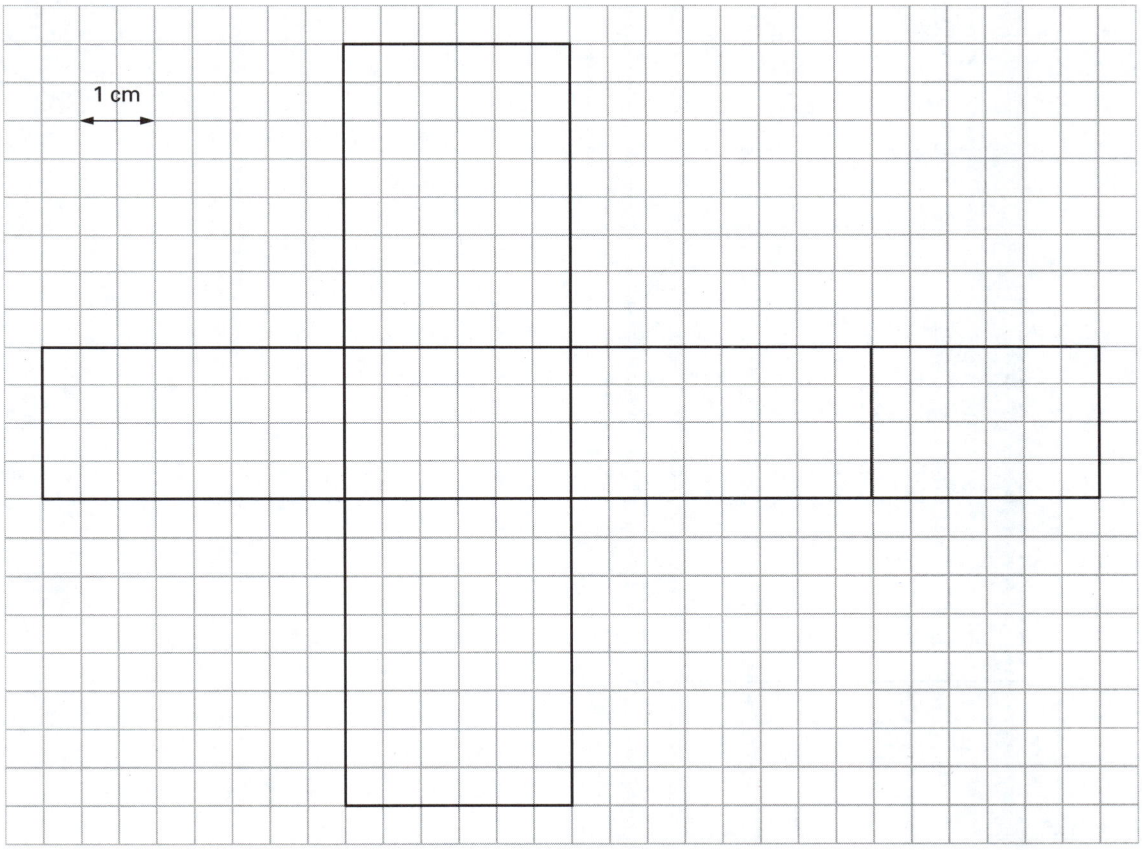

Übungsaufgaben

Aufgabe 1

Schreiben Sie den jeweiligen Namen des zugehörigen Körpers unter das Netz.

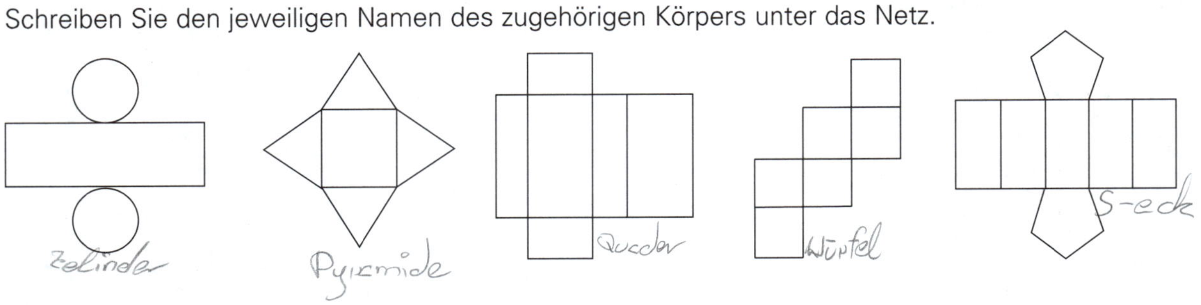

Aufgabe 2

Übertragen Sie das unvollständige Netz einer quadratischen Pyramide in Ihr Heft und vervollständigen Sie das Netz.

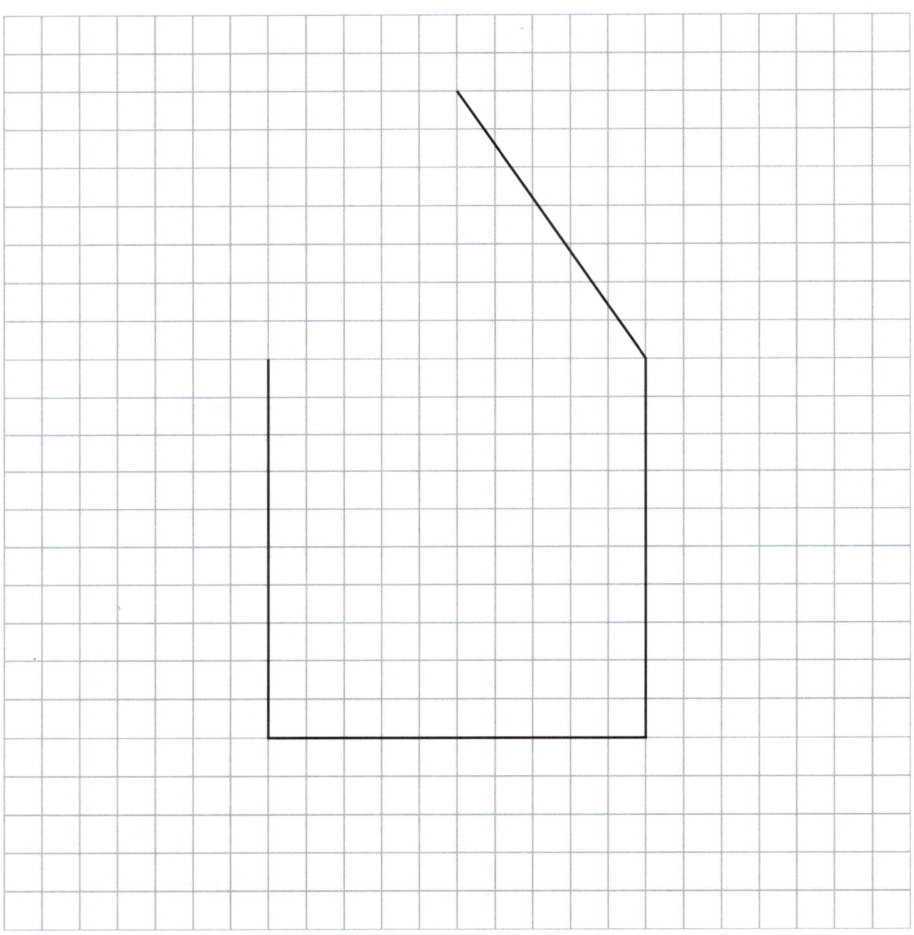

5. Den Satz des Pythagoras anwenden

Basiswissen

Der Satz des Pythagoras gilt im rechtwinkligen Dreieck. Der Satz besagt, dass das Quadrat der Hypotenuse genauso groß ist wie die Summe der Quadrate der beiden Katheten.

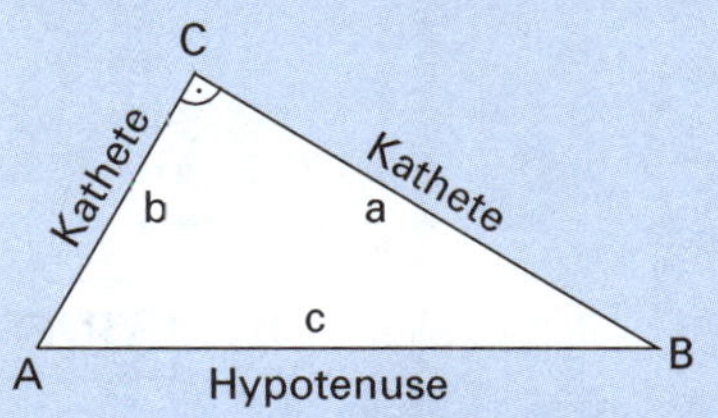

Es gilt: $a^2 + b^2 = c^2$

Den Satz des Pythagoras verwendet man unter anderem bei den folgenden Problemstellungen:
1. In einem rechtwinkligen Dreieck, von dem nur zwei Seitenlängen bekannt sind, kann man die dritte Seitenlänge berechnen.
2. In einem Dreieck mit drei bekannten Seitenlängen kann man überprüfen, ob das Dreieck rechtwinklig ist oder nicht.

Typische Aufgabenstellung

(3)

TR/FS

Aufgabe

Gegeben ist ein rechtwinkliges Dreieck ABC. Es gilt $\gamma = 90°$.

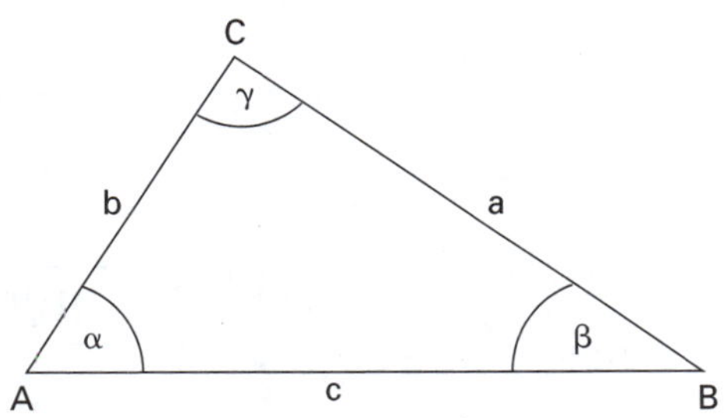

Berechnen Sie die fehlende Seitenlänge im rechtwinkligen Dreieck.

a) a = 4 cm; b = 5 cm

b) b = 2 cm; c = 9 cm

c) a = 3 cm; c = 8 cm

Lösung

a) a = 4 cm; b = 5 cm

$a^2 + b^2 = c^2$
$4^2 + 5^2 = c^2$
$16 + 25 = c^2$
$c^2 = 41 \quad | \sqrt{\ }$
$c = \sqrt{41}$
$c = 6{,}4$ cm

b) b = 2 cm; c = 9 cm

$a^2 + b^2 = c^2$
$a^2 + 2^2 = 9^2$
$a^2 + 4 = 81 \quad | -4$
$a^2 = 77 \quad | \sqrt{\ }$
$a = \sqrt{77}$
$a = 8{,}8$ cm

c) a = 3 cm; c = 8 cm

$a^2 + b^2 = c^2$
$3^2 + b^2 = 8^2$
$b^2 + 9 = 64 \quad | -9$
$b^2 = 55 \quad | \sqrt{\ }$
$b = \sqrt{55}$
$b = 7{,}4$ cm

Übungsaufgaben

Aufgabe 1

TR/FS

Überprüfen Sie, ob das Dreieck rechtwinklig ist.

a) a = 5 cm; b = 12 cm; c = 13 cm

b) a = 1 cm; b = 2 cm; c = 3 cm

Aufgabe 2

TR/FS

Geben Sie für die folgenden rechtwinkligen Dreiecke jeweils die Gleichung nach dem Satz des Pythagoras an.

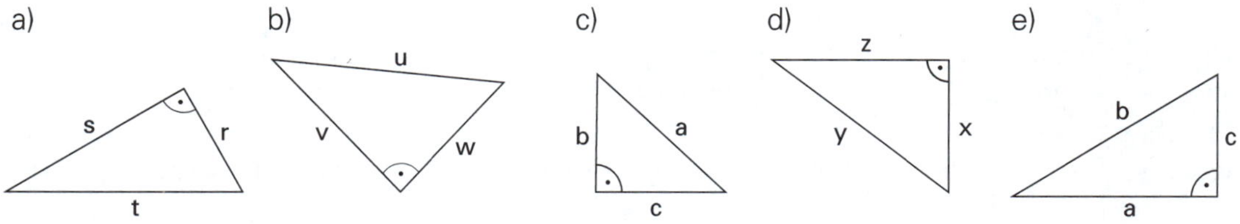

Aufgabe 3

TR/FS

Berechnen Sie im Dreieck ABC zunächst die Höhe h_c und anschließend die Seitenlänge b.

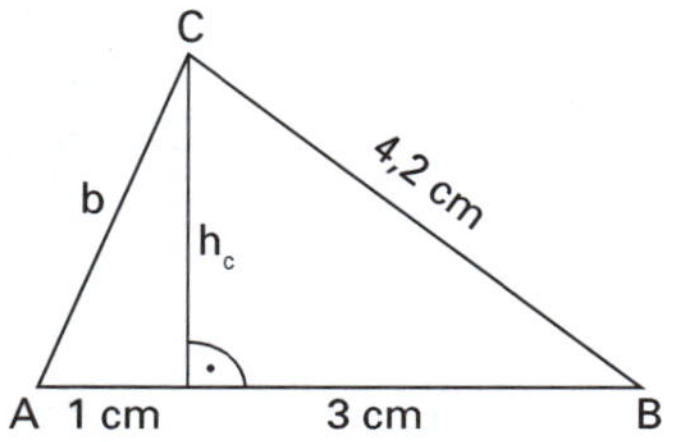

Aufgabe 4

TR/FS

Berechnen Sie die Länge der Raumdiagonale e eines Quaders mit a = 10 cm, b = 5 cm, c = 6 cm.

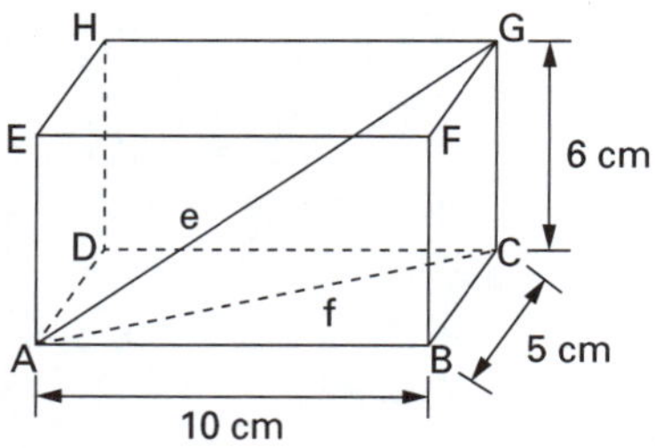

Aufgabe 5

TR/FS

Erkan möchte sich einen neuen Fernseher kaufen. Dieser soll eine Bildschirmdiagonale von 94 cm und eine Breite von 78,9 cm haben. Berechnen Sie die Bildschirmfläche.

Leitidee Funktionaler Zusammenhang

1. Funktionale Zusammenhänge darstellen und nutzen

Basiswissen

Funktionale Zusammenhänge können durch Tabellen, Diagramme, Graphen oder Texte dargestellt werden. Aus den Darstellungen können Sie verschiedene Informationen und Sachverhalte (wie z. B. größte und kleinste Werte; Zunahmen und Abnahmen von Werten etc.) ablesen.

Beispiel: Ein Messgerät misst im Winter alle 30 Minuten an einer bestimmten Stelle die Schneehöhe. Die Tabelle zeigt die Aufzeichnungen des Gerätes an einem bestimmten Tag von 9:00 Uhr bis 16:00 Uhr.

Uhrzeit	9:00	9:30	10:00	10:30	11:00	11:30	12:00	12:30	13:00	13:30	14:00	14:30	15:00	15:30	16:00
Schneehöhe in cm	4	5	5	5	5	5	7	9	8	7	11	15	15	15	16

Um sich die Entwicklung der Schneehöhe besser „bildlich" vorstellen zu können, kann man den zugehörigen Graphen zeichnen.

Diesem Graphen kann man verschiedene Informationen und Sachverhalte entnehmen:

1. Schneehöhen zu bestimmten Zeitpunkten ablesen:

   Beispiel: Der Schnee ist um 9:00 Uhr 4 cm, um 12:00 Uhr 7 cm, um 14:00 Uhr 11 cm und um 16:00 Uhr 16 cm hoch.

Training

Basiswissen

2. Größte und kleinste Werte ablesen:

   Um 9:00 Uhr ist die Schneehöhe mit 4 cm am kleinsten und um 16:00 Uhr ist die Schneehöhe mit 16 cm am größten.

3. Zeiträume ablesen, in denen sich die Schneehöhe nicht verändert oder zunimmt:

   Beispiele: In den Zeiträumen 9:00 Uhr bis 9:30 Uhr, 11:30 Uhr bis 12:30 Uhr, 13:30 Uhr bis 14:30 Uhr und 15:30 Uhr bis 16:00 Uhr steigt der Graph an. Das bedeutet, dass die Schneehöhe in diesen Zeiträumen zunimmt. In diesen Zeiträumen hat es vermutlich geschneit.
   In den Zeiträumen 9:30 Uhr bis 11:30 Uhr und 14:30 Uhr bis 15:30 Uhr verläuft der Graph parallel zur Zeit-Achse (x-Achse). Das bedeutet, dass die Schneehöhe in diesen Zeiträumen konstant bleibt. In diesen Zeiträumen hat es vermutlich nicht geschneit.

4. Zeiträume ablesen, in denen die Schneehöhe abnimmt:

   Im Zeitraum von 12:30 Uhr bis 13:30 Uhr fällt der Graph. Das bedeutet, dass die Schneehöhe in diesem Zeitraum abnimmt. In diesem Zeitraum ist vermutlich ein Teil des Schnees getaut. Dies könnte auf eine (erhöhte) Sonneneinstrahlung und/oder eine Erhöhung der Temperatur in diesem Zeitraum hinweisen.

Typische Aufgabenstellung

Aufgabe 1

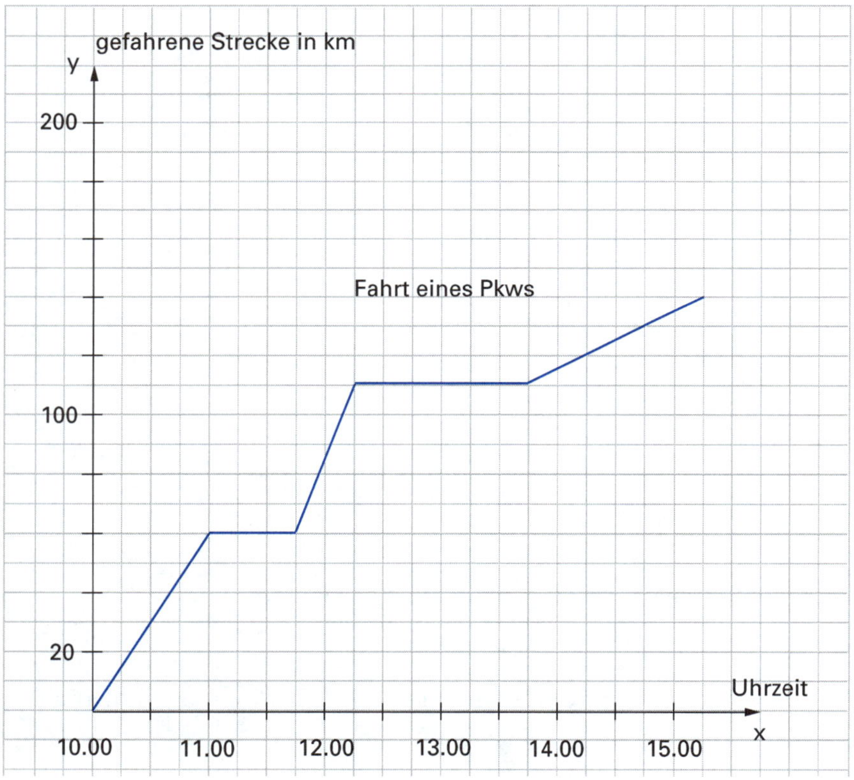

a) Wie viele Kilometer fährt der Pkw insgesamt?

b) Wie viele Minuten macht der Fahrer insgesamt Pause?

c) Wann hat der Pkw die höchste Geschwindigkeit in $\frac{\text{km}}{\text{h}}$?

Lösung

a) Er fährt insgesamt 140 km.

b) Er macht Pause von 11.00 Uhr bis 11.45 Uhr = 45 min und von 12.15 Uhr bis 13.45 Uhr = 90 min. Der Fahrer macht insgesamt 135 Minuten Pause.

c) Der Pkw fährt am schnellsten von 11.45 Uhr bis 12.15 Uhr, weil der Graph in diesem Bereich am steilsten verläuft.

Aufgabe 2

Die vier Gefäße sind vollkommen mit Wasser gefüllt. Aus einer Öffnung an der untersten Stelle wird das Wasser abgelassen.

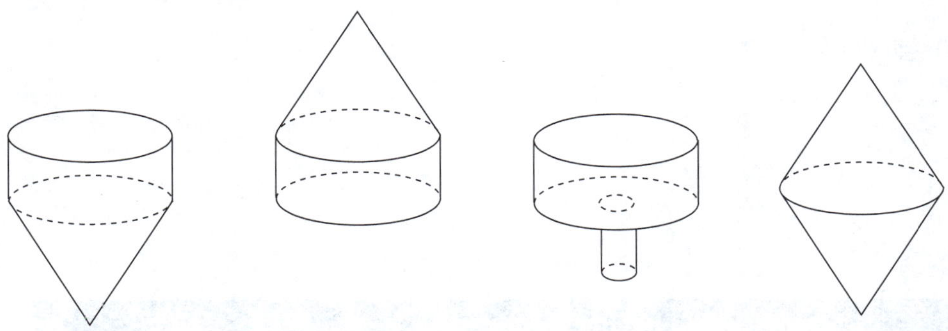

A B C D

Welche Grafik stellt den Entleerungsvorgang am genauesten dar?
Ordnen Sie den Buchstaben die richtige Ziffer zu!

x-Achse: Zeit (t) y-Achse: Wasserhöhe im Gefäß (h)

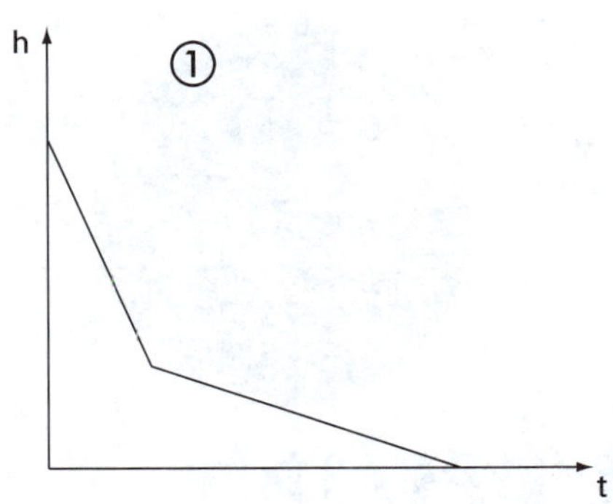

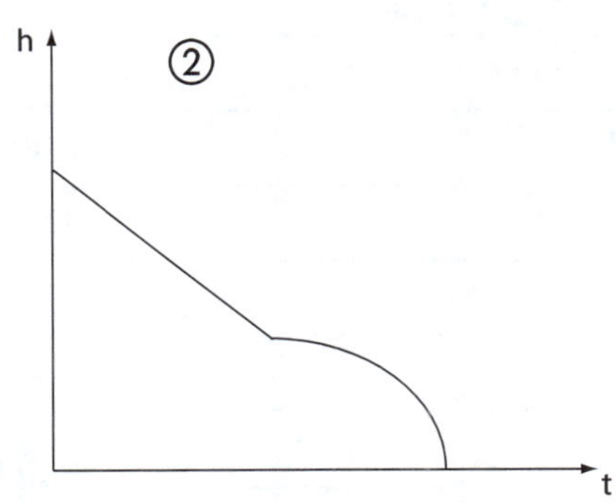

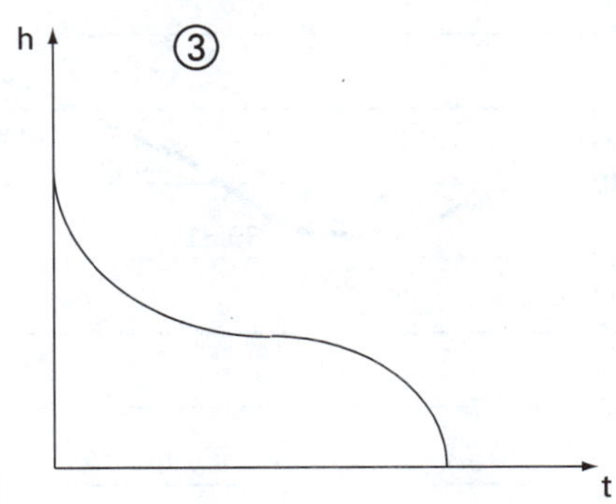

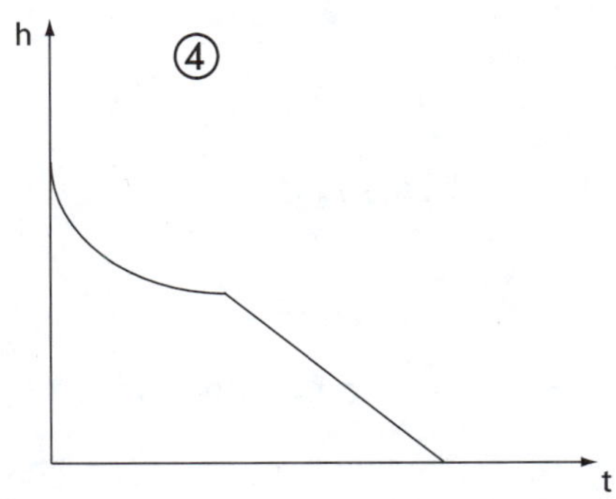

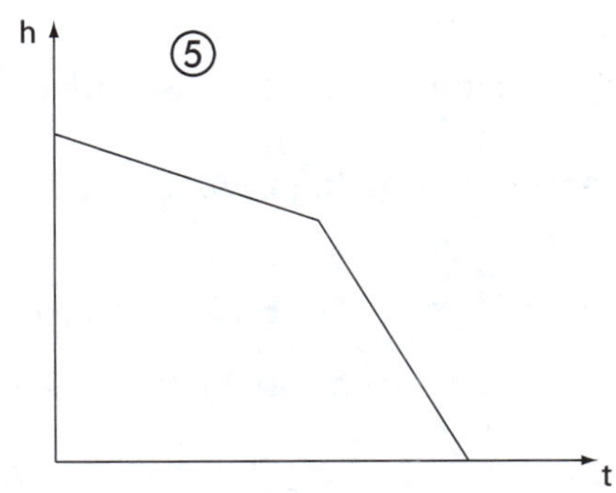

A → ○

B → ○

C → ○

D → ○

Lösung

Es muss zugeordnet werden:

A → ② Zuerst wird der Zylinder leer, die Höhe nimmt linear ab, dann wird der Kegel leer, wobei die Wasserhöhe immer schneller abnimmt.

B → ④ Zuerst wird der Kegel leer, die Wasserhöhe nimmt immer langsamer ab. Dann wird der Zylinder leer, die Wasserhöhe nimmt linear ab.

C → ⑤ In beiden Zylindern nimmt die Wasserhöhe linear ab. Der obere Zylinder ist größer, also nimmt dort die Wasserhöhe langsamer ab als im unteren Zylinder.

D → ③ Im oberen Kegel nimmt die Wasserhöhe immer langsamer ab, im unteren Kegel immer schneller.

Die Grafik ① passt zu keinem der vier Gefäße.

Übungsaufgaben

Aufgabe 1

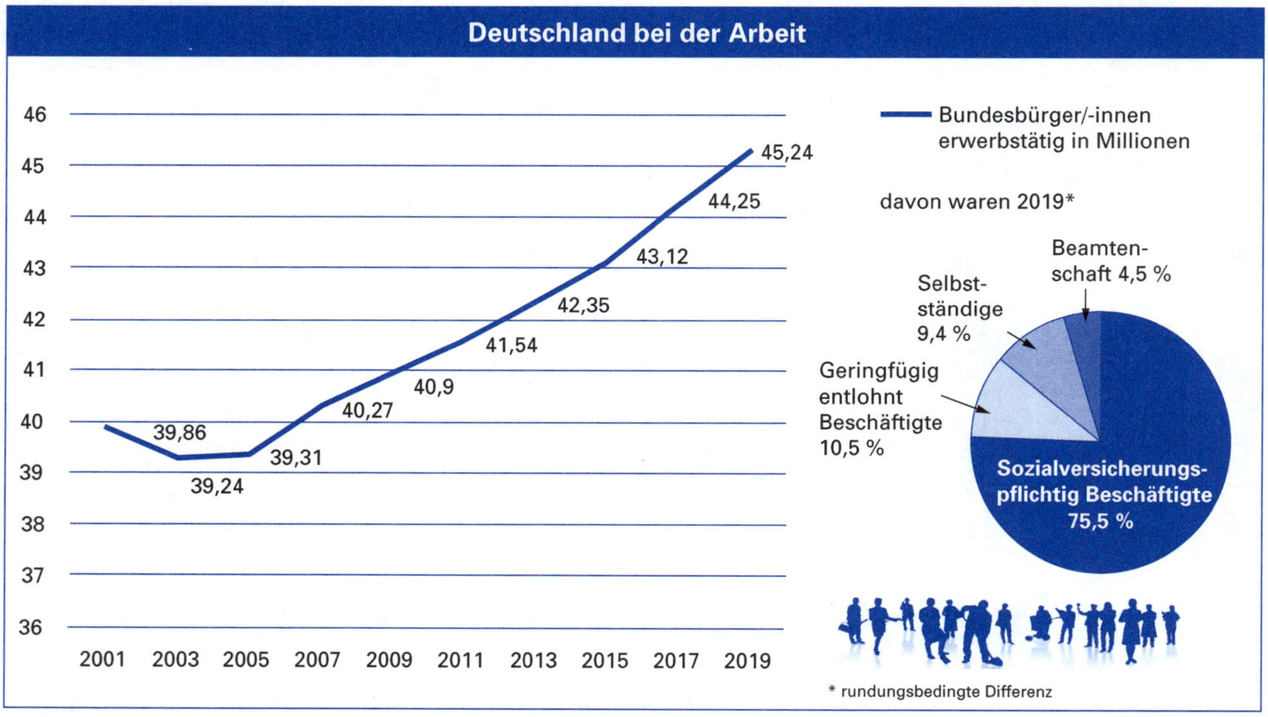

Daten entnommen: Bundesagentur für Arbeit, Stand: September 2020

Beantworten Sie die Aufgaben anhand der oben abgebildeten Graphen.

a) Geben Sie jeweils das Jahr an, in dem die wenigsten bzw. die meisten Bundesbürger/-innen erwerbstätig waren.

b) Erklären Sie, in welchem Zeitintervall der Anstieg der Erwerbstätigkeit am stärksten war.

c) Berechnen Sie die Anzahl der Bundesbürger/-innen, die im Jahr 2019 als Beamter und Beamtin tätig waren.

d) Erläutern Sie, was mit der Angabe „rundungsbedingte Differenz" unter dem Kreisdiagramm gemeint ist.

Aufgabe 2

Die Grafik zeigt den zeitlichen Ablauf einer Wanderung von zwei Personen A und B.

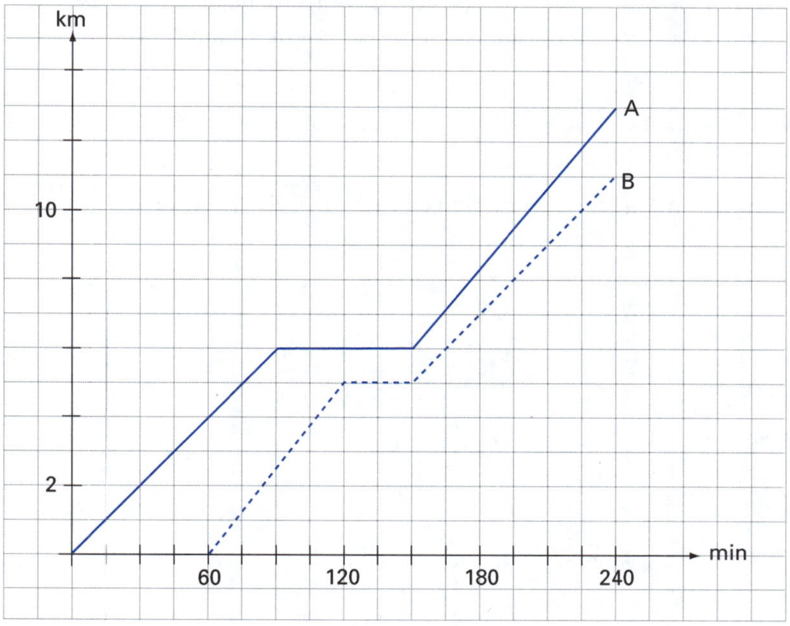

a) Wie viele Kilometer ist jeder gelaufen?

b) Wie lange macht jeder Wanderer Pause?

c) Wie lange sind beide Wanderer unterwegs?

d) Geben Sie die reine Laufzeit (also ohne die Pause) der beiden Wanderer in Stunden an.

Aufgabe 3

Eine Fluglinie setzt nur Flugzeuge des gleichen Typs ein. Dieser Flugzeugtyp bietet Platz für 180 Fluggäste. Das folgende Schaubild zeigt, wie viel Gewinn die Fluglinie pro verkauftem Ticket im Durchschnitt macht in Abhängigkeit davon, wie viele Tickets für einen Flug insgesamt verkauft werden.

a) Ermitteln Sie aus dem Graphen, wie viele Tickets die Airline verkaufen muss, um einen Gewinn von 125 € pro verkauftem Ticket zu erwirtschaften.

b) Wie viele Tickets muss die Airline mindestens verkaufen, um in die Gewinnzone zu kommen?

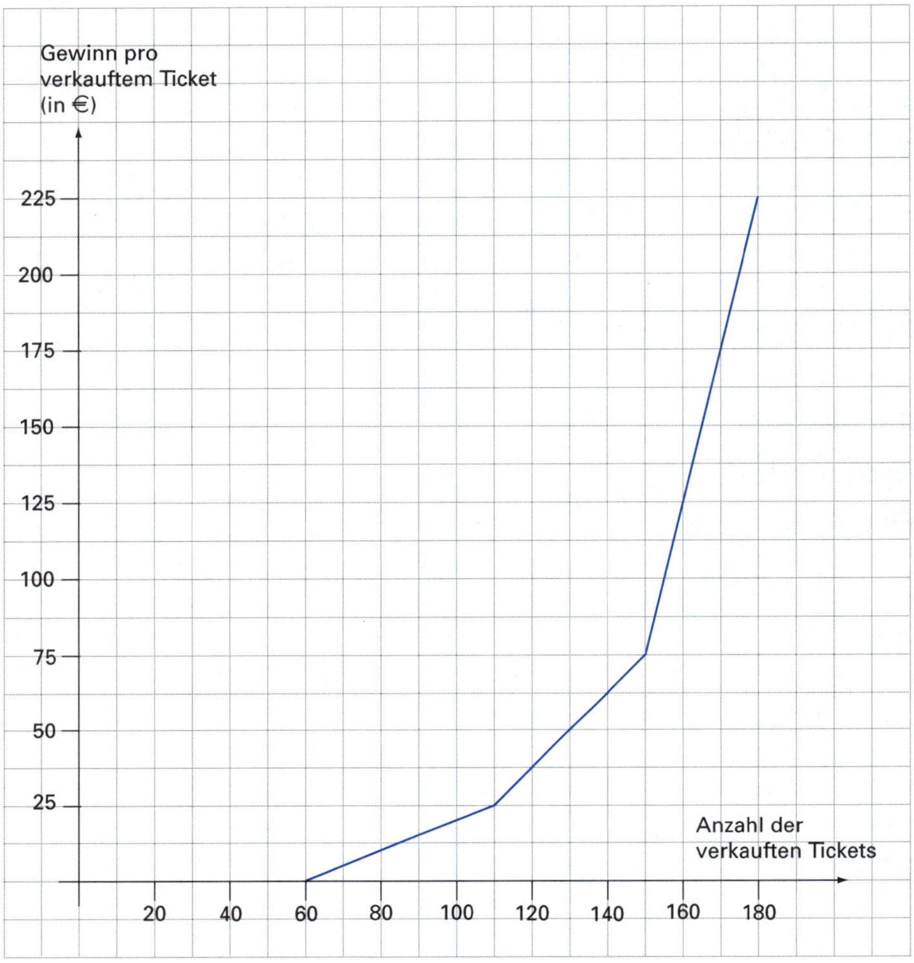

Aufgabe 4

3 Vasen werden mit Wasser gefüllt.

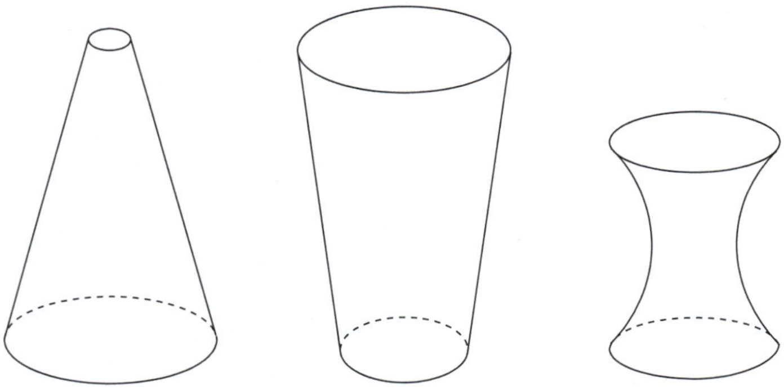

A B C

Die folgenden 3 Graphen zeigen, wie die Wasserhöhe in den 3 Vasen in Abhängigkeit von der Zeit steigt. Welcher Graph gehört zu welcher Vase?

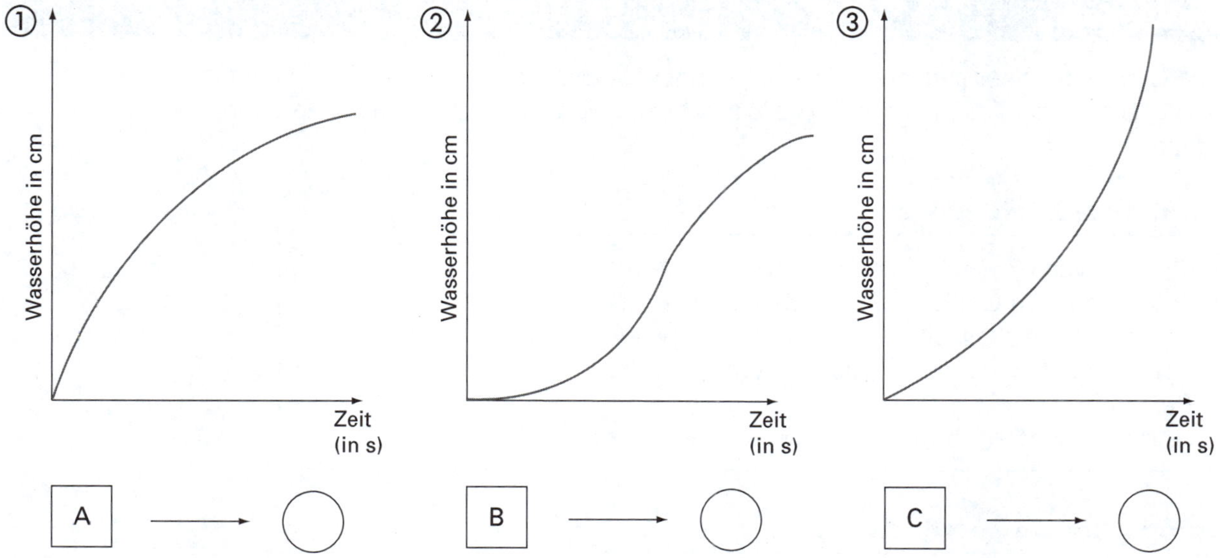

Aufgabe 5

Beim professionellen Triathlon müssen die Sportler/-innen nacheinander je eine gewisse Strecke ① schwimmen, ② Rad fahren, ③ laufen.
Welches Schaubild entspricht am besten einem wirklichen Triathlon? Begründen Sie.

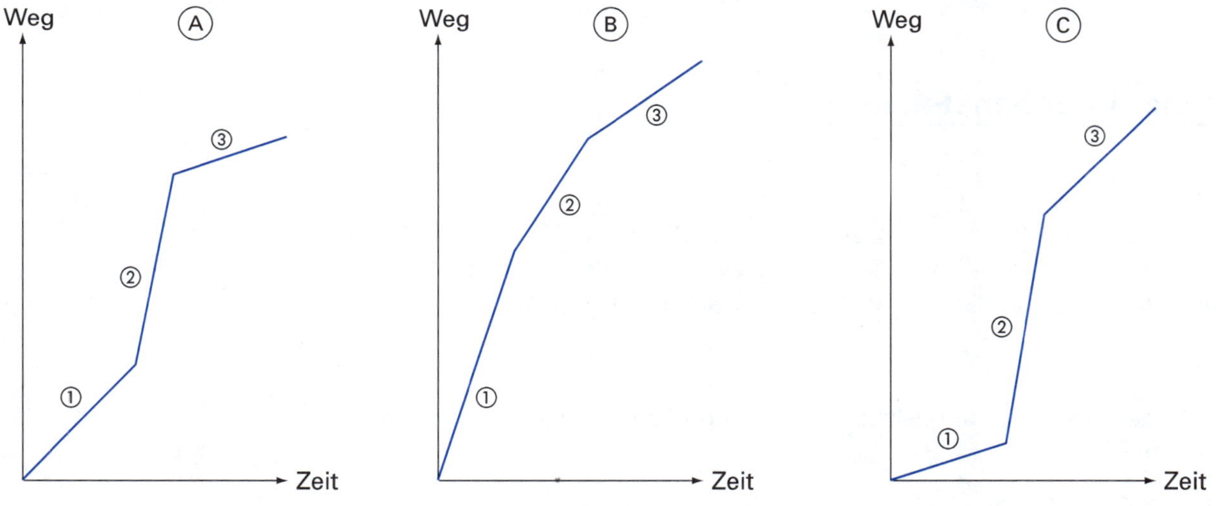

2. Proportionalität und Antiproportionalität erkennen und nutzen

Basiswissen

Ist eine Größe von einer anderen Größe abhängig, so spricht man von einer Zuordnung.
Die zwei wichtigsten Zuordnungen in der Wirklichkeit sind proportionale und antiproportionale Zuordnungen.

Proportionale Zuordnungen

(1) Je mehr von Größe A, desto mehr von Größe B.
Je weniger von Größe A, desto weniger von Größe B.
(2) Verdoppelt (verdreifacht, ...) man A, verdoppelt (verdreifacht, ...) sich B.
Halbiert (drittelt, ...) man A, halbiert (drittelt, ...) sich B.
(3) **Beispiel**
Je mehr Liter Benzin man tankt, desto mehr muss man bezahlen.

Antiproportionale Zuordnungen

(1) Je mehr von Größe A, desto weniger von Größe B.
Je weniger von Größe A, desto mehr von Größe B.
(2) Verdoppelt (verdreifacht, ...) man A, halbiert (drittelt, ...) sich B.
Halbiert (drittelt, ...) man A, verdoppelt (verdreifacht, ...) sich B.
(3) **Beispiel**
Je schneller man fährt, desto weniger Zeit braucht man, um anzukommen.

Typische Aufgabenstellung

Aufgabe 1 — TR/FS

Der Eintritt für einen Zoo kostet 12,50 € für Erwachsene und 7,50 € für Kinder.
Eine Familienkarte kostet 45 €, egal mit wie vielen Kindern man kommt.
Wie wird sich Familie Löffler (2 Erwachsene, 3 Kinder) entscheiden?

Lösung

Bei den Einzelkarten liegt offensichtlich eine proportionale Zuordnung vor (je mehr Karten, desto teurer).

2 Erwachsene + 3 Kinder
$= 2 \cdot 12{,}50\ € + 3 \cdot 7{,}50\ €$
$= 25\ € + 22{,}50\ €$
$= 47{,}50\ €$

Familie Löffler wird die Familienkarte kaufen.

Aufgabe 2 — TR/FS

Der ICE-Sprinter-Zug fährt im Durchschnitt 150 $\frac{km}{h}$. Er braucht für die Strecke Köln – München genau 4 Stunden. Ein klassischer IC-Zug fährt im Durchschnitt 100 $\frac{km}{h}$. Wie lange braucht dieser IC von Köln nach München?

Lösung

Je langsamer man fährt, desto mehr Zeit braucht man, um anzukommen. Es liegt also eine Antiproportionalität vor:

: 3 (dritteln) · 3 (verdreifachen)

$150\ \frac{km}{h} \mathrel{\hat{=}} 4$ Stunden

$50\ \frac{km}{h} \mathrel{\hat{=}} 12$ Stunden

· 2 (verdoppeln) : 2 (halbieren)

$100\ \frac{km}{h} \mathrel{\hat{=}} 6$ Stunden

Der klassische IC braucht also 6 Stunden von Köln nach München.

Übungsaufgaben

Aufgabe 1

TR/FS

Welches Angebot ist günstiger?

Angebot A	Angebot B
3 kg Waschmittel 4,50 €	10 kg Waschmittel 12,00 €

Aufgabe 2

TR/FS

Bei einer monatlich stattfindenden Lotterie wird der zu gewinnende Betrag (3000 €) immer auf die Anzahl der Gewinner/-innen aufgeteilt. Folgende Tabelle zeigt die Anzahl der Gewinner/-innen und den jeweiligen Gewinn, den jeder Gewinner / jede Gewinnerin in den letzten Monaten bekam.

	März	April	Mai	Juni
Anzahl der Gewinner	1	10	15	
Gewinn (in €) je Gewinner		300	200	150

Ergänzen Sie die zwei fehlenden Angaben.

Aufgabe 3

TR/FS

Marcel soll aus zubereitetem Teig Pfannkuchen backen. Aus 1,5 kg Teigmenge erhält er 24 Pfannkuchen.
Wenn er 4,5 kg Teig verarbeitet, wie viele Pfannkuchen erhält er dann?

Aufgabe 4

TR/FS

Louis kauft sich 3 Tafeln Nugatschokolade (0,77 € pro Tafel) und 2 Tafeln Vollmilchschokolade (0,69 € pro Tafel). Er gibt der Dame an der Kasse einen 5-Euro-Schein. Wie viel Wechselgeld bekommt er zurück?

Aufgabe 5

TR/FS

5 Holzfäller brauchen insgesamt 15 Stunden, um ein Waldstück abzuholzen. Wie lange würden 3 Holzfäller brauchen?

Leitidee Daten und Zufall

1. Daten erfassen, darstellen, aus- und bewerten

Basiswissen

Wenn man in der Wirklichkeit Daten erfasst, erstellt man meist zunächst ungeordnete Listen dieser Daten. Solche Datenlisten sind aber oft unübersichtlich, vor allem, wenn die Datenmengen sehr groß sind. Deshalb versucht man in der beschreibenden Statistik, die Daten

- nach verschiedenen Kriterien zu ordnen
  und
- übersichtlich grafisch darzustellen.

Die folgenden Begriffe aus der Statistik dienen dazu, Daten nach verschiedenen Kriterien zu ordnen:

Statistische Kenngrößen		
Absolute Häufigkeit:	Anzahl, wie oft ein bestimmter Wert auftritt	
Relative Häufigkeit:	$\frac{\text{Absolute Häufigkeit}}{\text{Gesamtzahl aller Werte}}$	
Rangliste:	Liste mit geordneten Daten	
Modalwert:	Wert, der am häufigsten vorkommt	
Arithmetisches Mittel:	$\frac{\text{Summe der Einzelwerte}}{\text{Anzahl der Einzelwerte}}$	
Zentralwert (Median):	ungerade Anzahl	gerade Anzahl
	von Daten einer Rangliste	
	Wert, der in der Mitte steht	arithmetisches Mittel aus den beiden in der Mitte stehenden Werten
Maximalwert und Minimalwert:	größter bzw. kleinster Wert	
Spannweite:	Bereich, in dem die Ergebnisse liegen (Differenz zwischen dem größten und kleinsten Wert)	

Um Daten übersichtlich grafisch darzustellen, kann man z. B. verschiedene Diagramme erstellen. Als Grundlage für die verschiedenen Diagramme sollen hier als Beispiel die Ergebnisse einer Klassenarbeit dienen:

Note	1	2	3	4	5	6
Anzahl	2	5	7	3	2	1

Streifendiagramm:

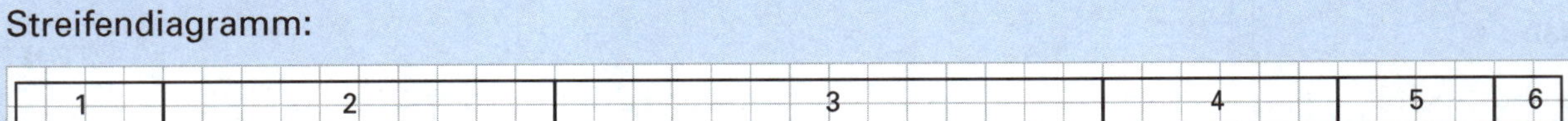

Basiswissen

Balkendiagramm:

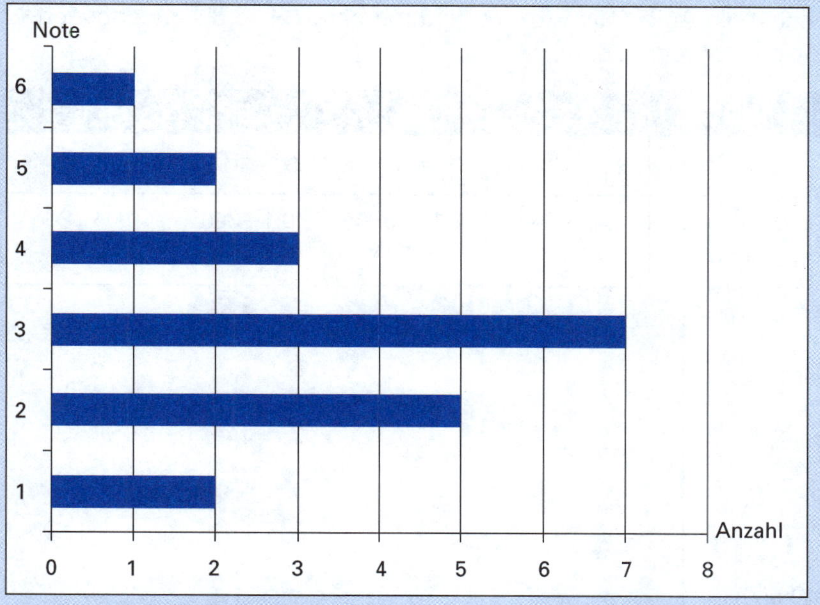

Säulendiagramm:

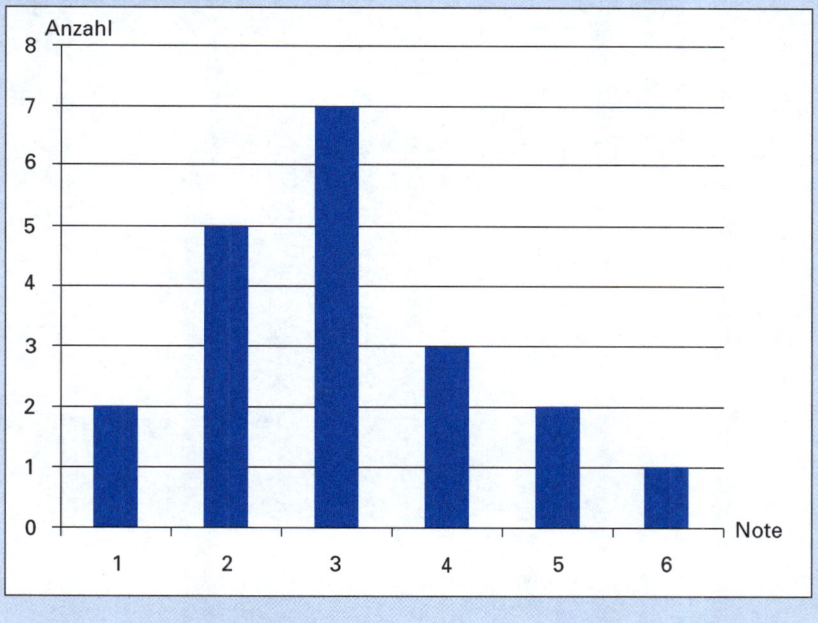

Basiswissen

Kreisdiagramm:

Beim Kreisdiagramm muss man zunächst die Anteile (in Prozent) und mit deren Hilfe die zugehörigen Mittelpunktswinkel für die einzelnen Noten berechnen.

Note	1	2	3	4	5	6
Anteil (in Prozent)	$\frac{2}{20}$ = 10 %	$\frac{5}{20}$ = 25 %	$\frac{7}{20}$ = 35 %	$\frac{3}{20}$ = 15 %	$\frac{2}{20}$ = 10 %	$\frac{1}{20}$ = 5 %
Mittelpunktswinkel	$0{,}1 \cdot 360° = 36°$	$0{,}25 \cdot 360° = 90°$	$0{,}35 \cdot 360° = 126°$	$0{,}15 \cdot 360° = 54°$	$0{,}1 \cdot 360° = 36°$	$0{,}05 \cdot 360° = 18°$

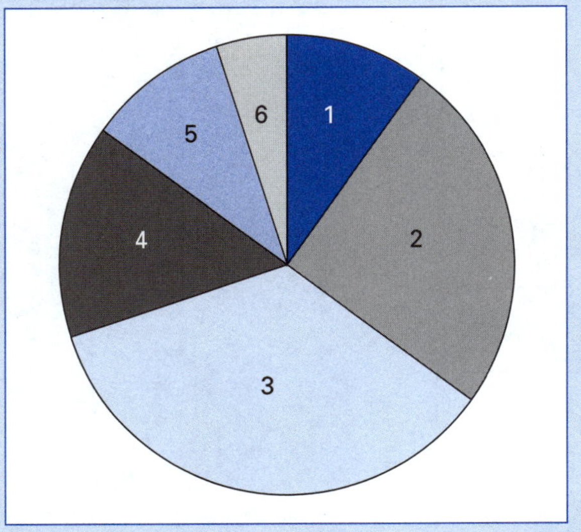

Typische Aufgabenstellung

Aufgabe 1

TR/FS

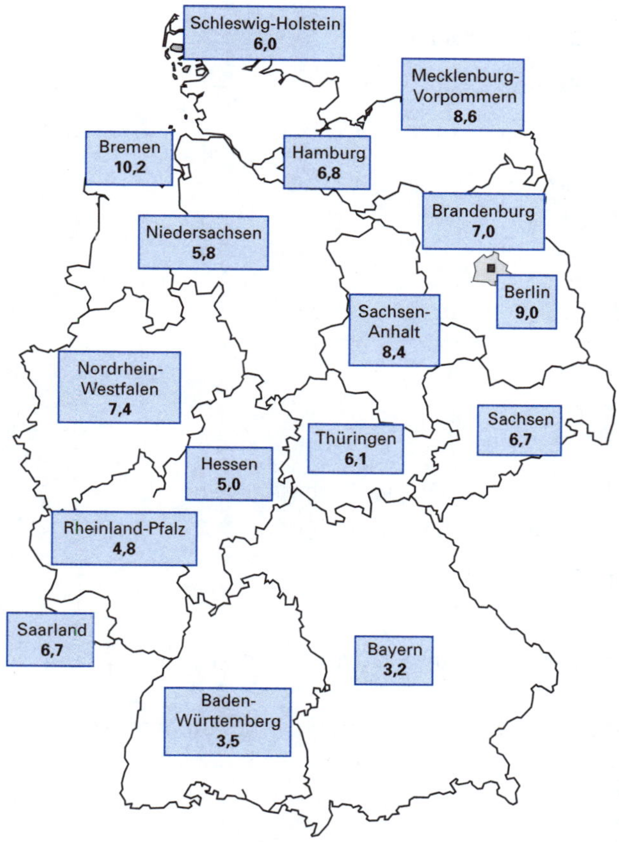

Quelle: Bundesagentur für Arbeit, Nürnberg

Stand: 10.04.2018 / 13:44:06

a) Bestimmen Sie die Spannweite, den Zentralwert und den arithmetischen Mittelwert der Arbeitslosenquoten in den 16 Bundesländern Deutschlands.

b) Nun werden nur die fünf südlichen Bundesländer Rheinland-Pfalz, Hessen, Saarland, Baden-Württemberg und Bayern betrachtet. Erstellen Sie (ggf. mithilfe geeigneter Software) für diese fünf Bundesländer ein Kreisdiagramm der Arbeitslosenquoten.

Lösung

a) Die (geordnete) Rangliste der Daten ist wie folgt:
3,2 3,5 4,8 5,0 5,8 6,0 6,1 6,7 6,7 6,8 7,0 7,4 8,4 8,6 9,0 10,2

Spannweite
10,2 (Bremen) – 3,2 (Bayern) = 7

Zentralwert
Es sind insgesamt 16 Einzelwerte. Der Zentralwert ist also das arithmetische Mittel des 8. und 9. Wertes: (6,7 + 6,7) : 2 = 6,7

Arithmetischer Mittelwert
(3,2 + 3,5 + 4,8 + 5,0 + 5,8 + 6,0 + 6,1 + 6,7 + 6,7 + 6,8 + 7,0 + 7,4 + 8,4 + 8,6 + 9,0 + 10,2) : 16 = 6,575
Der arithmetische Mittelwert der Arbeitslosenquoten beträgt etwa 6,6.

b)

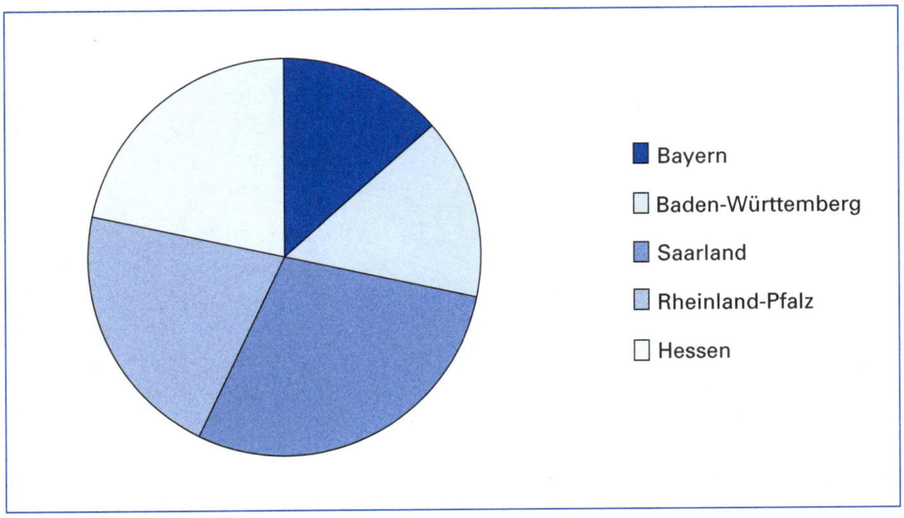

Aufgabe 2

TR/FS

Schüler/-innen einer 10. Jahrgangsstufe in Böblingen wählen eine/-n Jahrgangssprecher/-in. Es haben sich 5 Schüler/-innen zur Wahl gestellt. Die Wahl brachte folgendes Ergebnis:

Yasmin: 40 Lisa: 7 Dennis: 63 Hannah: 22 Marvin: 48

a) Bestimmen Sie die relativen Häufigkeiten, d. h. die prozentualen Anteile aller Stimmen.

b) Begründen Sie, welches der folgenden Kreisdiagramme die Daten der Befragung richtig darstellt.

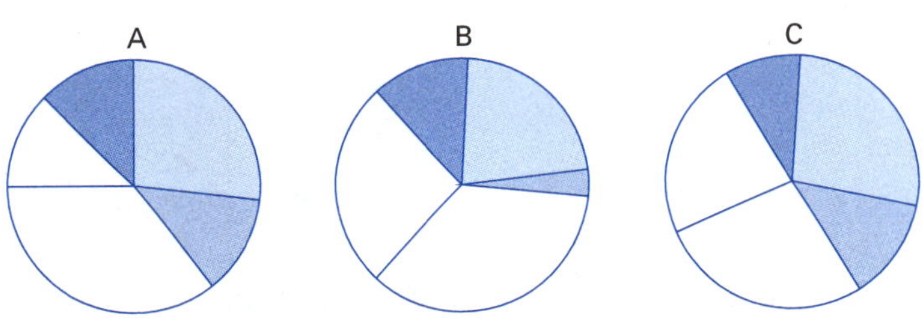

Lösung

a)

Name	Yasmin	Lisa	Dennis	Hannah	Marvin
Anzahl der Stimmen (absolute Häufigkeit)	40	7	63	22	48
Relative Häufigkeit	$\frac{40}{180}$ $= 22{,}\overline{22}$ %	$\frac{7}{180}$ $= 3{,}\overline{88}$ %	$\frac{63}{180}$ $= 35$ %	$\frac{22}{180}$ $= 12{,}\overline{22}$ %	$\frac{48}{180}$ $= 26{,}\overline{66}$ %

b) Das Diagramm B stellt die Befragung richtig dar, weil die Gradzahlen passen.

Name	Yasmin	Lisa	Dennis	Hannah	Marvin
Relative Häufigkeit	$22{,}\overline{22}$ %	$3{,}\overline{88}$ %	35 %	$12{,}\overline{22}$ %	$26{,}\overline{66}$ %
Gradzahl	79,99°	13,97°	126°	43,99°	95,98°

Übungsaufgaben

Aufgabe 1

TR/FS

Janine, Lina und Kyra sind die einzigen Mädchen aus Tübingen, die in allen 3 Jahren 2017, 2018 und 2019 an der Mathematik-Olympiade in Baden-Württemberg teilgenommen haben. Die Tabelle zeigt die Punkte, die sie jeweils erzielt haben:

	2017	2018	2019
Lina	80	87	84
Janine	73	95	81
Kyra	80	92	81

a) Berechnen Sie die durchschnittlichen Punktzahlen, die die drei Schülerinnen über die gesamten drei Jahre erzielt haben.

b) Wie kann man für Lina, Janine und Kyra jeweils einen Satz so formulieren, dass jede von ihnen tatsächlich als erfolgreichste Teilnehmerin Tübingens gilt?

Aufgabe 2

TR/FS

Die Tabelle zeigt den jeweils schwersten Vertreter einer bestimmten Tierart zusammen mit dem jeweiligen Durchschnittsgewicht in Tonnen.

Tierart	Vertreter	Gewicht
Schlangen	Anakonda	0,3 t
Reptilien	Lederschildkröte	0,7 t
Bären	Polarbär	1 t
Wirbellose Tiere	Riesenkalmar	1,8 t
Knochenfische	Mondfisch	2,2 t
Robben	See-Elefant	3,5 t

Stellen Sie diese Daten in einem Säulendiagramm dar. Überlegen Sie sich dabei zunächst eine geeignete Einheit für die Hochachse (y-Achse).

Aufgabe 3

TR/FS

Bei einer Umfrage unter 6000 Hauptschüler/-innen nach ihrem Lieblingsfach ist folgendes prozentuale Ergebnis herausgekommen:

Mathe	Englisch	Deutsch	Sport	sonstige Fächer
12 %	15 %	10 %	40 %	

a) Ergänzen Sie die Prozentangabe für „sonstige Fächer" und stellen Sie danach diese Daten als Kreisdiagramm dar.

b) Wie viele der 6000 Schüler/-innen haben Sport als Lieblingsfach angegeben?

Aufgabe 4

TR/FS

Eine Journalistin, die über die Gefahren der Glücksspielsucht schreiben möchte, braucht dafür statistisches Datenmaterial. Sie befragt deshalb an einem Samstagabend Menschen, die aus dem Spielcasino herauskommen, nach der Summe, die sie an dem Abend verspielt oder gewonnen haben. Gewinne schreibt die Journalistin nicht auf. Nach 10 Personen mit Verlusten hört sie auf.

Person	1	2	3	4	5	6	7	8	9	10
Verlust (in €)	85	25	50	15 000	35	20	95	35	55	220

a) Berechnen Sie das arithmetische Mittel und den Zentralwert aller Verluste.

b) Die Journalistin verwendet das arithmetische Mittel (siehe a)) in ihrem Artikel als Beweis für die Gefahren der Spielsucht. Warum ist dieser „Beweis" statistisch nicht besonders überzeugend?
Geben Sie mindestens zwei verschiedene Gründe an.

Aufgabe 5

TR/FS

Katja sollte die Altersstruktur der Schüler/-innen ihrer Schule in einem Säulendiagramm darstellen. Sie gibt ihrem Lehrer das folgende Diagramm ab:

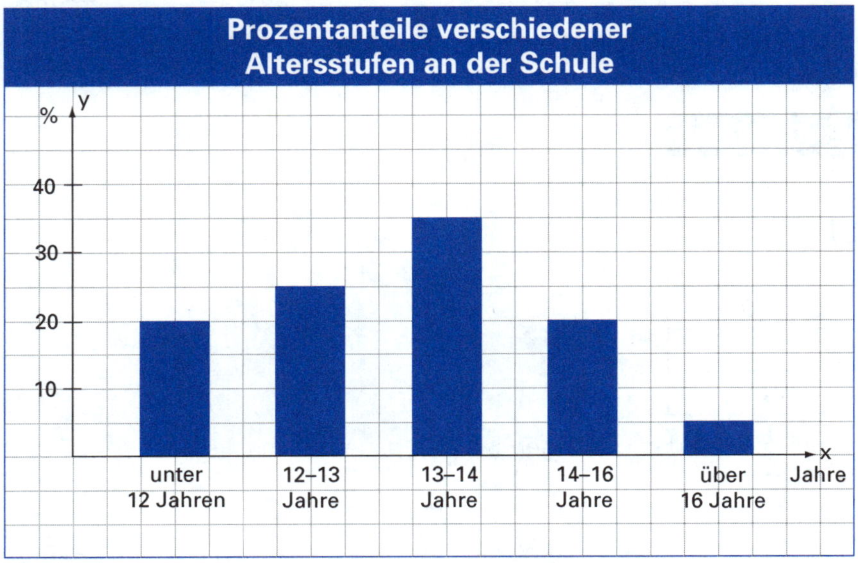

Der Lehrer schaut sich das Diagramm an und sagt nach einiger Zeit: „Da hast du aber einen Fehler gemacht." Finden Sie den Fehler? Begründen Sie Ihre Antwort.

2. Wahrscheinlichkeiten verstehen und berechnen

Basiswissen

In der Wahrscheinlichkeitsrechnung geht es darum, die Wahrscheinlichkeit von Ereignissen bei sogenannten Zufallsexperimenten (meist als Bruch, als Dezimalzahl oder als Prozentsatz) zu bestimmen. Die folgenden Begriffe, Zusammenhänge und Formeln müssen Sie verstehen und anwenden können.

Wahrscheinlichkeit	
Ergebnis:	möglicher Ausgang eines Zufallsexperiments
Ergebnismenge, Ergebnisraum Ω:	Menge aller möglichen Ergebnisse eines Zufallsexperiments
Ereignis E:	beliebige Teilmenge der Ergebnismenge Ergebnisse, die eine bestimmte Eigenschaft erfüllen, nennt man Ereignisse.
Gegenereignis $\bar{E}$:	Das Gegenereignis tritt ein, wenn das Ereignis nicht eintritt. Es gilt stets: $P(\bar{E}') = 1 - P(E)$
Wahrscheinlichkeit P(E): (Laplace-Experiment)	Haben bei einem Zufallsexperiment alle Ergebnisse die gleiche Wahrscheinlichkeit P(E), dann gilt: $P(E) = \frac{\text{Anzahl der für E günstigen Ergebnisse}}{\text{Anzahl der möglichen Ergebnisse}}$ Es gilt stets: $0 \leqq P(E) \leqq 1$

Basiswissen

$P(E) = 1$ (100 %) →	Das Eintreffen des Ereignisses ist	→ sicher
$P(E) > \frac{1}{2}$ (> 50 %) →		→ wahrscheinlich
$P(E) = \frac{1}{2}$ (50 %) →		→ zweifelhaft
$P(E) < \frac{1}{2}$ (< 50 %) →		→ unwahrscheinlich
$P(E) = 0$ (0 %) →		→ unmöglich

Typische Aufgabenstellung

Aufgabe 1 TR/FS

Beim Lotto werden aus 49 Kugeln mit den Zahlen 1 bis 49 nacheinander 6 Kugeln gezogen. Wie groß (als Bruch) ist die Wahrscheinlichkeit, beim ersten Zug eine Kugel zu bekommen, deren aufgedruckte Zahl eine 0 als Ziffer enthält?

Lösung

Anzahl aller möglichen Ergebnisse: 49 Kugeln insgesamt

Anzahl der „günstigen" Ergebnisse:
Kugel ⑩
Kugel ⑳
Kugel ㉚
Kugel ㊵
Gesamt: 4 „günstige" Kugeln

Wahrscheinlichkeit:

$$P(\text{Kugel mit 0 als Ziffer}) = \frac{\text{Anzahl der „günstigen" Ergebnisse}}{\text{Anzahl aller möglichen Ergebnisse}} = \frac{4}{49} = 8{,}2\ \%$$

Aufgabe 2

TR/FS

In einem Gefäß befinden sich 20 Kugeln, die mit den Zahlen 1 bis 20 beschriftet sind. Was ist wahrscheinlicher: Beim Entnehmen einer Kugel ein Vielfaches von 4 oder einen Teiler von 20 zu erhalten?

Lösung

Die Vielfachen von 4 bis zur Zahl 20 sind: $\mathbb{V}_4 = \{4; 8; 12; 16; 20\}$
⇒ 5 Elemente

Die Teiler von 20 sind: $\mathbb{T}_{20} = \{1; 2; 4; 5; 10; 20\}$
⇒ 6 Elemente

Wahrscheinlichkeit P(E), ein Vielfaches von 4 zu erhalten:

$P(E) = \frac{5}{20} = \frac{1}{4}$

P(E) = 25 %

Wahrscheinlichkeit P(E), einen Teiler von 20 zu erhalten:

$P(E) = \frac{6}{20} = \frac{3}{10}$

P(E) = 30 %

Es ist wahrscheinlicher, einen Teiler von 20 zu erhalten.

Übungsaufgaben

Aufgabe 1

TR/FS

Wie groß ist die Wahrscheinlichkeit, beim einmaligen Entnehmen einer Kugel eine Primzahl zu erhalten?

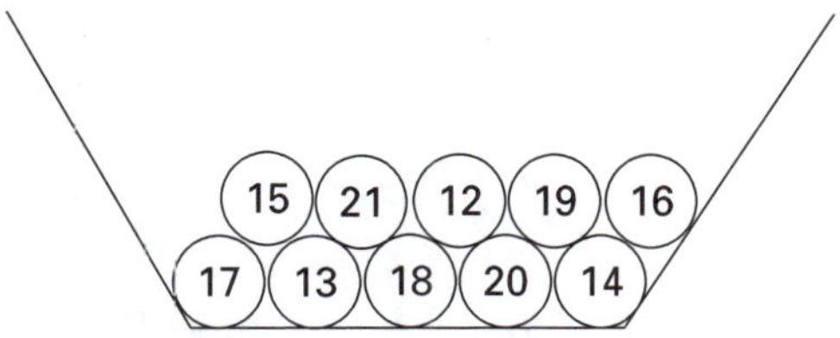

Aufgabe 2

TR/FS

Was ist wahrscheinlicher?

a) Ich werfe zweimal nacheinander eine Münze und bekomme zweimal „Zahl".

b) Ich ziehe blind von meinen 5 Hemden im Schrank eines meiner beiden kurzärmligen heraus.

Aufgabe 3

TR/FS

Die „1" gewinnt

Ein Schausteller hat auf einem Volksfest drei gleich große Zahlenbretter aufgestellt, auf welche man mit Pfeilen wirft.
Bei welchem Brett haben Sie bei einem Wurf die größten Gewinnchancen?
Begründen Sie Ihre Entscheidung.

1	2	2
3	2	1
1	2	3

2	1	3	3	1	2
1	3	2	2	1	3
3	2	3	1	3	1
1	2	1	3	2	3

1	3	2
2	1	3

Aufgabe 4

TR/FS

Bei einem Zufallsversuch liegt die Wahrscheinlichkeit für das Eintreten eines Ereignisses stets zwischen 0 und 1 $\Rightarrow 0 \leqq P(E) \leqq 1$.
Ordnen Sie den folgenden Zahlen ① bis ⑤ die zugehörigen Wahrscheinlichkeiten Ⓐ Ⓑ Ⓒ Ⓓ Ⓔ Ⓕ zu.
Begründen Sie Ihre Entscheidung.

①  mit einmaligem Würfeln eine gerade Zahl zu erhalten

② 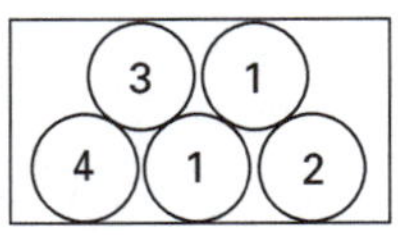

beim gleichzeitigen Ziehen von drei Kugeln die Summe 10 zu erhalten

③ 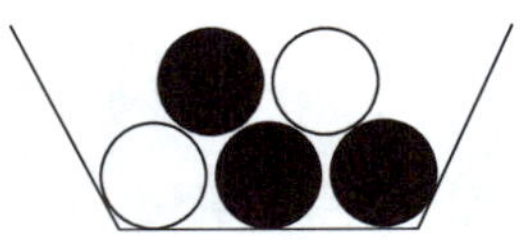 bei einem Versuch eine schwarze Kugel zu ziehen

④  mit einmaligem Würfeln die „1" oder „6" zu erhalten

⑤  mit einer Münze „Zahl" oder „Wappen"zu werfen

Ⓐ $P(E) = 1$ Ⓑ $P(E) = \frac{1}{2}$ Ⓒ $P(E) = 0$

Ⓓ $P(E) = 33\ \%$ Ⓔ $P(E) = 0{,}6$ Ⓕ $P(E) = 30\ \%$

Tragen Sie die richtigen Buchstaben ein:

① → ◯ ② → ◯ ③ → ◯

④ → ◯ ⑤ → ◯

Aufgabe 5

TR/FS

Ein Skatspiel besteht aus insgesamt 32 Spielkarten. Nachdem der Kartenstapel gut durchgemischt wurde, wird blind eine Karte gezogen. Mit welcher Wahrscheinlichkeit ist es

a) eine Herz-Karte?

b) keine Herz-Karte?

c) eine Bube-, Dame- oder König-Karte?

Bildquelle: © lohner63 – Fotolia

Hinführung zu den Wahlaufgaben

Bisher haben Sie die einzelnen Themengebiete, die in der Abschlussprüfung behandelt werden, isoliert geübt. In der Abschlussprüfung werden im Prüfungsteil B jedoch auch 3 Wahlaufgaben gestellt, die mehrere Themengebiete miteinander verbinden. Das heißt: Sie müssen in diesen Aufgaben Kenntnisse aus verschiedenen Themengebieten gleichzeitig anwenden. Um Sie auch auf diesen Prüfungsteil gut vorzubereiten, finden Sie im Folgenden drei Beispiele solcher Wahlaufgaben, die jeweils aus zwei Aufgaben (a) und (b) bestehen.
Wie in der Abschlussprüfung dürfen Sie auch in den folgenden Wahlaufgaben alle Hilfsmittel (Zeichengeräte, Formelsammlung, Taschenrechner) benutzen.

Wahlaufgabe 1: Stadtbusse

a) Die Buslinien A und B beginnen beide um 6.00 Uhr morgens ihren Dienst am Hauptbahnhof. Linie A fährt im 10-Minuten-Takt (alle 10 Minuten) und Linie B im 14-Minuten-Takt (alle 14 Minuten) vom Hauptbahnhof ab. Wann fahren nach 6.00 Uhr beide Linien laut Fahrplan zum ersten Mal wieder gemeinsam vom Hauptbahnhof ab?

b) Alle Busse des Busunternehmens fuhren zusammen im Jahr 2017 insgesamt etwa 3 700 000 km.
Im Jahr 2018 kamen die Busse des Unternehmens insgesamt auf knapp 4 200 000 km.
Geben Sie die beiden Kilometerzahlen in der Zehnerpotenzschreibweise an und berechnen Sie die prozentuale Steigerung von 2017 bis 2018.

Wahlaufgabe 2: Yellowstone Nationalpark

a) Im Jahr 2014 besuchten insgesamt 3,64 Millionen Menschen den Yellowstone Nationalpark in den USA: Diese Besucher/-innen kamen aus verschiedenen Teilen der Welt.

Nordamerika	Europa	Asien	Südamerika	Australien	Afrika
1,8 Mio.	1 Mio.	0,4 Mio.	0,24 Mio.	0,15 Mio.	0,05 Mio.

Stellen Sie diese Daten in einem geeigneten Säulendiagramm dar.

b) Die Besucherzahl im Nationalpark war im Jahr 2014 um 10 % höher als im Vorjahr 2013.
Wie viele Besucher/-innen gab es im Jahr 2013?

Wahlaufgabe 3: Schwimmbad

a)

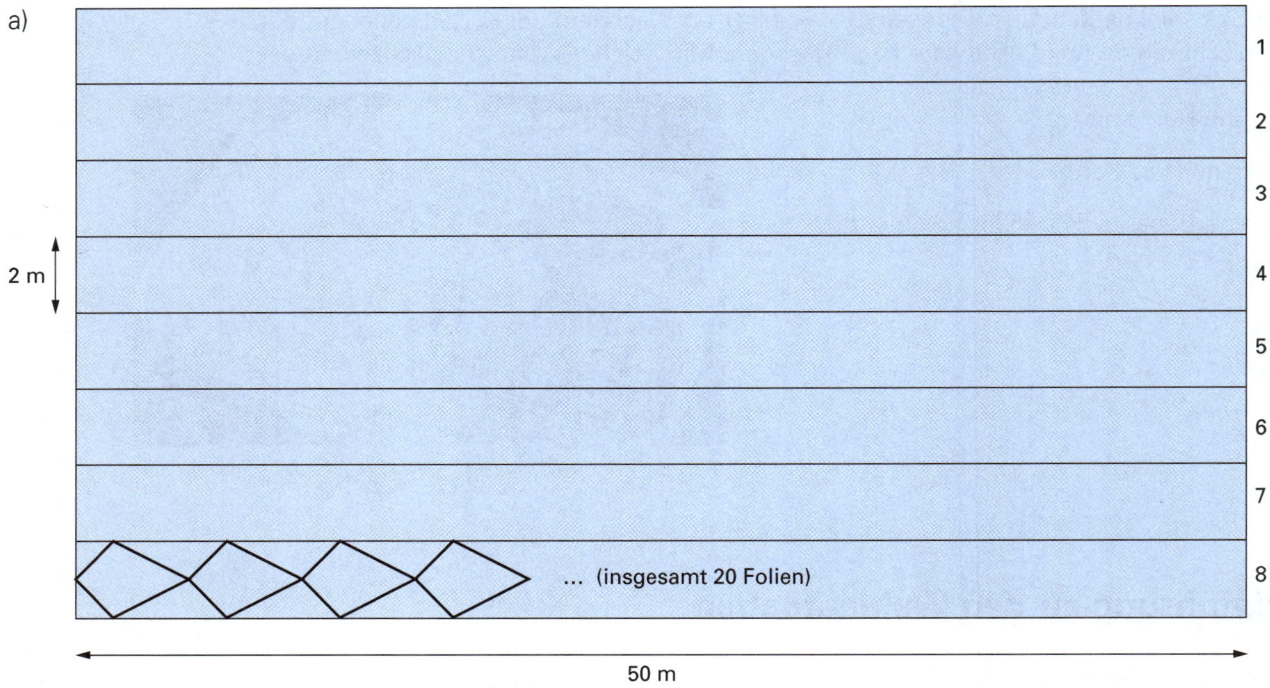

Zeichnung nicht maßstabsgetreu

Die Zeichnung zeigt ein 50-m-Schwimmbecken mit 8 Bahnen. Jede Bahn ist 2 m breit. Um das Becken bis an den Rand zu füllen, benötigt man 1 440 000 Liter Wasser. Das Becken ist überall gleich tief. Wie tief ist es?

b) Der gesamte Beckenboden soll mit gleich großen drachenförmigen Folien beklebt werden. In jede der 8 Bahnen passen genau 20 solcher Folien nebeneinander (siehe Zeichnung: Bahn 8).
Wie groß ist der Flächeninhalt einer einzigen solchen drachenförmigen Folie?

Teil A1

Hinweis: In Teil A1 (10 Punkte) sind alle Aufgaben zu bearbeiten.

Zugelassene Hilfsmittel: Zeichengeräte

Aufgabe 1

Berechnen Sie.

$\frac{3}{2} : \left(1 - \frac{3}{4}\right)$

Aufgabe 2

Geben Sie bei jedem Zahlenstrahl an, für welche Zahl (Bruch oder Dezimalzahl) die blaue Markierung steht.

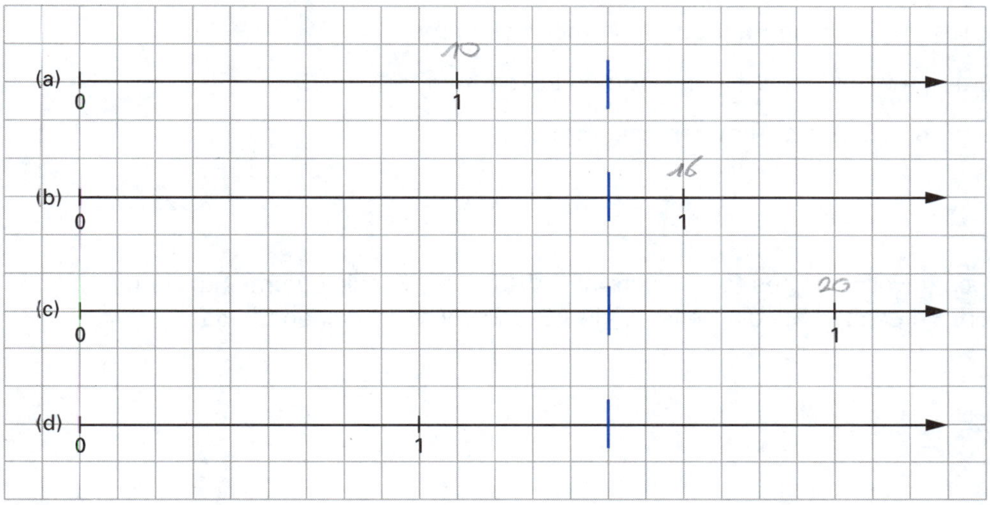

Aufgabe 3

Zwei der vier Rechtecke haben den gleichen Flächeninhalt wie das Dreieck.
Geben Sie diese beiden Rechtecke an.

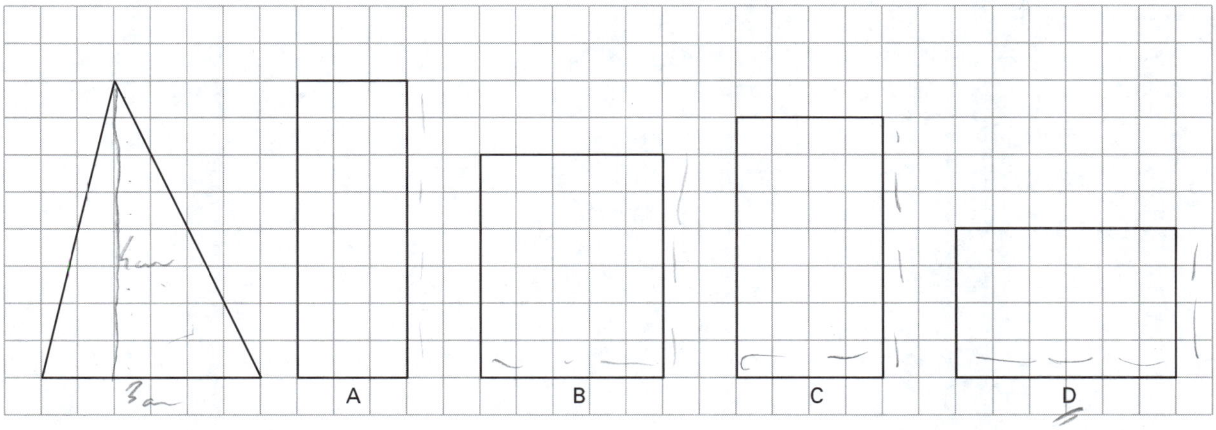

Aufgabe 4

Bei einer Klassensprecherwahl sind Andreas (A), Bella (B), Cem (C) und Diana (D) zur Wahl angetreten.
Das Kreisdiagramm zeigt den Ausgang der Wahl.
Kreuzen Sie alle richtigen Aussagen an.

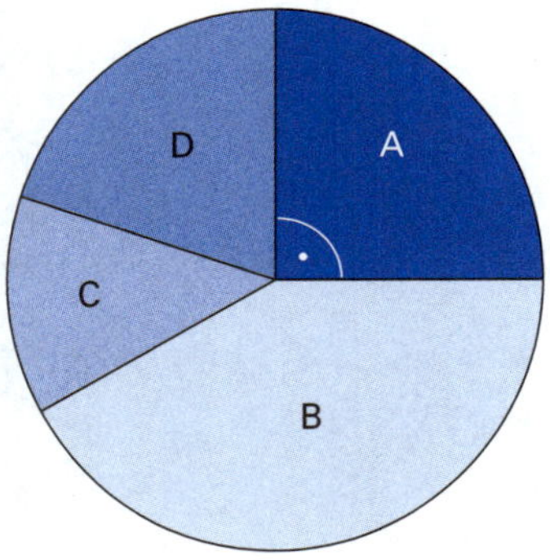

☒ A hat ein Viertel der Stimmen bekommen.

☐ A und D haben zusammen mehr als die Hälfte der Stimmen bekommen.

☐ A, B und C haben zusammen weniger als $\frac{3}{4}$ der Stimmen bekommen.

☒ B, C und D haben zusammen 75 % der Stimmen bekommen.

Aufgabe 5

Die Zeichnung zeigt ein noch unvollständiges Parallelogramm ABCD. Das Parallelogramm soll den Flächeninhalt 12 cm^2 haben. Berechnen Sie die Seitenlänge $\overline{AB}$ und vervollständigen Sie das Parallelogramm.

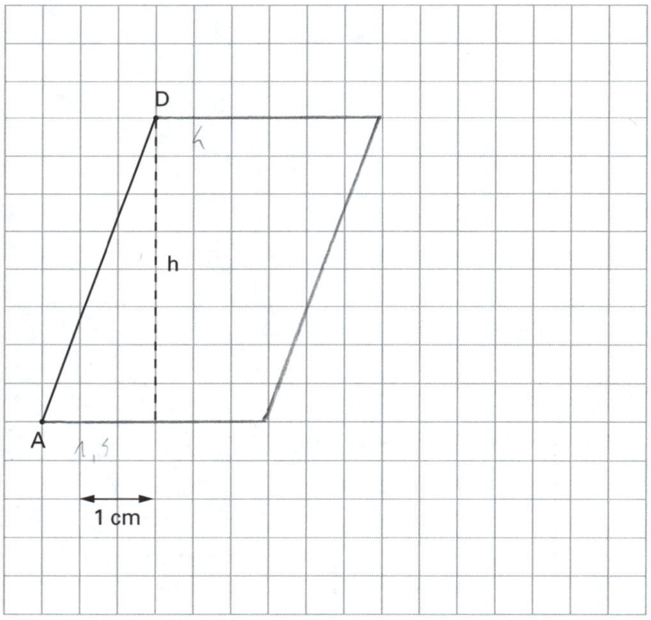

Aufgabe 6

Ordnen Sie jeweils dem Grund- und Prozentwert (G und W) den passenden Prozentsatz zu.
Verbinden Sie dafür zusammengehörende Kästchen.

G = 400 € W = 300 €	p = 50 %
G = 900 € W = 450 €	p = 25 %
G = 500 € W = 100 €	p = 75 %
G = 800 € W = 200 €	p = 10 %
G = 1000 € W = 100 €	p = 20 %

Aufgabe 7

Lösen Sie die Gleichung.

$(x + 1) \cdot 2 + x = x - 4$

Aufgabe 8

Eine $7\frac{1}{2}$ cm hohe Kerze wird angezündet. Beim Abbrennen verliert sie pro Minute 1 mm an Höhe.
Geben Sie an, welche Funktionsgleichung zu diesem Vorgang gehört (x in min; y in cm).

A: $y = 0{,}1x + 7{,}5$ B: $y = 0{,}1x - 7{,}5$ C: $y = -0{,}1x + 7{,}5$ D: $y = -0{,}1x - 7{,}5$

Aufgabe 9

Die Tabelle gibt die Anzahl an täglichen Sonnenstunden in einem 7-tägigen Urlaub an.
Berechnen Sie die durchschnittliche Anzahl an Sonnenstunden.

Tag	1	2	3	4	5	6	7
Sonnenstunden	2	5	8	6	3	0	4

Aufgabe 10

Geben Sie die Zahl 35 000 000 in Zehnerpotenzschreibweise an.

Teil A2

Hinweis: In Teil A2 (10 Punkte) sind alle Aufgaben zu bearbeiten.

Zugelassene Hilfsmittel: Formelsammlung, wissenschaftlicher Taschenrechner (nicht programmierbar), Zeichengeräte

Aufgabe 1

Fünf zylinderförmige Goldmünzen werden eingeschmolzen und in einen kleinen Goldwürfel umgegossen. Jede Goldmünze hat einen Radius r = 3 cm und eine Höhe h = 0,5 cm. Berechnen Sie die Kantenlänge a des Würfels.

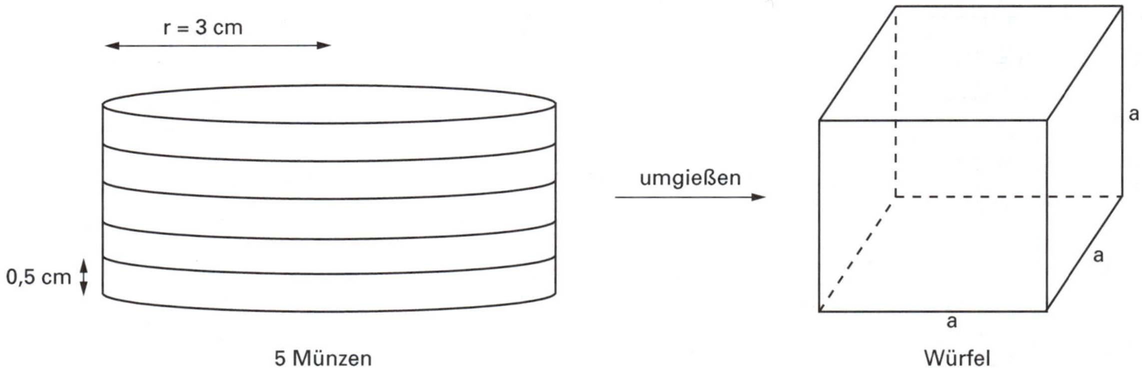

Aufgabe 2

Berechnen Sie, um wie viel Prozent ein 104 km/h fahrender Autofahrer die zulässige Höchstgeschwindigkeit von 80 km/h überschreitet.

Aufgabe 3

Berechnen Sie die Seitenflächenhöhe h_S der quadratischen Pyramide (alle Angaben in cm). Zeichnen Sie anschließend ein Netz der Pyramide.

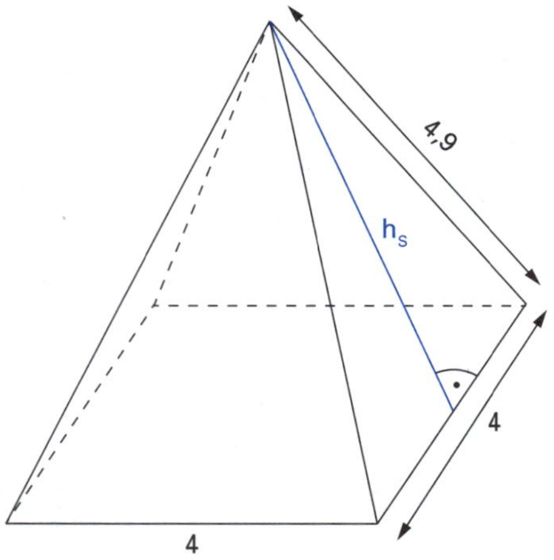

Aufgabe 4

In der Arktis befinden sich u. a. eine amerikanische (A), eine deutsche (D) und eine russische (R) Forschungsstation. Diese liegen recht weit voneinander entfernt.
Nun soll eine gemeinsame Versorgungsstation errichtet werden, die von allen drei Forschungsstationen gleich weit entfernt ist. Bestimmen Sie auf dem vereinfachten Lageplan den Ort, wo die Versorgungsstation stehen sollte.

Aufgabe 5

In den Jahren von 2004 bis 2014 hat sich der Verbrauch von Kohle in China verdoppelt.
Erläutern Sie, warum die Grafik diesen Sachverhalt nicht richtig wiedergibt.

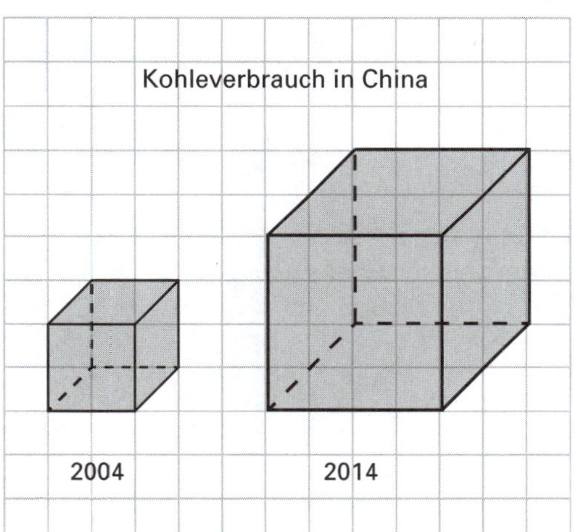

Teil B

Hinweis: In Teil B (10 Punkte) sind zwei der drei Aufgaben zu bearbeiten.

Zugelassene Hilfsmittel: Formelsammlung, wissenschaftlicher Taschenrechner (nicht programmierbar), Zeichengeräte

Aufgabe 1

a) Im Jahr 2011 wurden in Deutschland etwa 15,9 Millionen Smartphones verkauft. Im Jahr 2019 waren es 22,9 Millionen. Berechnen Sie, um wie viel Prozent die Verkäufe in diesem Zeitraum angestiegen sind.

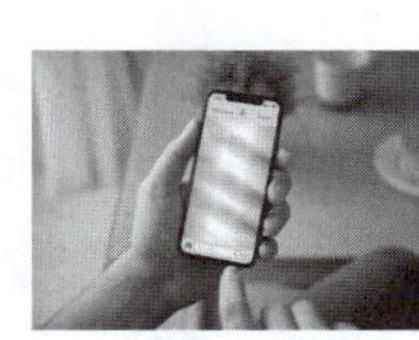

Bildquelle: iStock.com/ Prykhodov

b) In den Jahren 2009 bis 2019 wurden wegen der rasant zunehmenden Anzahl an Mobiltelefonen und Smartphones 78 % aller in Deutschland vorhandenen öffentlichen Telefone (Zellen, Kabinen, Säulen etc.) abgebaut. 2019 gab es noch etwa 18 500 öffentliche Telefone. Berechnen Sie, wie viele öffentliche Telefone es im Jahr 2009 in Deutschland gab.

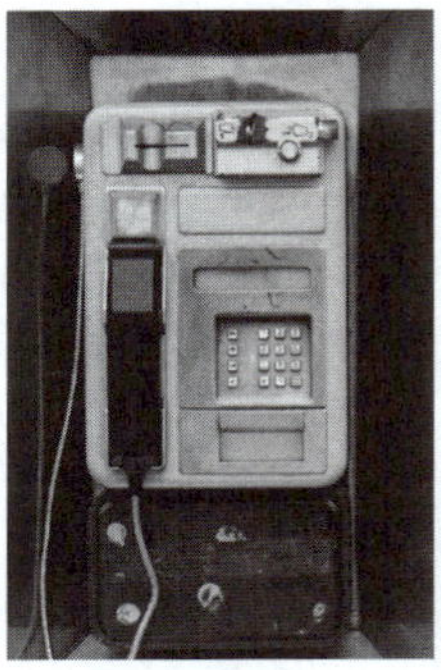

Bildquelle: iStock.com/terex

Aufgabe 2

a) Eine Pyramide und ein Quader haben die gleiche quadratische Grundfläche und das gleiche Volumen. Die Höhe h_P der Pyramide ist 18 cm lang. Bestimmen Sie die Höhe h des Quaders.

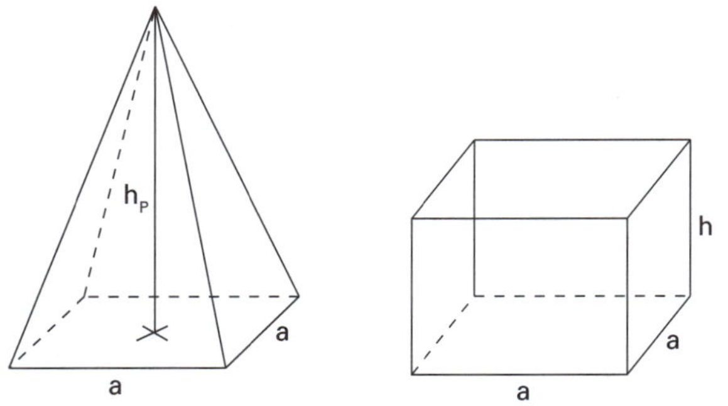

b) Das Volumen der Pyramide (und des Quaders) beträgt 42 cm³. Berechnen Sie die Seitenlänge a der quadratischen Grundfläche, die die Pyramide und der Quader gemeinsam haben.

Aufgabe 3

a) In einem Dreieck gilt: $\alpha = 5\beta$ und $\gamma = 96°$. Berechnen Sie α und β.

b) Zeichnen Sie alle drei Höhen des Dreiecks ABC ein.

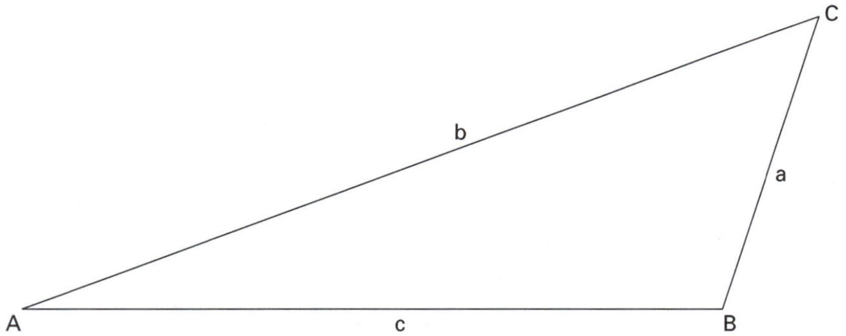

Bearbeitungstipps

Teil A1

1. Hier sollten Sie die Regel „Zuerst Klammern, dann Punkt vor Strich" beachten. Außerdem müssen Sie im Laufe der Rechnung die Regel der Division eines Bruches durch einen Bruch (mit dem Kehrbruch multiplizieren!) anwenden.
2. Wenn Sie bei jedem Zahlenstrahl die Anzahl der Kästchen von 0 bis zur Zahl 1 abzählen, dann wissen Sie, welchem Bruchteil ein einzelnes Kästchen entspricht. Danach müssen Sie nur noch die Anzahl der Kästchen von 0 bis zur jeweiligen blauen Markierung abzählen.
3. Mit der Formel des Flächeninhaltes eines Dreiecks ($A = \frac{1}{2} \cdot g \cdot h_g$) können Sie durch Abzählen der Kästchen (auch ohne eine schriftliche Rechnung) den Flächeninhalt des Dreiecks im Kopf berechnen. Anschließend ermitteln Sie, welche der vier Rechtecke denselben Flächeninhalt haben wie das Dreieck.
4. Beachten Sie, dass einem Viertel (der Hälfte; drei Vierteln ...) der Stimmen ein Viertelkreis (ein Halbkreis; ein Dreiviertelkreis ...) im Kreisdiagramm entspricht.
5. Aus der Zeichnung können Sie die Höhe h des Parallelogramms ablesen (4 cm). Mit der Formel des Flächeninhaltes eines Dreiecks ($A = \overline{AB} \cdot h$) können Sie anschließend $\overline{AB}$ bestimmen und somit auch das Parallelogramm vervollständigen.
6. Wenn Sie die gegebenen Prozentsätze im Kopf in möglichst einfache Brüche verwandeln (z. B. 50 % $= \frac{1}{2}$), dann erkennt man die geforderten Zuordnungen jeweils durch den Vergleich von G und W sehr schnell auch ohne Rechnung.
7. Beim Lösen einer Gleichung sollten Sie drei Dinge beachten:
   1. Es ist immer das letztendliche Ziel, dass das x am Ende ganz alleine auf einer Seite steht.
   2. Zunächst sollten beide Seiten der Gleichung so weit wie möglich zusammengefasst bzw. vereinfacht werden.
   3. Bei der anschließenden schrittweisen Lösung der Gleichung müssen immer <u>die gleichen Rechenschritte (Addition, Subtraktion, Multiplikation, Division) auf beiden Seiten der Gleichung</u> durchgeführt werden.
8. Zum Zeitpunkt des Anzündens ist die Kerze 7,5 cm hoch. Muss in der Funktionsgleichung also +7,5 oder -7,5 stehen? Die Kerze verliert pro Minute 1 mm (also 0,1 cm) an Höhe. Muss in der Funktionsgleichung also +0,1 oder -0,1 stehen?
9. Bei der Berechnung eines Durchschnittswertes muss die Summe aller Einzelwerte durch die Anzahl an Einzelwerten dividiert werden.
10. Bei der Zehnerpotenzschreibweise muss der Faktor vor der Potenz eine Zahl sein, die größer oder gleich 1 und gleichzeitig kleiner als 10 ist. Oft ist diese Zahl auch eine Dezimalzahl.

Teil A2

1. Zunächst muss das Gesamtvolumen der fünf Goldmünzen berechnet werden. Dafür wird die Formel für das Volumen eines Zylinders benötigt. Das Gesamtvolumen der Münzen entspricht dem Volumen des Goldwürfels. Mit der Volumenformel eines Würfels können Sie die Kantenlänge des Würfels berechnen.
2. Diese Aufgabe kann mithilfe der Prozentformel $W = G \cdot p$ % berechnet werden. Beachten Sie, dass der Prozentwert W in bestimmten Zusammenhängen auch größer als der Grundwert sein kann. In diesem Fall liegt auch der Prozentsatz über 100 %.
3. Die Berechnung der Seitenflächenhöhe h_S kann mithilfe des Satzes von Pythagoras erfolgen. Mit dieser berechneten Seitenflächenhöhe h_S lässt sich anschließend das Netz der Pyramide recht einfach zeichnen.
4. Eine wesentliche Eigenschaft der Mittelsenkrechten einer Strecke $\overline{AB}$ ist, dass jeder Punkt dieser Mittelsenkrechten von den Punkten A und B gleich weit entfernt ist. Wenn man diese Eigenschaft einer Mittelsenkrechten auf drei Punkte (also auf alle möglichen Zweier-Paare dieser drei Punkte) anwendet, kann man den gesuchten Punkt für die Versorgungsstation finden.
5. Wenn sich der Kohleverbrauch in der Zeit von 2004 bis 2014 verdoppelt hat, dann müsste in der Grafik das Volumen des großen würfelförmigen Kohlestücks doppelt so groß sein wie das Volumen des kleinen würfelförmigen Kohlestücks. Ist dies der Fall?

Bearbeitungstipps

Teil B

1. a) und b) Beide Teilaufgaben lassen sich mithilfe der Prozentformel $W = G \cdot p\ \%$ lösen.

2. a) Zunächst sollten Sie die Volumen-Formel für die Pyramide mit der Variablen a sowie die Volumen-Formel für den Quader mit den Variablen a und h aufstellen und beide Formeln so weit wie möglich vereinfachen. Anschließend setzen Sie beide Terme gleich und lösen diese Gleichung nach der Variablen h auf.

b) Hier können Sie entweder die Volumen-Formel des Quaders oder die der Pyramide verwenden. In beiden Fällen setzen Sie alle bekannten Werte (ggf. auch die in Teilaufgabe a) berechnete Höhe h) in die Formel ein und lösen anschließend die Gleichung nach der Variablen a auf.

3. a) Hier benötigen Sie den Winkelsummensatz im Dreieck. Stellen Sie damit die Gleichung $\alpha + \beta + \gamma = 180°$ auf. Setzen Sie nun die in der Aufgabe gegebenen Informationen über α und γ in die Gleichung ein und lösen Sie anschließend die Gleichung nach der Variablen β auf.

b) Beachten Sie, dass eine Höhe von einem Eckpunkt des Dreiecks senkrecht zur gegenüberliegenden Seite des Dreiecks gezeichnet wird. Mitunter kommt es vor, dass man dafür die gegenüberliegende Seite geeignet verlängern muss.

Teil A1 (Pflichtteil)

Hinweis: Alle Aufgaben sind zu bearbeiten. Bei jeder Aufgabe kann maximal 1 Punkt erreicht werden.

Zugelassene Hilfsmittel: Zeichengeräte

Aufgabe 1

Ingo sagt: „Zum Doppelten meiner gedachten Zahl wird die Zahl 4 addiert."
Kreuzen Sie den dazu passenden Term an.

☐ 2 + 4x ☐ x + 2 + 4 ☒ 2x + 4 ☐ 2x + 4x

Aufgabe 2

Nennen Sie zwei verschiedene Zahlen, die zwischen $\frac{1}{3}$ und $\frac{3}{4}$ liegen.

Aufgabe 3

Setzen Sie die Kommas so, dass das Ergebnis zwischen 110 und 120 liegt.
1 5 4 · 7 1 5

Aufgabe 4

Um wie viel Prozent wurde die Tasche im Preis reduziert?

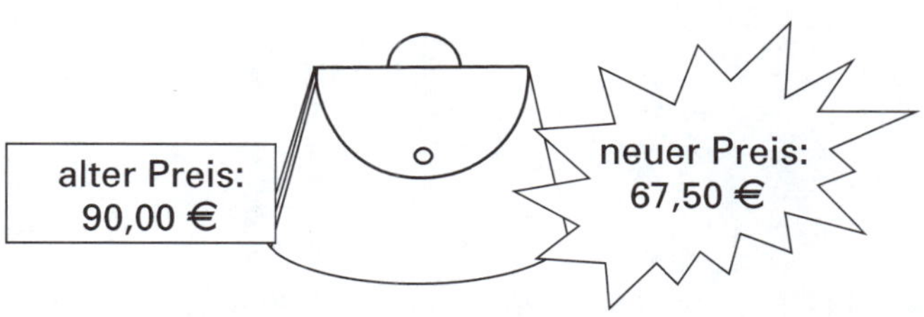

Aufgabe 5

Zeichnen Sie ein Viereck, das den gleichen Umfang wie das gleichseitige Dreieck hat.

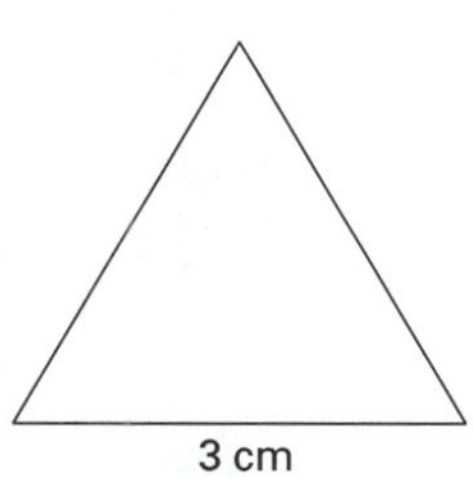

Aufgabe 6

Berechnen Sie das Volumen des Körpers.

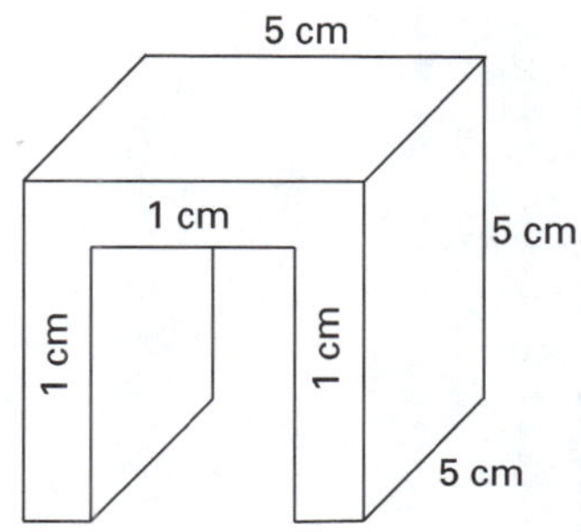

Zeichnung nicht maßstabsgetreu

Aufgabe 7

In der Geschwister-Scholl-Schule wurde in der 9. Klasse eine Umfrage durchgeführt. Es wurde gefragt, wer einen Hund besitzt.

	9a	9b
Schüler gesamt	30	20
Schüler mit Hund	6	5

In welcher Klasse ist die relative Häufigkeit größer, dass eine Schülerin / ein Schüler einen Hund besitzt? Begründen Sie rechnerisch.

Aufgabe 8

Tom und Lisa haben Würfel aufeinander gestapelt.
Wie viele Würfel haben sie jeweils verwendet?

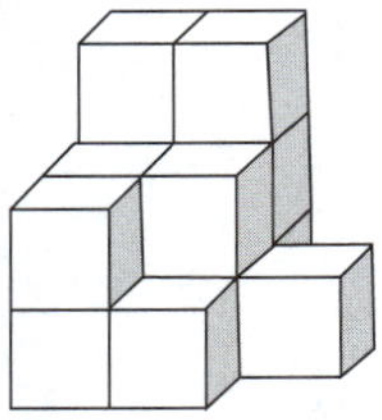

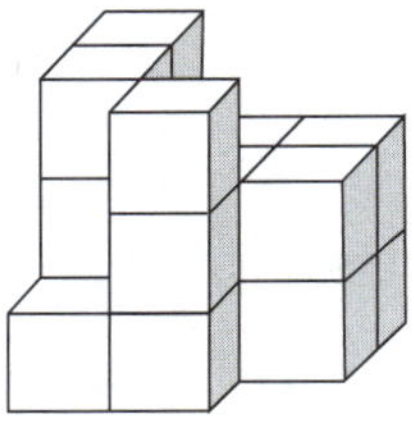

Tom: 14 Würfel

Lisa: 18 Würfel

Aufgabe 9

Eine Reisegruppe fährt in 2 vollbesetzten Bussen mit je 48 Sitzplätzen an einen See. Nach der Ankunft verteilen sich die Reisenden auf Boote mit je 12 Sitzplätzen.

Geben Sie an, wie viele Boote für die Reisegruppe mindestens benötigt werden.

Aufgabe 10

Ergänzen Sie die fehlenden Werte in der Wertetabelle.

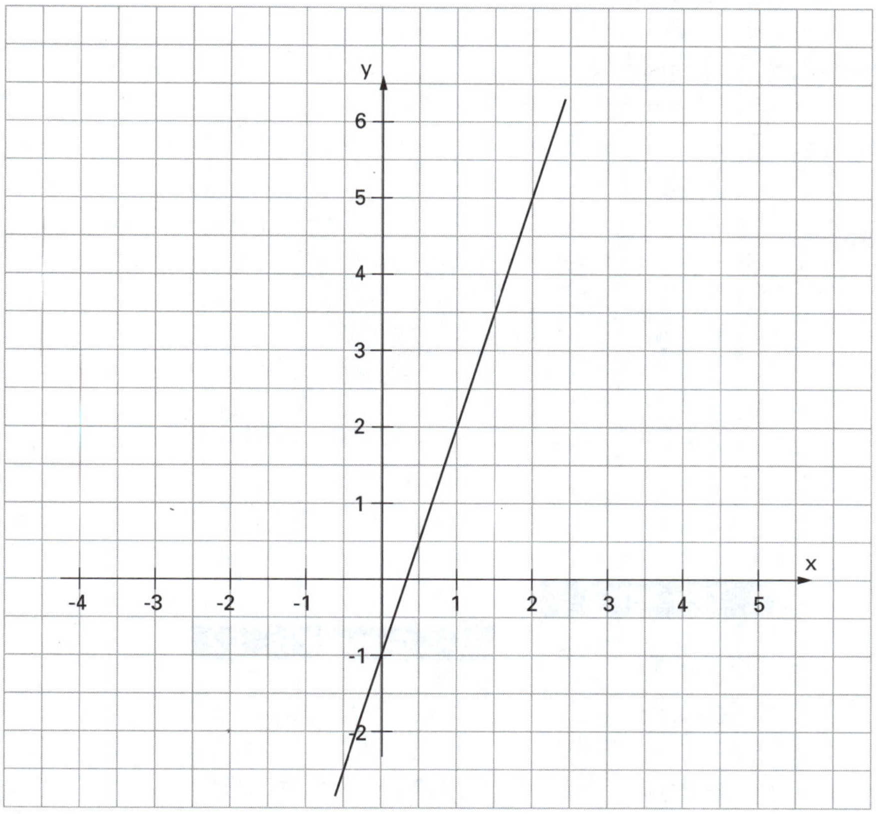

x	-2	0	1	3
y	-7	-1	2	8

Teil A2 (Pflichtteil)

Hinweis: In Teil A2 sind alle Aufgaben zu bearbeiten.

Zugelassene Hilfsmittel: Formelsammlung, wissenschaftlicher Taschenrechner (nicht programmierbar), Zeichengeräte

Aufgabe 1

Die Löwin ist im Maßstab 1 : 40 dargestellt.
Wie hoch ist sie in Wirklichkeit?

2 P

Aufgabe 2

Tim möchte sich alle Teile der Fußballbekleidung kaufen.

- ▶ In welchem Geschäft muss er weniger bezahlen? Begründen Sie rechnerisch.
- ▶ Wie viel Prozent hat er in Geschäft B zum ursprünglichen Preis gespart?

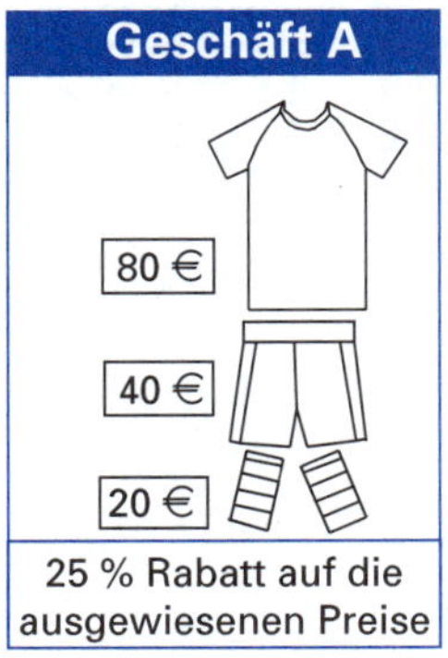

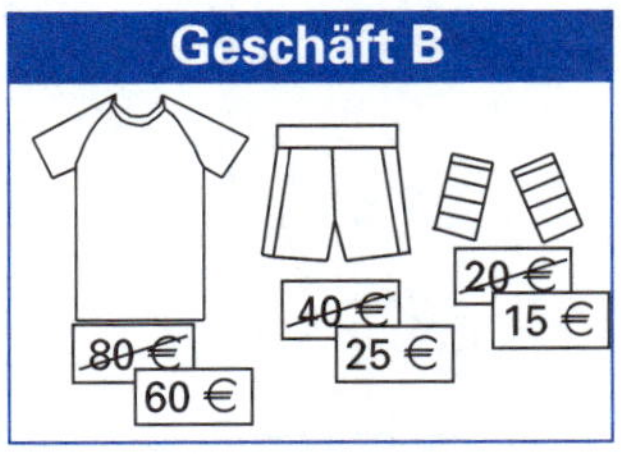

2 P

Aufgabe 3

Die internationale Raumstation ISS umkreist die Erde.
Eine Umdrehung um die Erde dauert 91 Minuten.
Die ISS befindet sich dabei in durchschnittlich 365 Kilometern Höhe (h) über der Erdoberfläche.
Die Erde hat einen mittleren Radius (r) von 6371 Kilometern.

Welchen Weg legt die ISS in 60 Minuten zurück?

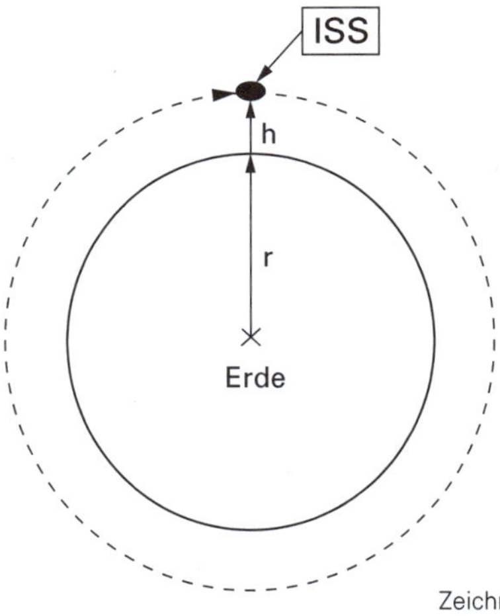

Zeichnung nicht maßstabsgetreu

2 P

Aufgabe 4

Eine kleine Windkraftanlage wird wie im Bild mit zwei Seilen gesichert.

Wie viel Meter Seil wird mindestens benötigt?

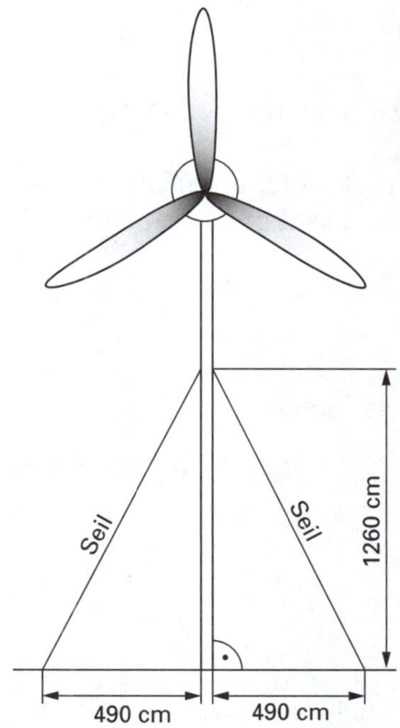

Zeichnung nicht maßstabsgetreu

2 P

Aufgabe 5

Auf einer Party treffen sich sechs Personen. Jeder schüttelt jedem nur einmal die Hand.

Wie oft werden insgesamt Hände geschüttelt?

2 P

Teil B (Wahlteil)

Hinweis: In Teil B sind zwei der drei Aufgaben zu bearbeiten.

Zugelassene Hilfsmittel: Formelsammlung, wissenschaftlicher Taschenrechner (nicht programmierbar), Zeichengeräte

Aufgabe 1

a) Ein zylinderförmiger Wasserbehälter ist zu 95 % mit Wasser gefüllt.

Wie viel cm^3 Wasser befinden sich in dem Behälter?

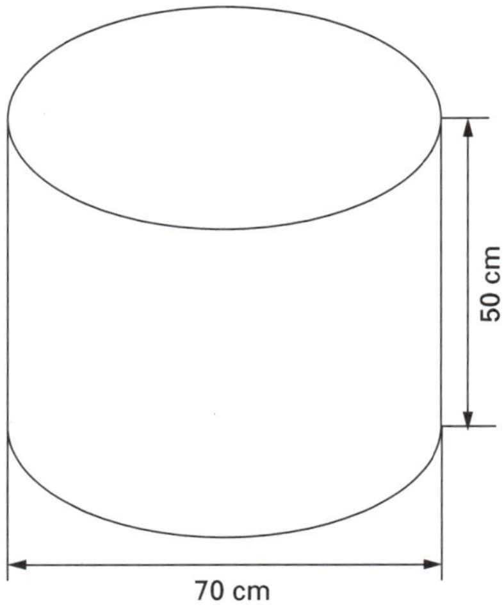

Zeichnung nicht maßstabsgetreu

3 P

b) Ein quaderförmiger Behälter soll das Volumen von 210 Liter haben.

Geben Sie eine Möglichkeit für die Maße des Behälters an.
Bedingung: Kein Maß darf kleiner als 20 cm sein. **2 P**

Aufgabe 2

a) Zeichnen Sie das Dreieck mit den Maßen c = 6 cm; b = 6 cm und $\alpha = 80°$.
Ermitteln Sie die Winkelgrößen β und γ. **2 P**

b) Berechnen Sie den Flächeninhalt Ihres gezeichneten Dreiecks.
Entnehmen Sie die nötigen Maße Ihrer Zeichnung.

Zeichnen Sie ein Dreieck mit dem gleichen Flächeninhalt, bei dem die Seite c = 10 cm lang ist. **3 P**

Aufgabe 3

a) Die Klassen 9a und 10b planen jeweils einen Ausflug.
Jede Klasse benötigt dazu einen Kleintransporter.
Im Internet finden sie folgende Angebote:

Firma Schnell	Firma Flott	Firma Eilig
Grundpreis: 90 € Preis pro gefahrenem Kilometer: 25 Cent	Kein Grundpreis Preis pro gefahrenem Kilometer: 0,70 €	Preis: 180 €

▶ Ordnen Sie die drei Angebote den entsprechenden Graphen zu.
▶ Ordnen Sie die drei Angebote den entsprechenden Wertetabellen zu.

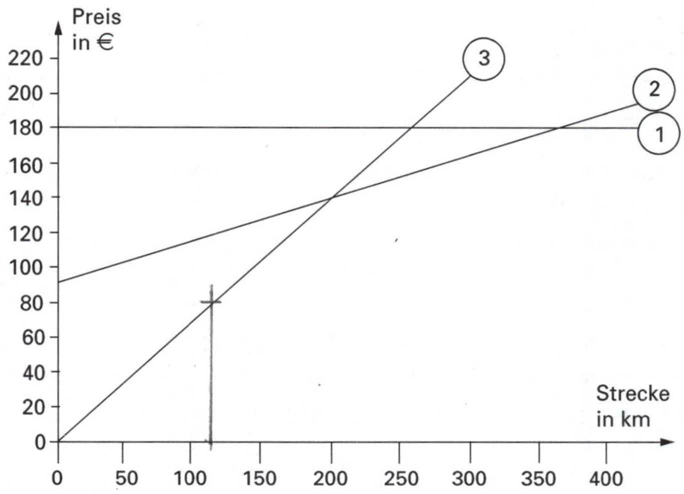

A	Strecke (km)	100	200	300
	Preis (€)	180	180	180

B	Strecke (km)	100	200	300
	Preis (€)	70	140	210

C	Strecke (km)	100	200	300
	Preis (€)	115	140	165

2 P

b) ▶ Die Klasse 9a wird bei ihrem Ausflug voraussichtlich 230 km zurücklegen. Welches Angebot ist am günstigsten? Begründen Sie Ihre Entscheidung.

▶ Die Klasse 10b möchte nicht mehr als 80 € für den Kleintransporter ausgeben. Welche Strecke können sie maximal zurücklegen? Begründen Sie rechnerisch. **3 P**

Bearbeitungstipps

Teil A1 (Pflichtteil)

1. Die gedachte Zahl ist x, das Doppelte der gedachten Zahl also 2x. Hierzu soll 4 addiert werden.
2. Brüche kann man vergleichen, indem man sie gleichnamig macht, also auf den gleichen Nenner erweitert. $\frac{1}{3} = \frac{4}{12}$, $\frac{3}{4} = \frac{9}{12}$. Als Lösungen können Sie nun alle Werte dazwischen angeben, z. B: $\frac{5}{12}$ oder $\frac{6}{12} = 0{,}5$ oder $\frac{8}{12} = \frac{2}{3}$.
3. Berechnen Sie zuerst das Produkt von 154 und 715. Sie erhalten 110110. Da das Ergebnis zwischen 110 und 120 liegen soll, müssen Sie insgesamt 3 Stellen abstreichen.
4. Hier müssen Sie zuerst überlegen, welcher Preis der Grundwert ist. Da nach der Reduzierung des Preises gefragt ist, entspricht der alte Preis dem Grundwert, also 100 %. Der Unterschied zum neuen Preis entspricht dem Prozentwert.
5. Da es sich um ein gleichseitiges Dreieck handelt, ist der Umfang 3 · 3 cm = 9 cm.
   In der Aufgabenstellung wird kein bestimmtes Viereck verlangt. Sie können also ein Rechteck oder ein Parallelogramm wählen, wobei je 2 nebeneinander liegende Seiten zusammen 4,5 cm lang sein müssen (die Hälfte von 9 cm).
   Bei einem Quadrat oder einer Raute müsste jede Seite 9 cm : 4 = 2,25 cm lang sein. Bei einem beliebigen Viereck achten Sie darauf, dass alle Seiten kürzer als 4,5 cm sein müssen, damit das Viereck geschlossen ist.
6. Sie können den abgebildeten Körper in drei Quader zerlegen oder auch in 2 Seitenteile mit einer Deckplatte. Sie können aber auch den gesamten umbauten Raum berechnen, also $V_1 = (5\text{ cm})^3 = 125\text{ cm}^3$ und den Leerraum $V_2 = 5\text{ cm} \cdot 4\text{ cm} \cdot 3\text{ cm} = 60\text{ cm}^3$ davon subtrahieren.
7. Die relative Häufigkeit gibt an, in welcher Klasse relativ (auf die Anzahl der Schüler der Klasse bezogen) mehr Schüler sind, die einen Hund haben. In der Klasse 9a sind es 6 von 30 Schülern, also $\frac{6}{30} = \frac{1}{5}$, in Klasse 9b sind es 5 von 20 Schülern, also $\frac{5}{20} = \frac{1}{4}$. Um Brüche zu vergleichen, müssen Sie sie auf einen gemeinsamen Nenner erweitern.
8. Beachten Sie auch die Würfel, die hier nicht zu sehen sind, die aber vorhanden sein müssen, damit das Bauwerk nicht einstürzt.
9. Wichtig ist hier das Wort „je". In beiden Bussen sind zusammen 96 Sitzplätze.
10. Sie können die Werte in der Tabelle ablesen. Sie können auch die Geradengleichung aufstellen: Die Steigung beträgt 3, d. h. wenn x um 1 größer ist, ist y um 3 größer. Die Gerade schneidet die y-Achse bei -1, das ergibt die Gleichung y = 3x – 1.

Teil A2 (Pflichtteil)

1. Maßstab 1 : 40 bedeutet hier, dass die Löwin in Wirklichkeit 40-mal so groß ist wie in der Zeichnung. Sie müssen also die Höhe ausmessen und mit 40 multiplizieren.
2. Die ursprünglichen Preise sind in beiden Geschäften gleich, nämlich 140 €. Das ist der Grundwert. Für die erste Teilantwort müssen Sie 75 % dieses Preises ausrechnen und mit der Summe der herabgesetzten Preise in Geschäft B vergleichen.
   Für die zweite Teilantwort müssen Sie berechnen, welchem Prozentsatz der Prozentwert 100 € entspricht.
3. Sie können die Länge der Umlaufbahn mit der Formel für den Kreisumfang berechnen. Den Radius erhalten Sie, wenn Sie den Erdradius und die Höhe der Umlaufbahn addieren.
   Die Stundengeschwindigkeit können Sie nun mit einem Dreisatz lösen.
4. Da der Mast senkrecht auf der Erde steht, können Sie hier den Satz des Pythagoras anwenden. Die beiden Seilstücke sind in Höhe von 1260 cm am Mast befestigt und 490 cm links und rechts vom Mast entfernt am Boden befestigt. Das rechtwinklige Dreieck hat also die beiden Katheten 1260 cm und 490 cm. Die Länge der Hypotenuse entspricht einem Seilstück. Für das Endergebnis müssen Sie nun noch mit 2 multiplizieren, weil es sich ja um 2 Seilstücke handelt.
5. Jede der 6 Personen kann 5 anderen die Hand schütteln. Das ergäbe 30 Händeschütteln. Dabei müssen Sie aber beachten, dass das Händeschütteln von Person A mit Person B auch gleichzeitig das Händeschütteln von Person B mit Person A ist. Also ist die Anzahl nur halb so groß.
   Eine andere Überlegung führt zum gleichen Ergebnis: Person A schüttelt 5 Personen die Hand, Person B aber nur noch 4 Personen, Person C noch 3 Personen usw.

Bearbeitungstipps

Teil B (Wahlteil)

1. a) Sie können hier entweder das Volumen des Fasses berechnen mit den Maßen r = 35 cm (die Hälfte von 70 cm) und der Höhe 50 cm und dann 95 % davon berechnen. Oder Sie berechnen die Höhe der Wasserfüllung, nämlich 95 % der Höhe des Fasses, und daraus das Volumen der Wassermenge.

b) Um das Volumen eines Quaders zu berechnen, müssen Sie seine Länge, Breite und Höhe multiplizieren. Hier müssen Sie beachten, dass 1 l = 1000 cm^3 sind. Sie können nun diesen Wert 210 000 cm^3 auf verschiedene Weise in 3 Faktoren zerlegen und die Bedingung dabei beachten, dass keiner der Faktoren kleiner als 20 cm sein darf.

2. a) Hier handelt es sich um ein gleichschenkliges Dreieck, d. h. 2 Seiten und damit auch 2 Winkel sind gleich groß. Beachten Sie, dass die Winkelsumme im Dreieck 180° beträgt.

b) Die Höhe h_c ist das Lot von C auf die Seite c. Mit diesem Wert und der Seite c errechnen Sie den Flächeninhalt.
Um weitere Dreiecke mit gleichem Flächeninhalt zu zeichnen, müssen Sie den Flächeninhalt durch die Länge der Seite c (= 10 cm) teilen, um die Höhe h_c zu ermitteln.

3. a) Bei der Firma Eilig bleibt der Preis beständig auf 180 €. Die Firma Flott verlangt keinen Grundpreis, der zugehörige Graph geht vom Nullpunkt aus. Die Firma Schnell verlangt einen Grundpreis von 90 €, der Graph geht also von dem Wert 90 aus.
Zur Kontrolle könnten Sie jetzt noch einen Wert der Wertetabelle C ausrechnen, z. B. für 100 km müsste man 90 € + 100 · 0,25 € = 115 € bezahlen.

b) Hier müssen Sie die Angebote von Firma Schnell und Firma Flott ausrechnen, indem Sie jeweils den Kilometerpreis mit 230 multiplizieren und zu dem entsprechenden Grundpreis addieren.
Für die Klasse 10 b kommt nur ein Angebot infrage. Überlegen Sie, warum, und berechnen Sie die maximale Strecke für ein Budget von 80 €.

Teil A1 (Pflichtteil)

Hinweis: Alle Aufgaben sind zu bearbeiten. Bei jeder Aufgabe kann maximal 1 Punkt erreicht werden.

Zugelassene Hilfsmittel: Zeichengeräte

Aufgabe 1

Kreuze das richtige Ergebnis an.

31 232,5 : 3,1 =

☐ 100,75 ☐ 1007,5 ☐ 10 075 ☐ 10 750

Aufgabe 2

In ein Glas passt genau $\frac{1}{4}$ Liter. Wie viele von diesen Gläsern kann man mit dem Inhalt der drei Flaschen füllen?

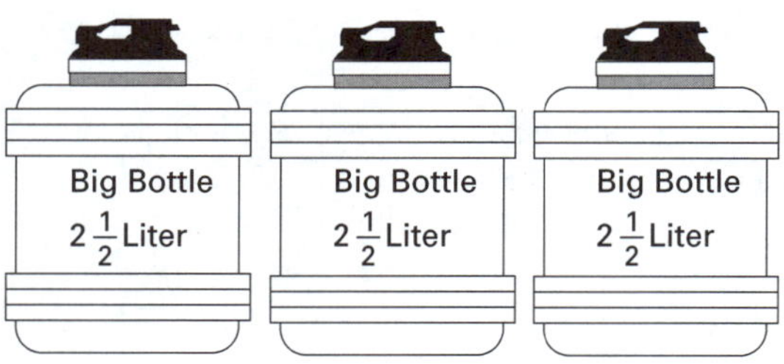

Aufgabe 3

Berechne und gib das Ergebnis mit einer 10er-Potenz an.

3 700 000 · 100 = ______________

Aufgabe 4

Schlussverkauf – alles um 75 % reduziert. Stimmt diese Aussage?
Begründe rechnerisch.

Alter Preis: 120 €

Neuer Preis: 40 €

Bildquelle: jenesimre – stock.adobe.com

Aufgabe 5

Löse die Gleichung.

$4 \cdot (3x - 2) = 8x + 7 - 6x - 10$

Aufgabe 6

Das Netz gehört zum abgebildeten Quader. Zeichne in das Quadernetz die beiden Diagonalen ein.

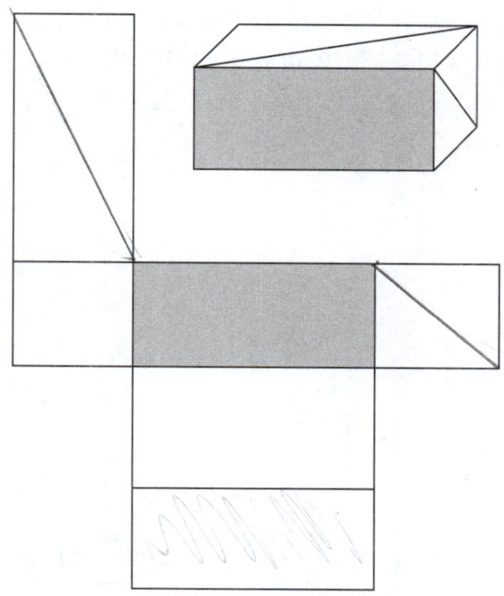

Aufgabe 7

Haben alle Parallelogramme denselben Flächeninhalt? Begründe deine Antwort.

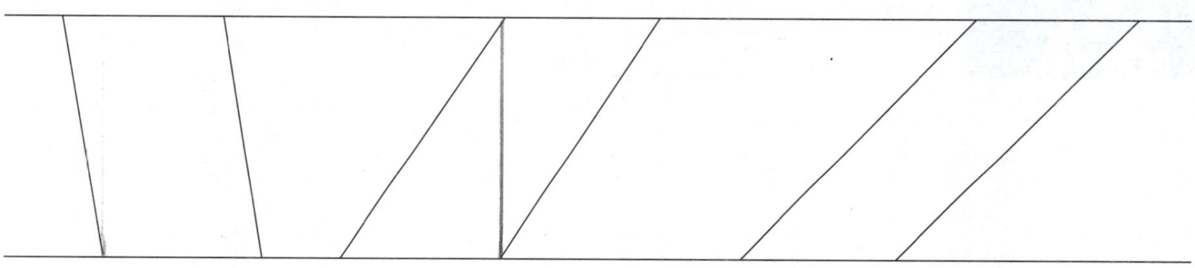

Aufgabe 8

Im letzten Zeugnis hatten die Schülerinnen und Schüler der Klasse 9b folgende Noten in Mathematik:

Note 1	Note 2	Note 3	Note 4	Note 5	Note 6
II	III	~~IIII~~ II	III	II	

Berechne den Durchschnitt.

Aufgabe 9

Von 50 Gummibärchen sind 25 rot, 10 grün und 15 gelb.
Zeichne die prozentuale Verteilung als Balken in das Schaubild ein.

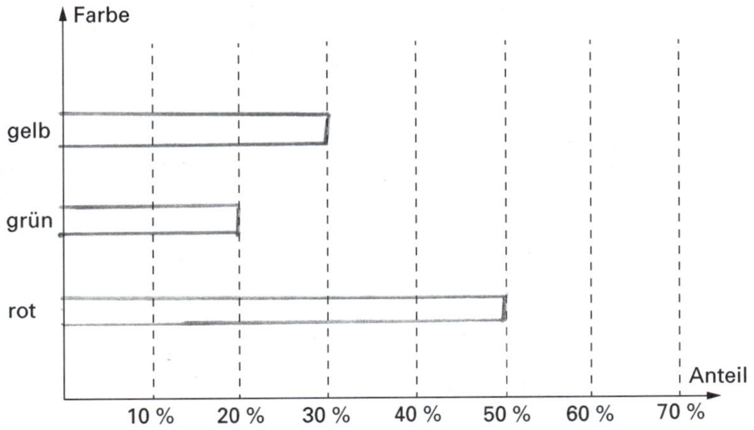

Aufgabe 10

Ergänze die fehlenden Werte der proportionalen Zuordnung.

Gewicht in g	20	30	60
Anzahl der Schrauben	80	120	240

Teil A2 (Pflichtteil)

Hinweis: In Teil A2 sind alle Aufgaben zu bearbeiten.

Zugelassene Hilfsmittel: Zeichengeräte, Formelsammlung, wissenschaftlicher Taschenrechner (nicht programmierbar)

Aufgabe 1

Die Abbildung zeigt die jährlich verwendeten Einwegbecher.
Ein gezeichneter Becher steht für 100 Mio. Becher.
Nur von den Papierbechern werden 70 % mit Plastikdeckel verwendet.

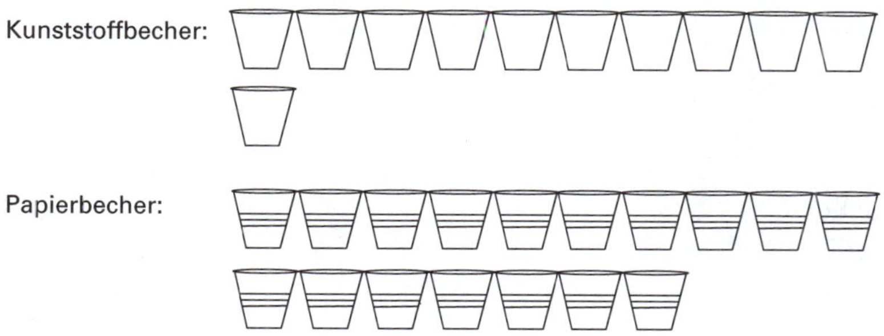

Wie viele Plastikdeckel werden jährlich verwendet? **2 P**

Aufgabe 2

Der Oberflächeninhalt der quadratischen Pyramide und des Würfels sind gleich groß.
Berechne die **schraffierte Fläche** des Würfels.

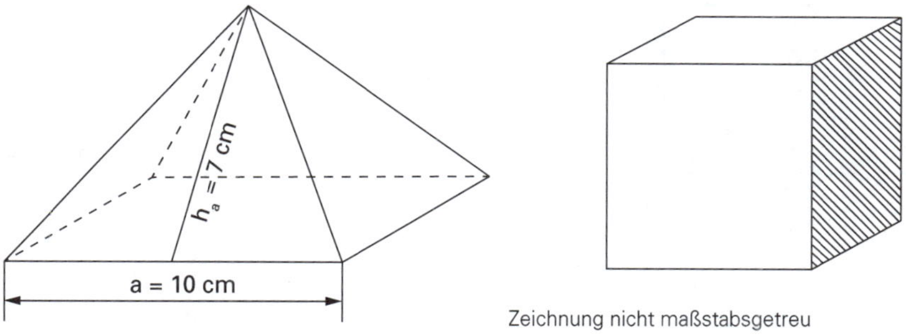

Zeichnung nicht maßstabsgetreu **2 P**

Aufgabe 3

Thorsten behauptet, dass ein Dreieck mit den Seitenlängen a = 4,5 cm, b = 5,3 cm und c = 7,0 cm ein rechtwinkliges Dreieck ist.
Hat er recht? Begründe. **2 P**

Aufgabe 4

Für das Schulfest möchte Luisa Flyer bestellen.
Sie hat 3 verschiedene Angebote:

Angebot 1:	
Stückpreis:	0,39 €
Einmalige Bearbeitungsgebühr:	45,00 €
Angebot 2:	
Stückpreis:	0,45 €
Angebot 3:	
Stückpreis vom 1. bis zum 500. Flyer:	0,49 €
Stückpreis vom 501. bis zum 1000. Flyer:	0,39 €

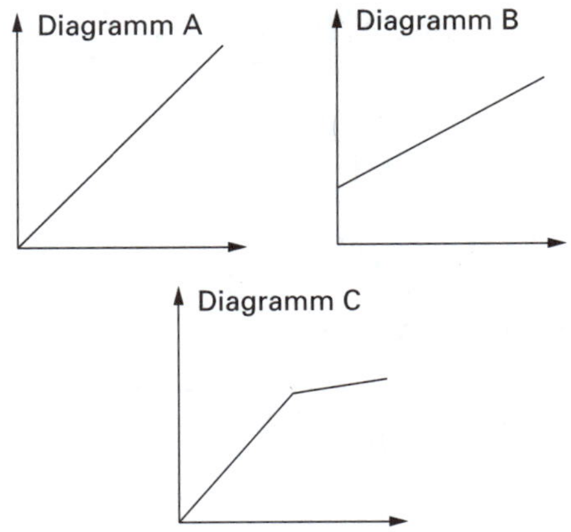

- ▶ Welches Angebot gehört zu welchem Graphen?
- ▶ Für welches Angebot soll sich Luisa bei 1000 Flyern entscheiden, wenn sie das günstigste Angebot wählen soll?
  Begründe rechnerisch. **2 P**

Aufgabe 5

Aus zwei Schachteln werden blind Kugeln gezogen. Die Kugel aus der ersten Schachtel bildet die Zehnerstelle der Zahl, die Kugel aus der zweiten Schachtel bildet die Einerstelle der Zahl.

- ▶ Gib alle möglichen Kombinationen an.
- ▶ Berechne die Wahrscheinlichkeit, eine gerade Zahl zu erhalten.

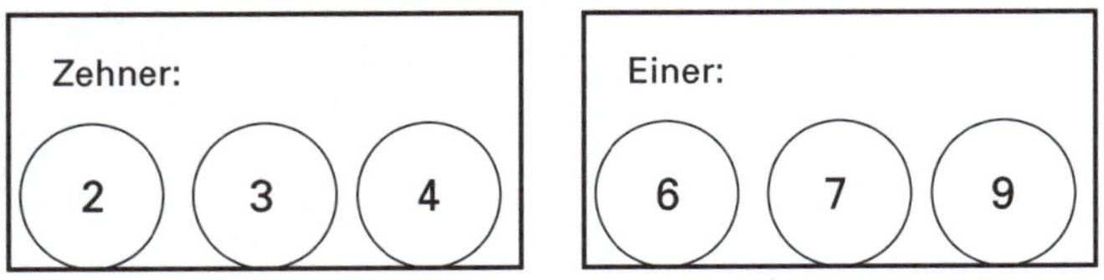

2 P

Teil B (Wahlteil)

Hinweis: In Teil B sind zwei der vier Aufgaben zu bearbeiten.

Zugelassene Hilfsmittel: Zeichengeräte, Formelsammlung, wissenschaftlicher Taschenrechner (nicht programmierbar)

Aufgabe 1

a) Die abgebildete Umfrage ergab, dass 270 der befragten Personen beim Kauf von Kleidung auf die Marke achten.

Wie viele der befragten Personen achten beim Kauf auf den **Preis**? Begründe rechnerisch.

Worauf achten Sie beim Kauf von Kleidung?

2 P

b) Familie Klein möchte ihre Rasenfläche entlang der gestrichelten Linie einzäunen.

Wie viel kostet der Zaun, wenn der Preis für ein 2,5 m langes Zaunstück 62,50 € beträgt?

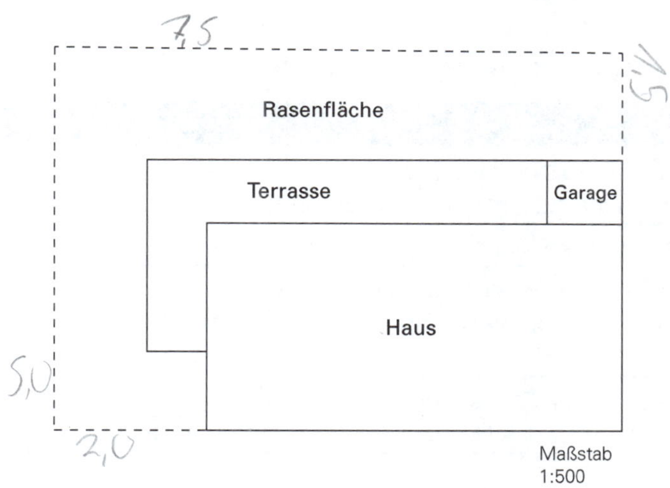

3 P

Aufgabe 2

a)

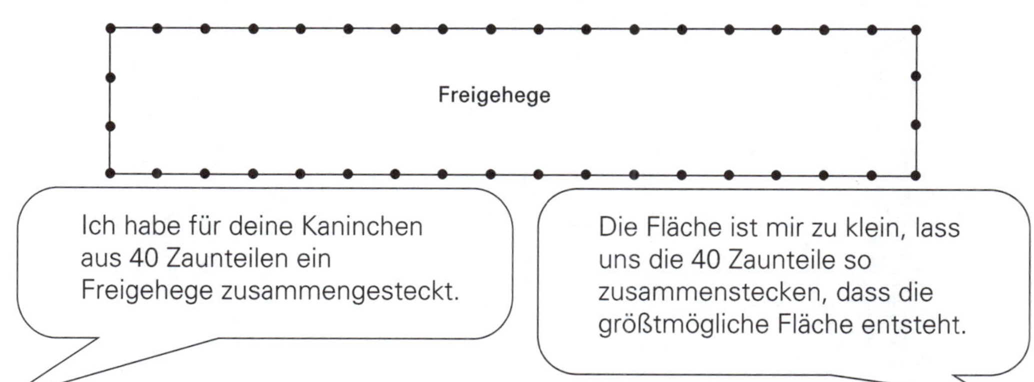

Wie sollen die Teile gesteckt werden, damit die größtmögliche viereckige Fläche entsteht? **2 P**

b) Für einen Schulgarten wurde eine Überdachung gebaut.
Zuerst wurde Dachform 1 geplant. Aus Kostengründen wurde dann die Dachform 2 gebaut.

Dachform 1:

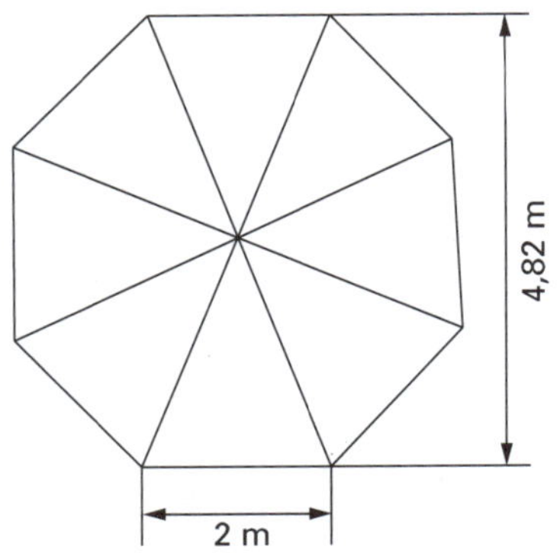

Dachform 2:

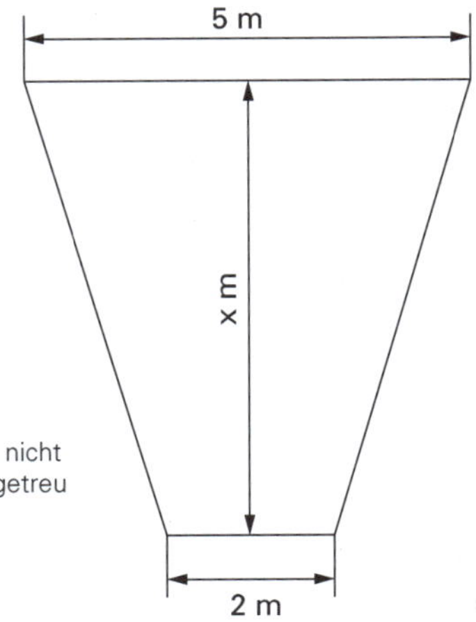

Zeichnung nicht maßstabsgetreu

Dachform 1 und Dachform 2 haben den gleichen Flächeninhalt.
Berechne die Länge von x für Dachform 2. **3 P**

Aufgabe 3

a) Für ein Glücksrad gilt:

- alle Flächen sind gleich groß
- jede Fläche hat eine andere Farbe

Prüfe die Aussagen und kreuze jeweils „wahr" oder „falsch" an.

Aussage	wahr	falsch
Je mehr Flächen es sind, umso größer ist die Wahrscheinlichkeit, eine bestimmte Farbe zu drehen.		
Die Wahrscheinlichkeit jeder Farbe ist gleich groß.		
Eine gewünschte Farbe ist lange nicht gedreht worden. Die Wahrscheinlichkeit, diese Farbe beim nächsten Mal zu drehen, ist nun höher.		
Wenn die Wahrscheinlichkeit, eine Farbe zu drehen bei 12,5 % liegt, dann ist das Glücksrad in 8 Flächen unterteilt.		

2 P

b) Berechne die abgebildete zusammengesetzte Fläche.

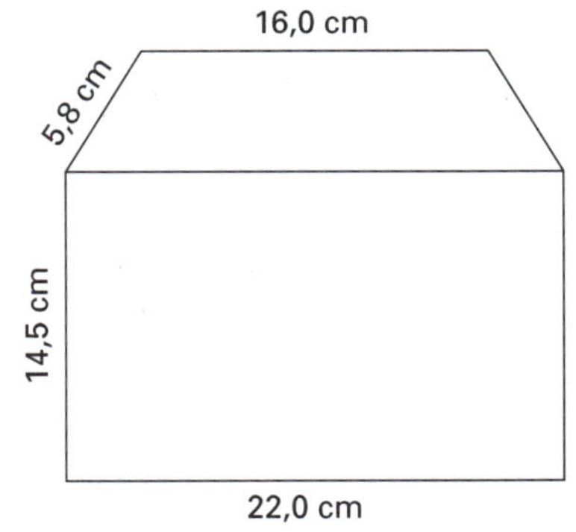

Zeichnung nicht maßstabsgetreu

3 P

Aufgabe 4

a) Simone hat 1850 € gespart und möchte das Geld bei einer Bank 3 Jahre anlegen.
Immer am Ende des Jahres werden die Zinsen zum Kapital hinzugezählt.
Sie hat zwei Angebote eingeholt.

Bank A:
Zinssatz:
1. Jahr: 0,9 %
2. Jahr: 0,9 %
3. Jahr: 0,9 %

Bank B:
Zinssatz:
1. Jahr: 0,4 %
2. Jahr: 1,1 %
3. Jahr: 1,3 %

Wie groß ist der Zinsunterschied?
Bei welchem Angebot bekommt man nach drei Jahren mehr Zinsen?

2 P

b) ▶ Zeichne ein Dreieck mit $\beta = 34°$, $\gamma = 56°$ und $a = 10$ cm und beschrifte die Eckpunkte.

▶ Wie in der Skizze dargestellt, treffen sich bei einem gleichseitigen Dreieck die Winkelhalbierenden in einem Punkt.
Berechne den Winkel δ.

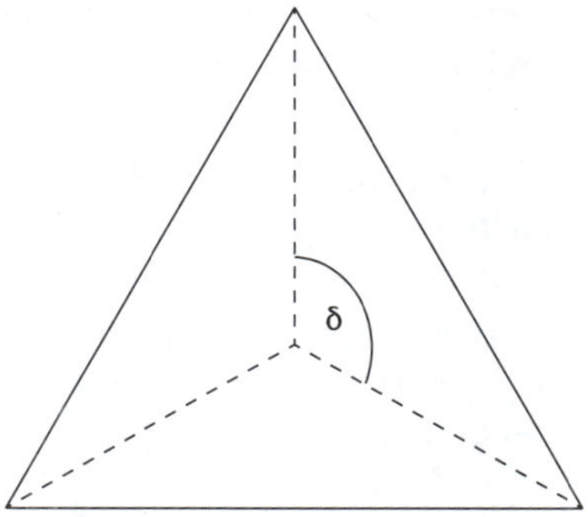

Zeichnung nicht maßstabsgetreu

3 P

Bearbeitungstipps

Teil A1 (Pflichtteil)

1. Schätze das Ergebnis zuerst mit einer Überschlagsrechnung: z. B.: 30 000 : 3 = 10 000. Die ersten beiden Lösungen entfallen also. Dann kannst du die Division bis zur 3. Stelle ausführen. Noch einfacher ist es, wenn du 10 075 oder 10 750 mit 3,1 multiplizierst.

2. Du kannst den Inhalt der 3 Bottles addieren. Das ergibt 7,5 l. Jeder Liter enthält 4 Viertelliter. Multipliziere mit 4.

3. Bei der Multiplikation von 3 700 000 mit 100 erhältst du insgesamt 7 Nullen, das Ergebnis kannst du mit $37 \cdot 10^7$ oder mit $3{,}7 \cdot 10^8$ angeben.

4. Hier musst du zuerst überlegen, welcher Preis der Grundwert ist. Da es in der Aufgabe um Reduzierung geht, ist der alte Preis 120 € der Grundwert. Berechne also 75 % von 120 € und subtrahiere das Ergebnis von 120 € oder berechne (100 – 75)% = 25 %. Du kannst auch anders vorgehen und berechnen, wie viel Prozent der neue Preis (40 €) im Vergleich zum alten Preis beträgt.

5. Beachte die Klammerregel: 4 muss mit beiden Gliedern in der Klammer multipliziert werden. Fasse dann alle x-Werte und alle absoluten Zahlen zusammen.

6. Wenn dir die Vorstellung schwerfällt, zeichne dir ein Netz, schneide es aus und falte es entsprechend.

7. Die Fläche eines Parallelogramms wird durch das Produkt Grundseite mal Höhe bestimmt. Da alle drei Grundseiten in der Abbildung gleich sind und natürlich auch der Abstand zwischen den Parallelen gleich bleibt, sind auch die Flächeninhalte gleich groß.

8. Du kannst den Durchschnitt auf herkömmliche Weise berechnen (Multiplikation der Anzahl mit der jeweiligen Note, Summe dieser Produkte und Division durch die Gesamtzahl). In dieser speziellen Aufgabe kannst du aber auch sofort den Notendurchschnitt erkennen: Die Anzahl der Noten 1 und 5 heben sich gegenseitig auf, ebenso die Anzahl der Noten 2 und 4, sodass nur die Note 3 für den Durchschnitt entscheidend ist.

9. Da 50 Gummibärchen 100 % entsprechen, entsprechen die Anzahlen der Bärchen jeweils dem doppelten Prozentwert.

10. Aus den Werten in der Mitte der Tabelle kannst du das Verhältnis der beiden Werte ablesen: Die Anzahl der Schrauben ist viermal so groß wie ihr Gewicht.

Teil A2 (Pflichtteil)

1. 70 % der Papierbecher in dieser Aufgabe haben einen Plastikdeckel. Du musst also 70 % von $17 \cdot 100$ Millionen berechnen, das sind 1190 Millionen Deckel für die Papierbecher.

2. Die Oberfläche eines Körpers besteht aus der Grundfläche und dem Mantel. Berechne die Grundfläche und die Mantelfläche der Pyramide. Dividiere dann durch 6, um die Fläche einer Würfelseite zu erhalten.

3. Beim rechtwinkligen Dreieck kannst du den Satz des Pythagoras anwenden:
$a^2 + b^2 = c^2$. Wenn du die entsprechenden Werte für a und b einsetzt, erhältst du für c^2 einen Wert < 49. Thorstens Aussage ist also falsch.

4. Bei den Angeboten 2 und 3 gibt es keine Bearbeitungsgebühr. Die Gerade beginnt beim Nullpunkt. Da sich in Angebot 3 der Stückpreis bei 501 bis 1000 Flyern verändert, verändert sich auch die Steigung der Geraden, sie erhält einen Knick. Bei den Angeboten 1 und 2 musst du jeweils den Stückpreis mit 1000 multiplizieren und bei Angebot 1 die Bearbeitungsgebühr dazuaddieren. Bei Angebot 3 musst du den Preis für 500 Flyer à 0,49 € zu dem Preis für 500 Flyer à 0,39 € addieren.
Alternative: Du berechnest den Durchschnittspreis von 0,49 € und 0,39 € = $\frac{0{,}88}{2}$ € = 0,44 € und multiplizierst mit 1000.

5. Da jede Zehnerstelle mit jeder Einerstelle kombiniert werden kann, sind 9 verschiedene Zahlen möglich. Für die Wahrscheinlichkeit, eine gerade Zahl zu erhalten, ist nur die Einerstelle maßgeblich, also nur die 6. Nur 3 von 9 Zahlen sind gerade Zahlen. Die Wahrscheinlichkeit ist also $\frac{1}{3}$.

Bearbeitungstipps

Teil B (Wahlteil)

1. a) Hier musst du die Winkel der Kreissegmente messen. 135° entsprechen 270 Personen, 1° also 2 Personen und 195° 390 Personen.

b) Miss alle 4 Längen der gestrichelten Linie und multipliziere die Summe mit 500. So erhältst du die Gesamtlänge des geplanten Zauns. Achte beim Dreisatz darauf, dass der Preis für ein 2,5 m langes Zaunstück angegeben ist und nicht für 1 m.

2. a) Die größtmögliche Fläche eines Vierecks mit gegebener Gesamtseitenlänge ist quadratisch. Bei 40 Zaunteilen insgesamt ist jede Seite 10 Zaunteile lang.

b) Die Dachform besteht aus 8 symmetrischen Dreiecken mit der Grundseitenlänge 2 m und der Höhe 4,82 m : 2 = 2,41 m. Aus diesen Angaben berechnest du die Gesamtfläche der 8 Dreiecke, nämlich $8 \cdot \frac{2 \cdot 2{,}41}{2}\ m^2$.

Die Dachform 2 ist ein gleichschenkliges Trapez mit der Mittellinie m = 3,5 m.

3. a) Die 1. Aussage ist falsch: Da die Flächen alle gleich groß sind und jede Fläche eine andere Farbe hat, ist die Wahrscheinlichkeit für alle Farben gleich.

Die 2. Aussage ist also wahr.

Die Ereignisse, eine bestimmte Farbe zu drehen, sind unabhängig voneinander. Die Aussage 3 ist also falsch. Die Aussage 4 ist wahr, denn bei 8 Flächen hat jede Fläche $\frac{100}{8}$ % = 12,5 % Wahrscheinlichkeit.

b) Die zusammengesetzte Fläche besteht aus einem Rechteck und einem gleichschenkligen Trapez.

Der Flächeninhalt des Trapezes ist $\frac{a + b}{2} \cdot h_a$. Die Seiten a und c sind gegeben: 22,0 cm bzw. 16,0 cm.

Wenn du nun die Höhe h_a des Trapezes vom Eckpunkt aus einzeichnest, entsteht ein rechtwinkliges Dreieck, dessen Hypotenuse 5,8 cm beträgt. Die Kathete a, die ein Teil der Rechteckseite ist, ist 3 cm lang, nämlich $\frac{22 - 16}{2}$ cm.

Mithilfe des Satzes des Pythagoras $c^2 - a^2 = b^2$ lässt sich die Kathete b errechnen. Damit hast du nun die Höhe h_a und kannst die Trapezfläche berechnen.

4. a) Hier kannst du bei Bank A mit der Zinseszinsformel rechnen:

$K\ (neu) = K \cdot (1 + \frac{p}{100})^n$, wobei p = 0,9 % beträgt und n = 3 (Jahre) ist.

Bei Bank B musst du 3 Prozentrechnungen ausführen und jeweils die Zinsen zum Kapital dazurechnen.

b) Zeichne die Seite a = 10 cm und trage die beiden Winkel β und γ ab. Bei einem gleichseitigen Dreieck teilen die Winkelhalbierenden den Vollwinkel in drei gleiche Teile, also 360° : 3 = 120°

Notizen

Formelsammlung

Grundrechenarten

Addition $a + b = c$ Summand + Summand = Summe	**Subtraktion** $a - b = c$
Multiplikation $a \cdot b = c$ Faktor · Faktor = Produkt	**Division** $a : b = c$ Dividend : Divisor = Quotient

Wichtige Rechengesetze

Kommutativgesetz (Vertauschungsgesetz) $a + b = b + a$ $a \cdot b = b \cdot a$	**Assoziativgesetz** (Verbindungsgesetz) $a + (b + c) = (a + b) + c$ $a \cdot (b \cdot c) = (a \cdot b) \cdot c$	**Distributivgesetz** (Verteilungsgesetz) $a \cdot (b \pm c) = ab \pm ac$ $\frac{b \pm c}{a} = \frac{b}{a} \pm \frac{c}{a}$

Bruchrechnen

Erweitern $\frac{a}{b} = \frac{a \cdot c}{b \cdot c}$	**Kürzen** $\frac{a}{b} = \frac{a : c}{b : c}$	**Addition/Subtraktion** $\frac{a}{c} \pm \frac{b}{c} = \frac{a \pm b}{c}$ $c \neq 0$	**Multiplikation/Division** $\frac{a}{b} \cdot \frac{c}{d} = \frac{a \cdot c}{b \cdot d}$ $\frac{a}{b} : \frac{c}{d} = \frac{a}{b} \cdot \frac{d}{c} = \frac{a \cdot d}{b \cdot c}$ $c, d \neq 0$

Rechnen mit Klammern

Auflösen von Plusklammern $+(-a + b - c) = -a + b - c$ Die Zeichen bleiben erhalten!	**Auflösen von Minusklammern** $-(-a + b - c) = +a - b + c$ Die Zeichen ändern sich!
Ausklammern $ab + ac - ad = a(b + c - d)$	**Ausmultiplizieren** $a(-b + c - d) = -ab + ac - ad$

Multiplizieren von Summen und Differenzen

$(a + b) \cdot (c - d) = ac - ad + bc - bd$

Potenzen/Wurzeln

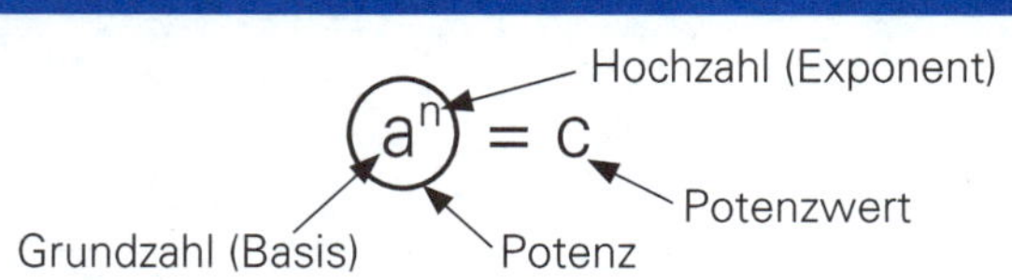

$a^n = \underbrace{a \cdot a \ldots \cdot a}_{n \text{ Faktoren}}$

$a^n = c \Leftrightarrow \sqrt[n]{c} = a \quad (c \geqq 0)$

Potenzieren und Radizieren sind entgegengesetzte Rechenarten.

Vereinfachte Schreibweise: $\sqrt[2]{a} = \sqrt{a}$

$\sqrt[n]{0} = 0 \quad (n \geqq 2)$

Zehnerpotenzen

$10^0 = 1$	
$10^1 = 10$	$10^{-1} = 0{,}1$ (1 Zentel)
$10^3 = 1000$ (1 Tausend)	$10^{-2} = 0{,}01$ (1 Hundertstel)
$10^6 = 1\,000\,000$ (1 Million)	$10^{-3} = 0{,}001$ (1 Tausendstel)

Maßeinheiten

Längenmaße	Hohlmaße
1 km = 1000 m 1 m = 10 dm = 100 cm = 1000 mm 1 dm = 10 cm = 100 mm 1 cm = 10 mm	1 hl = 100 l 1 l = 1000 ml 1 l = 1 dm^3 1ml = 1 cm^3

Flächenmaße	Gewichtsmaße
1 km^2 = 100 ha 1 ha = 100 a 1 a = 100 m^2 1m^2 = 100 dm^2 1 dm^2 = 100 cm^2 1 cm^2 = 100 mm^2	1 t = 1000 kg 1 kg = 1000 g 1 g = 1000 mg

Raummaße	Zeitmaße
1 m^3 = 1000 dm^3 1 dm^3 = 1000 cm^3 1 cm^3 = 1000 mm^3	1 Tag = 24 h 1 h = 60 min 1 min = 60 s

Runden

Die Stelle rechts von der Rundungsstelle ist entscheidend.
Ist die entscheidende Stelle eine
- ▶ 0, 1, 2, 3 oder 4 wird abgerundet.
- ▶ 5, 6, 7, 8 oder 9 wird aufgerundet.

Erläuterungen für Abkürzungen

A: Flächeninhalt
V: Volumen
O: Oberflächeninhalt
M: Mantelflächeninhalt
e, f: Länge der Flächendiagonalen
d: Länge der Raumdiagonale
s: Länge der Mantellinie
G: Grundfläche
h: Höhe
r: Radius
u: Umfang

Flächenberechnung

Quadrat

$A = a \cdot a$
$A = a^2$
$u = 4 \cdot a$

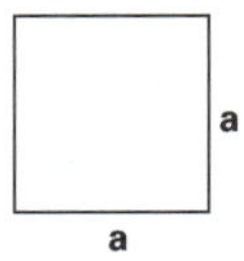

Parallelogramm

$A = a \cdot h$
$u = 2 \cdot a + 2 \cdot b$

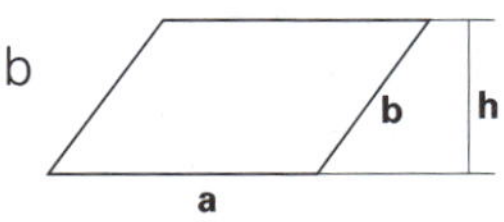

Trapez

$A = \frac{a + c}{2} \cdot h$
$A = m \cdot h$
$u = a + b + c + d$

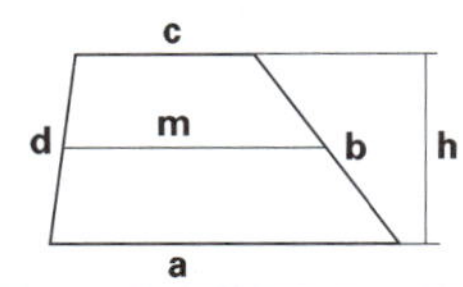

Rechteck

$A = a \cdot b$
$u = 2 \cdot a + 2 \cdot b$

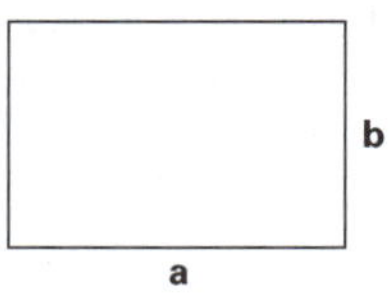

Dreieck

$A = \frac{c \cdot h_c}{2}$
$= \frac{b \cdot h_b}{2} = \frac{a \cdot h_a}{2}$
$u = a + b + c$

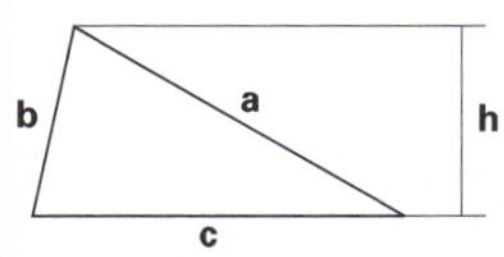

Raute

$A = \frac{e \cdot f}{2}$
$u = 4 \cdot a$

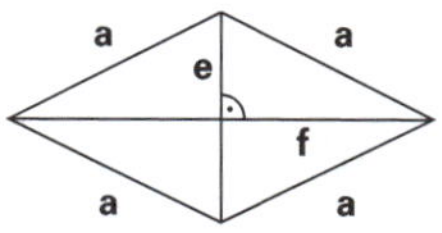

Drachen

$A = \frac{e \cdot f}{2}$
$u = 2 \cdot (a + b)$
$= 2a + 2b$

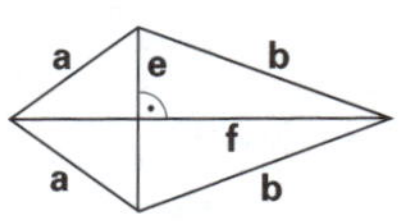

Kreis

$A = \pi \cdot r^2$
$A = \frac{\pi}{4} \cdot d^2$
$u = 2 \cdot \pi \cdot r$
$u = \pi \cdot d$

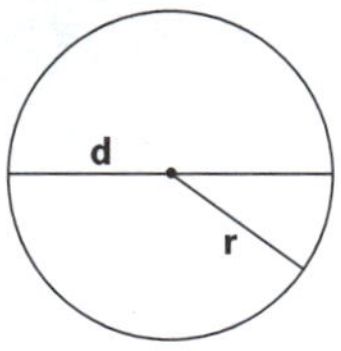

Eigenschaften von Dreiecken und Vierecken

Winkel im Dreieck

Winkelsumme
$\alpha + \beta + \gamma = 180°$

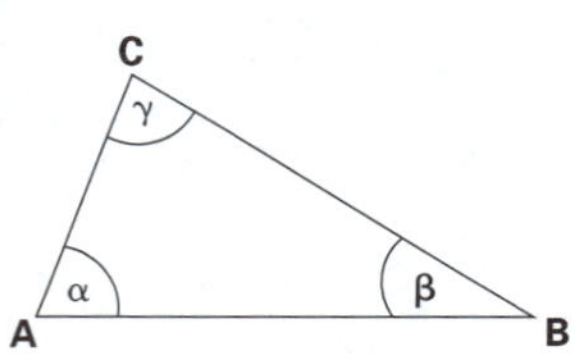

Satz des Pythagoras

$c^2 = a^2 + b^2$

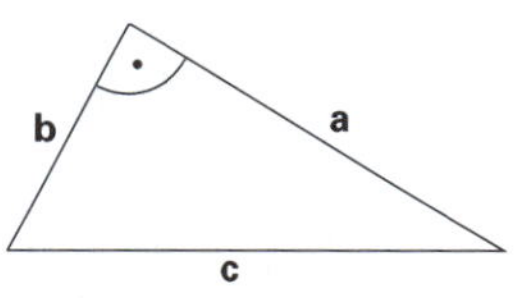

Winkel im Viereck

Winkelsumme
$\alpha + \beta + \gamma + \delta = 360°$

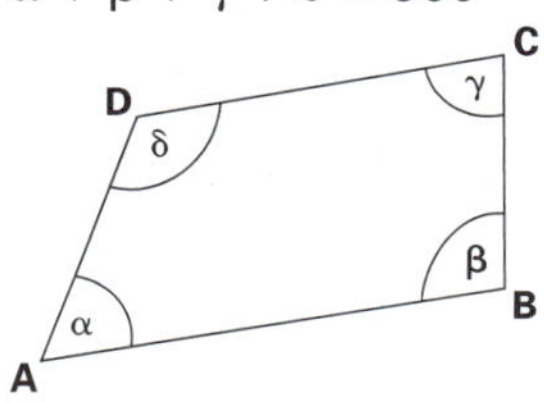

Körperberechnung

Würfel

$V = a \cdot a \cdot a$
$V = a^3$
$O = 6 \cdot a^2$

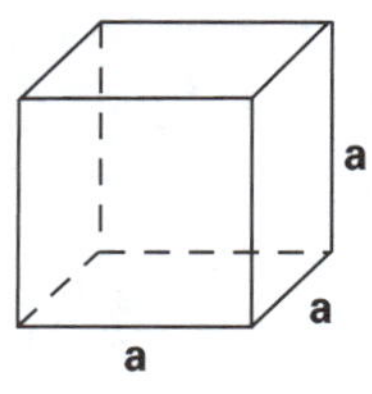

Quader

$V = a \cdot b \cdot c$
$O = 2 \cdot a \cdot b + 2 \cdot b \cdot c + 2 \cdot a \cdot c$

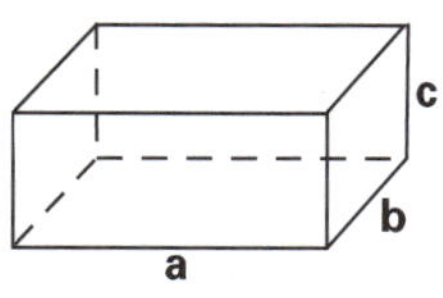

Säule (Prisma)

$V = A_G \cdot h$
$O = 2 \cdot A_G + M$

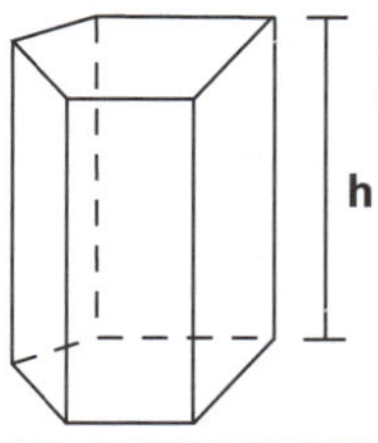

Pyramide	Zylinder
$V = \frac{1}{3} \cdot A_G \cdot h$ $O = A_G + M$ $O = a \cdot (a + 2 \cdot h_s)$ $M = 2 \cdot a \cdot h_s$	$V = A_G \cdot h$ $V = \pi \cdot r^2 \cdot h$ $O = 2 \cdot A_G + M$ $O = 2 \cdot \pi \cdot r \cdot (r + h)$ $M = 2 \cdot \pi \cdot r \cdot h$

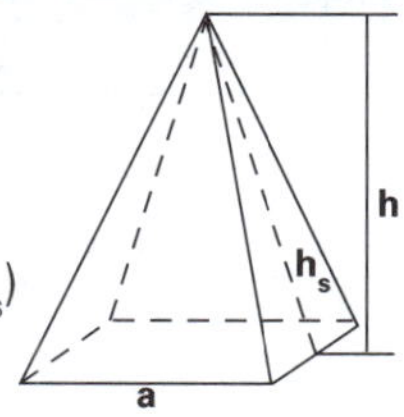

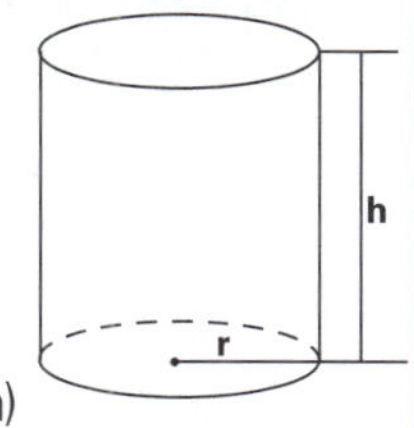

Zuordnungen

Direkte Proportionalität

Die Quotienten einander zugeordneter Zahlen sind gleich:

$\frac{y}{x} = k \qquad y \sim x \qquad (x, k \neq 0)$

(k Proportionalitätsfaktor)

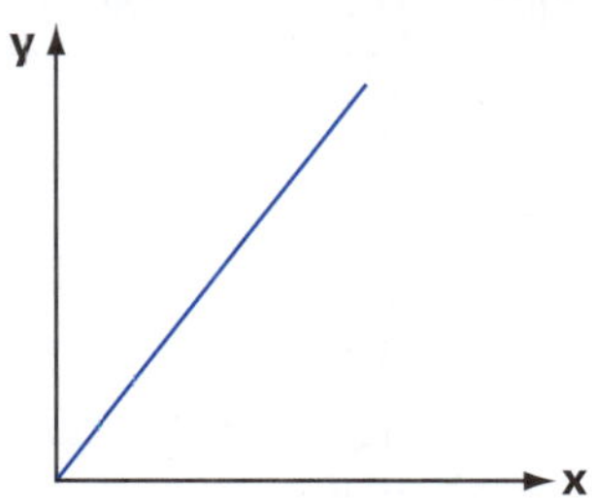

Alle Punkte liegen auf einer Geraden durch den Ursprung.

Antiproportionalität

Die Produkte einander zugeordneter Zahlen sind gleich:

$x \cdot y = k \qquad y \sim \frac{1}{x} \qquad (x, k \neq 0)$

(k Proportionalitätsfaktor)

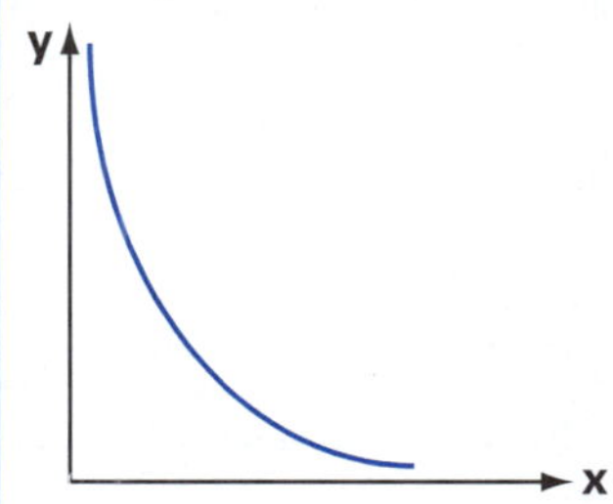

Alle Punkte liegen auf einer Kurve, die sich an die Koordinatenachsen anschmiegt.

Prozent- und Promillerechnung

G = Grundwert — W = Prozentwert / Promillewert — p = Prozentsatz / Promillesatz

Prozentrechnung

$p\,\% = \frac{p}{100}$

$G = \frac{W \cdot 100}{p} \qquad W = \frac{G \cdot p}{100} \qquad p = \frac{W \cdot 100}{G}$

Promillerechnung

$p\,‰ = \frac{p}{1000}$

$G = \frac{W \cdot 1000}{p} \qquad W = \frac{G \cdot p}{1000} \qquad p = \frac{W \cdot 1000}{G}$

Zinsrechnung

Jahreszinsen	Monatszinsen	Tageszinsen
$Z = \frac{K \cdot i \cdot p}{100}$	$Z = \frac{K \cdot m \cdot p}{100 \cdot 12}$	$Z = \frac{K \cdot t \cdot p}{100 \cdot 360}$

Kapital: K — Zeit: i (in Jahren)
Zinsen: Z — m (in Monaten)
Zinssatz: p — t (in Tagen)

Beschreibende Statistik

Diagramme

Streifendiagramm

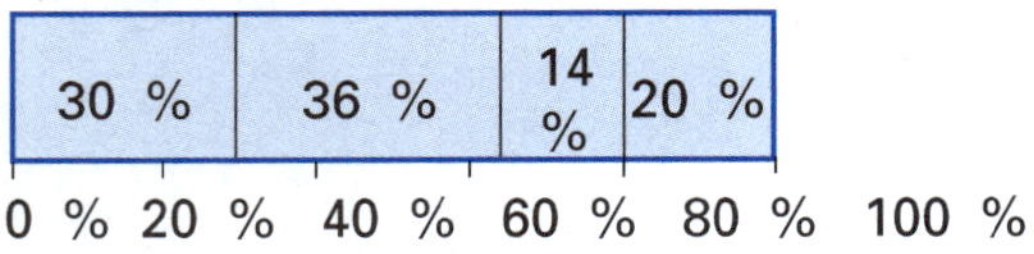

100 % ≙ Gesamtlänge des Streifens
p % ≙ Teillängen des Rechtecks

Kreisdiagramm

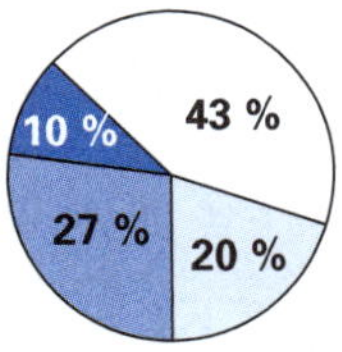

100 % ≙ 360°
p % ≙ Größe des Teilwinkels

Kennwerte einer Liste mit n Werten $x_1, x_2, \dots, x_n$

Minimum x_{min} (Min)	Maximum x_{max} (Max)
kleinster Wert der Datensammlung	größter Wert der Datensammlung
Spannweite d	**Häufigster Wert m (Modalwert)**
Differenz zwischen größtem und kleinstem Wert der Sammlung $d = x_{max} - x_{min}$	Der am häufigsten auftretende Wert. Es kann mehrere geben.
Arithmetisches Mittel	**Median (Zentralwert)**
Mittelwert $\overline{x}$ der Datenreihe $x_1, \dots, x_n$ berechnet sich aus: $\overline{x} = \frac{x_1 + x_2 + \dots + x_n}{n}$	In einer der Größe nach geordneten Reihe mit n Daten hat der Median z die Eigenschaft, dass 50 % der Werte darüber und 50 % der Werte darunter liegen. $z = x_{\frac{n+1}{2}}$ für ungerades n $z = \frac{1}{2}(x_{\frac{n}{2}} + x_{\frac{n}{2}+1})$ für gerades n

Die Abschlussprüfung

Die schriftliche Abschlussprüfung in Englisch ist stets ähnlich aufgebaut. Folgende Teile sind Bestandteil der Prüfung:

A – Listening Comprehension
In diesem Teil wird anhand von kurzen und längeren Hörtexten Ihr Hörverständnis überprüft. Sie sollen zeigen, dass Sie gesprochene Texte verstehen und gezielt Fragen dazu beantworten können.

B – Text-based Tasks
Anhand eines Ausgangstextes wird mit verschiedenen Aufgabenarten Ihr Textverständnis überprüft.

C – Use of Language
Hier müssen Sie z. B. einen Lückentext mithilfe von vorgegebenen Wörtern vervollständigen, Synonyme und Antonyme in einem Text finden oder Wörter erklären und Fragen stellen.

D – Writing
In diesem Teil geht es darum, kleine Texte anhand vorgegebener Inhaltspunkte (z. B. E-Mail, Beschwerdebrief etc.) zu verfassen oder zu einem vorgegebenen Thema Ihre Meinung oder Erfahrungsberichte zu schreiben.

Für Ihre Vorbereitung ist es wichtig, dass Sie sich mit den typischen Aufgabenarten der einzelnen Prüfungsteile vertraut machen und immer wieder üben. In unserem Trainingsteil finden Sie hierzu viele Aufgaben.

A – Listening Comprehension

Erklärung

Die Vorbereitung
Am besten bereiten Sie sich auf diesen Teil der Prüfung durch intensives und wiederholtes Hören von englischen Texten vor. Sie können sich zum Beispiel englische Fernsehprogramme ansehen oder beim Anhören englischer Musik versuchen, die Texte zu verstehen. Sehen Sie sich den nächsten Film doch einfach mal im Originalton auf Englisch an – mithilfe der Untertitel lässt sich das Gehörte sehr gut nachvollziehen.

In der Prüfung
Die Hörtexte der Prüfung variieren in Länge und Art, meist sind es kurze Gespräche, Interviews oder Durchsagen. Die Fragen dürfen Sie sich vorab schon durchlesen, hierbei sollen Sie darauf achten, dass Sie auch die Fragestellung genau lesen, damit Sie wissen, worauf Sie achten müssen. Keine Angst, wenn Sie beim ersten Hören nicht jedes Wort verstehen – es sind nicht alle Details des Hörtextes für die Aufgaben wichtig. Wenn Sie sicher sind, dass Ihre Antworten richtig sind, können Sie sie schon nach dem ersten Hören eintragen. Beim zweiten Hören können Sie sich dann auf die Aufgaben konzentrieren, die Sie noch nicht gelöst haben. Sie können sich auch während des Hörens auf einem Extrablatt Notizen machen: Wer? Was? Wann? Wo? Wie? Versuchen Sie, auf jeden Fall alle Aufgaben zu lösen, auch wenn Sie sich nicht ganz sicher sind. Teilen Sie sich Ihre Zeit so ein, dass Sie am Schluss nochmals alle Antworten in Ruhe durchlesen können.

Typische Aufgabenstellung

You will hear a radio host talking to a man about his favourite sport.
Listen and mark 'true' or 'false' for each question.

Hörtext

Radio Host: Good morning everyone. Welcome to my weekly show 'Your Favourites'. Today's topic is 'Your favourite sport'. So if you would like to share your ideas about your favourite sport with our listeners, please call 330065. And here we have our first caller already. What's your name?

Patrick: My name's Patrick.

Radio Host: Hello, Patrick. Welcome to the show. Now, what is your favourite sport?

Patrick: My absolute favourite is beach volleyball.

Radio Host: That sounds thrilling indeed. Please tell our listeners when and why you started playing beach volleyball.

Patrick: Well, when I was 10 years old, I did what most young boys do. I started playing football. I was not a bad player, and I even kind of liked football, but it never became my passion. When I turned 17, I asked my best friend Daniel to join me on a two-week summer holiday. At first we wanted to go to Italy, but in the end we decided to go to Southern Spain. And when we went to the beach on the very first day, we saw some teenagers playing beach volleyball. Daniel and I were fascinated right away.

Radio Host: Did you and Daniel just watch or did you join the game?

Patrick: The players invited us to join them, and we were happy to do so. All the players were Spanish, and it was a bit hard to communicate with them because their English was quite poor. Nevertheless Daniel and I learned how to play beach volleyball pretty quickly.

Radio Host: And why exactly do you find beach volleyball so fascinating?

Patrick: First of all, beach volleyball is not a contact sport, and physical contact is what I always disliked about football. Second, beach volleyball is a sport that requires not only extreme physical fitness but also sensitivity and team spirit. Third, the body movements in beach volleyball are beautiful and athletic at the same time. Last but not least, beach volleyball is always associated with the sun, the ocean and a holiday feeling.

Radio Host: I certainly agree with everything you have just said. Patrick, thank you very much for sharing your enthusiasm about your favourite sport with us today.

Erläuterung
Bei diesem Aufgabentyp müssen Sie entscheiden, ob eine Aussage richtig oder falsch ist. Da Sie vorab die Fragen durchlesen dürfen, wissen Sie bereits, welche Informationen für die Antwort wichtig sind.

	true	false
a) The radio show is broadcast once a week.	x	
b) To call the radio host, listeners need to dial the number 330056.		x
c) When Patrick was a young boy, he played football.	x	
d) The first time Patrick saw people playing beach volleyball was in Italy.		x
e) The Spanish beach volleyball players that Patrick and Daniel joined were poor.		x
f) Patrick gives four reasons why he finds beach volleyball fascinating.	x	

Übungsaufgaben

1. You will hear five short conversations. For questions 1 to 5 tick A, B or C.
(Audiotrack: QR-Code rechts / Hörtext S. 217)

(4)

Question 1: What will Dorothy have for breakfast this morning?

Ⓐ cornflakes and orange juice

Ⓑ fried eggs and tea

Ⓒ cornflakes and milk

Question 2: How much money will the woman have to pay to the ticket inspector?

Ⓐ 20 £, 10 £, 5 £

Ⓑ 20 £, 20 £

Ⓒ 5 £

Question 3: At what time will Ben join the meeting?

Ⓐ

Ⓑ

Ⓒ

Question 4: Where are Emily and Peter going to spend their summer holidays this year?

Ⓐ

Ⓑ

Ⓒ

Question 5: What is the quickest way for Andrew to contact his father?

Ⓐ email message

Ⓑ voicemail message

Ⓒ text message

2. You will hear an automatic voicemail message of a dental practice. Listen and complete the questions.
(Audiotrack: QR-Code S. 201 / Hörtext S. 218)

☎ Voicemail message of a dental practice		
The dentist's name is		*Dr. Miller*
The practice is closed this week because	a)	follen ill
Next week the practice will be open on Wednesday from	b)	8am - 2pm
The university dental clinic is located in	c)	Flamtes Stert
The phone number of the dental clinic is	d)	1122887
Patients who want to make an appointment are asked to leave some information after	e)	the pip

3. You will hear a conversation between a mother and her son. Listen and mark A, B or C for each question.
(Audiotrack: QR-Code S. 201 / Hörtext S. 218)

a) Brad wants to meet with Tom ...
Ⓐ at 5 o'clock. Ⓑ in a distant place. Ⓒ at Tom's place.

b) Brad's mother saw Tom ...
Ⓐ in the supermarket. Ⓑ near the supermarket. Ⓒ at work.

c) Tom is ...
Ⓐ 2 years younger than Brad. Ⓑ 2 years older than Brad. Ⓒ 14 years old.

d) Brad ...
Ⓐ is not allowed to drink or smoke in public.
Ⓑ has the same interests as Tom.
Ⓒ has never smoked.

e) Brad ...
Ⓐ enjoys smoking but does not like beer.
Ⓑ has never tried smoking or drinking beer.
Ⓒ dislikes both cigarettes and beer.

f) Brad's mother ...
Ⓐ is very honest.
Ⓑ will trust Brad from now on.
Ⓒ is in a hurry.

4. You will hear a presenter of a TV quiz show who interviews six people about their jobs. Listen and write a letter, A – F, next to each of the six people.
(Audiotrack: QR-Code S. 201 / Hörtext S. 218)

a) E **Betty**	A teacher
b) C **Catherine**	B journalist
c) F **Tom**	C shop assistant
d) D **Holly**	D nurse
e) B **Jack**	E university professor
f) A **Bill**	F travel agent

B – Text-based Tasks

Erklärung

Die Vorbereitung
Um das Verstehen englischer Texte zu trainieren, können Sie Zeitschriften wie „Spotlight" oder „Read On" lesen. Diese sind zum Üben gut geeignet, weil sie viele Artikel enthalten und für einzelne schwierige Wörter auch gleich die Übersetzung anbieten. Sie finden diese am Kiosk oder auch in einer gut sortierten Bücherei. Auch im Internet lassen sich viele für Schüler aufbereitete Texte finden.

In der Prüfung
Lesen Sie einen Text mehrmals genau durch. Unterstreichen Sie dabei Wörter, die Sie nicht kennen. Meistens können Sie deren Bedeutung aus dem Textzusammenhang erschließen.
Auf jeden Fall sollten Sie alle Fragen beantworten, auch wenn Ihnen manche vielleicht erst einmal schwierig erscheinen. Lösen Sie erst die für Sie leichten Fragen und bearbeiten Sie dann in aller Ruhe die schwereren.
Achten Sie vor allem auf Ihre Rechtschreibung. Fehler können hier zu Punktabzug führen. Berücksichtigen Sie auch, dass Sie in der gleichen Zeitform antworten, in der die Frage gestellt wurde.

Typische Aufgabenstellung

Erläuterung
Sie bekommen einen längeren Text und dazugehörige Fragen. Es geht darum, zu zeigen, dass Sie den Inhalt auch im Detail verstehen. Sie müssen z. B. entscheiden, ob Aussagen auf den Text zutreffen, falsch sind oder im Text nicht behandelt werden. Eine andere Aufgabenstellung wäre, dass Sie zu einzelnen Textabschnitten entsprechende Überschriften finden müssen.

Bollywood

In 2013, Indian cinema turned 100 years old and it's the most booming film industry in the world. Every day around 14 million Indians go to the cinema. Nearly as many as 1,000 films in various languages are produced annually – that's way more than Hollywood produces.
As a synonym for Indian movies you can often hear the word Bollywood. It is the fusion of the city name Bombay and the popular movie-mecca Hollywood.
The main elements of a Bollywood film are music, dance, love, action, comedy as well as fight scenes. This mixture and how those elements are brought together, is one of the main differences between Indian and Western movies. Another typical aspect is the length of around 165 minutes and the break which is used as a dramatic highlight. The Western audience isn't used to this drawn out, lengthy storytelling and feels it is overdone.

The first full-length Indian motion picture was produced in 1913. 28 years later a significant change came – the sound film replaced the silent one. Language and music became a main part of movies. But in India especially the spoken word caused problems because of the many different languages which are spoken in the country. The film industry reacted by producing films in the different Indian languages and dialects.
Another 20 years later Indian cinema came to real glory. A main factor for the upcoming success was the financial support by the government. Soon the film industry grew to an important branch of the economy. And until today, this enormous success hasn't ended.

(1)

1. Match the headings (1 – 5) with the correct part of the text. Write down the correct answers.

a)	lines 1 – 3	A Rise to success
b)	lines 4 – 5	B Indian and Western movies
c)	lines 6 – 9	C Language problems
d)	lines 10 – 13	D Birthday
e)	lines 14 – 16	E Name combination

Lösung

A e) B c) C d) D a) E b)

2. Decide whether the statements are 'true', 'false' or 'not in the text'. Write down the correct answers.

a) Less than 20 million Indians go to the cinema daily.
b) More women than men go to the cinema.
c) Bollywood is located in Indonesia.
d) Indian and Western movies are very alike.
e) The first full-length movie was produced before World War I.

Lösung

a) true b) not in the text c) false d) false e) true

Übungsaufgaben

Part 1
What information do these signs give you? Write down the correct letters.
Example: e) B

a)

No dogs allowed in restaurant!
For other pets ask the manager.

(A) You must not bring any pet into this restaurant.
(B) The manager of the restaurant does not have a dog, but he does have other pets.
(C) If you want to eat in this restaurant, you must not bring your dog with you.
(D) All small pets are allowed in this restaurant.

b)

Dear hotel guests!
It is not allowed to take food items or drinks out of the breakfast room.

(A) Hotel guests must not take their own food or drinks into the breakfast room.
(B) Hotel guests must not drink alcohol outside the breakfast room.
(C) Hotel guests must have breakfast in their hotel rooms.
(D) Hotel guests must not take food items or drinks from the breakfast room in order to eat or drink them elsewhere later.

c)

Due to shopkeeper's illness this shop will be closed until further notice.

(A) People must not enter the shop because they might fall ill just like the shopkeeper.
(B) The shop is closed and it is not clear yet when it will open again.
(C) The shopkeeper is ill, which is why the shop has closed down for good.
(D) Most customers have noticed that the shop will be closed.

d)

P

Parking is free every day from 7 pm to 6 am as well as all day on Sat. and Sun.

(A) You have to pay for parking Mon. to Fri. from 6 am to 7 pm.
(B) Walking in the park is free all day on Saturday and Sunday.
(C) You can choose any free parking space all day without paying.
(D) On Saturday and Sunday parking is free, but from Monday to Friday you have to pay for parking all day.

Text 1

Part 2 – Part 5
Read the following text carefully and fulfil the tasks from parts 2, 3, 4 and 5.

World Environment Day

People celebrate World Environment Day (WED) in many different ways all over the world: planting trees, cleaning up local beaches, organising meetings, joining online protests. Each year the United Nations Environment Programme (UNEP) chooses a particular issue to focus on. One year it might be forests, another year it might be wildlife. And each year there is a new host; a city which is the centre point for all the celebrations.

[…]

The United Nations (UN) named 5 June as international World Environment Day at the Stockholm Conference on the Human Environment in 1972. The idea was to draw attention to the many problems that are facing our environment. They wanted to include as many people, organisations and governments, both local and national, as possible. They wanted to show that positive change is possible when people work together to fight for a common cause.

[…]

The first WED was celebrated in 1974 in the city of Spokane in the USA. The slogan for that first year was 'Only One Earth' and it was celebrated with the world's first world fair to be dedicated to the environment. The exhibition lasted for six months.

[…]

Since 1974 the WED has been hosted by 34 different cities in 25 different countries around the world, from Cuba to Korea, from Belgium to Brazil. Some countries have hosted the main celebrations two or more times, including Bangladesh, Canada and China. But that doesn't mean that all the celebrations take place in the host country. Every year people from all over the world take part in a huge number of different events to draw attention to the main issue.

[…]

Each year the celebrations focus on a particular problem. Over the last ten years key issues have included wildlife, forests and plastic waste, among other things. Each issue has a slogan. Past slogans include 'Think. Eat. Save.', which asked people to think about the issue of food waste, and 'Raise your voice, not the sea level', to focus on the effect that global warming is having on small island nations around the world. As well as slogans, hashtags have become important for the campaigns too. In a recent campaign the hashtag #WildforLife became a strong symbol for the fight against all kinds of illegal trading in plants and animals.

[…]

If you want to take part in the celebrations, or support this year's special cause, here are some things that you can do. You can visit the official website to find out what this year's slogan is. You can search for the slogan online to find organisations and events in your area or online. You can share information about the cause and the events on social media or form a local action group of your own and organise an event in your community. Whatever you do, you won't be alone. Millions of people all around the world will be joining the celebrations and fighting for a better future for our planet. (507 words)

Adapted from: British Council, https://learnenglish.britishcouncil.org/magazine/world-environment-day, 5.09.2019

Part 2
Match the number of the headings (1 – 5) with the correct letter of the part of the text.
Write down the correct answers.

a)	lines 6 – 9	A The issues
b)	lines 11 – 12	B The hosts
c)	lines 14 – 17	C What you can do
d)	lines 19 – 24	D The first World Environment Day
e)	lines 26 – 30	E How it all started

Part 3
Decide whether the statements are 'true', 'false' or 'not in the text'.
Write down the correct answers.
Example: f) false

a) World Environment Day is celebrated every two years.
b) The goal of the United Nations was to demonstrate how togetherness can bring change.
c) The second World Environment Day took place in Toronto in 1975.
d) From 1974 until today every single country on Earth has hosted the World Environment Day at least once.
e) #WildforLife represents a campaign fighting against illegal trafficking.

Part 4
Complete the sentences by choosing the correct ending according to the text.
Write down the correct answers.
Example: f) A

a) World Environment Day

(A) focuses on changes every year.

(B) is always the same.

(C) is chosen by the host country.

b) There is one host country every year

(A) and that's where all the celebrations take place.

(B) and only people from that country celebrate World Environment Day.

(C) but people from all corners of the world celebrate World Environment Day.

c) One of the issues World Environment Day has focused on over the last decade is

- (A) the animal world.
- (B) advocating wind turbines.
- (C) closing nuclear power plants.

d) Small island nations around the world

- (A) are affected by hurricanes.
- (B) suffer from rising sea levels.
- (C) don't participate in the celebrations.

e) There are many ways to participate in the celebrations, e.g.

- (A) driving around with your car handing out flyers.
- (B) watching a documentary about Earth.
- (C) setting up a group to organise events in your neighbourhood.

Part 5
Find the corresponding sentence parts or sentences in the text that mean the same and write them down.

a) The plan was to alert people to the problems our planet is confronted with. z. 7
b) After half a year the presentation came to an end. z. 12 hinten
c) Among the host countries are some that have held the celebrations more than once. z. 15
d) There is always one special topic that the celebrations address. z. 13
e) No matter what you do, there will always be people joining you. z. 23 mittig

Text 2

Part 2 – Part 5
Read the following text carefully and fulfil the tasks from parts 2, 3, 4 and 5.

Amazing adventurers

Do you ever dream about climbing Mount Everest or visiting Antarctica? If so, you're not alone. Every year, thousands of people try to climb the world's highest mountains or walk across continents. Let's take a look at some of the 21st century's greatest adventurers.

[…]

Ed Stafford from the UK is the first person to walk along the Amazon River from the mountains of Peru to the mouth of the river in Brazil. His amazing journey took two years and four months. There are many dangerous animals in the rainforest, like snakes and crocodiles, but Ed was lucky; he was only bitten by ants and mosquitoes. On his trip, Ed had to find fruit and nuts or catch fish each morning. Sometimes food was hard to find and Ed was often tired and hungry.

Technology was very important for Ed. He used a radio to ask the people of the rainforest for food and help. Many people came to meet him and guide him through the rainforest. While he walked, Ed wrote a blog to tell the world about climate change and destruction of the rainforest.

[…]

Did you know that more than 4,000 people have climbed Everest? Gerlinde Kaltenbrunner from Austria is one of them. She is one of the world's greatest climbers and has climbed all the world's mountains over 8,000 metres. It's very difficult to climb in cold weather and storms, but Gerlinde loves it. She started climbing as a teenager in the mountains near her home. When she left school she became a nurse but always went climbing in her free time. Now she spends her time climbing and helping a charity for poor children in Nepal.

[…]

Some adventurers are always looking for a new challenge. Meagan McGrath from Canada has climbed mountains, ridden a bike across Canada and run races in the desert. But her most incredible journey was a skiing trip to the South Pole. As she skied,

Meagan pulled a sledge with a tent and all her food. She skied through terrible storms and freezing temperatures for forty days till she arrived at the South Pole.
Erik Weihenmayer from the United States has climbed mountains and ridden a bike through deserts. Amazingly, Erik is blind and he wants other blind people to have active lives too. He has taken groups of young blind people climbing in Nepal.
[…]
Technology is a big help for adventurers but the world is still a dangerous place and it's very important to prepare well. If you dream of being an adventurer, there will always be continents to walk across and mountains to climb. (444 words)

Adapted from: Robin Newton, British Council, https://learnenglishteens.britishcouncil.org/study-break/graded-reading/amazing-adventurers-level-1, 05.09.2019

(2)

Part 2
Match the number of the headings (1 – 4) with the correct letter of the parts of the text.
Write down the correct answers.

a)	lines 5 – 11	A A mountain climber
b)	lines 13 – 17	B Good preparation is key
c)	lines 19 – 24	C Amazon adventurer
d)	lines 26 – 27	D More than one adventure

Part 3
Decide whether the statements are 'true', 'false' or 'not in the text'.
Write down the correct answers.
Example: f) true

a) Ed Stafford is one of many people who have walked along the Amazon River from Peru to Brazil.
b) Ed Stafford had enough food to last him for the whole journey.
c) Gerlinde Kaltenbrunner always climbs by herself.
d) To get to the South Pole, Meagan McGrath needed more than a month.
e) Even with technology, preparation is key if you want to become an adventurer.

Part 4
Complete the sentences by choosing the correct ending according to the text.
Write down the correct answers.
Example: f) B

a) It took Ed Stafford

- (A) a lot of money to realise his journey.
- (B) a lot of courage to undertake his journey.
- (C) just under two and a half years to finish his journey.

b) The people of the rainforest

- (A) gave Ed shelter.
- (B) showed Ed the way.
- (C) were very uncooperative.

c) Gerlinde is best known for

- (A) her help with a charity.
- (B) being a nurse.
- (C) having climbed the highest mountains.

d) Meagan

(A) dragged a sleigh along.

(B) skied to the North Pole.

(C) skied from the South Pole to Canada.

e) Erik's blindness

(A) prevents him from being active.

(B) does not stop him doing different kinds of sport.

(C) is the reason for his timidity.

Part 5
Find the corresponding sentence parts or sentences in the text that mean the same and write them down.

a) Then you are not the only one.
b) It wasn't always easy to discover something to eat [...].
c) Although climbing is very challenging under these conditions, Gerlinde enjoys it.
d) There are explorers who are constantly searching for new adventures.
e) Erik cannot see and with his life as an adventurer he intends to set a positive example to other blind people.

Text 3

Part 2 – Part 5
Read the following text carefully and fulfil the tasks from parts 2, 3, 4 and 5.

Animals in the city

One night in December 2011, a bear came into the city of Vancouver in Canada. It walked through the city streets past houses, shops and offices. Then it found some food in bins outside a restaurant and started eating. In the morning, someone saw the bear and called the police. The police came with a vet from the city zoo. They put the bear in a lorry and took it to the mountains outside the city. Luckily, the bear was safe. But what happens in other countries when big animals come into cities? In Vancouver it is unusual to see a bear, but in some cities you can see big animals on the city streets every day.

Big animals usually come into cities to find food. In Cape Town in South Africa baboons[1] come into the city when they are hungry. They go into gardens and eat fruit from trees. They even go into houses and take food from cupboards and fridges! Baboons are strong animals and they can scare people. But the city can be dangerous for baboons too. Sometimes, cars and buses kill baboons in accidents. Human food is very bad for the baboons' teeth because it has a lot of sugar. Now, there are Baboon Monitors working in Cape Town. Their job is to find baboons in the city and return them to the countryside.

In Berlin in Germany, pigs[2] sometimes come into the city to look for food. They eat flowers and plants in parks and gardens. Sometimes they eat vegetables from gardens and they walk in the street and cause accidents. Some people like the pigs and they give them food and water to drink. Other people do not like the pigs and they want the government and the police to stop them entering the city.

In Moscow in Russia, there are 35,000 wild dogs. The dogs live in parks, old houses, markets and train stations. Some dogs live in groups and others live alone. Many people in Moscow like the dogs. They give them food and water. Some people make small houses for the dogs in their gardens. This helps the dogs in winter, when the temperature in Moscow is -10 °C and there is a lot of snow and ice.

Many animals live in cities. In some cities, you can see birds, insects, mice and squirrels every day. But sometimes it is dangerous when big animals come into cities to find food. We need to find ways of stopping animals coming into the city without hurting them.

(424 words)

[1] baboon: Pavian
[2] pigs: hier: Wildschweine

Adapted from: Robin Newton, British Council, https://learnenglishteens.britishcouncil.org/study-break/graded-reading/animals-city-level-1, 05.09.2019

Part 2
Match the headings (1 – 4) with the correct part of the text.
Write down the correct answers.

a)	lines 6 – 10	A Helping animals
b)	lines 11 – 14	B Keeping big animals away from the cities
c)	lines 15 – 18	C Pigs on the loose
d)	lines 19 – 21	D Monkeys in the city

Part 3
Decide whether the statements are 'true', 'false' or 'not in the text'.
Write down the correct answers.
Example: f) not in the text

a) The bear in Vancouver was obviously hungry.
b) People in South Africa bring the baboons to the vet.
c) The pigs in Berlin enjoy food people grow.
d) Apart from the many wild dogs in Moscow there are a lot of stray cats, too.
e) The best way to get rid of the animals is to kill them.

Part 4
Complete the sentences by choosing the correct ending according to the text.
Write down the correct answers.
Example: f) C

a) The bear from Vancouver

Ⓐ was transported to the outskirts of the city.

Ⓑ was transported to the mountains.

Ⓒ was taken back to where it came from.

b) The baboons

Ⓐ fight with people.

Ⓑ can be frightening.

Ⓒ are rather weak.

c) Pigs in Berlin

Ⓐ walk wherever they want to.

Ⓑ keep to the surrounding forests.

Ⓒ are afraid of people.

d) To be a stray dog in Moscow

Ⓐ means you are alone because there aren't many others.

Ⓑ is terrible because you can't even find shelter.

Ⓒ is not too bad because many people take care of you.

e) Seeing small animals in cities

Ⓐ is quite common.

Ⓑ makes many people feel uncomfortable.

Ⓒ hardly ever happens.

Part 5

Find the corresponding sentence parts or sentences in the text that mean the same and write them down.

a) They took the bear back to its natural habitat.
b) Most of the time hunger is the reason for them to enter cities.
c) The sweetness of our food threatens the health of the baboons.
d) Urban centres can pose great threats to the monkeys.
e) It is common in Moscow to be fond of the dogs.

C – Use of Language

Erklärung

Vorbereitung

Wenn Sie eine Fremdsprache lernen, ist es wichtig, dass Sie von Anfang an gründlich Ihre Vokabeln lernen. Die Vokabeln erst kurz vor einer Prüfung zu lernen, funktioniert meistens nicht besonders gut. Nur durch regelmäßiges Wiederholen prägen sich die Wörter in Ihr Langzeitgedächtnis ein. Es gibt viele Tipps und Tricks, die Ihnen das Vokabellernen erleichtern. Schreiben Sie zum Beispiel schwierige Wörter oder solche, die Sie immer wieder vergessen, auf Karteikarten. Schreiben Sie jeweils das englische Wort auf die Vorderseite der Karte. Als Merkhilfe schreiben Sie sich einen Beispielsatz mit auf, denn viele Vokabeln lernen Sie besser im Zusammenhang. Auf die Rückseite der Karte schreiben Sie dann die deutsche Übersetzung. Mischen Sie die Karten zwischendurch und wechseln Sie auch die Reihenfolge: deutsch-englisch und englisch-deutsch. Auch Grammatikregeln können Sie sich leichter merken, wenn Sie Karteikarten anlegen oder ein Grammatik-Poster machen.

In der Prüfung

Am besten fangen Sie immer mit den Aufgaben an, die Ihnen leicht fallen. Lesen Sie die Arbeitsanweisungen sorgfältig durch. Ihr Wortschatz wird beispielsweise mit Lückentexten, Synonymfindungen oder Worterklärungen getestet. Sie sollen also zeigen, dass Sie im Laufe Ihrer Schulzeit viele Wörter und Redewendungen gelernt haben und dass Sie diese auch anwenden und schreiben können. Falls Ihnen ein Wort nicht gleich einfällt, überlegen Sie, ob Sie ein anderes wissen, das fast dasselbe bedeutet.
Bei Lückentexten sollten Sie zunächst den ganzen Text lesen, sodass Sie wissen, worum es geht. Dann fällt es Ihnen auch leichter, das entsprechende Wort einzusetzen.
Wie bei allen Aufgabenteilen der Prüfung sollten Sie auch hier versuchen, alle Aufgaben zu lösen, selbst wenn Sie nicht ganz sicher sind.

Typische Aufgabenstellung

(3)

Write the opposites of the underlined words.

a) The pupil's essay was not <u>short</u>.
b) Our teacher does not <u>allow</u> us to take our smartphones to school.
c) He did not <u>win</u> his match.

Erläuterung

Hier müssen Sie zeigen, dass Sie Ihre Vokabeln auch wirklich gelernt haben. Denn es gilt, das Gegenteil des unterstrichenen Wortes zu finden.

Lösung

a) long b) prohibit/forbid c) lose

Übungsaufgaben

Text 1

Part 1
Read the text and find the correct missing word. Write down the correct word.

The energy of trees

It has been proved that patients in hospital get better faster, ❶ feel ______ less pain and go home quicker if there are trees outside the windows of ❷ rooms. Spiritual and religious teachers for many years have been telling their students to learn ❸ from ______ trees, to notice their stillness and strength and try to imitate it. It is true that trees absorb enormous amounts of energy from the sun – ❹ more ______ than any other living thing. And some people believe that you can feel this energy if you choose a tree that you feel attracted to, put your arms around it and stay there holding it for a while. This 'tree-hugging' is believed to be good for stress, make you sleep better and help you to feel more positive and ❺ calm ______. And more and more people ❻ have been ______ doing it. […]
We all know that trees are essential for the environment and the survival of our planet.

Adapted from: British Council, https://learnenglish.britishcouncil.org/articles/life-trees, 10.09.2019

❶	feeling	feels	feel	feelings
❷	they're	their	there	where
❸	from	by	of	through
❹	greater	most	more	little
❺	calm	calmly	calmer	calmest
❻	have been	were	was	are

Part 2
Find the opposites in the text. Write down the correct answer.

a) slower
b) negative)

Part 3
Find the synonyms in the text. Write down the correct answer.

a) hurt/agony
b) huge

Part 4
Choose <u>two</u> of the following words from the text and give a definition.

a) outside (line 2)
b) notice (line 3)
c) imitate (line 4)

Part 5
You want to know more about the energy of trees. Ask <u>three</u> different questions to get further information.

▶ ______________________________

▶ ______________________________

▶ ______________________________

Text 2

Part 1

Read the text and find the correct missing word. Write down the correct word.

Adventure travel

Activity holidays

Our activity holidays are for ❶ everyone, people who love danger or ❷ who just like sports. We have a huge variety of water, snow or desert holidays. We'll take you SCUBA diving in the Red Sea or kayaking and white water rafting in Canada. If you prefer ❸ snow, you can try skiing or snowboarding in the Alps or even igloo-building. For ❹ those who like warmer weather, we also have sandboarding (the desert version of skateboarding) or camel safaris. […]

Cultural journeys

Our cultural journeys ❺ will help you discover ancient civilisations: India, Thailand, Egypt and many more. Visit temples, palaces and ancient ruins – just remember to bring your camera! Get to know local ways of life by ❻ exploring markets, trying exotic foods and meeting local people.

Adapted from: British Council, https://learnenglishteens.britishcouncil.org/skills/reading/intermediate-b1-reading/adventure-travel, 10.09.2019

❶	someone	no one	something	everyone
❷	what	who	which	how
❸	water	sand	mud	snow
❹	those	them	that	these
❺	would	might	will	won't
❻	exploring	explorer	explore	explored

Part 2

Find the opposites in the text. Write down the correct answer.

a) colder warmer
b) new/modern/young old

Part 3

Find the noun. Write down the correct answer.

a) cultural – culture
b) discover – discovery

Part 4

Choose two of the following words from the text and give a definition.

a) huge (line 2) something very big
b) prefer (line 3) if you like something more than something else
c) remember (line 7) keep something in mind

Part 5

You want to know more about the activities that are provided. Ask three different questions to get further information.

▶ What's the price of the tour to India?
▶ When does the tour to Thailand begin?
▶ Who is the guide? Where can I get more information?

Text 3

Part 1
Read the text and find the correct missing word. Write down the correct word.

Polar Bears – How Dangerous Are They to Humans?

Polar bears live all ❶ __________ the Arctic region, in Russia, Scandinavia, Alaska and Canada. But their numbers are falling quickly. Polar bears ❷ __________ most of their ❸ __________ on sea ice. As more and more ice is melting, experts think that fewer polar bears will be able to survive. They can go on ❹ __________ a longer time without food, but they do get aggressive ❺ __________ they can't find anything to eat. […]
When polar bears attack humans, it is ❻ __________ because they are very hungry, desperately in need of food. As more and more polar bears and humans are starting to share the same living areas, encounters will probably be more frequent and more people may die from polar bear attacks.

Adapted from: Klaus Rosmanitz, https://www.english-online.at/news-articles/science/polar-bears-how-dangerous-are-they-to-humans.htm, 10.09.2019

❶	under	through	across	beyond
❷	do	doing	don't	does
❸	hunt	hunter	hunted	hunting
❹	from	for	with	of
❺	before	when	even	then
❻	most	hardly	mostly	best

Part 2
Find the adverb. Write down the correct answer.

a) hungry
b) frequent

Part 3
Find the synonyms in the text. Write down the correct answer.

a) rapid/fast
b) perhaps/possibly

Part 4
Choose <u>two</u> of the following words from the text and give a definition.

a) melting (line 3)
b) survive (line 3 f.)
c) frequent (line 8)

Part 5
You want to know more about polar bears. Ask <u>three</u> different questions to get further information.

▶ ______________________________
▶ ______________________________
▶ ______________________________

D – Writing

Erklärung

Die Vorbereitung
Es ist ein Gerücht, dass man das Schreiben von Texten nicht erlernen kann. Zwar kann man es nicht so einfach üben wie Vokabeln oder Grammatik, aber eine langfristige Vorbereitung ist durchaus sinnvoll. In der Prüfung können verschiedene Textsorten auftauchen, mit denen Sie sich zuvor vertraut machen sollten. Zusätzlich hilft es, wenn Sie englische Bücher oder Zeitschriften lesen oder einen Kinofilm auch mal auf Englisch ansehen.

In der Prüfung
Lesen Sie sich zunächst die Arbeitsanweisung genau durch. Hier wird Ihnen in der Regel genau vorgegeben, was Sie tun müssen und wie viele Wörter Sie schreiben sollen. Überlegen Sie sich, was Sie schreiben möchten, und machen Sie sich Notizen. Achten Sie beim Schreiben nicht nur auf den Inhalt, sondern auch auf Ihre Sprache: Rechtschreibung, Grammatik und Stil sind ebenfalls wichtige Elemente eines Textes. Wenn Sie ein Wort nicht wissen, umschreiben Sie es oder benutzen Sie zur Sicherheit ein anderes, das Ihnen vertraut ist. Bei manchen Textformen gibt es bestimmte Redewendungen, die Sie sich im Vorfeld einprägen können, zum Beispiel Anrede- und Schlussformeln in E-Mails oder Briefen. Planen sie genug Zeit ein, um Ihre Texte am Schluss noch einmal in Ruhe durchzulesen.

Typische Aufgabenstellung

During the summer holidays you are staying at a camp. You have just received a text message on your mobile from your mother. She asks how you are doing and what you are up to at camp. Write a text message back to your mother about:

- how you like the camp
- what you're doing during the day
- if you've found some friends
- how you like the food

Write at least 60 words.

Lösung

Dear Mum,

Camp is really great. During the day we often play football, swim in the nearby lake or make bike tours through the beautiful countryside.
The people here are very nice and I have made some really good friends. The meals are usually pretty good, too. Once a week, however, we get fish with vegetables. Yuck! But don't worry, Mum, I won't be starving here!

Yours,
Kevin

Übungsaufgaben

Part 1

1. Write an email to your friend Ron.

Your friend Ron lives in England where you will spend the next summer holidays together. Ron has written an email to you in which he makes two suggestions for the holidays:

- a bike tour along the south coast of England
- staying in the little holiday house of Ron's parents which lies at a lake near Ron's home town

Write an email to Ron.
Include at least 2 of the following points:

- bike tour is your favourite
- reasons why you would enjoy going on a bike tour
- reasons why you dislike staying in the holiday house of Ron's parents

Write at least 60 words.

2. Write an email to your pen friend.

You have a new email friend from Canada. Her name is Jessica. You want to tell her about the new job in a supermarket which you have just found for the summer holidays.

Write an email to Jessica.
Include at least 2 of the following points:

- your working hours in the supermarket
- the things you have to do in your supermarket job
- how much money you earn in your job

Write at least 60 words.

Part 2

1. Write about a person who is very special to you. The following ideas can help you.

Where do you know him/her from?	personality/ characteristics?	What makes the person special?	What can you learn from him/her?

idea box
friend / relative / intelligent / smart / reliable / always there / funny / caring / achievement

Write about 80 words.

2. Write about your perfect day during school holidays. The following ideas can help you.

With whom?	Where/what?	activities

idea box
sleeping in / meet friends / family / shopping / cycling / cinema / having fun / talking with … /

Write about 80 words.

1. Conversations

(QR-Code rechts / Aufgaben S. 201)

(4)

Question 1

Dorothy's Mother: Dorothy, what would you like for breakfast this morning? Cornflakes or fried eggs?

Dorothy: Cornflakes are just fine this morning, Mum. Well, I also like fried eggs, but I've had them too often lately, so I won't have them today.

Dorothy's Mother: And what would you like to drink? Tea or orange juice?

Dorothy: Neither of those, Mum. It's way too hot outside for tea. I usually have orange juice in the morning, but today I'd really prefer a glass of cold milk.

Question 2

Ticket Inspector: Ladies and gentlemen, ticket inspection! Please show me your train tickets! Your tickets, please!

Woman: I'm terribly sorry, inspector, but I can't find my ticket anywhere. I must have lost it.

Ticket Inspector: I'm sorry, lady, but I've heard that excuse a little too often. As you haven't got a ticket, you will have to pay a fine of 40 pounds.

Woman: What? 40 pounds? But the ticket only costs 5 pounds. I think that the fine is way too high.

Ticket Inspector: The fine used to be 35 pounds, but last month it was raised by 5 pounds. I'm afraid I cannot do anything about that. Would you please give me the money now?

Question 3

Ben: Hi Susan. This is Ben speaking. I'm calling you about our team meeting tomorrow morning. I can't remember what time it is supposed to begin, and I didn't find an entry in my electronic calendar about it, either.

Susan: Hi Ben. Well, originally the meeting was scheduled for 9:30, but I have just had a chat with Linda. She told me that there's been a change of plans. The meeting will now begin at 9 o'clock sharp.

Ben: Oh, that's too bad because I won't be able to be on time then. Please tell the others that I will be about 20 minutes late.

Question 4

Emily: Peter, we still need to talk about where and how we are going to spend our holidays this summer.

Peter: Well, Emily, we've had similar discussions in the last few years. Last year, I agreed to go to Spain with you because you wanted to relax on the beach.

Emily: Yes, that's true. How about doing a city trip this year? I'd love to go to Paris because I've never been there.

Peter: I was in Paris when I was a student. It's a nice city, but I would really prefer to go hiking in the mountains this year.

Emily: Oh no, Peter, not again. We went hiking in Austria two years ago because you wanted to.

Peter: Fair enough, Emily. I think we should make a compromise. Let's do the city trip this summer.

Question 5

Andrew: Mum, I need to get in touch with Dad as quickly as possible. I've already called him on his mobile several times, but he wouldn't answer the phone. Do you think I should call him again to leave a voicemail message?

Mother: No, I wouldn't do that. Dad may be in a meeting, which means he cannot answer the phone. And you know that it usually takes some time before he checks his voicemail. How about sending him a text message?

Andrew: That might be a good idea. He usually responds to text messages fairly quickly.

Mother: Another thing you could do is to send him an email.

Andrew: I don't think that that is a good idea. Dad receives so many emails every day. And normally he does not start checking them until late in the afternoon.

Mother: Then, to me, it seems clear enough what is the quickest way to contact him.

2. Voicemail message
(QR-Code S. 217 / Aufgabe S. 202)

You have reached the voicemail box of Dr. Miller's dental practice. Unfortunately, this week our practice is closed because Dr. Miller has fallen ill. Next week our practice will be open as usual, that is on Monday, Tuesday and Thursday from 8 am to 5 pm, on Wednesday from 8 am to 2 pm and on Friday from 8 am to 12 noon. In case of an emergency please contact the university dental clinic in Henry Street. The clinic's phone number is 1122887. If you would like to make an appointment with Dr. Miller for next week, please leave your name, your phone number and your preferred time for the appointment after the beep. Thank you.

3. Conversation
(QR-Code S. 217 / Aufgabe S. 202)

Mother: Brad, can I have a word with you, please?
Brad: I'm sorry, Mum, but I'm in a hurry. I am meeting with Tom at his place at 4 o'clock, and I'm running late already.
Mother: Well, to be honest, Tom is the very reason why I would like to talk to you in the first place. You know, the other day I saw him next to the supermarket with a couple of his workmates. They were smoking and drinking beer.
Brad: Mum, I really need to leave now. Can we talk about this tomorrow?
Mother: No, Brad. I'm afraid we need to talk now. I'm not very happy about you and Tom being friends because he's just too old for you. He is 16, while you have just turned 14.
Brad: So what? What's the problem?
Mother: The problem is that Tom's interests are, of course, totally different from yours. And what's more, he is allowed to do things that you are not. For example, drinking alcohol and smoking in public.
Brad: Mum, I know all that, and I've seen him smoking and drinking beer myself. Why are you so worried?
Mother: The thing is that, in the long run, it may be difficult for you to be together with Tom without being tempted to try smoking or drinking yourself.
Brad: Mum, do you really think that 14-year-olds have never tried smoking or drinking beer secretly? You can't be that naive. And I've tried it once or twice. Not with Tom, but with my classmates, who, as you know, are all 13 or 14 years old.
Mother: Brad, please tell me that what you've just said isn't true.
Brad: It is true, Mum! But the thing is: I realised that I don't like smoking or drinking beer. To be honest, smoking made me cough all the time and I really disliked the taste of beer. So there is nothing to worry about, Mum.
Mother: Thank you for being so honest about this. And because of your honesty I am going to trust you, too. So, hurry up, Brad. Tom's waiting for you.
Brad: Thank you, Mum. See you later.

4. TV Interview
(QR-Code S. 217 / Aufgabe S. 203)

Presenter: Welcome to my quiz show 'What's my job?'. I have invited six people who are going to tell us something about what they do in their jobs. However, none of them will tell us the title of their job. As usual, my in-studio guests will later have to guess what job each of the six people has. Now, let's start with you, Betty. Tell us something about your job.
Betty: I have a lot of contact with young adults who come to the place where I work in order to learn something. These young adults are usually between 18 and 25 years old, which is why I do not usually have to discipline them. After all, it was their own personal decision to come to the place where I work.
Presenter: Thank you, Betty. Let's now give Catherine a chance to tell us something about her job.
Catherine: Well, when people come to the place where I work, they usually need some advice or help. Some people just do not know where they can find the things that they are looking for, so they ask me. Other people just cannot decide what exactly they want to buy, so they ask me for advice about what may be the most suitable product for them.
Presenter: Thank you, Catherine. Now it's Tom's turn. Go ahead, Tom.
Tom: People who come to me also need advice. However, the advice they want relates to where they might spend their next holidays and how much their holiday trip will cost.
Presenter: Thank you so much, Tom. Let's continue with Holly. What is your job all about?

Holly: Well, the people who come to the place where I work are usually ill. My job is to care for them, to bring them food and medicine or to prepare them for treatments and operations.

Presenter: Okay, that was Holly. And now it's Jack's turn.

Jack: I have a workplace with a desk and a computer. But I often have to leave my office to interview people and collect information about things that happen in my home town. Once I'm back at my desk, I write articles about those interviews and events.

Presenter: Thank you very much indeed, Jack. Now it's time for our last candidate, Bill, to tell us about his job. Bill, go ahead, please.

Bill: My job is similar to Betty's. But the people coming to the place where I work are younger. They are usually between 10 and 16 years old. And they come to me because they want to – or maybe I'd better say they have to – learn something.

Presenter: Thank you, Bill. Now let's see if our in-studio guests can tell me what jobs these six people have.

A – Listening Comprehension

Part 1

(Audiotrack: QR-Code rechts / Hörtext S. 243)

(5)

You will hear five short conversations. There is one task for each conversation. You will hear each conversation twice. Mark A, B or C.

a) When are they going on holiday?

A	B	C
the first two weeks of July	**the last week of June and the first week of July**	**the last two weeks of June**

b) How much is she going to pay for the tickets?

A	B	C
£61	**£150**	**£80**

c) When is the appointment?

A	B	C
the same day	**the Monday after vacation**	**the Monday before Easter**

d) When is the training?

A	B	C
tomorrow at 6	**Thursday**	**tomorrow at 6.30**

e) Where is the post office?

A

B

C

Part 2

(Audiotrack: QR-Code S. 220 / Hörtext S. 244

You will hear the weather forecast. You will hear the information twice.
For tasks a) – e) fill in the grid.

Weather forecast		
in the north		*windy and cold*
temperature in the north	a)	______________
in the east it's higher	b)	around ______________
dry but cloudy in the	c)	______________ and ______________
the south	d)	has the ______________ weather
after lunch it's	e)	______________ there

Part 3

(Audiotrack: QR-Code S. 220 / Hörtext S. 244)

You will hear a conversation in a hotel between a receptionist and a guest.
You will hear the conversation twice. For tasks a) – e) mark A, B or C.

a) Mr Clark wants Marlee

- (A) to recommend a café.
- (B) to refer him to a good place to eat.
- (C) to recommend a good barber.

b) He wants the restaurant to be

- (A) very classy.
- (B) very business-like.
- (C) chic but still relaxed.

c) Mr Clark thinks

- (A) English food would be new for his clients.
- (B) his clients would probably like Indian or Sushi.
- (C) Italian cuisine offers something for each of his clients.

d) Marlee knows a nice restaurant

- (A) on the corner of their street.
- (B) around the corner.
- (C) two streets down from the hotel.

e) She will reserve a table

Ⓐ for three people.

Ⓑ at 8 for two people.

Ⓒ for tomorrow for three.

Part 4

(Audiotrack: QR-Code S. 220 / Hörtext S. 244)

You will hear some information about Malta. Decide whether the statements are 'true', 'false' or 'not in the text'.
You will hear the information twice. Write down the correct answers.

a) Malta is situated in the Atlantic.
b) In 1960 Malta was still a British colony.
c) In Malta, British influence can be found in many areas of everyday life.
d) Malta has fewer hours of sunshine than other European countries.
e) Malta offers activities such as snorkelling, diving, bungee jumping and many more.

true	false	not in the text

B – Text-based Tasks

Part 1

Where can you find these signs?
Example: f) A

a)

DO NOT STEP BEYOND THIS POINT UNTIL ASKED TO DO SO BY AN IMMIGRATION OFFICER

Ⓐ at the zoo.

Ⓑ at an airport.

Ⓒ in the mountains.

b)

WATCH YOUR STEP
Dangerous cliffs ahead

Ⓐ at the seaside.

Ⓑ at a mall.

Ⓒ on a sportsfield.

c)

SECURITY ADVICE
Please mind the gap between the platform and the train

Ⓐ on a road.

Ⓑ at a harbour.

Ⓒ at the station.

What information do these signs give you?

d)

UNPROTECTED LEVEL CROSSING AHEAD

No barriers, alarms or lights

(A) You will soon approach a level crossing without any warning system.

(B) Barriers, alarms and lights are in operation at this level crossing.

(C) The bridge ahead may be crossed without having to watch out for barriers, alarms or lights.

e)

This area must be kept clear for emergency vehicles

(A) This area will be cleared in case of an emergency.

(B) This area must not be used by any vehicles, including emergency services.

(C) This area may only be used by emergency vehicles.

Parts 2 – 5: text

Digital habits across generations

Today's grandparents are joining their grandchildren on social media, but the different generations' online habits couldn't be more different. The over-55s are joining Facebook in increasing numbers, meaning that they will soon be the site's second biggest user group, with 3.5 million users aged 55 – 64 and 2.9 million over-65s. Sheila, aged 59, says, 'I joined to see what my grandchildren are doing, as my daughter posts videos and photos of them. It's a much better way to see what they're doing than waiting for letters and photos in the post. That's how we did it when I was a child, but I think I'm lucky I get to see so much more of their lives than my grandparents did.'

Ironically, Sheila's grandchildren are less likely to use Facebook themselves. Children under 17 are leaving the site – only 2.2 million users are under 17 – but they're not going far from their smartphones. Chloe, aged 15, even sleeps with her phone. 'It's my alarm clock so I have to,' she says. 'I look at it before I go to sleep and as soon as I wake up.'

Unlike her grandmother's generation, Chloe's age group is spending so much time on their phones at home that they are missing out on spending time with their friends in real life. Sheila, on the other hand, has made contact with old friends from school she hasn't heard from in forty years. 'We use Facebook to arrange to meet all over the country,' she says. 'It's changed my social life completely.'

Teenagers might have their parents to thank for their smartphone and social media addiction as their parents were the early adopters of the smartphone. Peter, 38 and father of two teenagers, reports that he used to be on his phone or laptop constantly. 'I was always connected and I felt like I was always working,' he says. 'How could I tell my kids to get off their phones if I was always in front of a screen myself?'

So, in the evenings and at weekends, he takes his SIM card out of his smartphone and puts it into an old-style mobile phone that can only make calls and send text messages. 'I'm not completely cut off from the world in case of emergencies, but the important thing is I'm setting a better example to my kids and spending more quality time with them.' Is it only a matter of time until the generation above and below Peter catches up with the new trend for a less digital life? (424 words)

Quelle: British Council, https://learnenglish.britishcouncil.org/intermediate-b1-reading/digital-habits-across-generations, 26.08.2019

Match each part of the text with the correct heading.

a)	lines 1 – 6	A Digital habits and the amount of time spent with friends
b)	lines 7 – 9	B Parents to blame for teenagers' digital addiction
c)	lines 10 – 13	C Teenagers' habits: more smartphone, less Facebook
d)	lines 14 – 17	D Measures to spend less time with digital gadgets
e)	lines 18 – 21	E Facebook: rising number of users among the older generation

Part 3

Decide whether the statements are 'true', 'false' or 'not in the text'.
Example: f) not in the text

a) Sheila is happy that Facebook gives her the chance to follow her grandchildren's lives very closely.

b) Most children under 17 have several smartphones.

c) Sheila has been in touch with some of her friends for forty years.

d) Peter felt he had no moral right to stop his children using their smartphones.

e) In the evenings and at weekends Peter uses his smartphone only when there is an emergency.

Part 4

Complete the sentences by choosing the correct ending according to the text.
Example: f) A

a) Sheila

(A) is one of the 2.9 million Facebook users in her age group.

(B) is happy that her daughter often sends her videos and photos of her grandchildren by post.

(C) sent letters and photos to her grandparents when she was a child.

b) Chloe

(A) is one of the 17-year-old teenagers leaving Facebook.

(B) switches her smartphone off before she goes to sleep but turns it on again as soon as she wakes up.

(C) uses her smartphone as an alarm clock, too.

c) For Sheila's generation and for Chloe's generation

(A) digital tools like Facebook or smartphones help to spend time with friends.

(B) the use of digital tools is having very different effects on their respective social lives.

(C) the use of digital tools has reduced the time they spend with friends.

d) The addiction to smartphones

(A) among teenagers is often a result of their parents' digital habits.

(B) can be found among many teenagers but not among their parents.

(C) is very common among adopted children.

e) Peter's decision to use his old-style mobile phone instead of his smartphone in the evenings and at weekends

(A) has completely cut him off from the world.

(B) has had a positive effect on his life.

(C) has become a new trend for a less digital life.

Part 5

Find the corresponding sentence parts or sentences in the text that mean the same.

a) The ways in which older and younger people use digital tools have nothing in common.

____

b) More and more teenagers up to the age of 16 are closing their Facebook accounts.

____

c) Facebook has had a significant effect on the way in which I arrange to meet people.

____

d) The parents of today's teenagers were the first to use smartphones a lot.

____

e) Will people who are either older or younger than Peter soon follow Peter's example of using digital tools less often?

____

C – Use of Language

Part 1

Read the text and choose the correct word for each gap. Write down the correct word.

The stress of social media

[…]

❶ ____________ the 21st century contact is quicker and easier, but that doesn't mean we ❷ ____________ more free time. If anything, the opposite. The ability to send a quick message to one friend means we have time to send one to five others, and ❸ ____________ you know it you're having five conversations at once. ❹ ____________ can you really concentrate on any of them? And if ❺ ____________ Twitter or Instagram feed is buzzing, why bother going outside to kick a football about or signing up for music lessons? You're entertained enough – you just never have time to relax, let off steam, enjoy the world. Try leaving your phone at home and ❻ ____________ something productive, maybe even alone, today – you might feel all the better for it.

Adapted from: MarthaBlogger, British Council, https://learnenglishteens.britishcouncil.org/magazine/science-technology/stress-social-media, 13.09.2019

❶	At	Of	On	In
❷	has	have	had	haven't
❸	before	after	later	earlier
❹	Why	Which	What	How
❺	yours	you're	your	you
❻	do	doing	does	done

Part 2

Find opposites for two of the three words in the text and write them down.

a) inability) ability
b) dislike/detest (verabscheuen) enjoy
c) together alone

Part 3

Find synonyms for two of the three words in the text and write them down.

a) fast quick
b) immediately at once
c) attempt try

Part 4

Choose two of the following words from the text and give a definition.

a) easier (line 1) something is not as difficult as somthing else
b) concentrate (line 4) give your attention to what you doing
c) enjoy (line 7) if you lik doing somthing else

Part 5

You want to know more about dealing with social media. Ask three questions.

- How can I reduse my social media time?
- Does it affekt me much when I am konstentlie on social media?
- Whats better internet friends or irl friends?

D – Writing

Part 1

Write an email to Joshua.

Joshua is a 15-year-old boy you recently made friends with at your partner school in Scotland. Together with some other pupils from your school you have just come back from a two-week visit to your partner school. Tell Joshua how you found the trip.

Include at least 3 of the following points:
- the teachers at your partner school
- trips offered by your partner school
- the food in the school canteen
- the weather in Scotland

Write at least 60 words. Count your words.

Part 2

Write about a pet which you have or which you would like to have. The following ideas can help you.

idea box
cage / feed / aquarium / look after / become friends / bite / scratch / dangerous / poisonous / to cuddle / to pet / be a responsible owner of

Write about 80 words.

A – Listening Comprehension

Part 1

(Audiotrack: QR-Code rechts / Hörtext S. 245)

You will hear five short conversations. There is one task for each conversation. You will hear each conversation twice. For tasks a) – e) mark A, B or C.

5/5 p

a) When will Ernest visit his grandma?

A	B	C
today	tomorrow	the day after tomorrow

b) What time does the shop close today?

A	B	C
6.30 p.m.	8 p.m.	6 p.m.

c) What's new in the house?

A	B	C
carpet/table	sofa/lamp	lamp/armchair

d) Where did Peter sleep last night?

A	B	C
at Steven's house	at Harry's house	at William's house

e) Which piece of clothing is in the washing?

A	B	C
grey T-shirt	black pullover	white T-shirt

Aus urheberrechtlichen Gründen wurde Part 2 durch eine gleichwertige Musteraufgabe ersetzt.

Part 2

(Audiotrack: QR-Code S. 227 / Hörtext S. 246)

You will hear some information about a fitness instructor and his fitness classes. **5 p**
You will hear the information twice. For tasks a) – e) fill in the grid.

Fitness classes		
name of fitness instructor		*Fletcher Nicols*
working as fitness instructor since (year)	a)	______ at Sports First.
elements of kickboxing (name two)	b)	sparring, ______, ______
Wednesdays reserved for	c)	______
Black Light Yoga details (name two)	d)	______, ______
class accompanied by	e)	______

Part 3

(Audiotrack: QR-Code S. 227 / Hörtext S. 246)

Listen to five people talking about their jobs. Which person has which job?
You will hear the information twice. For tasks a) – e) write a letter, A – H, next to each person. 5/**5 p**

a) [E] Fiona
b) [F] Michael
c) [H] Susan
d) [C] Jeremy
e) [A] Vincent

(A) tour guide
(B) nursery school teacher
(C) pilot
(D) travel agent
(E) shop assistant
(F) dentist
(G) doctor
(H) nurse

Part 4

(Audiotrack: QR-Code S. 227 / Hörtext S. 247)

You will hear a radio interview about summer camps. 4/**5 p**
You will hear the interview twice. For tasks a) – e) mark A, B or C.

a) Matthew went to a summer camp

(A) every year.
(B) every two years. [X]
(C) once every three years.

b) With bow and arrow Matthew was good at

- (A) target shooting.
- (B) figure shooting.
- (C) distance shooting.

c) In the summer camps Matthew also

- (A) went hiking.
- (B) went stand-up paddling.
- (C) played matches.

d) Before roasting marshmallows at the campfire Matthew

- (A) listened to some songs.
- (B) hoped for ghost stories.
- (C) searched for sticks.

e) At the summer camp Matthew felt more independent because

- (A) his parents picked him up.
- (B) there were fewer regulations.
- (C) he got homesick.

You now have 5 minutes to check your answers.

B – Text-based Tasks

Part 1

Where can you find these signs? /5 p

Example: *f) A*

a)

Please
Place Your Order
Here!

- (A) in a self-service restaurant
- (B) at a hotel reception
- (C) at the police station

b)

Please respect our neighbours and local residents and leave the premises and the area quietly.

- (A) at a train station
- (B) in a pub
- (C) in a library

c)

SORRY – THIS TRAIL IS CLOSED
The route is dangerous due to land slips. It is not safe to walk on.

Ⓐ in a forest
Ⓑ on a motorway
Ⓒ at a bus station

What information do these signs give you?

d)

For safety reasons, please do not leave your children unattended.

Ⓐ You have to look after your child at all times.
Ⓑ You have to make sure that your child is left alone.
Ⓒ Children can't play here for safety reasons.

e)

Cyclists have to limit their speed to 10 mph. Do not use this path in bad weather.

Ⓐ You can only cycle here when the weather is bad.
Ⓑ The speed limit during bad weather is 10 mph.
Ⓒ Avoid this path during bad weather.

Parts 2 – 5: text

The Most Popular Lonesome Cowboy

Almost everyone all over the world knows the comic-strip hero Lucky Luke. He is the one and only cowboy who is able to shoot faster than his own shadow.

Maurice de Bevere, also known as Morris, was a Belgian artist who created a lot of comic strips. As a child he was fascinated by western films and their heroes, so he decided to create his own western star who should have special skills. Lucky Luke was born – a lonesome cowboy, surrounded by an aura of mystery, a fearless guy who always tries to help people in trouble.

Lucky is not married and his best friend is an animal: his loyal horse Jolly Jumper. On horseback he crosses the American states and undergoes a lot of adventures. He is always there when a bank is robbed, a train is hijacked or a young lady is in danger.

In most of his adventures he has to deal with four hilarious guys: the Daltons. In almost every story Lucky Luke has to find them because they always escape from one of the numberless prisons all over the country. And of course – in the end Lucky wins and brings them back to where they belong. Once his job is done, he always leaves the celebrations given in his honor and rides into the sunset, ready for new adventures, claiming no rewards.

Lucky Luke has been a comic-strip hero for more than 70 years now, and almost 90 titles have been published. They were translated into 30 languages and several hundred million copies have been sold. So Lucky Luke is one of the most successful legendary figures in the history of comic-strips.

But like in similar cases, there is much more than just the comic strips. A French broadcasting company produced an animated series for television – 26 episodes of 26 minutes each, based on the comics – and the western film hero Terence Hill played the 'Lonesome Cowboy' in ten Lucky Luke 'live' films.

The hero's huge popularity has also led to a huge and increasing number of merchandising stuff: you can buy his outfit (remember – the hat must be white!), soft toys, puzzles, games and other things: the 'Lonesome Cowboy' is even with you at school – on pencil cases and school bags! (383 words)

Part 2

Match each part of the text with the correct heading. **5 p**

Example: *f) A*

a)	lines 1 – 5 B	A Lucky Luke on the screen
b)	lines 6 – 11 E	B Lucky Luke's 'father'
c)	lines 12 – 14 C	C Long-lasting mega-seller
d)	lines 15 – 17 A	D Advertising Lucky Luke
e)	lines 18 – 20 D	E Lucky Luke's heroic actions

Part 3

Decide whether the statements are 'true', 'false' or 'not in the text'. **5 p**

Example: *f) not in the text*

a) Morris wanted to create an ordinary cowboy. false

b) Lucky Luke avoids adventures. false

c) He doesn't want anything for his help. true

d) Lucky Luke comic strips are published in more than 70 countries. not in the text

e) There are movies as well as animation films about Lucky Luke. true

Part 4

Find the corresponding sentence parts or sentences in the text that mean the same. **5 p**

a) The author liked cowboy movies when he was younger. Z.3 As a child he was fascinated by western films and their heroes...

b) Lucky Luke rides through different parts of America. Z.6 On horseback he crosses the American states...

c) Lucky Luke is able to catch the Daltons eventually. Z.9 ... in the end Lucky wins and brings them back to where...

d) Lucky Luke's comic strips are not the only product you can see. Z.15 ... there is much more than the comic strips

e) As a student you can take Lucky Luke with you. Z.19 ... the 'Lonesome Cowboy' ...

Part 5

Complete the sentences by choosing the correct ending according to the text. 4/**5 p**

Example: *f) A*

a) Morris de Bevere's cowboy had to have

- **A** extraordinary abilities. ☒
- **B** a good sense of humor.
- **C** an ordinary face.

b) Lucky Luke always tries to

- **A** rob banks.
- **B** help in difficult situations. ☒
- **C** hijack young ladies in trains.

c) The Four Daltons are Lucky Luke's

(A) friends.

(B) roommates.

(C) opponents. [marked ✗]

d) The success of the comic strips can be measured by about

(A) 30 titles in 90 different languages.

(B) 70 titles in 26 different languages.

(C) 90 titles in 30 different languages. [marked ✗]

e) Lucky Luke was filmed with real actors

(A) 10 times. [marked ✗]

(B) 26 times. [marked ✗]

(C) 30 times.

C – Use of Language

Part 1

Read the text and choose the correct word from the list. **6 p**

Fido

During World War II, a lot of dogs ❶ ___were___ killed in military attacks. People's pets had to leave their families and live on the streets. One of the ❷ ___most___ famous street dogs from World War II is Fido. Fido is a Latin word and means 'faithful'. In November 1941, ❸ ___on___ his way home from the bus stop, a brick worker near Florence, Italy, found Fido lying injured on a road. Not knowing who the dog belonged to, Carlo Soriani ❹ ___took___ him home and helped him. After Fido recovered, he followed Soriani to the bus stop every day. When the bus returned, Fido was always there to greet Soriani with great joy. That repeated for two years until December 1943, when Soriano died. Despite his friend's ❺ ___death___, Fido returned to the bus stop looking for Soriani every day for fourteen more years. Fido came to symbolize extreme loyalty. He died on June 9, 1958, ❻ ___while___ still waiting for his master.

Adapted from: https://listverse.com/2018/02/12/10-heartbreaking-tales-of-faithful-dogs; Stand: 01.09.2019
Bildquelle: By Sailko – Own work, lizenziert unter CC BY 3.0, https://commons.wikimedia.org/w/index.php?curid=37824255

❶	are	~~were~~	is
❷	more	much	~~most~~
❸	at	by	~~on~~
❹	~~took~~	found	gave
❺	dead	~~death~~	died
❻	~~while~~	if	because

Part 2

Find the opposites in the text. **2 p**

a) lost found   b) never always

Part 3

Find the synonyms in the text. **2 p**

a) well-known famous   b) hurt injured

Part 4

Choose <u>two</u> of the following words from the text and give a definition. **2 p**

a) pets (line 2) a animal who lives with you at home
b) greet (line 9) say hello to somone in a frendly way
c) June (line 11) is the sixt mohnts of the year.

Part 5

You are interested in dogs. You want to find out more about owning a dog. You meet a dog owner. Ask three different questions. **3 p**

- What does a dog eat?
- How old can a dog get?
- How often must I walk the dog?

D – Writing

Part 1

You are looking for a job in your summer holidays and have read a job advert offering a job as a waiter/waitress. Write an e-mail to the restaurant. **8 p**

Include the following points:
- introduce yourself (e.g. name, age, interests, contact details) **2 p**
- say why you want the job and why they should take you **3 p**
- ask for job details (e.g. working times, salary, outfit) **2 p**

Write at least 60 words. Count your words.

Part 2

Write about a place that you've visited recently and liked very much. **12 p**
The following ideas can help you.

where/when/ with whom?	What did you do there?	why?	What did it look like?

idea box
holidays / abroad / family / friends / sightseeing I
weather / food / ...

Write at least 80 words. Count your words.

A – Listening Comprehension

Part 1

(Audiotrack: QR-Code rechts / Hörtext S. 248)

You will hear five short conversations. There is one task for each conversation. You will hear each conversation twice. For tasks a) – e) mark A, B or C.

(7)
5/5 p

a) When will they visit Glasgow Zoo?

A	B	C
Tuesday	Wednesday	Friday

b) Who will join Bobby for the pop concert?

A	B	C
Alex	Mo	Frank

c) At what time will the young woman take the train?

A	B	C
4.20	5.15	6.00

d) What will Pete and Kate buy for James' birthday?

A	B	C
a mug	a T-shirt	chocolate

e) Whose room does Charley choose?

A	B	C
Tom's	Pete's	Robbie's

Part 2

(Audiotrack: QR-Code S. 235 / Hörtext S. 249)

You will hear an advert for the Museum Context in Edinburgh.
You will hear the information twice. For tasks a) – e) fill in the grid. 3/5 p

Museum Context is a	a)	~~Harry Potter~~ gift shop
you can buy	b)	stuffed owls and chocolate frogs
shop's address	c)	Wiktoryes street, Edinburgh
the house was finished in	d)	~~1844~~ 1834
you'll soon feel like a witch or	e)	wiset

Bildquelle: https://museumcontext.com; Stand: 01.08.2020

Part 3

(Audiotrack: QR-Code S. 235 / Hörtext S. 249)

You will hear a radio interview with some teens in Scotland. What does each person talk about? You will hear the interview twice. For tasks a) – e) write a letter, A – H, next to each person. 5/5 p

a) C Francis
b) E Angus
c) G Keira
d) D Merida
e) A Rory

(A) lake
(B) museum
(C) football match
(D) Highland festival
(E) castles and monuments
(F) TV show
(G) islands
(H) flight

Part 4

(Audiotrack: QR-Code S. 235 / Hörtext S. 250)

You will hear a conversation between two friends talking about their weekend plans.
You will hear the conversation twice. For tasks a) – e) mark A, B or C. 5/5 p

a) Steffi has some problems with

(A) sights.
(B) words. [marked]
(C) places.

b) Loch Lomond is a

- (A) hole.
- (B) lake.
- (C) ground.

c) In Glen Coe, a lot of people

- (A) were killed.
- (B) are soldiers.
- (C) speak Gaelic.

d) Hiking can be dangerous because of the

- (A) height.
- (B) weather.
- (C) summer.

e) The word *fell* is used to describe

- (A) animals.
- (B) Scottish people.
- (C) landscapes.

You now have 5 minutes to check your answers.

B – Text-based Tasks

Part 1

Where can you find these signs? Write down the correct answer. **5 p**

a)

Cattle crossing
–
be careful

- (A) on a road
- (B) on a lake
- (C) underwater

b)

Might contain traces of soy

- (A) in a forest
- (B) on a field
- (C) on a chocolate bar

c)

SINGLE ROAD TRACK
–
ALWAYS DRIVE CAREFULLY

(A) on a motorway
(B) on a railway track
(C) in the countryside

What information do these signs give you? Write down the correct answer.

d)

Don't step on the pitch
–
Flying sport equipment

(A) You can't perform a step-dance here.
(B) Javelins or frisbees might fly around here.
(C) Planes and helicopters might land here.

e)

Bagpipe makers offer:
- **Scottish gifts**
- **Kilts to hire**

(A) Scottish people should be careful with gifts.
(B) You can borrow traditional Scottish clothes.
(C) Bagpipers can be killed.

Parts 2 – 5: text

Scotland's Highland Games

The Scottish Highland Games are a fun way to celebrate Scottish and Celtic traditional cultures. Originally founded as an athletics and sports competition, these games were called Highland Games and are now well-known all over the world. There are a lot of Highland Games outside Scotland – even in Germany!
Hundreds of years ago the Scots wanted to test the power and strength of Scottish troops during the games. Over the centuries the Highland Games turned into festivals for all Scottish people. Thousands of people wanted to watch the games. Dancing, pipe bands, drumming and food and drink were added – the Scottish Highland Games were born!
In Scotland, there are a lot of big families called *clans*. These clans have been a part of the Highland Games right from the start, with clan members going head-to-head in different competitions. In modern times, their participation is more of a social and ceremonial meeting. Many clans set up tents and share information about Scottish history. Clans are famous for their *tartans*. This is the colour and the pattern of their *kilts* – the traditional skirts for men – that can be compared to the shirts football teams wear. Every clan has its own tartan. Following this tradition, every competitor has to wear a kilt during the games.
What has to be done during the games? There are different field events with special Scottish names. One of them is the *fell-running* in which you have to run up a *fell*, the Scottish word for hill or mountain. On top of the hill the runners have to take a little flag with their starting number and bring it back down to the finish line.
Besides square-dancing, hammer-throwing and weight for height (you have to lift heavy stones), *tossing the caber* is the most popular event. Many people think that the athletes have to throw the trunk of a tree (the caber) as far as they can – but that's wrong! The aim is to throw the caber in such a way that it lands in a 12 o'clock position. The one who can make it the closest is the winner!
So, you see – Highland Games are always great fun and whenever there are Highland Games nearby – join them! (380 words)

(Autorentext)

Bildquelle: ART.EMIS Entertainment GmbH, https://www.highland-games.eu/disziplinen-bei-den-dhg; Stand: 01.07.2020

Part 2

Match each part of the text with the correct heading. **5 p**
Write down the correct letter for each part.

a)	lines 1 – 5	A Different events
b)	lines 6 – 10	B Family traditions influence the Games
c)	lines 11 – 15	C The distance doesn't count
d)	lines 16 – 18	D A famous cultural event
e)	lines 19 – 23	E The origin of the Games

Part 3

Decide whether the statements are 'true', 'false' or 'not in the text'. **5 p**
Write down the correct answer.

a) The Highland Games were originally created as a war simulation.

b) They wanted to see how fit the soldiers were.

c) Clan members open the games every year.

d) Some names of the events are different from the English expressions.

e) *Tossing the caber* means lifting heavy stones.

Part 4

Find the corresponding line/lines in the text that mean the same. **5 p**
Write down the correct letter.

a) The events are familiar to people all over the world.

b) Centuries later, not only sportsmen can take part in the games.

c) Clan members present cultural information.

d) To end the race, athletes carry their flags to the foot of the mountain.

e) Athletes must raise things of great weight.

lines 1 – 2 A	lines 3 – 4 B	lines 6 – 7 C	lines 7 – 8 D	line 11 E
lines 11 – 13 F	line 14 G	lines 16 – 17 H	lines 17 – 18 I	line 19 K

Part 5

Find the correct endings to complete the sentences according to the text. Write down the correct letter. **5 p**

a) Nowadays, the Highland Games are

(A) a worldwide event.

(B) a Scottish event.

(C) an English event.

b) Today, the Highland Games are

(A) only a sports event.

(B) more than a sports event.

(C) only a food and drink festival.

c) From the very beginning, clan members

(A) took part in the games.

(B) only pitched tents.

(C) were excluded from the games.

d) *Fell-running*

(A) is a special word from England.

(B) is like a race.

(C) has to do with Scottish animals.

e) To win *tossing the caber* you need

(A) the longest throw.

(B) the most exact throw.

(C) the highest throw.

C – Use of Language

Part 1

Read the text and choose the correct word for each gap. Write down the correct word. **6 p**

The Story of Street Art

Modern graffiti began in big cities in the United States in the 1970s. In New York, young people wrote ❶ ______________ names, or 'tags', with pens on walls around the city.

One of the first 'taggers' ❷ ______________ a teenager called Demetrius. His tag was TAKI 183. Demetrius wrote his tag on walls and in stations in New York. Other teenagers saw his tag and started writing their tags too. Soon, there were tags on walls, buses and trains all ❸ ______________ New York.

Then, some ❹ ______________ started writing their tags with aerosol paint. Their tags were bigger and more colourful. Aerosol paint graffiti ❺ ______________ very popular in the 1970s and 1980s. It appeared on trains, buses and walls around the world.

In the 1990s and 2000s, ❻ ______________ graffiti artists started painting pictures. Some artists' pictures were about politics. Other artists wanted to make cities beautiful and painted big, colourful pictures on city walls.

Photo source: https://artprimo.com/catalog/artprimo_blog_Taki183; Stand: 01.07.2020
Adapted from: https://learnenglishteens.britishcouncil.org/study-break/graded-reading/graffiti-streetart-level-1; Stand: 01.07.2020

❶	its	there	their
❷	was	is	were
❸	about	over	of
❹	teenage	teenagers	youth
❺	get	became	become
❻	a lot of	much	very

Part 2

Find synonyms for two of the three words in the text and write them down. **2 p**

a) noticed   b) after a short time   c) good-looking

Part 3

Find opposites for two of the three words in the text and write them down. **2 p**

a) old   b) last   c) smaller

Part 4

Choose two of the following words from the text and give a definition. **2 p**

a) teenager (line 4)   b) popular (line 9)   c) to paint (line 11)

Part 5

You are preparing a school presentation about Demetrius / TAKI 183. You have got the chance to talk to him personally. Ask <u>three</u> different questions to get further information. **3 p**

- Where did u get the Idee to do somthing like this?
- When did u start with gravity?
- ______

D – Writing

Part 1: E-mail

You have watched a documentary about the Highland Games in Scotland. You want to do a school presentation about it, so you write an e-mail to the producers asking for more details. **8 p**

Include the following points:
- introduce yourself (e.g. name, age, contact details) **2 p**
- reason for your mail / how you want to do the presentation **3 p**
- ask for more information (e.g. material, films, internet links) **2 p**

Write at least 60 words. Count your words.

Bildquelle: ART.EMIS Entertainment GmbH, https://www.highland-games.eu/disziplinen-bei-den-dhg; Stand: 01.07.2020

Part 2: Best Holiday / Dream Holiday

Write about the best holiday you have ever had or your dream holiday. The following ideas can help you. **12 p**

where / destination / country	**means of transport / journey**	**when / how long**	**activities / sights**

idea box
holiday / abroad / family / friends / sightseeing / tickets / go by / sports / weather / food / …

Write at least 80 words. Count your words.

LCT Texte Musterprüfung I

Part 1

(Audiotrack: QR-Code rechts / Aufgaben S. 220)

(5)

a) When are they going on holiday?

Woman: We really need to start planning our holiday, otherwise everything will be booked out or very expensive.

Man: You're right. The most suitable period for me would be some time in July.

Woman: In July it's actually a bit difficult for me. I can either do the first or the third week.

Man: What about August?

Woman: I'd rather do the last week of June. Then we could have two whole weeks, together with the first week in July.

Man: Yes, that works.

b) How much is she going to pay for the tickets?

Hotline: Hello, how can I help you?

Woman: Yes, I'd like a ticket for the Shakespeare performance on Sunday.

Hotline: Where do you want to sit? Stalls, Dress Circle or Upper Circle, which would be the cheapest with £61. Stalls are £150 and Dress Circle £80.

Woman: Well, 150 is too expensive, but I'd like to have a good view, so I'll go for the medium price range.

c) When is the appointment?

Gloria: Good afternoon, Gloria Clarkson speaking, I would like to make an appointment for a check-up.

Receptionist: Good afternoon, Mrs Clarkson, how soon do you need it? We're closed the week after Easter.

Gloria: Hmm, before that would be good.

Receptionist: I'm afraid that's going to be difficult. I can only offer you today at 3.30 p.m. or else right away Monday morning after our vacation.

Gloria: Oh my, today is not possible at all. I'll take the Monday then.

Receptionist: Okay and if you want I can call you if someone cancels and then we'll see if it works for you.

Gloria: That's great, thank you very much.

d) When is the training?

Man: Hello, can I talk to Mike, please? This is his football trainer.

Woman: I'm sorry Mike is not in. Can I take a message?

Man: Yes, could you tell him the training we had originally postponed from tomorrow to Thursday is now back on for tomorrow evening, however at 6 instead of 6.30?

Woman: Alright, I will let him know.

e) Where is the post office?

Woman: Excuse me, could you tell me how to get to the post office?

Man: Yes, of course. It is a bit far, but not very complicated to find. So you walk down this street until you get to the second streetlight. Then you turn left into Miller Street, walk past the pet shop and, directly after that, turn left into Fleet Street. The post office is right beside the church.

Woman: Okay, let's see if I got this: left at the second streetlight, then past pet shop, left again and there it will be beside the church.

Man: Correct.

Woman: Thank you very much. Have a good day.

Part 2

(Audiotrack: QR-Code S. 243 / Aufgabe S. 221)

Weather forecast

Welcome to the weather forecast. Now, let's see what the weather is like today. In the north of the country it's very windy and cold. There is a chance of some rain too, so don't leave home without your umbrella! The temperature is around 10 centigrade. In the east it's rainy all day today, I'm afraid. There may be a thunderstorm in the afternoon. The temperature is a bit higher, at around 13°. In the west and middle of the country the weather is dry, but cloudy. So no rain for you, but it is quite windy and the temperature is just 10°. The south of the country has the best weather today. It's cloudy most of the time but sunny this afternoon. The temperature is around 15°.

Adapted from: British Council, https://learnenglishteens.britishcouncil.org/skills/listening/elementary-a2-listening/weather-forecast, 30.08.2019

Part 3

(Audiotrack: QR-Code S. 243 / Aufgabe S. 221)

Conversation in a hotel

Marlee: Hello Mr Clark, what can I do for you?

Mr Clark: Hello Marlee, I was wondering if you could recommend a nice restaurant for tonight, not too far from the hotel.

Marlee: Certainly. What exactly are you looking for? Is it for business or leisure?

Mr Clark: I am meeting with clients, so business but still not too posh, if you know what I mean. It is supposed to be relaxed.

Marlee: Yes, I know exactly what you mean. What kind of cuisine do you prefer? English, Italian or maybe Indian or Sushi?

Mr Clark: Hmm, I don't know them well enough to say if they'd like Indian or Sushi. We're all English, so I think Italian would be a nice change and everybody can find something there.

Marlee: Good choice, there is a lovely little Italian restaurant around the corner. It is called *La Nonna* and is located on the corner of Willow Lane and Creek Street. Would you like me to make reservations for you?

Mr Clark: That would be great, yes. 8 o'clock this evening, three people.

Marlee: I'll get right to it, Mr Clark.

Mr Clark: Thank you very much, Marlee.

Part 4

(Audiotrack: QR-Code Seite 243 – Aufgabe Seite 222)

Welcome to Malta

Malta is an island in the Mediterranean Sea. It is situated south of the Italian island Sicily and north of Africa. The climate is subtropical. There are two other small islands, Gozo and Comino, next to the main one. Before becoming independent in 1964, the group of islands was a British colony.

Nowadays English and Maltese are the main languages. Food and traditions are influenced by the British, too. The climate is one of the best in the world, with very mild winters and warm to hot summers. It also has the most sunshine hours in Europe with an average of 3,000 hours per year.

Malta's capital, Valetta, is rich in historical monuments and artefacts; in fact, it is regarded as one of the most concentrated historic areas in the world.

But Malta offers much more, especially for young people. Over 40 language schools are spread over the islands – so it's a great place to improve your English skills. Each school has a great selection of different courses and levels and offers a wide range of activities.

That's perfect for a special summer experience. It's a good place to meet students from all over the world and make new friends.

LCT Texte Prüfung 2020

(6)

Part 1

(Audiotrack: QR-Code rechts / Aufgaben S. 227)

Task a) – When will Ernest visit his grandma?

Mum: Hello Ernest! Grandma called while you were at school. She asked when you are going to visit her.
Ernest: I wanted to visit her this week.
Mum: Maybe you can even manage to go and see her today. She's really looking forward to seeing you.
Ernest: No, today won't be possible. It's football practice this afternoon.
Mum: Oh, right. I forgot about that … So how about tomorrow after school?
Ernest: Tomorrow ... Well, I think I'll need the time to study for the English test.
Mum: That's true!
Ernest: But the rest of the week is free. So, I could visit grandma the day after tomorrow.
Mum: Alright. I'll let her know.

Task b) – What time does the shop close today?

Mum: Miles, could you go to the little corner shop and get me some milk and eggs, please? It's 6 o'clock now and the shop closes in half an hour.
Miles: Sure, Mum. No problem. But I thought the shop is open until 8. Didn't you tell me about longer opening times the other day?
Mum: That's only on Thursdays. The shop closes earlier during the rest of the week. Jack, the shop owner, says that it isn't worth staying open because of all the supermarkets in town.
Miles: He's probably right. Anyway, I'm off now. Milk and eggs, anything else?
Mum: No, that's all. Thanks, dear.

Task c) – What's new in the house?

Laura: Hey, Marcus. It's great that you've finally come to visit us.
Marcus: Yes, thanks for the invitation, Laura. I love your house, it's so big and you've decorated it really well. Is the carpet new?
Laura: No, we've had this carpet for years and we want to buy a new one some time soon. Same with the sofa here – but there are some things you just don't want to let go.
Marcus: I know exactly what you mean. But, from time to time you need something new, don't you?
Laura: I know, I know. There is a new furniture shop in town and I couldn't resist buying this lamp and an armchair last week.
Marcus: Oh, nice! I think I should go there myself. I've been looking for a new kitchen table but haven't found one that fits in my kitchen yet.

Task d) – Where did Peter sleep last night?

Dad: Good morning, Peter. How was the party? Were you able to get some sleep?
Peter: Mornin', dad! Yes, but not before 2 o'clock in the morning.
Dad: Why's that? Was it too noisy at Steven's house?
Peter: The problem was that we couldn't stay there for the night. Steven's parents came back home from their hiking trip around midnight. His mum got sick so they returned earlier.
Dad: I see. Why didn't you give me a call? I could have picked you up.
Peter: Yes, I know. But both Harry and William said we could stay at their house for the night instead.
Dad: So you went to Harry's?
Peter: No, we decided against Harry's place because it was too far away.

Task e) – Which piece of clothing is in the washing?

Bryce: Mum, any idea where my white sports T-shirt is? I need it for PE tomorrow.
Mother: It might be in the washing. Just go and have a look downstairs, love.
Bryce: It isn't in the washing. And neither is the grey one. There are only dark-coloured clothes in the washing, mum.
Mother: Oh, yes. You're right. I completely forgot about that. You said your black pullover needed to be washed, so I did that last night before I went to bed.
Bryce: Right, but this still doesn't explain where my white and grey T-shirts are.
Mother: I wouldn't be surprised if you found them somewhere in your room. The place really is a mess.
Bryce: Alright, alright. I got the message.

Part 2

(Audiotrack: QR-Code S. 245 / Aufgabe S. 228)

Information about different fitness classes in the gym

Hello everybody,

First, let me introduce myself: my name is Fletcher Nichols. I have been active in sports my entire life and have been working as a fitness instructor here at Sports First since 2015. Today I am going to tell you about the different courses that you can attend with me. On Monday mornings you can join me for my Mindful Monday Yoga class, to give you a good start into the week. On Tuesday evenings it is time to try something new: Kickboxing, where you will be sparring, kicking and punching to strengthen your whole body. Wednesdays are reserved for Pound, which is a full-body cardiobased class where you mimic playing the drums. You get two sticks and instead of listening to music you become the music. Thursday is my day off, but on Friday I will be back with Black Light Yoga. Which is exactly what it sounds like: yoga in a black room, illuminated only by UV lights. The class will be accompanied by upbeat music, to really give you a boost into your weekend. So that was it from me for now. If you have any questions, don't hesitate to ask. For the exact times and to enrol, please talk to our people at the reception desk.

Aus urheberrechtlichen Gründen wurde der Text von Part 2 ausgetauscht.

Part 3

(Audiotrack: QR-Code S. 245 / Aufgabe S. 228)

Five people talking about their jobs

Fiona: My name is Fiona. I work on Saturdays and in the school holidays. Saturdays are busy because that's when everyone goes shopping. We sell clothes and accessories for men, women and children. I work in the children's department. I really like children a lot but my job can be crazy sometimes.
Michael: Hi, I'm Michael. I like my job, but lots of people don't like coming to see me because they hate going to the doctor, especially when they have a toothache. Sometimes it's very hard work but it's great to help people when they have a problem. It's so important to look after your teeth.
Susan: I'm Susan and I work in a hospital in the city centre. It's a very big hospital. I help the doctors with the patients. I hand out medicine and look after patients when they feel ill. I love my job but I don't like the uniform and sometimes I have to work at night.
Jeremy: My name is Jeremy. My job is very difficult but I like it because I love travelling. I take people to different places on holiday. Most of the time I stay in Europe flying to places like Spain, Greece and Italy. The most difficult thing about my job is when the weather is bad. Snow and thunderstorms are the worst. The best thing about my job is visiting all the different places.
Vincent: Hi. I'm Vincent. I work during my summer holidays when I'm not at university. Oxford has thousands of tourists in the summer, so it's easy to find a job there. I show tourists all the Oxford sights and then we go down to the river. We do a short trip on a boat. The tourists love the boat trip but last summer one tourist fell into the water! I love meeting people from all over the world.

Adapted from: http://learnenglishteens.britishcouncil.org/skills/listening/elementary-a2-listening/work; 01.09.2019

Part 4

(Audiotrack: QR-Code S. 245 / Aufgabe S. 228)

Radio interview

Millie: This is radio 102.2. Today, we're talking about summer camps. My guest in the studio is Matthew Waddle. Matthew, did you ever go to a summer camp when you were a kid?

Matthew: Hi, Millie! Yes, I did. I went to a summer camp every second year.

Millie: What did you do there?

Matthew: Well, different things like archery.

Millie: Archery?

Matthew: Yeah, with bows and arrows. We had a target and we tried to hit it. I was really bad at it. I remember it was quite difficult and I hurt my arm with the bow. But later we did distance shooting as well and I was pretty good at that.

Millie: Wow. Congratulations. OK, besides archery what were the other games you played or sports you did?

Matthew: Well, we learned how to paddle a canoe, we swam and we went on hikes. And we learned how to navigate through the forest with a compass.

Millie: What did you guys do at night? Did you play games or have campfires?

Matthew: Yes, we always had a campfire at night. We sang some songs and told ghost stories. But my favourite thing to do at the campfire was roasting marshmallows.

Millie: Hm, that's the best.

Matthew: I spent hours trying to find the perfect stick to roast marshmallows on.

Millie: That sounds yummy.

Matthew: Yes, it really was!

Millie: OK. Final question, was it hard to be away from your family?

Matthew: No, not at all. I remember feeling free and more independent away from my parents. There weren't so many rules.

Millie: You weren't homesick at all?

Matthew: No, I never got homesick. Each year when my parents came to pick me up I really didn't want to go home.

Millie: OK, thanks for being on the show, Matthew.

Matthew: Thanks too. It's been a pleasure.

Adapted from: http://www.elllo.org/english/1101/1108-Camp-Warren.htm; 01.09.2019

LCT Texte Prüfung 2021

Part 1

(Audiotrack: QR-Code rechts / Aufaben S. 235)

(7)

Task a) – When will they visit Glasgow Zoo?

Jenny: Hello, this is the Glasgow Zoo. You're talking to Jenny. What can I do for you?
Greg: Hi Jenny, this is Greg speaking. I'd like to visit the zoo with my class and I wonder if you could tell me more about the entrance fees for school classes.
Jenny: No problem, tomorrow is Tuesday, well, the entrance fee for a school class on Tuesdays is 15 pounds per student.
Greg: Oh, thank you, so I think …
Jenny: Wait a second. If you come on Friday afternoon it will be 2 pounds cheaper per person.
Greg: Oh, that's an offer worth thinking about – Friday afternoon would be possible.
Jenny: Or you could come on Wednesday morning. I can offer you the same price!
Greg: Unfortunately, we have a school assembly on Wednesday, so we'll come at the end of this week.Thanks a lot!

Task b) – Who will join Bobby for the pop concert?

Bobby: Hi Mo, would you like to come with me to the pop concert in the Royal Concert Hall this evening?
Mo: I'd like to, but my football team is going to the Karaoke contest down in the pub. But what about Alex?
Bobby: Oh, didn't he tell you? His brother Frank bought two tickets for the rugby match in Glasgow tonight. I'm sure he won't want to come.
Mo: Let me think. I haven't been to a pop concert for a long time. I'll tell my mates that I'll join them next week and I'll come with you. Can you pick me up?

Task c) – At what time will the young woman take the train?

woman: Excuse me, sir? When's the next train to Aberdeen?
clerk: There's one at 4.20, but it stops at nearly every station, so it takes two hours, but it's only 15 pounds.
woman: Oh, that's quite a long trip. Is there an alternative?
clerk: Let me see, there is one at 5.15 from Glasgow's main station, but you have to change trains in Edinburgh or there's one at 6 o'clock. You don't need to change.
woman: Fine, then I'll take the 6 o'clock one. How much is it?
clerk: Both, the 5.15 and the 6 o'clock trains are 45 pounds.
woman: Oh no, that's far too expensive. I think I'll have to take the early but longer one. Thanks!

Task d) – What will Pete and Kate buy for James' birthday?

Pete: It's James' birthday tomorrow and we need a present for him.
Kate: What about one of these "I love Scotland" mugs? I like them. Or do you think we should buy a shirt with the Scottish flag?
Pete: A shirt? Great idea, let's buy it!
Kate: But we don't know which size to get, so what about special Harry Potter chocolate?
Pete: Well, he hates chocolate but he really enjoys his coffee. Let's go for the "I love Scotland" souvenir!

Task e) – Whose room does Charley choose?

Charley: Hi Pete, one question. Can I stay overnight after your party? It's a long way home for me.
Pete: Of course, no problem, Charley. You can stay in Tom's room.
Charley: Thank you so much, but doesn't Tom have to get up early to get to work?
Pete: Ah, you're right. Well, you could sleep in my room, but I'm already sharing it with Jake.
Charley: Oh no, you know – Jake and me. Not the best idea, sorry Pete.
Pete: Then I can offer you Robbie's room.
Charley: Your younger brother's? I know his jokes and pranks, but that's much better than getting up so early.

Part 2

(Audiotrack: QR-Code S. 248 / Aufgabe S. 236)

The Museum Context in Edinburgh

Just in time for the 20th anniversary of the publication of 'Harry Potter and the Philosopher's Stone', the Museum Context, a gift shop for all Harry Potter fans, has opened in Edinburgh. But it's far more than a shop, it's a playground for them all. Museum Context offers an incredible shopping experience. Curiosities range from stuffed Hedwig owls and Potter mugs to chocolate frogs and everything and anything else in between. You can also find clothes in Gryffindor, Ravenclaw, Slytherin and Hufflepuff house colours – of course all made in Scotland.

You will find Museum Context in one of the most beautiful streets in Edinburgh, Victoria Street. The house was built between 1829 and 1834 and has an interesting fact: some people say it was the inspiration for J.K. Rowling to invent the stories about Harry Potter.

So, come in and enjoy the atmosphere of Harry Potter's world! You'll soon begin to feel like a witch or wizard.

Don't miss it!

Adapted from: https://theculturetrip.com; Stand: 01.08.20

Part 3

(Audiotrack: QR-Code S. 248 / Aufgabe S. 236)

Radio Interview

presenter: Today we are talking to five teens who spent two weeks here in Scotland and are asking them about their favourite activities and places. Welcome Francis, where did you spend your time?

Francis: I have dreamt of attending the Old Firm in Glasgow since I was a little boy. And I was the luckiest boy on earth when I succeeded in buying a ticket for the match. It was great fun – and the best thing was – Celtic Glasgow won the match!

presenter: Lucky you! Hi Angus, what was your favourite activity here in Scotland?

Angus: Well, I'm not so much into football, but I'm very interested in that medieval stuff. I really enjoyed visiting all these ancient places – you know, Rob Roy fighting against the English, ay! I went to Eilean Donan Castle, visited the Sterling buildings and the Glenfinnan Monument on the west coast of Scotland. It was amazing.

presenter: Thank you, Angus, now what about you, Keira, are you also a bravehearts fan?

Keira: That's boy stuff – I did a tour on a boat and visited some of the little islands off the Scottish west coast. I loved Portree, a town on the Isle of Skye. It was so relaxing, I just sat there for hours watching the boats leaving the harbour and returning from their fishing trips.

presenter: Lovely, and you Merida?

Merida: I was near Balmoral in the Highlands to see the strong men – men in kilts throwing logs, lifting heavy stones and dancing. What a show – I often watch the Highland Games on TV. But being so close to such strong men is a completely different thing! It was great!

presenter: Last but not least, here is Rory.

Rory: I really love mystic and strange stories – and I do know that there are no monsters on lakes, but I couldn't resist joining a bus tour to the shores of Loch Ness and waiting for Nessie to come up … and …. nothing happened, of course, but it was a nice trip with a nice girl …

Part 4

(Audiotrack: QR-Code S. 248 / Aufgabe S. 236)

Conversation

Steffi: Hi, Ian, could you help me, please? I don't understand some words in this brochure about the sights and places here in Scotland.

Ian: Sure. I know it's sometimes hard to understand 'cause we use Gaelic words instead of English. How can I help you?

Steffi: I want to go on a trip to the Highlands and the first stop will be Loch Lomond. Sounds like a German word – Loch which means 'hole' in English.

Ian: Oh, really, that's funny! It's like a big, big hole in the ground filled with water. Loch is Gaelic and means 'lake'. Loch Lomond is a very nice place in the Lowlands and sometimes in summer you can go swimming there.

Steffi: But not in spring, surely! The next strange words are *glen* and *ben*. They sound like boys names!

Ian: Yeah, might be, but in this case *glen* is another word for valley. There are a lot of *glens* in the Highlands and some have a very tragic history. In Glen Coe, for example, a lot of Scottish people died during the battles with the king's army.

Steffi: And who is Ben Nevis?

Ian: It's not a person – Ben Nevis is the highest mountain here in Scotland, but not only in Scotland, it's the biggest in the UK! It is 1345 metres high and you shouldn't go there in winter. It seems to be an easy hiking tour – but you must be careful because it can get very foggy very quickly!

Steffi: Ok, I'm not interested in hiking. One last word – what does *fell* mean? It's another word that we use in German! It's the German word for the fur of an animal.

Ian: Oh no, a *fell* is a hill and there is a lot of *fell-running* in Scotland.

Steffi: That's even worse than hiking! Thanks a lot, Ian, for your help!

Ian: You're welcome, have a nice trip!

Schule – und dann?

Tipps und Infos zum Start in den Beruf

- Bewerbungsunterlagen
- Anschreiben
- Lebenslauf
- Einstellungstests + Lösungen
- Assessment-Center
- Online-Tipps
- Bildungswege

Bewerbungsunterlagen

Die meisten Firmen bevorzugen inzwischen eine Onlinebewerbung. Große Unternehmen bieten oft eigene Bewerbungsportale auf ihren Firmenwebsites, auf denen Bewerber/-innen ein Onlineformular ausfüllen und ihre Unterlagen wie Lebenslauf, Zeugnisse oder Bewerbungsfoto hochladen können. Bei der zweiten Möglichkeit verschickt der/die Bewerber/-in seine/ihre Bewerbung per E-Mail mit entsprechendem Anhang. Dabei empfiehlt es sich, die oben genannten Unterlagen in ein einziges Dokument zu packen, damit der/die Personalzuständige nicht lange suchen und nur eine Datei öffnen muss.

Allerdings ist bei einer Onlinebewerbung auf eine seriöse E-Mail-Adresse, die Qualität eingescannter Dokumente, das richtige Format (meist PDF) und die Dateigröße (max. 2 – 3 MB) zu achten.

Für die Onlinebewerbung gelten die gleichen Maßstäbe wie für die klassische Bewerbungsmappe. Insbesondere das Anschreiben sollte die herkömmlichen Kriterien erfüllen: persönliche Anrede, direktes Eingehen auf den ausgeschriebenen Ausbildungsplatz, korrekte Rechtschreibung und Zeichensetzung etc. Das Anschreiben kann Teil der E-Mail selbst sein oder im Anhang verschickt werden. Dann sollte aber zumindest eine Kurzversion im Textfenster der E-Mail enthalten sein.

Die folgende Liste gibt Ihnen einen wichtigen Überblick über die Unterlagen, die Ihre Bewerbung enthalten sollte:

Deckblatt

- Bewerbung von (Name) für (Ausbildungsplatz/Stelle)

Bewerbungsfoto

- professionelles Bewerbungsfoto (bei Papierfoto: auf Rückseite Name und Adresse)
- Standard: Foto oben rechts im Lebenslauf

Anschreiben

- persönliche Kontaktdaten im Briefkopf aktuell und richtig
- Name und Adresse des Ansprechpartners richtig schreiben
- korrekte Betreffzeile
- Grund für Bewerbung angeben
- Bezug zwischen Anforderungen und eigenen Fähigkeiten formulieren
- nicht länger als eine DIN-A4-Seite
- fehlerfreie Rechtschreibung und Zeichensetzung

Lebenslauf

- persönliche Angaben (Name, Anschrift, Telefonnummer, Geburtsdatum, Staatsangehörigkeit)
- Schulbildung (besuchte Schultypen) und voraussichtlicher Schulabschluss
- Berufserfahrung: Praktika etc.
- außerschulisches Engagement (z. B. Ehrenamt)
- besondere Kenntnisse
- nicht länger als zwei DIN-A4-Seiten
- lückenlos, korrekte Zeitangaben
- Unterschrift

Anlagen

- Kopien von Zeugnissen, Referenzen, Zertifikaten

Auf den nächsten Seiten finden Sie Beispiele für ein Anschreiben sowie für einen Lebenslauf.

Anschreiben

Bevor Sie sich bei einer Firma bewerben, sollten Sie sich auf jeden Fall bei der dortigen Personalabteilung nach dem Namen der zuständigen Person erkundigen. Das Anschreiben sollte, so weit möglich, immer eine personalisierte Anrede enthalten. Es macht auch einen guten Eindruck, wenn Sie sich vorher schon einmal über das Berufsbild informiert haben und darstellen können, warum Sie sich gerade für diesen Beruf eignen. Außerdem ist es wichtig, dass Sie sich über das Unternehmen informieren, bei dem Sie sich bewerben. Vermeiden Sie Schreib- und Kommafehler und vergessen Sie Ihre Unterschrift nicht.

Beispiel für ein Anschreiben

Marc Schmidt
Bahnhofstraße 158
35889 Krielinghausen
Telefon 06456 445932
E-Mail marc.schmidt@mail.de

Bäckerei Herrlinger
Herrn Fritz Herrlinger
Backgasse 15
33886 Wieshain

Krielinghausen, 15. Oktober 2021

Bewerbung um einen Ausbildungsplatz zum Bäcker

Sehr geehrter Herr Herrlinger,

durch Ihre Mitarbeiterin, Frau Fischer, habe ich erfahren, dass Sie ab dem 1. September 2022 einen Ausbildungsplatz zum Bäcker anbieten. Dafür möchte ich mich bei Ihnen bewerben.

Der Beruf des Bäckers ist bereits seit Langem mein Traumberuf. Die handwerkliche Arbeit in einer Backstube und der Umgang mit Lebensmitteln haben mich schon immer interessiert. Als Kind habe ich mit meiner Mutter oft Kuchen und Plätzchen gebacken, inzwischen backe ich alleine und probiere auch gerne neue Rezepte aus. In einem örtlichen Gasthof habe ich bereits erste Erfahrungen gesammelt.

Im Juni beende ich die Schule mit dem Hauptschulabschluss. Danach würde ich gerne bei Ihnen ein Praktikum machen, damit Sie mich vorab besser kennenlernen können.

Über die Einladung zu einem Vorstellungsgespräch freue ich mich.

Mit freundlichen Grüßen

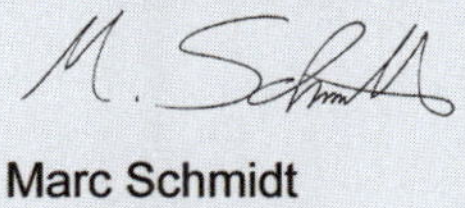

Marc Schmidt

Anlagen: Lebenslauf mit Foto, Zertifikat Praktikum, Schulzeugnis

Lebenslauf

Ein in Aufsatzform formulierter Lebenslauf ist nicht mehr üblich.
Arbeitgeber erwarten einen Lebenslauf in Tabellenform – und zwar:

- chronologisch – die in Deutschland üblichere, traditionelle Variante
- umgekehrt chronologisch (neueste Daten am Anfang) – die moderne internationale / EU-Variante

Beispiel für einen chronologischen Lebenslauf

Lebenslauf
Marc Schmidt

Bahnhofstraße 158
35889 Krielinghausen
Telefon 06456 445932
E-Mail marc.schmidt@mail.de

Persönliche Daten

Geburtstag und -ort	23. April 2007 in Krielinghausen
Staatsangehörigkeit	deutsch

Schulischer Werdegang

09/2013 bis 07/2017	Grundschule Krielinghausen
09/2017 bis 06/2022	Gesamtschule Krielinghausen • voraussichtlicher Schulabschluss: Hauptschulabschluss • Lieblingsfächer: Mathematik, Werken Teilnahme an der Koch-AG

Betriebspraktikum

02/2021 bis 03/2021	Frischmarkt AG, Winterhain Dreiwöchiges Schülerpraktikum • Einräumen der angelieferten Waren • Mitarbeit an der Kasse • Mitarbeit an der Brottheke

Aushilfstätigkeiten

08/2021 bis 09/2021	Gasthof „Sonne“, Krielinghausen Vierwöchiger Ferienjob • Tätigkeit als Küchenhilfe • Mitarbeit im Service

Hobbys	Backen, Kochen, Musik
Seit 10/2017	Mitglied im Musikverein (Posaune)

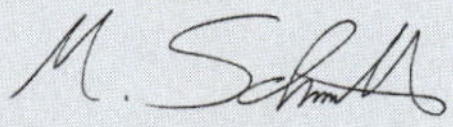

Krielinghausen, 15. Oktober 2021

Einstellungstests

Viele Schüler/-innen kennen die Angst vor Prüfungen. In der Schule hat man wenigstens den Vorteil, dass man ungefähr weiß, was drankommen kann. Berufseinstellungstests sind den meisten jedoch fremd und der Druck, sich gegen andere Bewerber/-innen durchzusetzen, verstärkt die Prüfungsangst meist noch.

Wir wollen Sie auf diese Situation vorbereiten und Ihnen die Angst vor dem Unbekannten nehmen. Dafür haben wir auf den nächsten Seiten einige Musteraufgaben zusammengestellt, wie sie in solchen Tests vorkommen können.

Es geht den Prüfer/-innen nicht nur darum, dass Sie alle Aufgaben korrekt lösen, sondern auch darum, wie Sie sich in einer solchen Situation verhalten und wo Ihre Stärken liegen.

Die Lösungen zu den Tests finden Sie auf Seite A14.

1. Logisches Denken

Zahlenreihen

Welche Zahl ergänzt die Zahlenreihe sinnvoll?

1. 2 6 12 20 30 ?

2. 16 23 28 38 49 62 ?

TIPP

Notieren Sie den Rechenschritt zur jeweils nächsten Zahl, dann kommen Sie meist schnell auf die Lösung.

Wortanalogien

1. <u>Mehl</u> verhält sich zu <u>Kuchen</u> wie <u>Zement</u> zu ...?

a) Bäcker b) Maurer
c) Haus d) Hefe

2. <u>Schnecke</u> verhält sich zu <u>Ohr</u> wie <u>Knöchel</u> zu ...?

a) Oberschenkel b) Fuß
c) Gartenhaus d) Pflanze

TIPP

Untersuchen Sie das vorgegebene Wortpaar und suchen Sie die bestehende Beziehung zwischen den Wörtern.

Beziehungen

1. Morgen ist Mittwoch. Welcher Tag war vorgestern?

a) Montag b) Dienstag c) Mittwoch d) Donnerstag
e) Freitag f) Samstag g) Sonntag

2. Es ist die Tochter deiner Großmutter, aber nicht deine Tante. Wer ist es?

a) Großmutter b) Nichte c) Cousine d) Tochter
e) Mutter f) Schwester g) Tante

Grafikanalogien

Bestimmen Sie aus den vier möglichen Grafiken diejenige, die die Bildgleichung sinnvoll ergänzt.

1.

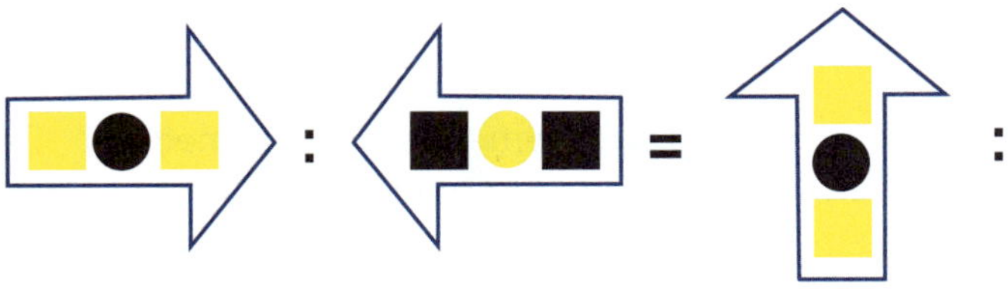

a) 

b) 

c) 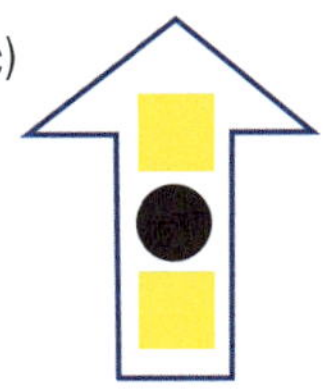

d) 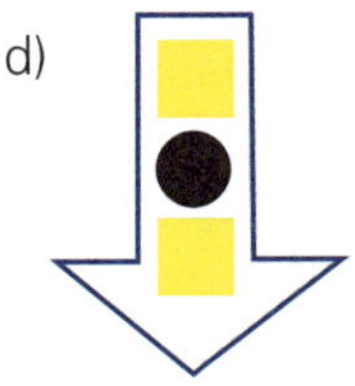

2.

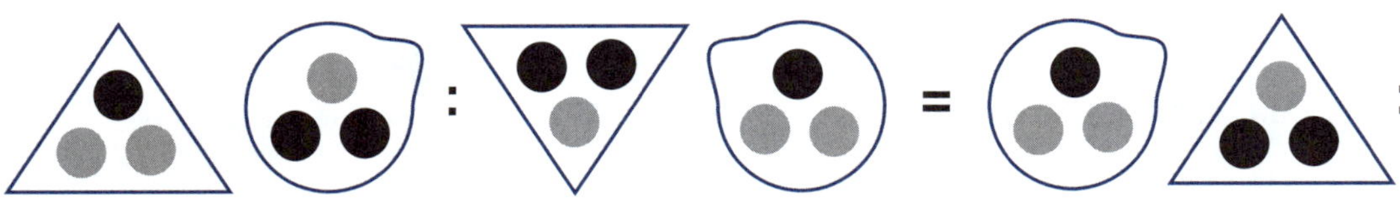

a) 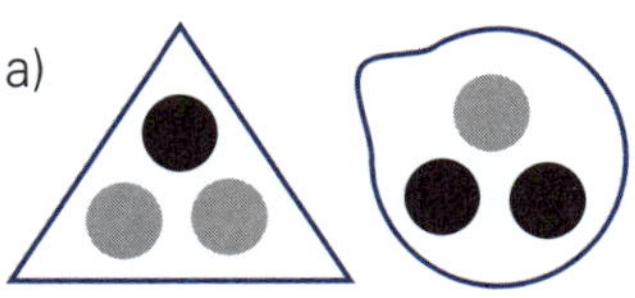

b) 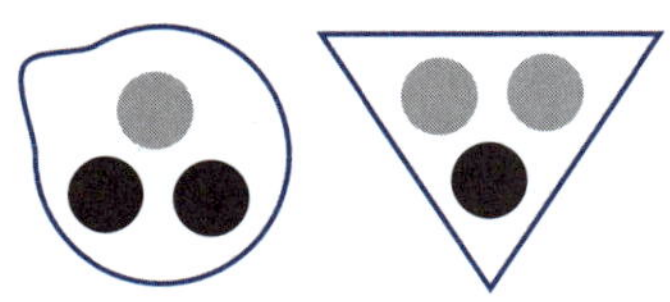

c) 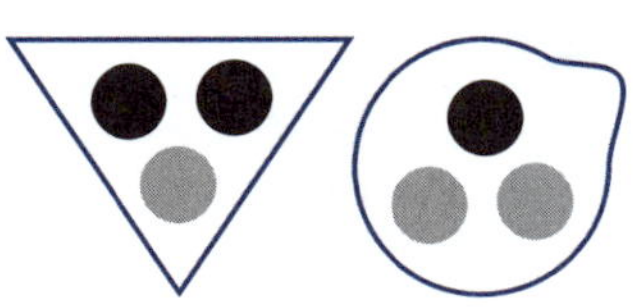

d) 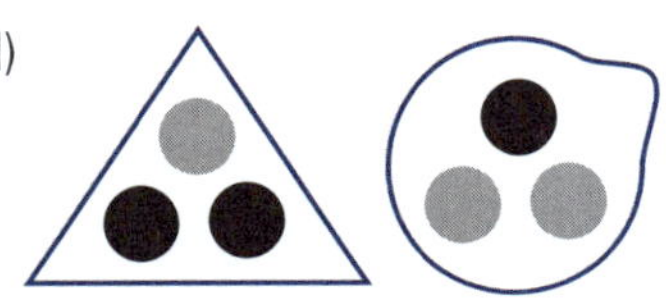

2. Konzentration

Die alphabetische Reihenfolge

Erkennen Sie die korrekten alphabetischen Buchstabenabfolgen von 3 – 5 Buchstaben und unterstreichen Sie diese.

1. dhabanejdhenahjbekjabcdfgejndnansmjodnbdjwxyzjbdnrnmalmüppkdknshdkjklndhadnenduenduendopqr-hzfunrucmchdtebnsmnaüskendhabezefghnmkelodhbezshynmnbabsebdnmeidjnantzbszxtgbsnxhzsstu-vwb

2. hnsndnadhendnsjuvwxhdndnbdnmejdkalehijkdnmadnsomemaödefgnbdbanskjneksoxnaknbsjxonbshze-baisbelmanslmnopzehbaisjbajsnenakmslxpklmhjdamsidjendhijdnsmalsneisxnmamsrstudbansmensuaylx-vn

Kopfrechnen

Geben Sie das Ergebnis folgender Rechnung an. Rechnen Sie Schritt für Schritt, die Rechenregel „Punkt vor Strich" gilt hier nicht.

1. $6 + 6 - 3 + 7 - 5 \cdot 2 + 8 - 20 \cdot 2 + 7 =$

2. $81 : 9 + 7 + 5 + 3 : 2 + 13 \cdot 2 - 20 : 2 - 15 + 7 \cdot 2 - 6 \cdot 3 =$

Mosaik

1. In welchem Feld ist ein Mosaikbaustein falsch? Geben Sie an, ob A, B, C oder D richtig ist.

TIPP

Kreuzen Sie im Zweifelsfall die Antwort an, die Ihnen richtig erscheint.

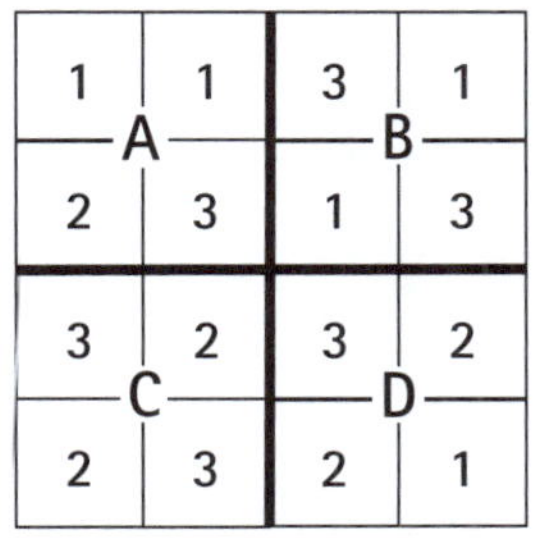

2. In welchem Feld ist ein Mosaikbaustein falsch? Geben Sie an, ob A, B, C, D oder E richtig ist.

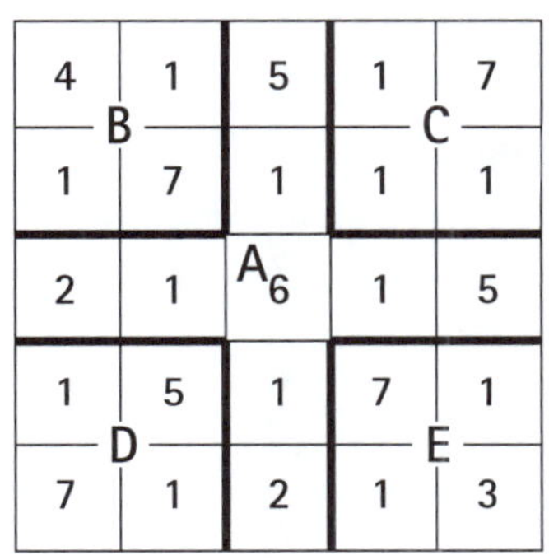

Additions-/Subtraktionsaufgaben

Rechnen Sie zuerst die obere und dann die untere Zeile aus. Ist das zweite Ergebnis kleiner als das erste, ziehen Sie es vom ersten ab und schreiben diese Differenz auf. Ist das Ergebnis der zweiten Zeile größer, müssen Sie beide Ergebnisse addieren.

1. 2 + 4 − 5
5 + 4 + 4

2. 7 + 8 − 3
4 + 5 − 2

3. 4 + 4 − 3
7 + 6 + 4

4. 4 + 5 + 4
9 − 8 + 7

5. 8 − 4 − 1
3 + 4 + 6

6. 3 + 8 − 3
4 + 3 + 2

7. 4 + 9 − 7
5 + 6 − 3

8. 9 − 2 + 7
3 + 2 + 4

9. 7 + 3 − 4
4 + 7 − 3

TIPP

Rechnen Sie jede Reihe für sich und schreiben Sie das Ergebnis auf. So verlieren Sie nicht die Übersicht.

3. Allgemeinwissen

1. Wie viel Liter Blut fließen durchschnittlich durch den menschlichen Körper?

a) 5 bis 6 Liter
b) 12 bis 14 Liter
c) 8 bis 10 Liter
d) 3 bis 4 Liter

TIPP

Wenn Sie nicht ganz sicher sind, gehen Sie nach dem Ausschlussverfahren vor und kreuzen Sie auf jeden Fall eine Antwort an.

2. Wie lautet das chemische Gegenstück zur Säure?

a) Salz
b) Oxid
c) Zucker
d) Base

3. Welche Einheit bezeichnet elektrischen Strom?

a) Hertz
b) Ampere
c) Watt
d) Pascal

4. Wie viele Seitenflächen hat ein Tetraeder?

a) 4
b) 6
c) 8
d) gar keine, es ist eine Kugel

5. Wie nennt man in der Informatik die kleinste Informationseinheit?

a) Chip
b) Unix
c) Link
d) Bit

6. Welches Wirtschaftssystem hat Deutschland?

a) Zentrale Marktwirtschaft
b) Soziale Marktwirtschaft
c) Kapitalistische Marktwirtschaft
d) Sozialistische Marktwirtschaft

7. An wie viele Länder grenzt Deutschland?

a) 6
b) 7
c) 8
d) 9

8. Wessen Interessen werden in der Kommunalpolitik vertreten?

a) Bundesländer
b) Bund
c) Landkreis und Gemeinde
d) Europäische Gemeinschaft

9. Wer war der erste Bundeskanzler der Bundesrepublik Deutschland?

a) Gerhard Schröder
b) Konrad Adenauer
c) Helmut Kohl
d) Ludwig Erhard

10. Unter welchem Namen schrieb der erste römische Kaiser Octavian Geschichte?

a) Caesar
b) Augustus
c) Romulus
d) Herkules

11. In welchem Drama Goethes wird die „Gretchenfrage" gestellt?

a) Götz von Berlichingen
b) Faust I
c) Torquato Tasso
d) Egmont

12. Wer schrieb das Stück „Die Räuber"?

a) Johann Wolfgang von Goethe
b) Friedrich Schiller
c) Gotthold Ephraim Lessing
d) Wilhelm Hauff

13. Welcher Künstler malte die „Mona Lisa"?

a) Pablo Picasso
b) Michelangelo Buonarroti
c) Salvador Dali
d) Leonardo da Vinci

14. Wie heißen die Stimmlagen der Männerstimmen, absteigend nach der Höhe sortiert?

a) Sopran, Bass, Tenor
b) Tenor, Bariton, Bass
c) Bariton, Tenor, Bass
d) Alt, Tenor, Bass

15. Woraus besteht eine Nordische Kombination?

a) Skisprung und Skilanglauf
b) Skilanglauf und Schießen
c) Slalom und Abfahrt
d) Skiflug und Slalom

4. Sprachgefühl

Abkürzungen

Wofür stehen folgende Abkürzungen? Kreuzen Sie alle richtigen Antworten an.

1. a) Mofa = Montagefabrik
b) ABS = Autobahnschnee
c) FAZ = Frankfurter Allgemeine Zeitung
d) DIN = Deutsches Institut für Normung

2. a) IHK = Industrie- und Handelskammer
b) AGB = Angestelltengesetzbuch
c) USA = United States of America
d) EU = Europäische Universität

3. a) BASF = Badische Anilin- und Soda-Fabrik
b) PS = Pendelstrom
c) BVerfG = Bundesverfassungsgericht
d) VW = Volkswagen

Wortbedeutungen

Welches der vier Wörter passt nicht zu den anderen?

1.

a) Deutsch
b) Französisch
c) Schwäbisch
d) Englisch

2.

a) Fußball
b) Tennis
c) Basketball
d) Schwimmen

3.

a) Buchstabe
b) Zahl
c) Vokal
d) Konsonant

Fremdwörter

1. Was bedeutet das Fremdwort „heterogen"?

a) fremd
b) ungleichartig
c) stark erhitzt
d) keimfrei

2. Was bedeutet das Fremdwort „relativ"?

a) verhältnismäßig
b) sehr klein
c) sehr groß
d) verändert

Satzergänzungen

1. Das menschliche Verhalten wird von der ... untersucht.

a) Biologie
b) Zoologie
c) Chemie
d) Psychologie

2. Im Straßenverkehr muss man besonders ... sein?

a) aggressiv
b) mutig
c) schnell
d) aufmerksam

TIPP

Führen Sie zuerst die Aufgaben und Antworten zusammen, bei denen Sie sich sicher sind.

3. Der Stundenzeiger einer Uhr ist immer ... als der Minutenzeiger.

a) länger
b) kürzer
c) dicker
d) dünner

Sinnverwandte Sprichwörter

Welches Sprichwort hat eine ähnliche Bedeutung wie das vorgegebene?

1. „Jeder kehre vor seiner eigenen Türe."

a) Wer anderen eine Grube gräbt, fällt selbst hinein.
b) Wer im Glashaus sitzt, soll nicht mit Steinen werfen.
c) Der Lauscher an der Wand hört seine eigene Schand.
d) Reden ist Silber, Schweigen ist Gold.

2. „Das Glück ist mit den Dummen."

a) Die dümmsten Bauern haben die größten Kartoffeln.
b) Den Tüchtigen hilft das Glück.
c) Scherben bringen Glück.
d) Wer nicht wagt, der nicht gewinnt.

Groß- und Kleinschreibung

Welcher Satz ist richtig geschrieben?

1. a) Aber heute Früh habe ich wieder einen Arzttermin.
b) Aber Heute früh habe ich wieder einen Arzttermin.
c) Aber heute früh habe ich wieder einen Arzttermin.

2. a) Sie hatte fünf einsen im Zeugnis und war zweite im Weitsprung.
b) Sie hatte fünf einsen im Zeugnis und war Zweite im Weitsprung.
c) Sie hatte fünf Einsen im Zeugnis und war zweite im Weitsprung.
d) Sie hatte fünf Einsen im Zeugnis und war Zweite im Weitsprung.

3. a) Als die englische Königin abends in ihr Schloss kam, war das Licht schon aus.
b) Als die Englische Königin abends in ihr Schloss kam, war das Licht schon aus.
c) Als die Englische Königin Abends in ihr Schloss kam, war das Licht schon aus.
d) Als die englische Königin Abends in ihr Schloss kam, war das Licht schon aus.

Rechtschreibung

Welches Wort ist richtig geschrieben?

1. a) Dampflockomotive
b) Dampflockomotife
c) Dampflokomottife
d) Damflockomotive
e) Dampflokomotive

2. a) Renaissanse
b) Renaissance
c) Rennaissance
d) Rennaisance
e) Renaisance

TIPP

Stellen Sie sich die Wörter ausgesprochen vor und überlegen Sie, welches richtig klingt.

Bilden Sie den Plural folgender Wörter.

3. Visum
4. Globus
5. Pizza

5. Mathematisches Denken

Dreisatz

1. Ein Motorrad benötigt für eine 125 km lange Strecke 22,50 Liter Benzin. Welchen Verbrauch hat das Motorrad auf 100 km?

2. In einem Betrieb kommen 60 % der Männer und 50 % der Frauen mit dem Auto zur Arbeit. Wie viel Prozent kommen insgesamt mit dem Auto, wenn dort 60 % Männer arbeiten?

3. 4 Personen haben ein durchschnittliches Gewicht von 69 kg. Die erste Person wiegt 76 kg, die zweite 61 kg, die dritte 65 kg. Wie viel wiegt die vierte Person?

Maßeinheiten

1. Wie viele Stunden und Minuten sind 7200 Sekunden?

a) 120 Stunden
b) 2 Stunden
c) 5 Stunden
d) 1 Stunde 20 Minuten

2. Wie viele Hektar sind 55 000 Quadratmeter?

a) 5,5
b) 550
c) 55
d) 5550

3. Wie viele Kubikmeter sind 300 Liter?

a) 0,3
b) 30
c) 3
d) 300

Prozent- und Zinsrechnung

1. Die Mehrwertsteuer (19 %) beim Kauf eines Fahrrads beträgt 57 Euro. Wie teuer ist das Fahrrad inklusive Mehrwertsteuer?

a) 243 Euro
b) 357 Euro
c) 300 Euro
d) 414 Euro

2. Nach welcher Zeit sind 15 000 Euro auf 20 000 Euro angewachsen, bei einer jährlichen Verzinsung von 5 %?

a) 6 Jahre und 216 Tage
b) 6 Jahre und 260 Tage
c) 6 Jahre und 220 Tage
d) 6 Jahre und 8 Monate

Gleichungen

Ergänzen Sie die fehlenden Rechenzeichen bei den Gleichungen, um auf die vorgegebene Lösung zu kommen. Die Rechenregel „Punkt vor Strich" gilt hier.

1. 8 … 4 … 1 = 31
2. 2 … 60 … 12 = -3
3. 11 … 20 … 5 … 12 = 99

6. Räumliche Vorstellung

Drehungen im Raum

In welcher Position befindet sich der Buchstabe nach der Drehung, wie es die Pfeile der Reihe nach vorgeben? Die Drehungen sind jeweils 90 Grad um die Raumachsen.

a) ☐ 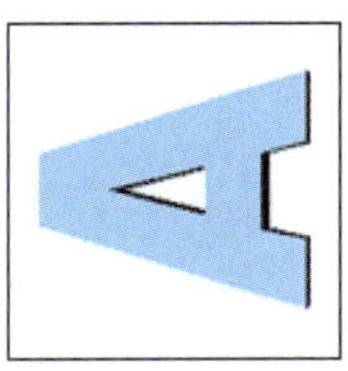

b) ☐ 

c) ☐ 

d) ☐ 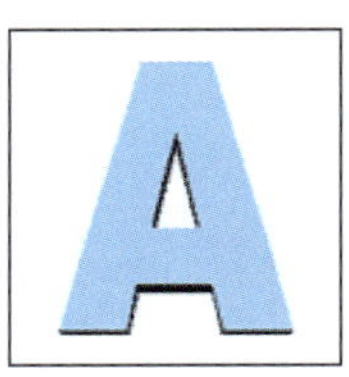

e) ☐ 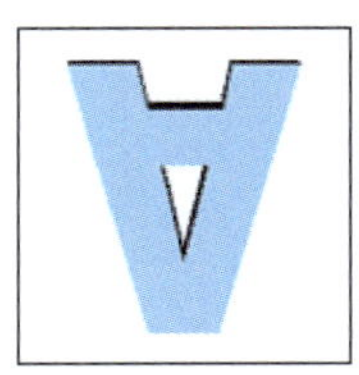

Flächen eines Körpers

Bestimmen Sie die Gesamtzahl an Flächen der vorgegebenen Körper.

1. 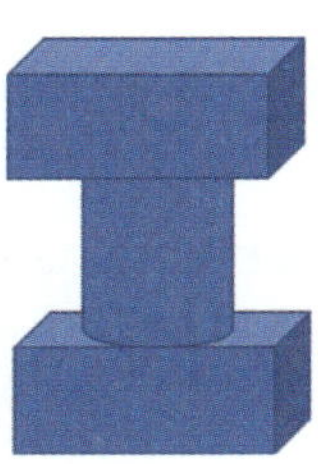

a) 15 b) 12 c) 14 d) 17

2. 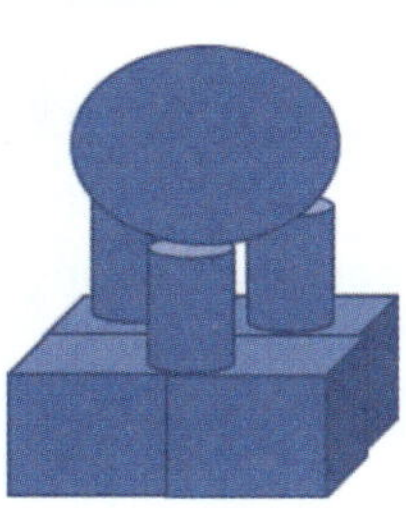

a) 32 b) 33 c) 34 d) 30

3. 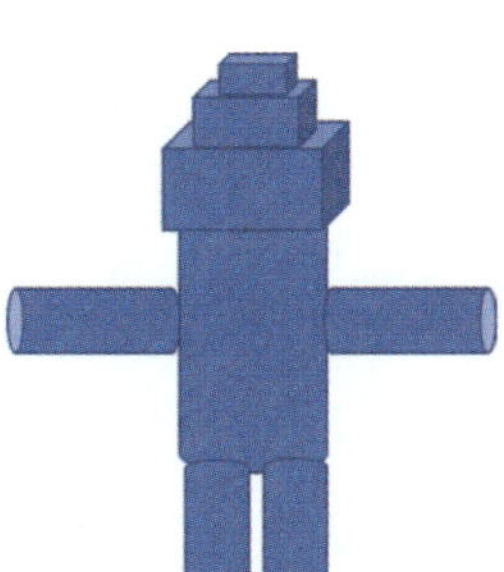

a) 31 b) 30 c) 29 d) 32

Spiegelbilder

Welche Figur passt nicht zu den anderen?

1. a) ☐  b) ☐  c) ☐ 

d) ☐  e) ☐  f) ☐ 

2. a) ☐  b) ☐  c) ☐ 

d) ☐  e) ☐  f) ☐ 

Würfelfaltung

1. Welcher Würfel lässt sich aus dieser Vorlage falten?

a) ☐ 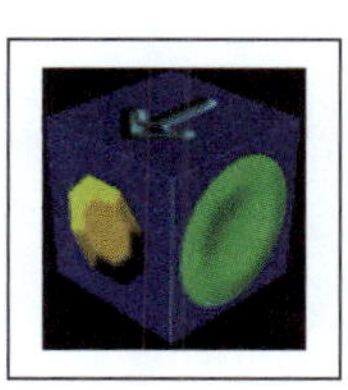 b) ☐ 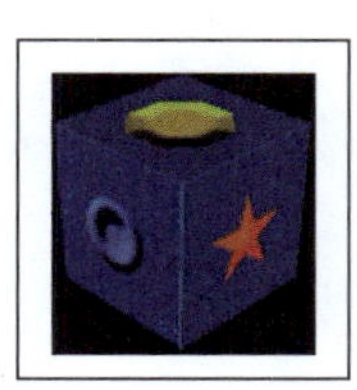 c) ☐  d) ☐ 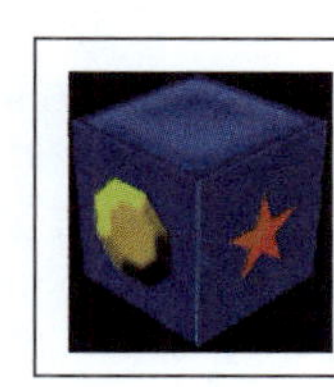

2. Aus welcher Faltvorlage lässt sich dieser Würfel falten?

a) ☐ 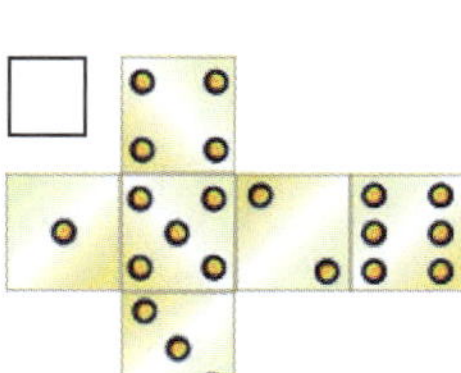 b) ☐ 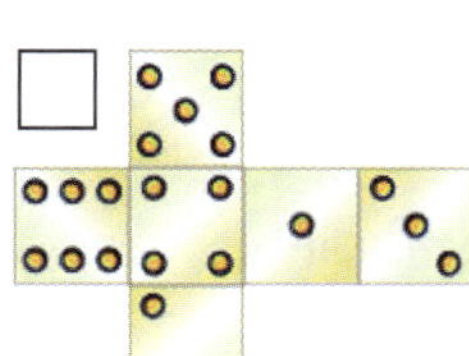 c) ☐ 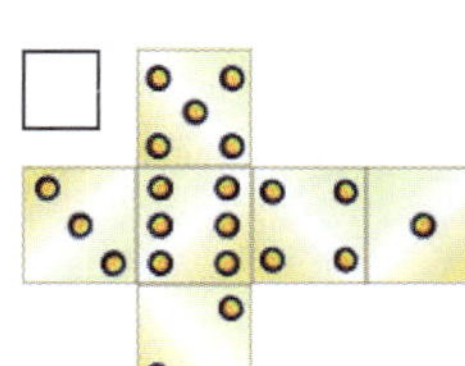 d) ☐ 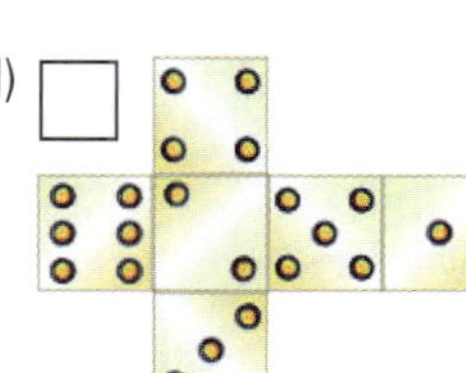

Lösungen Einstellungstests

1. Logisches Denken

Zahlenreihen

1. 2 $^{+4}$ 6 $^{+6}$ 12 $^{+8}$ 20 $^{+10}$ 30 $^{+12}$ **42**
2. 16 $^{+7}$ 23 $^{+5}$ 28 $^{+10}$ 38 $^{+11}$ 49 $^{+13}$ 62 $^{+8}$ **70**
(Quersumme addieren)

Wortanalogien

1. c) Haus **2.** b) Fuß

Beziehungen

1. g) Sonntag **2.** a) Mutter

Grafikanalogien

1. a)  **2.** b) 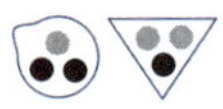

2. Konzentration

Alphabetische Reihenfolge

1. dhabanejdhenahjbekjabcdfgejndnansmjodnbdjwxyzjbdnrnmalmüppkd-knshdkjklndhadnenduenduendopqrhzfunrucmchdtebnsmnaüskendha-bezefghnmkelodhbezshynmnbabsebdnmeidjnantzbszxtgbsnxhzsstu-vwb
2. hnsndnadhendnsjuvwxhdndnbdnmejdkalehijkdnmadnsomemaödefgn-bdbanskjneksoxnaknbsjxonbshzebaisbelmanslmnopzehbaisjbajsnen-akmslxpklmhjdamsidjendhijdnsmalsneisxnmamsrstudbansmensuaylxvn

Kopfrechnen

1. 27 **2.** 24

Mosaik

1. D **2.** C

Additions-/Subtraktionsaufgaben

1. 14 **2.** 5 **3.** 22
4. 5 **5.** 16 **6.** 17
7. 14 **8.** 5 **9.** 14

3. Allgemeinwissen

1. a) 5 bis 6 Liter **2.** d) Base **3.** b) Ampere **4.** a) 4
5. d) Bit **6.** b) Soziale Marktwirtschaft **7.** d) 9 **8.** c) Landkreis und Gemeinde
9. b) Konrad Adenauer **10.** b) Augustus **11.** b) Faust I **12.** b) Friedrich Schiller
13. d) Leonardo da Vinci **14.** b) Tenor, Bariton, Bass **15.** a) Skisprung und Skilanglauf

4. Sprachgefühl

Abkürzungen

1. c) FAZ = Frankfurter Allgemeine Zeitung
d) DIN = Deutsches Institut für Normung
2. a) IHK = Industrie- und Handelskammer
c) USA = United States of America
3. a) BASF = Badische Anilin- und Soda-Fabrik
c) BVerfG = Bundesverfassungsgericht
d) VW = Volkswagen

Wortbedeutungen

1. c) Schwäbisch **2.** d) Schwimmen **3.** c) Zahl

Fremdwörter

1. b) ungleichartig **2.** a) verhältnismäßig

Satzergänzungen

1. d) Psychologie **2.** d) aufmerksam **3.** b) kürzer

Sinnverwandte Sprichwörter

1. b) Wer im Glashaus sitzt, soll nicht mit Steinen werfen. **2.** a) Die dümmsten Bauern haben die größten Kartoffeln.

Groß- und Kleinschreibung

1. c) Aber heute früh habe ich wieder einen Arzttermin.
2. d) Sie hatte fünf Einsen im Zeugnis und war Zweite im Weitsprung.
3. a) Als die englische Königin abends in ihr Schloss kam, war das Licht schon aus.

Rechtschreibung

1. e) Dampflokomotive **2.** b) Renaissance
3. Visa oder Visen **4.** Globen oder Globusse **5.** Pizzas oder Pizzen

5. Mathematisches Denken

Dreisatz

1. 18 Liter **2.** 56 Prozent **3.** 74 kg

Maßeinheiten

1. b) 2 Stunden **2.** a) 5,5 **3.** a) 0,3

Prozent- und Zinsrechnung

1. b) 357 Euro **2.** d) 6 Jahre und 8 Monate

Gleichungen

1. 8 x 4 – 1 = 31
2. 2 – 60 : 12 = -3
3. 11 + 20 x 5 – 12 = 99

6. Räumliche Vorstellung

Drehungen im Raum

1. c)

Flächen eines Körpers

1. a) 15 **2.** c) 34 **3.** b) 31

Spiegelbilder

1. a) **2.** c)

Würfelfaltung

1. a) **2.** b)

Assessment-Center (AC)

Ein weiterer gängiger Test für die Auswahl von Azubis ist das sogenannte Assessment-Center (AC). Der Begriff kommt aus dem Englischen („to assess" = bewerten, beurteilen). Grundidee ist es, die Kandidat/-innen in vorgegebenen Situationen zu beobachten, die den künftigen Aufgaben entsprechen. Hierbei zählt eher die persönliche Eignung als die fachliche Qualifikation.

Bestandteile eines Assessment-Centers sind in der Regel Rollenspiele, Planspiele, Gruppendiskussionen, Einzelvorträge, Fallstudien und psychologische Testverfahren. Üblich sind diese AC mittlerweile bei Großunternehmen wie Banken und Versicherungen, aber auch bei der Polizei oder im öffentlichen Dienst.

Tipps für ein AC-Auswahlverfahren

- ▶ freundlich und offen sein
- ▶ Blickkontakt mit den Gesprächspartnern halten
- ▶ Interesse zeigen und Fragen stellen
- ▶ seine eigene Meinung selbstbewusst vertreten
- ▶ die Meinung anderer respektieren
- ▶ sich aktiv an Diskussionen beteiligen
- ▶ ehrlich sein, kein falsches Wissen vorgeben
- ▶ kühlen Kopf und Ruhe bewahren

Onlinetipps

Es gibt im Internet viele Möglichkeiten, Eignungstests zu machen und so noch intensiver zu üben. Auch zum Thema Bewerbung kann man im Internet hilfreiche Tipps finden. Hier einige Links:

- ▶ www.planet-beruf.de
- ▶ www.azubiworld.com
- ▶ www.ausbildung.info
- ▶ www.ausbildungspark.com
- ▶ www.bewerbung.de
- ▶ www.bewerbungsdschungel.com
- ▶ www.berufswahl-tipps.de
- ▶ www.azubi-azubine.de
- ▶ www.jobinspektor.com
- ▶ www.azubot.de
- ▶ www.stuzubi.de
- ▶ www.azubiyo.de

Für die Inhalte der aufgeführten Websites übernehmen wir keine Haftung. Das gilt auch für alle auf diesen Websites angebrachten Links.

Anmerkungen:

Schematisierte Darstellung des Bildungswesens. Die Verteilung der Schülerzahlen in der Jahrgangsstufe 8 für das Jahr 2016 stellt sich im Bundesdurchschnitt wie folgt dar: Hauptschule 10,8 %, Realschule 18,9 %, Gymnasium 36,2 %, integrierte Gesamtschule 16,8 %, Schularten mit mehreren Bildungsgängen 12,2 %, sonderpädagogische Bildungseinrichtungen 4,2 %.

Die Durchlässigkeit zwischen den Schularten und die Anerkennung der Schulabschlüsse sind bei Erfüllung der zwischen den Ländern vereinbarten Voraussetzungen gewährleistet.

Die Dauer der Vollzeitschulpflicht (allgemeine Schulpflicht) beträgt neun Jahre, in fünf Ländern zehn Jahre, und die anschließende Teilzeitschulpflicht (Berufsschulpflicht) drei Jahre.

1 In einigen Ländern bestehen besondere Formen des Übergangs von der Kindertagesstätte oder der Kindertagespflege in die Grundschule (Vorklassen, Schulkindergärten). In Berlin und Brandenburg umfasst die Grundschule sechs Jahrgangsstufen.

2 Beschulung von Schülerinnen und Schülern mit sonderpädagogischem Förderbedarf in inklusivem Unterricht an allgemeinen Schulen oder an sonderpädagogischen Bildungseinrichtungen mit entsprechenden Förderschwerpunkten. Schulbezeichnung nach Landesrecht unterschiedlich. Sonderpädagogische Bildungseinrichtungen mit dem Förderschwerpunkt „Lernen" und sonderpädagogische Bildungseinrichtungen mit dem Förderschwerpunkt „Geistige Entwicklung" haben schulspezifische Abschlüsse.

3 Die Jahrgangsstufen 5 und 6 bilden eine Phase besonderer Förderung, Beobachtung und Orientierung über den weiteren Bildungsgang mit seinen fachlichen Schwerpunkten.

4 Haupt- und Realschulen existieren in nennenswerter Zahl nur noch in fünf Ländern (Baden-Württemberg, Bayern, Hessen, Niedersachsen, Nordrhein-Westfalen). In Bayern trägt die mit der Hauptschule vergleichbare Schulart die Bezeichnung Mittelschule. Die Bildungsgänge der Hauptschule und der Realschule werden auch an Schularten mit mehreren Bildungsgängen mit nach Ländern unterschiedlichen Bezeichnungen angeboten.

5 Die folgenden Schularten mit zwei Bildungsgängen fassen die Bildungsgänge der Haupt- und der Realschule pädagogisch und organisatorisch zusammen: Regelschule (Thüringen), Sekundarschule (Bremen, Sachsen-Anhalt), Verbundene Haupt- und Realschule (Hessen), Regionale Schule (Mecklenburg-Vorpommern), Realschule plus (Rheinland-Pfalz), Regionalschule (Schleswig-Holstein), Oberschule (Brandenburg, Sachsen), Mittelstufenschule (Hessen). Der Bildungsgang des Gymnasiums wird auch an Schularten mit drei Bildungsgängen angeboten. Die folgenden Schularten umfassen die drei Bildungsgänge der Hauptschule, der Realschule und des Gymnasiums: Integrierte Gesamtschule, Kooperative Gesamtschule, Integrierte Sekundarschule (Berlin), Oberschule (Bremen, Niedersachsen), Stadtteilschule (Hamburg), Gemeinschaftsschule (Baden-Württemberg, Saarland, Sachsen-Anhalt, Schleswig-Holstein, Thüringen), Sekundarschule (Nordrhein-Westfalen).

6 Die allgemeinbildenden Schulabschlüsse nach Jahrgangsstufe 9 und 10 tragen in einzelnen Ländern besondere Bezeichnungen. Der nachträgliche Erwerb dieser Abschlüsse an Schulen des zweiten Bildungsweges und beruflichen Schulen oder durch eine Externenprüfung ist möglich.

7 Zugangsvoraussetzung ist die formelle Berechtigung zum Besuch der gymnasialen Oberstufe, die nach Jahrgangsstufe 9 oder 10 erworben wird. Der Erwerb der Allgemeinen Hochschulreife erfolgt seit 2012 in der Mehrzahl der Länder nach Jahrgangsstufe 12 (achtjähriges Gymnasium). An Schularten mit drei Bildungsgängen wird der gymnasiale Bildungsgang in der Regel nicht auf acht Jahre verkürzt.

8 Die Berufsoberschule besteht bisher nur in einigen Ländern und bietet Absolventen mit Mittlerem Schulabschluss und abgeschlossener Berufsausbildung bzw. fünfjähriger Berufstätigkeit die Möglichkeit zum Erwerb der Fachgebundenen Hochschulreife. Bei Nachweis von Kenntnissen in einer zweiten Fremdsprache ist der Erwerb der Allgemeinen Hochschulreife möglich.

9 Die Fachoberschule ist eine zweijährige Schulart, die aufbauend auf dem Mittleren Schulabschluss mit Jahrgangsstufe 11 und 12 zur Fachhochschulreife führt. Für Absolventen mit Mittlerem Schulabschluss und einer beruflichen Erstausbildung ist in den meisten Ländern der unmittelbare Eintritt in Jahrgangsstufe 12 der Fachoberschule möglich. Die Länder können auch eine Jahrgangsstufe 13 einrichten. Der Besuch der Jahrgangsstufe 13 führt zur Fachgebundenen Hochschulreife und unter bestimmten Voraussetzungen zur Allgemeinen Hochschulreife.

10 Berufsfachschulen sind berufliche Vollzeitschulen verschiedener Ausprägung im Hinblick auf Zugangsvoraussetzungen, Dauer und Abschlüsse. In ein- oder zweijährigen Bildungsgängen wird eine berufliche Grundausbildung, in zwei- oder dreijährigen Bildungsgängen eine Berufsausbildung vermittelt. In Verbindung mit dem Abschluss eines mindestens zweijährigen Bildungsgangs kann unter bestimmten Voraussetzungen die Fachhochschulreife erworben werden.

11 Zusätzlich zum berufsqualifizierenden Abschluss ggf. Erwerb des Hauptschulabschlusses oder des Mittleren Schulabschlusses. Unter bestimmten Voraussetzungen ist zusätzlich der Erwerb der Fachhochschulreife möglich.

12 Fachschulen dienen der beruflichen Weiterbildung (Dauer 1–3 Jahre) und setzen grundsätzlich den Abschluss einer einschlägigen Berufsausbildung in einem anerkannten Ausbildungsberuf und eine entsprechende Berufstätigkeit voraus. Unter bestimmten Voraussetzungen ist zusätzlich der Erwerb der Fachhochschulreife möglich.

13 Einschließlich Hochschulen mit einzelnen universitären Studiengängen (z. B. Theologie, Philosophie, Medizin, Verwaltungswissenschaften, Sport).

14 An Pädagogischen Hochschulen (nur in Baden Württemberg) wird für verschiedene Lehrämter ausgebildet. Im Einzelfall ist auch ein Studium für Berufe im außerschulischen Bildungs- und Erziehungsbereich möglich.

15 Die Berufsakademie ist eine Einrichtung des tertiären Bereichs in einigen Ländern, die eine wissenschaftsbezogene und zugleich praxisorientierte berufliche Bildung durch die Ausbildung an einer Studienakademie und in einem Betrieb im Sinne des dualen Systems vermittelt.

16 Die Studienstrukturreform mit der Umstellung auf Bachelor- und Masterabschlüsse an deutschen Hochschulen ist weitgehend abgeschlossen. Nur eine geringe Zahl von Studiengängen führt zu einem Diplomabschluss.

Stand: Juni 2018

Grundstruktur des Bildungswesens in der Bundesrepublik Deutschland

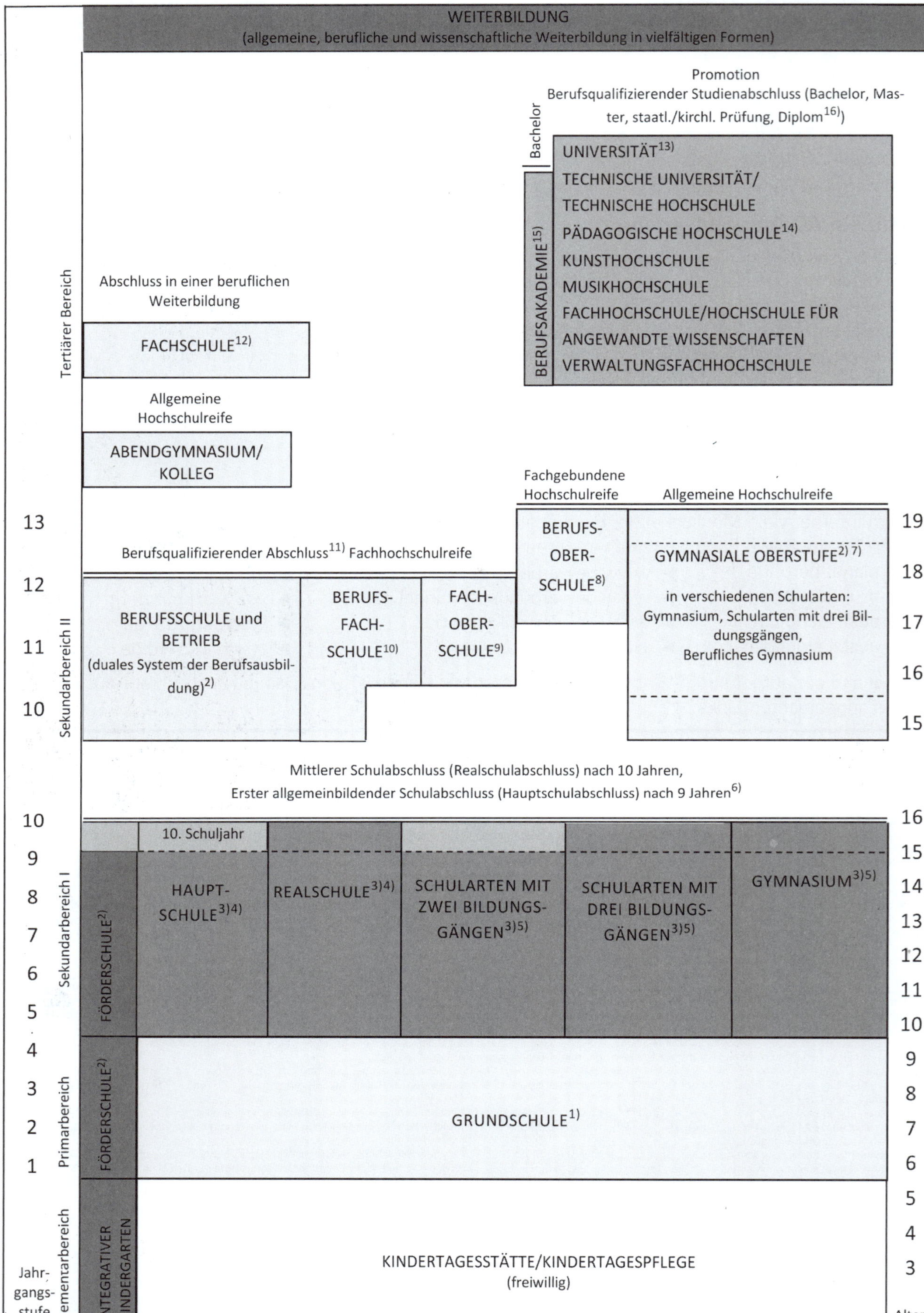

Herausgeber: Sekretariat der Ständigen Konferenz der Kultusminister der Länder in der Bundesrepublik Deutschland,
Deutsche EURYDICE-Informationsstelle der Länder, Taubenstr. 10, 10117 Berlin, Tel. 030 25418-499.